周 易

杨建峰 主编

汕頭大學出版社

图书在版编目(CIP)数据

周易／杨建峰主编 . —汕头：汕头大学出版社，
2018.1(2022.8 重印)
ISBN 978－7－5658－3276－5

Ⅰ . ①周… Ⅱ . ①杨… Ⅲ . ①《周易》Ⅳ.
①B221.1

中国版本图书馆 CIP 数据核字(2017)第 321196 号

周易　　　　　　　　　　　　　　　　　　ZHOUYI

主　　编：杨建峰
责任编辑：邹　峰
责任技编：黄东生
封面设计：松雪图文　王进
出版发行：汕头大学出版社
　　　　　广东省汕头市大学路 243 号汕头大学校园内　邮政编码：515063
电　　话：0754－82904613
印　　刷：三河市兴达印务有限公司
开　　本：880mm×1230mm　1/32
印　　张：22.5
字　　数：580 千字
版　　次：2018 年 1 月第 1 版
印　　次：2022 年 8 月第 3 次印刷
定　　价：45.00 元
ISBN 978－7－5658－3276－5

版权所有，翻版必究
如发现印装质量问题，请与承印厂联系退换

前　言

人类创造了灿烂辉煌的文明。 在浩如烟海的精神宝库中，大浪淘沙遗留下来的远古先民的智慧精髓，一次又一次引起后人的惊叹，也启迪着一代又一代人的心智。 中国是世界最早产生文明的国家之一，并且文明绵延至今。 在世界眼中，它是一个神秘的国度。 古代典籍常常因高深莫测而为其增添神奇的色彩，《周易》即其中之一。

《周易》为儒家经典。 "六经"之中，它因其体例和内容而被特别地列为占卜之书，散发着一股神秘气息。 《周易》之所以在人们眼中显得神秘，在于它从江湖术士滔滔不绝的颠倒阴阳中透露出宿命的玄机；《周易》之所以在智者眼中显得神秘，在于其深刻的思辨智慧和朴素的辩证观念。 它肯定事物的运动变化永无穷尽，认为物极必反，否极泰来；大音稀声，大象无形。 《周易》因其直击万事万物根本之理而为各科所援用，正所谓"易道广大，无所不包，旁及天文、地理、乐律、兵法、韵学、算术，以逮方外之炉火，皆可援易以为说"。 孔子读《易》而"韦编三绝"；量子物理学家波尔惊叹几千年前的太极图与他发明的并协（互补）原理颇为吻合，并以太极图为其族徽核心。 《周易》之影响，由此可见一斑。

《周易》成书，有周初说、春秋中期说和战国说等。 其最原始文本中，有些文字已无人可识。 有研究者发现诸学中有不少牵强附会之说。因而,学习《周易》,正确的态度就是辩证客观地对待诸说。如此,方能一窥典籍之堂奥,真正达到启迪智慧、传承文明之目的。我们精心编撰的这本《周易》即本此原则而成文,在内容安排上,分为易经注解、解卦手册和解爻手册三章。全书力求以平实清晰的语言、辩证的论述启发读者,抛却惊世骇俗之论、虚远玄妙之谈,使初入门者找到恰当的学习途径。抛砖在于引玉,执玉方能真正进入古籍神秘的殿堂,本书之意即在此。

《周易》的智慧如清泉,绵远流长,汲之不尽。古诗云:"鸳鸯绣罢从君看,不把金针度与人",本书却撩开《周易》神秘的面纱,把鸳鸯与金针和盘托出。"佛祖拈花,伽叶微笑",期望更多有心人心有灵犀,观此顿悟。

2018 年 1 月

目 录

第一章 易经注解

乾卦第一 …………………………………… 001
坤卦第二 …………………………………… 013
屯卦第三 …………………………………… 023
蒙卦第四 …………………………………… 032
需卦第五 …………………………………… 039
讼卦第六 …………………………………… 047
师卦第七 …………………………………… 056
比卦第八 …………………………………… 065
小畜卦第九 ………………………………… 072
履卦第十 …………………………………… 080
泰卦第十一 ………………………………… 088
否卦第十二 ………………………………… 096
同人卦第十三 ……………………………… 105
大有卦第十四 ……………………………… 113
谦卦第十五 ………………………………… 120
豫卦第十六 ………………………………… 130
随卦第十七 ………………………………… 139
蛊卦第十八 ………………………………… 149
临卦第十九 ………………………………… 158

观卦第二十	167
噬嗑卦第二十一	176
贲卦第二十二	185
剥卦第二十三	193
复卦第二十四	201
无妄卦第二十五	210
大畜卦第二十六	219
颐卦第二十七	229
大过卦第二十八	239
坎卦第二十九	247
离卦第三十	256
咸卦第三十一	264
恒卦第三十二	273
遁卦第三十三	283
大壮卦第三十四	291
晋卦第三十五	300
明夷卦第三十六	308
家人卦第三十七	318
睽卦第三十八	327
蹇卦第三十九	336
解卦第四十	345
损卦第四十一	353
益卦第四十二	362
夬卦第四十三	371
姤卦第四十四	381

萃卦第四十五 …………………………………… 390
升卦第四十六 …………………………………… 399
困卦第四十七 …………………………………… 408
井卦第四十八 …………………………………… 417
革卦第四十九 …………………………………… 427
鼎卦第五十 ……………………………………… 436
震卦第五十一 …………………………………… 445
艮卦第五十二 …………………………………… 453
渐卦第五十三 …………………………………… 461
归妹卦第五十四 ………………………………… 470
丰卦第五十五 …………………………………… 479
旅卦第五十六 …………………………………… 488
巽卦第五十七 …………………………………… 497
兑卦第五十八 …………………………………… 508
涣卦第五十九 …………………………………… 517
节卦第六十 ……………………………………… 524
中孚卦第六十一 ………………………………… 533
小过卦第六十二 ………………………………… 543
既济卦第六十三 ………………………………… 554
未济卦第六十四 ………………………………… 565

第二章　解卦手册

第一卦：乾为天（乾宫）进取之道 …………… 575
第二卦：坤为地（坤宫）慎思怀柔 …………… 576

第三卦：水雷屯（坎宫）艰难创始 …………………… 577

第四卦：山水蒙（离宫）启蒙之道 …………………… 577

第五卦：水天需（坤宫）等待时机 …………………… 578

第六卦：天水讼（离宫）止息争讼 …………………… 579

第七卦：地水师（坎宫）将帅之象 …………………… 580

第八卦：水地比（坤）亲附之道 …………………… 581

第九卦：风天小畜（巽宫）以阴畜阳 …………………… 582

第十卦：天泽履（艮宫）慎行防危 …………………… 583

第十一卦：地天泰（坤宫）阴阳交泰 …………………… 584

第十二卦：天地否（乾宫）乱世之道 …………………… 585

第十三卦：天火同人（离宫）与亲人和为上 …………………… 586

第十四卦：火天大有（乾宫）富有之道 …………………… 586

第十五卦：地山谦（兑宫）谦和之道 …………………… 587

第十六卦：雷地豫（震宫）安乐之道 …………………… 588

第十七卦：泽雷随（震宫）随从之道 …………………… 589

第十八卦：山风蛊（巽宫）除弊治乱 …………………… 590

第十九卦：地泽临（坤宫）统御之术 …………………… 591

第二十卦：风地观（乾宫）彻悟 …………………… 592

第二十一卦：火雷噬嗑（巽宫）行事仗义 …………………… 592

第二十二卦：山火贲（艮宫）纹饰美化 …………………… 593

第二十三卦：山地剥（乾宫）守中待变 …………………… 594

第二十四卦：地雷复（坤宫）邪降正升 …………………… 595

第二十五卦：天雷无妄（巽宫）无邪才能成功 …………………… 596

第二十六卦：山天大畜（艮宫）蓄养德智 …………………… 597

第二十七卦：颐卦（巽宫）滋补养生 …………………… 598

第二十八卦：泽风大过（巽宫）以柔济刚 …………… 598

第二十九卦：坎为水（坎宫）排难脱险 …………… 599

第三十卦：离为火（离宫）依附行为 …………… 600

第三十一卦：泽山咸（兑宫）感情交流 …………… 601

第三十二卦：雷风恒（震宫）人贵有恒 …………… 602

第三十三卦：天山遁（乾宫）以退为进 …………… 602

第三十四卦：雷天大壮（坤宫）慎用强壮 …………… 603

第三十五卦：火地晋（乾宫）以德进升 …………… 604

第三十六卦：地火明夷（坎宫）受难 …………… 605

第三十七卦：风火家人（巽宫）返璞归真 …………… 605

第三十八卦：火泽睽（艮宫）离合异同 …………… 606

第三十九卦：水山蹇（兑宫）艰难 …………… 607

第四十卦：雷水解（震宫）除小人解难 …………… 608

第四十一卦：山泽损（艮宫）得与失 …………… 609

第四十二卦：风雷益（巽宫）收获 …………… 609

第四十三卦：泽天夬（坤宫）处事果断 …………… 610

第四十四卦：天风姤（乾宫）缘分 …………… 611

第四十五卦：泽地萃（兑宫）和谐 …………… 612

第四十六卦：地风升（震宫）循序渐进 …………… 613

第四十七卦：泽水困（兑宫）忍 …………… 614

第四十八卦：水风井（震宫）以德服人 …………… 614

第四十九卦：泽火革（坎）变革求生存 …………… 615

第五十卦：火风鼎（离）去故取新 …………… 616

第五十一卦：震为雷（震）化危为安 …………… 617

第五十二卦：艮为山（艮）冷静 …………… 618

第五十三卦：风山渐（艮宫）渐进 …………………… 618

第五十四卦：雷泽归妹（兑）偏失正道 ………………… 619

第五十五卦：雷火丰（坎宫）强盛不衰 ………………… 620

第五十六卦：火山旅（离宫）不宜妄行 ………………… 621

第五十七卦：巽为风（巽宫）以屈求伸 ………………… 621

第五十八卦：兑为泽（兑宫）享受生命 ………………… 622

第五十九卦：风水涣（离宫）形散神聚 ………………… 623

第六十卦：水泽节（坎宫）谨慎 ………………………… 624

第六十一卦：风泽中孚（艮宫）诚信立业 ……………… 624

第六十二卦：雷山小过（兑宫）小有过越 ……………… 625

第六十三卦：水火既济（坎宫）慎终如始 ……………… 626

第六十四卦：火水未济（离宫）变易无穷 ……………… 627

第三章 解爻手册

第一卦　乾卦爻解 ……………………………… 629

第二卦　坤卦爻解 ……………………………… 630

第三卦　屯卦爻解 ……………………………… 631

第四卦　蒙卦爻解 ……………………………… 632

第五卦　需卦爻解 ……………………………… 633

第六卦　讼卦爻解 ……………………………… 634

第七卦　师卦爻解 ……………………………… 635

第八卦　比卦爻解 ……………………………… 636

第九卦　小畜卦爻解 …………………………… 637

第十卦　履卦爻解 ……………………………… 639

第十一卦　泰卦爻解 …………………………… 640

第十二卦　否卦爻解 …… 641

第十三卦　同人卦爻解 …… 643

第十四卦　大有卦爻解 …… 644

第十五卦　谦卦爻解 …… 645

第十六卦　豫卦爻解 …… 647

第十七卦　随卦爻解 …… 648

第十八卦　蛊卦爻解 …… 649

第十九卦　临卦爻解 …… 651

第二十卦　观卦爻解 …… 652

第二十一卦　噬嗑卦爻解 …… 653

第二十二卦　贲卦爻解 …… 655

第二十三卦　剥卦爻解 …… 656

第二十四卦　复卦爻解 …… 657

第二十五卦　无妄卦爻解 …… 658

第二十六卦　大畜卦爻解 …… 659

第二十七卦　颐卦爻解 …… 660

第二十八卦　大过卦爻解 …… 661

第二十九卦　习坎卦爻解 …… 662

第三十卦　离卦爻解 …… 663

第三十一卦　咸卦爻解 …… 664

第三十二卦　恒卦爻解 …… 665

第三十三卦　遁卦爻解 …… 666

第三十四卦　大壮卦爻解 …… 668

第三十五卦　晋卦爻解 …… 669

第三十六卦　明夷卦爻解 …… 670

第三十七卦　家人卦爻解 …… 671

第三十八卦　睽卦爻解 …………………………… 672

第三十九卦　蹇卦爻解 …………………………… 674

第四十卦　解卦爻解 ……………………………… 675

第四十一卦　损卦爻解 …………………………… 676

第四十二卦　益卦爻解 …………………………… 677

第四十三卦　夬卦爻解 …………………………… 679

第四十四卦　姤卦爻解 …………………………… 680

第四十五卦　萃卦爻解 …………………………… 681

第四十六卦　升卦爻解 …………………………… 682

第四十七卦　困卦爻解 …………………………… 683

第四十八卦　井卦爻解 …………………………… 684

第四十九卦　革卦爻解 …………………………… 685

第五十卦　鼎卦爻解 ……………………………… 687

第五十一卦　震卦爻解 …………………………… 688

第五十二卦　艮卦爻解 …………………………… 689

第五十三卦　渐卦爻解 …………………………… 690

第五十四卦　归妹卦爻解 ………………………… 691

第五十五卦　丰卦爻解 …………………………… 692

第五十六卦　旅卦爻解 …………………………… 693

第五十七卦　巽卦爻解 …………………………… 694

第五十八卦　兑卦爻解 …………………………… 696

第五十九卦　涣卦爻解 …………………………… 697

第六十卦　节卦爻解 ……………………………… 698

第六十一卦　中孚卦爻解 ………………………… 699

第六十二卦　小过卦爻解 ………………………… 700

第六十三卦　既济卦爻解 ………………………… 702

第六十四卦　未济卦爻解 ………………………… 703

第一章　易经注解

乾卦第一

乾为天

（乾下乾上）

【题解】

《乾》卦为六十四卦之首，最大的特点是六爻皆为阳爻，是六十四卦中唯一的一个纯阳之卦。《乾》卦以"天"来喻指其刚健、正大的美德，又以"龙"为喻，来宣扬"天"之纯阳刚健的精神，解释天体的运行规律。这两种比喻实际上说的是一体一用的关系，即"天"为《乾》之体，"龙"为《乾》之用。

【原文】

乾①：元亨，利贞。

【简注】

①乾：卦名。帛书《易经》作"键"，有刚键之义。《周易》古经每一卦有六爻，凡阳爻以"━"表示，阴爻以"━ ━"表示。《乾》卦纯由阳爻组成，在此像天。古今《易》本《乾》卦卦画旁多注以"乾下乾上"四字，指内外经卦皆乾，《坤》卦卦画旁则注以"坤下坤上"四字，其余卦亦同。

【释义】

《乾》卦象征着天：是万物的开始，有亨通的力量，能和谐而有利于物，有光明正大的品格。

【卦解】

卦辞传为文王于羑里所写，从古至今易学家基本上认同这一观点。这一句卦辞的意思是："初始亨通，有利于坚守正道。"用大白话来说便是目前处于开始阶段，还很顺利，不过要继续努力才会有好的结果。文王的卦辞平平常常，根本没有"乾"如何伟大的意思。也许有人会说，这么平淡，怎么会是圣人说的话？其实，这句话并非文王所创，而是早就有的占卜习惯用语。而其含义可不是你想的那么简单。这四个字，含有丰富的哲学思想，懂得这一句话，会让你一生受益无穷。下面先讲解什么叫"元亨"。

打个比方说，一粒种子被埋在土里，当它有了生命开始发芽时，什么东西能够挡住它的生长呢？你可以在上面压一块大石头，但这粒种子还会破土而出，因为最初的生命力是极其强大的，没有什么东西可以阻止它。这就叫"元亨"。太阳每天从东方升起，谁能够阻止它呢？这就叫"元亨"。当你心中刚刚产生理想的火花时，谁能够阻止它呢？这就叫"元亨"。当你心中萌生出对异性的爱慕之情时，谁能够阻止它呢？这就叫"元亨"。当你满怀信心开始做一件事情时，谁能够阻止你的行为呢？谁也阻止不了，这就叫"元亨"。

那么什么叫"利贞"呢？一粒种子，是否可以很好地成长，最后长成禾苗，最终结出累累硕果，或者长得枝繁叶茂，最后成为参天大树，这就需要"利贞"；太阳每天按照自己的轨道运行，不紧不慢，在测日影的圭表下永远留下有规律的影迹，这就叫"利贞"；当你心中产生伟大的理想与抱负后，坚守信念，不断向自己的目标迈进，最终达到理想的彼岸,这就叫"利贞";当你心里萌生了爱情,你能够一直坚持你的追求,并且得到后一生一世不改初衷,这就叫"利贞";当你满怀信心地做一件事情时,是否能够持之以恒,坚持到底,这就需要"利贞"。

"元亨,利贞"表面上是一句吉辞,而其隐含的意思却是告诫我们不要因为开始的顺利而忘乎所以,要明白事物的开始离成功还很遥远,只有始、中、终坚持不懈,才会达到美好的终点。

文王将乾卦列为首卦,这是当时男权制的社会性质决定的。因为男人长大以后,要在劳动(脑力或体力)中获得财富,然后才能娶妻生子,组成"乾坤下面六子横"式的家庭。所以文王在此给予初创业者最精辟的忠告。文王的卦辞已属于哲学范畴。

但历代易学大师们往往将"元亨,利贞"解释为四德,即认为这四个字包含着四种重要的理念,这是怎么回事呢?其实这主要是为了抬高乾卦的地位——乾卦的地位不抬高,怎么能宣扬男尊女卑的封建思想呢?

将"元亨,利贞"分成四个概念,可以加大乾卦的内涵。这样就可以增加乾卦(即男权)分量了。可是《周易》的六十四卦中有七个卦都有"元亨利贞"四字,这可怎么显出乾卦的与众不同呢?于是宋代的程颐便冥思苦想出一些道理来。他认为"乾、坤、屯、临、随、无妄、革"七卦卦辞虽然都有"元亨利贞"四字,但其具体的含义不同:乾卦的"元亨利贞"是天道、君道、阳道,有刚健之德,四者是相辅相成,缺一不可的,是创生万物的原动力,有"始、长、遂、成"之义;坤卦的"元亨利贞"是地道、臣道、阴道,是柔顺之德,有生成化育之功,与乾同为天地之道,阴阳之本,但乾为主,坤为从;"屯、临、随、无妄、革"五卦的"元亨利贞",是作二分法,即"大亨"与"利于贞正"的意思,与乾坤两卦"元亨利贞"意义有所不同，但又各有其特质，如屯卦有"始生"之德，无妄卦有"至诚"之德，随卦有"从"之德，革卦有"变"之德，临有"大"之德，此诸德在各卦中，若得以贞正，则必能大亨。

这种解释，适合当时的男权社会制度的需要，在当时是具有积极意义的。

开创"元、亨、利、贞"为《易》之四德的人，并非孔子，而是孔子之前的人。例如：《左传·襄公九年》阐述经文"五月，辛酉，夫人姜氏薨"一事时说：穆姜薨于东宫。始往而筮之，遇艮之八。史曰："是谓艮之随。随其出也，君必速出！"姜曰："亡！是于《周易》曰：'随：元、亨、利、贞。无咎。'元，体之长也；亨，嘉之会也；利，义之和也；贞，事之干也。体仁足以长人，嘉德足以合礼，利物足以和义，贞固足以干事。然故不可诬也，是以虽随无咎；今我妇人，而与于乱，固在下位，而有不仁，不可谓元；不靖国家，不可谓亨；作而害身，不可谓利；弃位而姣，不可谓贞。有是四德者，虽随无咎；我皆无之，岂随也哉？我则取恶，能无咎乎？必死于此，弗得出矣。"穆姜不但把"元、亨、利、贞"四字分读，而且明确地说就是"四德"，这说明在穆姜以前就有"四德"的说法了。而襄公九年为公元前564年，此时孔子还没出生，十多年后孔子才出生，显然不是孔子所创。那是谁说的呢？其实最有可能的便是周公。文王时期，尽管从黄帝、尧舜等等历代继承了很多礼法，但对于男尊女卑及君君、臣臣、父父、子子之类的理论应该是不太注重的。因为从文王的爷爷太王开始，便已有成霸的野心了，怎么会重视这些礼教呢？文王的爷爷正是看到文王有出息，才传位给文王的爸爸，并预言文王将得到姜子牙才能兴霸业。所以文王将姜子牙称为"太公望"，即"文王的爷爷期待的人"。不过后来周朝得了天下后，才需要君君、臣臣、父父、子子这些"亲亲"的礼教思想来维护社会的和平与安定。尤其是在武王去世、成王年幼的时期，周朝的政治更是动荡不安。周公称制替成王处理朝政，在姜子牙的配合下完成东征的胜利之后，制礼作乐，周礼正是这一时期完备起来的。《周易》中的爻辞与十翼等方面的内容，也应当是这一时期产生的。

历代儒家认为《象辞》为文王所作，可是卦辞与象辞的风格显然不是出自一个人的手笔。卦辞简约隐晦，虽谈吉论凶但心态平和；象辞则长于抒情，词句铿锵，极似周公笔法。在伐纣战役中，周公所作的《牧誓》中便有"牝鸡无晨；牝鸡之晨，唯家之索"之句，虽然此句是前人的古语，周公此处引用则说明周公本人的立场是重男轻女的。所以周公在制礼作乐时要宣扬男尊女卑及君君、臣臣等礼教，在为《周男》作象辞时第一个喊出"大哉乾元"的口号，并且在释解经文时，有意增加乾卦的分量，提高乾卦的地位。男尊女卑的思想尽管早已有之，但周公的制礼作乐则加重了这种思想的力度。

周公为什么要这样呢？因为周公指派卜官编写《周易》的经文，是有警诫当时的成王及官员要吸取殷商灭亡教训的目的的。他宣扬男尊女卑的思想，是警示成王后代君王不要让女人参政，吸取殷纣亡国的教训。"牝鸡司晨"一词后来已成为女人干政的代名词。无奈的是，西周还是因为女人而亡了国。

另有学者认为，由于男女生理和心理的天然差别，因此被《易经》赋予了不同的属性，以乾坤区分开来，并不涉及尊卑问题。《礼仪》中提到了一项叫"亲迎"的仪式，规定新郎必须在婚礼当天的黄昏时刻亲自迎娶新娘。在出发前，新郎的父亲要在祖先的祭坛前郑重地发表一个劝告，要求他像对待母亲与祖母那样对待自己的新娘，并共同延续家庭的血脉，就说明了这个问题。

【原文】

初九①，潜龙②勿用。

【简注】

①初九：每一卦第一爻皆称"初"。《周一》六十四卦凡阳爻称"九"，阴爻称"六"。一卦六爻自下而上凡阳爻为："初九"、"九二"、"九三"、"九四"、"九五"、"上九"；阴爻为："初六"、"六二"、"六三"、"六四"、"六五"、"上六"。②潜：潜伏、隐藏。龙，乃中国古代吉祥之物，指春神，又说为雨神者。故先民有祭龙以求雨之俗，龙的原形，有人认为是蟒、蛇、蜥蜴、鳄鱼等动物，也有人认为来自自然之象——虹。《周易》取象于龙比喻阳气和君子。

【释义】

初九，当巨龙还潜伏在深水之中时，就不应该使自己发挥作用。

【爻解】

潜龙，是以龙潜伏于水下的状态，象征君子应韬光养晦、待时而进。从卦象上看，这一爻位置在最下方，代表阳气初萌于地下，尚未到对外活动的时刻。凡筮卦遇乾而得到这一爻，就是在告诫人们要隐忍待机，不要轻举妄动。

【原文】

九二，见①龙在田，利见大人②。

【简注】

①见：读作"现"，有出现、呈现之义。②大人：指有权势，有地位之人。

【释义】

九二，当巨龙出现在田野之间时，就有利于去拜见大人。

【爻解】

从爻位来看，第二爻与第五爻分别为下卦和上卦的中爻，因此又具有一种对应关，乾卦的九二爻和九五爻的爻辞都提到了"利见大人"。那么，为什么要比拟为"利见大人"而不比拟为"利见君子"？更不比拟为"利见小人"呢？南怀瑾、徐芹庭认为，九五爻是阳刚之主，比拟它是有德有才，得时得位，又中又正，所以称它作大人。尽管二爻、五爻相隔，但由于五是代表君道的位置，二是代表臣道的位置，君臣虽然不同位，却是同德。君臣上下，同心同德，自然就得利了，所以说"利见大人"了。

在这一爻，初九的潜龙上升到地面，预示伟大的人物已经开始出现，给天下带来生机与希望。有一种说法，认为这一爻象征了被囚于羑里的周文王快要被释放出来时的状况。

【原文】

九三，君子终日乾乾①，夕惕②若厉③，无咎。

【简注】

①乾乾：勤奋不懈。②惕：戒惧。③厉：危。

【释义】

九三，君子整天勤勉健进，直到夜静更深时还像遇到危险一样保持着警惕。这样，就会免于灾祸。

【爻解】

这一爻辞，显然是以人事来说明卦象，体现了一种刚健精神和忧患意识。九三爻已经上升到下卦的最高位，受到众人瞩目，但离真正的成功还差得远。而且，"木秀于林，风必摧之"，这时更应该有危机感，不可骄而自恃，必须时刻奋发、努力不懈。只有日夜严谨小心、乾乾不休地精进，方可避免灾患和过错，完成大人君子的德业。

【原文】

九四，或跃在渊，无咎。

【释义】

九四，龙时而有飞起之状，时而又伏处在深渊之中，这种情形没有过错。

【爻解】

乾卦九四爻为外卦的第一爻，与本卦初九爻有类似的现象，但情况又有所差异，这就是《系辞传》所说的"二与四，同功而异位"的现象。如果说初九爻尚处于潜伏休息的状态，九四爻却有了足够的自由和自主的选择，既可保持潜伏，又有随时腾跃而出的可能，进退有据，具有不可估量的潜在力量。

这一爻，象征着跃跃欲试、待机而动的阶段。只要把握最有利的时机，就不会发生过失与灾难。朱熹说："九阳四阴，居上之下，改革之际，进退未定之时也。故其象如此，其占能随时进退，则无咎也。"

【原文】

九五，飞龙在天，利见大人。

【释义】

九五，当飞龙在天空自由飞腾时，此时利于出现有道德并居于高位的人。

【爻解】

从爻位来看，"九"是阳数的最高位，"五"是阳数的最中位，有至尊中正之义。九五以天德居天位，刚健而纯正，中正而精粹。古时皇帝被称作"九五至尊"，便是依据其易理。尤其乾卦的九五又与其他卦的九五不同，因为乾卦是纯粹阳爻组成的卦图，是纯阳至健的卦，这样其九五得到了乾道的纯粹精华，是以圣人之德居于圣人之位，对此郑玄说："五于三才为天道。天者，清明无形，而龙在焉，飞之象也。"

乾卦从初爻开始演进，经过一、三、四爻，到达第五爻。这时，曾经潜于深渊的龙已经飞腾在天，居高临下，有了极大的活动空间，象征着刚健中正的伟大人物已据有统治者的地位，如日中天，处于大展宏图的极盛时期。

【原文】

上九，亢龙[①]有悔。

【简注】

①亢：穷高、极高。

【释义】

上九，龙飞至极高之处，就会出现悔恨之事。

【爻解】

就爻位而言，上九是最高和最末的一爻，位至极点，意味着再无更高的地位可占。犹如一条乘云而上的龙，飞腾到了一个极限的高度，再无上升的可能，又不能下降，进退两难，以致后悔。如果说九五是阳刚的平衡位置，上九的状态就是太过而亢，超过了平衡，所谓物极必反，如果此时再有行动，必生悔吝。朱熹说："若占得此爻，必须以亢满为戒。当极盛之时，便须虑其亢。如这般处，最是《易》之大义。大抵于盛满时致戒。"这一爻，以盛极而衰的道理，告诫世人当居安思危、自我警惕，不可再有过分的欲求。

【原文】

用九，见群龙，无首吉。

【释义】

用九，群龙相聚而没有一个以首领自居，吉利。

【爻解】

在《易经》六十四卦中，只有乾卦与坤卦的爻辞有用九、用六的断语。所谓用九，是在占筮时，将乾卦的六爻全部看成可以变为阴爻的阳爻。九数是代表阳爻的数字，在乾卦而言，因为阳极阴生，卦与爻都势在必变，没有不受其变的可能。至极的阳刚只有变为阴柔，才会有安定和吉祥。按南怀瑾先生的解释，用九就是"不为九所用的反面辞"。只有彻底了解和掌握各爻变化的法则，善加运用，适切因应，不为变化拘束，才能"用九"而不被"九"所用。如此超然物外，就可以很客观地见到六位阳爻，犹如群龙的变化，自身自然吉无不利了。

【原文】

《彖》①曰：大哉乾元，万物资始，乃统天。云行雨施，品物流形。大明终始，六位时成。时乘六龙以御天。乾道变化，各正性命。保合大和，乃利贞。首出庶物，万国咸宁。

【简注】

①彖：《系辞》："彖者，材也。"材通裁，有裁断之义。裁断一卦之义的文辞叫做彖辞。

【释义】

《彖传》说：崇高而伟大的上天啊！您是所有事物的统领，万物依赖您的阳气而生息，世间万物都统属于天道。云儿在天空飘荡，雨水降落在大地，各类事物随地成形。辉煌温暖的太阳周而复始地运转，按照上天、下地、东西南北六种位置形成了昼夜变化和春、夏、秋、冬的季节变化。犹如羲和驾驶着六条龙绕着太阳在天空运转。虽然大自然变化莫测，但是它还是以自己的规律保持事物的正道本性。保全太和元气，以利于守持正固。阳气周流不息，当春天到来时，大地又沐浴在春光里，万物萌生，天下万方都和美安泰。

【原文】

《象》①曰：天行健，君子以自强不息。

【简注】

①象，此指卦象。《周易》是一部专设卦画以示卦象之书。"易者象也。"易象是对自然之象的效法，"象也者，像此者也。"从广义角度看，《周易》卦爻辞、及《说卦》所列之象皆为卦象，故"象者，言乎象者也。""八卦成列，象在其中矣（《系辞》）。"

【释义】

《象传》说：天体以劲健刚强的方式运行，君子也应当像天体的运行一样自强不息。

【原文】

"潜龙勿用",阳在下也。"见龙在田",德施普也曰。"终日乾乾",反覆道也。"或跃在渊",进无咎也。"飞龙在天",大人造也。"亢龙有悔",盈不可久也。"用九",天德不可为首也。

【释义】

"潜伏在水中的龙,暂时不宜施展自己的能力",这是因为龙属于阳性之物,潜在水下时,说明阳气还很微弱。"巨龙出现在田间",也就是阳气之德普泽广施于世间之时。"整日勤勉健进",反复行其正道而不知疲倦。"有时飞起,有时伏处深渊",前进也不会有灾害。"巨龙在天空自由飞腾",这是大人奋发有为之时。"龙飞至极高之处则会有悔恨之事发生",因为刚强过甚的行为是不能持久的。用九,它在说明天的美德在于不自居首位。

【卦义新解】

《乾卦》的卦辞所表达的主要意思是:胸怀大志,对一个人的发展来说,是非常重要的。无论你是从政还是经商,或从事其他行业,只有胸怀大志,才会有大的发展,才会真正通达顺利。但要注意的问题是,在这个过程中一定要坚守正道。

天道运行周而复始,永不止息,谁也不能阻挡;君子效法天道,自立自强,不停地奋斗下去,才能显示出处世的刚与健。这就是《乾卦》九三中说到的:"君子终日乾乾,夕惕若。厉,无咎。"

《乾卦》分述了从"潜龙"、"见龙"到"飞龙"的转变过程,意欲以龙为喻阐述人生成长的过程,强调只有自强不息才能变成"飞龙"。"自强不息"是古往今来无数英杰的座右铭。

纵观历史,成就大事者,莫不胸怀大志。

汉高祖刘邦,原为秦代的泗水亭长,系区区小吏。有一次,刘邦到都城咸阳办公务,适逢秦始皇出巡。他在街头见到了皇帝的威仪，便喟然叹息："嗟乎，大丈夫当如此也！"联系刘邦后来斩白蛇起义，继而灭秦，又与项羽争天下。至垓下决战，刘邦终于开创了汉帝国的基业。他当初在街头的感慨之语，正是其胸怀大志的写照。再如，隋末李渊曾任太原留守，虽为一方之主，但毕竟是"地方官"。即使如此，明眼人已看出他"素怀济世之略，有经纶天下之心"。当时的晋阳令刘文静也说李渊"有四方之志"。事实证明以上的评判都是准确的。如果李渊没有"四方之志"和"经纶天下之心"，便不会晋阳起兵，即使起了兵，也不一定会夺取天下。

俗话说"有志者事竟成"，这是很有道理的。

无论身处何种岗位、哪一级别，"志"永远不可磨灭。也许当初正是那种雄心壮志将自己送上了"领导"的位置，那么，在这以后，"志"同样可以作为继续前进和上升的动力。

当然，《乾卦》在表述"大志"的同时，更在"爻辞"里给"大志"作了必不可少的"规范"，从"初九"的"潜龙勿用"到"用九"的"群龙无首"，都谆谆告诫：一个胸怀大志的人，在条件尚未成熟或身处逆境之时，不可轻举妄动，以免过早地暴露自己而打草惊蛇。过早地暴露自己的志向和才干，很可能成为众矢之的，或者引起他人的嫉恨，从而受到压制和迫害。暂时的无所作为，并非胆怯、畏缩、逃避，而是等待时机。

同时，一个胸怀大志的人，要时时振奋自己的精神、努力不懈。但这还不够，还应事事小心谨慎，连夜晚都不能疏忽大意。只有这样严格地要求自己，才不会发生过失。在必要的时候，甚至需要躲一躲、退一退，即避开可能而至的灾祸，同时也让自己在冷静中更好地审视自己、把握时机、做好准备、以图将来更好的发展。

总之，任何事物，都有一个潜藏、萌发、成长、全盛，然后由盛而衰的发展过程，人的行为应当效法这一自然规律，而作为领导者，尤应如此，在自强不息的同时，把握时机，善知进退。当力量薄弱的时候，应该隐忍待机，切忌妄动；当可以出世而又羽毛未丰的时候，应该以诚待人，积聚力量；在成长时期，一方面应该奋发有为，同时也要戒骄戒躁、谨慎处事；当机会来临可以放手一搏的时候，应该把握最有利的时机、一举成功。

任何人一开始都是平凡的，但是只要能够奋发进取、自强不息，弱小的终究会变得强大起来。自强不息的同时，我们也要认清事物发展的客观规律，如果条件不允许，就要在暂时的隐忍中创造条件，顺应并利用客观规律，否则只靠蛮干是不会成功的。

坤卦第二

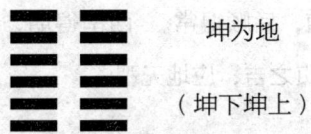

坤为地

（坤下坤上）

【题解】

《坤》与《乾》同为"天地之门户"，是以纯阴来象征"含弘广大"的大地有"德合无疆"的内涵。如果说《乾》象以"刚健中正"的纯粹来张扬"自强不息"的君子之行，那么，《坤》则以"柔顺利贞"的宁静来表彰"厚德载物"的君子之美。在《坤》象中，我们看到君子的美德是由表及里地得到体现，在初六的爻辞中，这种体现主要是启发人们要"驯致其道"，"驯"，义通"顺"。

【原文】

坤①：元，亨，利牝马②之贞。君子有攸③往，先迷；后得主，利。西南得朋④，东北丧朋。安贞吉。

【简注】

①坤：卦名。《坤》卦卦画，纯由阴爻组成。坤，有柔顺之义，像地。②牝马：母马。③攸：所。朋，原为古代货币单位，古代货币用贝计量，卜辞中有"五十朋""七十朋"，《周易》中有"十朋之龟"，朋本为贝串，假借为朋友之朋，此指朋友。

【释义】

《坤》卦，它象征着大地，大地有元始之生，亨通之利，有利于像母马一样守持正道。君子若要与人有来往，就要随着别人的后面，让别人来做主，必有利益，若是抢先或居首位，就会迷失方向。往西南会得到朋友，往东北则会丧失朋友。安分守正就会吉利。

【原文】

《彖》曰：至哉坤元，万物资生，乃顺承天。 坤厚载物，德合无疆。 含弘光大，品物咸亨。 牝马地类，行地无疆，柔顺利贞。 君子攸行，先迷失道，后顺得常。 西南得朋，乃与类行。 东北丧朋，乃终有庆。 安贞之吉，应地无疆。

【释义】

《彖传》说：美德至极的大地啊，万物的滋生依赖您，您顺承天道，厚实的土地上承载着万物，天地相合，阴阳相生的德行广大无边。您含育一切生命并使之发扬光大，使万物都能亨通和顺。母马是地上的生物，它能驰骋在无边无际的大地上，以柔顺的性情安分守正。君子若争先前行则易于迷失正道，若能随顺人后，就会走上正道。往西南方向前行，就会得到朋友，并且可以与朋友共赴前程。若向东北方向前进，则会失去朋友，但最终还是会吉祥福庆。安分守正的吉祥，应和着大地的美德而向无边无际的远方展开。

【原文】

《象》曰：地势坤，君子以厚德载物。

【释义】

《象传》说：广大无垠的大地包含着随顺安分的美德，君子从中悟出做人的道理，以大地之德来修养自己的品德，这样也能像大地一样包容、承载万物。

【卦解】

"牝马之贞"是什么品质？为什么不以母牛代替它呢？这主要是由于马具有忠贞的本性。牝马更能体现出忠贞与温驯的品质，更适合表达坤卦的精神。在马群中，牝马有单独的配偶，而牡马则有多个配偶，牡马发脾气，牝马便顺从地忍受。牝马与牡马就像旧社会的一对夫妻一样，男尊女卑，相互恩爱。牝马另一个忠贞表现在对它的主人忠贞。驯服它的人便可以成为它的主人，只有它的主人可以骑它，别人则不行。如果主人让它驼着谁，它便会顺从地接受。你说在男权社会的男人怎么能不对牝马有好感呢？牝马对小马驹是非常温柔、关怀备至，并且牝马不会与自己的后代发生乱伦，所有这些，都是牝马之贞。

"先迷，后得主"是什么意思呢？因为坤卦代表臣道、妻道，君主、丈夫还没有出现，大臣、女子过早地去寻找怎么会不迷失方向呢？只有理想的丈夫出现了，明君出现了，再去追求就会得到了，所以"后得主"。这是告诫为臣者如何选择明君，为妻者如何选择丈夫。

"西南得朋，东北丧朋"是什么意思呢？在文王八卦中西南方为阴，东北方为阳。所以到西南方可以见到自己的同类（即朋友），而到东北方那里是没有同类朋友的，所以"丧朋"。

象辞中更为细致地阐明了坤卦之德便是顺从天道这一原则，并且指出了"东北丧朋，乃终有庆"这一结论。为什么呢？因为臣可遇明主，女子可以找到自己终身的伴侣。现将象辞的译文列于下：

至大无际啊，坤元的始生！万物都借助你得以生成，你顺应着秉承着天道。大地深厚负载万物，品德博大没有边际。包容无限而广大，各类事物都因你而亨通。牝马属于地上的动物，驰骋四野没有疆界。阴柔温顺利于正道。君子行动的开始会迷失方向，随后便会掌握行动的常规法则。西南得朋，是能够见到自己的同类；东北丧朋，却会得到结婚的喜庆。安于正道的吉祥，是与无边无际的地道相应的。

象传中的"厚德载物"一词，不单是清华大学的校训，同时也是中华民族的优秀品德之一。以深厚的道德负载万物，这正是我们学习这一卦要领会的精髓。

【原文】

初六：履霜，坚冰至。

【释义】

初六，当你踩着微霜时，严寒与坚冰也就即将来到。

【原文】

《象》曰："履霜坚冰"，阴始凝也，驯致其道，至坚冰也。

【释义】

《象传》说："踩着微霜即将迎来寒冬和坚冰"，从时间上说，这说明已经到阴气开始凝结的时节，遵循其中的规律看待事物，那么，结成坚冰的时候也就自然到来。

【爻解】

初六爻为坤卦最下方的阴爻，以"履霜，坚冰"象征，说明阴气开始凝结，是因为结冰的季节马上就要来了。爻辞反映了秋冬交接之际的物候现象，说明了当时人们对自然现象的观察非常仔细。南怀瑾先生认为，以象数易学的卦气而言，在十二辟卦中，坤卦是阴历十月的卦。按节气的顺序，九月建戌，包括寒露、霜降两个节气。在十月间，便到了立冬、小雪两个节气。所以说，当行走在有霜的地面上，便可知道顺序而来的季节，就会到了天寒地冻、霜露结成坚冰的时候了。这是以一年节中，月份节气的实际现象，作为坤卦初爻象征性的说明，是从原始而质朴的地道物理易象之学而说的。

【原文】

六二，直方大，不习无不利。

【释义】

六二，正直、端方、宏大，虽然是不熟悉其事，也不会有不利的事发生。

【原文】

《象》曰：六二之动，直以方也。"不习，无不利"，地道光也。

【释义】

《象传》说：六二的变动，是坚持方正的法则，"不学习，未必不利"，因为地有广大的道德。

【爻解】

这一爻，以大地的形势说理。大地一直向前延伸，古代说天圆地方，又极广大；所以用直、方、大来形容。以大地的德行来说，固执纯正是"直"；有整然的法则性是"方"，顺从天的德行是"大"。只要具备"直""方""大"的德行，不需要学习，也不会不利。

"六"是阴爻，"二"已升到偶数的阴位。阴爻阴位得正，又在下卦的中位，所以中正，是最纯粹的，也就是具备了大地的德行，就可以大胆放心地前进，没有什么不利的。

【原文】

六三，含章①，可贞，或从王事，无成有终②。

【简注】

①章：美德。②终：好的结果。

【释义】

六三，蕴含着阳刚之美德，所占问的事情是可行的；或者跟随君王去做事，成功之后，不要把功劳归于自己，谨守为臣之道，这样就能够有好的结果。

【原文】

《象》曰"含章可贞"，以时发也。"或从王事"，知光大也。

【释义】

《象传》说："蕴含阳刚之美德，所占问的事情是可行的"，按照时机去发挥作用，"或者跟从君王去做事"，其智慧是广博宏大的。

【爻解】

六三爻居于下卦的最终一爻，是以阴爻居奇数的阳位，这一情况类似乾卦以阳爻居阴位的九四爻。阳刚之爻与阳刚之位都是进取的象征，阴柔之爻与阴柔之位都是退隐的象征，但如果遇上阴爻居阳位、阳爻居阴位，则是可进可退、可出可处的象征，所以乾卦九四爻辞为"或跃在渊，无咎"，坤卦六三爻辞为"含章可贞，或从王事，无成有终"。"或"字就意味着"两可"（可进、可退）。在进退未定之际，古人要求人们不要急于进取，宜含藏章美、固守道德、无为处事，即使有事也只要跟从即可，不必为首。当然，"三"在下卦的最高位，已不能永远不变，预示美丽的文采终究不可久藏，有才德的君子还是会出来辅佐君王，这时就要懂得把握功成名遂身退的时机，这便是"无成有终"。

【原文】

六四，括囊①，无咎、无誉。

【简注】

①囊：口袋。

【释义】

六四,束紧口袋,就不会有危害,也不要求赞誉。

【原文】

《象》曰:"括囊无咎",慎不害也。

【释义】

《象传》说:"束紧口袋,就会使灾祸之事进不来",所以君子慎于言,就不会受到危害。

【爻解】

坤卦六四是阴爻,在偶数的阴位,却是上卦的最下位,虽然得正,但不得巾,过于阴柔,仍然是危险的位置。因此,这时当效法收束囊口的情形,谨慎小心,渐求引退,既要没有过错,也不求有更好的名誉,那就自然能够避免灾祸了。

【原文】

六五,黄①裳②,元吉。

【简注】

①黄:黄色。周人认为黄色是吉祥之色。②裳:古人一般指下服。

【释义】

六五,身穿黄色裙裳,就很吉祥。

【原文】

《象》曰:"黄裳元吉",文在中也。

【释义】

《象传》说:"身穿黄色裙裳,就很吉祥",这是因为它以温和之性、中和之德处于中位。

【爻解】

根据我国古代的五行学说,认为构成物质的元素,为水、火、木、金、土;五行配五色,相当于青、赤、黄、白、黑;以方位来说,又相当于东、南、中、西、北。黄色是大地的颜色,也是中央的颜色，是中正的象征。 六五爻在上卦的中位，因而以黄色象征。 但由于是阴爻居阳位，并不正，所以用"裳"比拟。 裳是装饰性的下衣，喻为谦逊的品性。 下衣是黄色的，象征中庸谦逊的态度；"文在中也"，就是说具备像黄色下衣般的中庸谦逊的美德，这是最吉祥的，因为内在的文采，自然会流露于外。

【原文】

上六，龙战于野，其血玄①黄。

【简注】

①玄：青色。

【释义】

上六，龙在原野上交战，流出青黄相杂的鲜血。

【原文】

《象》曰："龙战于野"，其道穷也。

【释义】

《象传》说："龙在原野上交战"，这是因为《坤》之上六的纯阴之道已经走到穷尽之处。

【爻解】

孔颖达说："（此）即《说卦》云'战乎乾'是也。 战于卦外，故曰'于野'。 阴阳相伤，故'其血玄黄'。"上六已到达六爻的最高位，又是偶数的阴位，而坤卦又全部是阴爻，是阴旺盛到极点之爻。 阴极反阳，就不能不与阳争。 战龙于野，就象征在阴阳的对立中，双方的矛盾已经发展到最后阶段，形成了争战，势必造成两败俱伤的局面，当然凶险。 天玄地黄，天地相争，所以流的血是黑黄色。

【原文】

用六，利永贞。

【释义】

用六,有利于永久地保持正直之心。

【原文】

《象》曰:用六"永贞",以大终也。

【释义】

《象传》说:用六"能永远保持正直之心",所以也就能得到以阴之柔顺而归之于阳气的结果。

【爻解】

坤卦用六与乾卦用九的用意相同,就是善于运用坤卦六爻的变化法则,不被变化拘束。但不同的是,乾卦用九,是指善用阳刚,如天道创始养育万物,而不求报,处在主动的地位,象征着君道、师道、父道。而坤卦用六,则是运用阴柔,如大地顺从天道,生成负载万物,是属于从属的地位,象征臣道、母道。因而,坤卦用六就必须持守纯正柔顺的德行,才能获得有利的结果。为什么说坤卦用六之爻利于占问长久之吉凶呢?因为这一爻所含的道理是极为深刻的。它告诫人们居下位、处劣势还能用柔顺贞正之道,则可保长久相安无事。干宝说:"阴体其顺,臣守其柔。所以秉义之和,履贞之干。唯有推变,终归于正。是周公始于负扆南面,以光王道,卒于复子明辟,以终臣节,故曰'利永贞'也。"

【卦义新解】

"坤"代表地,所蕴含的主要是一种宽大包容的精神。它与代表天的"乾"卦,同为《易经》六十四卦之首。张岱年先生曾指出:"我认为,'中华精神'集中表现于《易传》中的两个命题……'天行健,君子以自强不息';'地势坤,君子以厚德载物'。一个是奋斗精神,一个是兼容精神。自强不息、厚德载物,这两点可以看作是中华民族精神的主要表现。"

《坤卦》所表现的柔顺谨慎意识与宽容精神,在六爻爻辞中得到了充分的展现。

《坤卦》中"坤"代表大地,大地盛载万物,但大地却从来不抱怨、叫屈。 我们从大地上得到食物、得到滋养,然而却将垃圾返还给大地,大地却一如既往地养育着我们,这正是大地值得尊敬的地方。在《坤卦》六二中讲到的:"直方大,不习,无不利。"——本意就是让我们做人要效法大地,做到直率、方正、宽大,以宽厚的德行负载万物,像大地一样"有容乃大"。

"有容乃大",说的就是豁达大度、胸怀宽阔。 中国过去有句俗话,叫"宰相肚里能撑船"。 尚且不论那些宰相是否真的都是有肚量的人,但有一点是肯定的,人们总是将那些具有大海般宽广胸怀的人看作是可佩、可敬的君子。

相反,违背坤卦所指示的做人为官之道,只能落个身败名裂的下场。

孙膑是《孙膑兵法》的作者、春秋时期著名军事家孙武的后裔。年轻时他曾和魏国人庞涓一起学习过兵法。 后来庞涓在魏国做了将军,他自知能力不及孙膑,一直耿耿于怀。 后来孙膑也来到魏国。魏惠王对孙膑的欣赏,加重了庞涓对孙膑的嫉妒。 庞涓伪造了罪名,利用刑法挖掉孙膑的膝盖骨,并在他的脸上刺字涂墨,妄图使他永远不能够出人头地。 孙膑忍辱负重在魏多时,直到有一天他听说齐国使者来到魏国,才以犯人的身份偷偷地见了使者。 齐使了解到孙膑是个了不起的人才,就暗中把他藏在车子里,带回了齐国。 不久,孙膑得到齐将军田忌和齐威王的赏识。 齐军救赵,齐威王是打算派孙膑为主将发兵前往的,但孙膑不想把自己的名字暴露出来,以免引起庞涓的注意,于是孙膑推说自己是受刑身残之人,不宜为将。 齐威王遂改用田忌为主将,孙膑为军师,大举伐魏救赵。

田忌打算直奔邯郸,同魏军主力交战以解邯郸之围。 孙膑不赞成他这种打法，提出了"批亢捣虚"、"疾走大梁"的正确策略。

庞涓得知大梁危急的消息，大惊失色。魏军不得不以少数兵力控制历尽艰辛刚刚攻下的邯郸，而以主力急忙回救大梁。这时，齐军已将地势险要的桂陵作为预定的作战区域，迎击魏军于归途。魏军由于长期攻赵，兵力消耗很大；长途跋涉使士卒更加疲惫不堪，而齐军则是占有先机之利，以逸待劳，士气旺盛。因此，面对齐军的阻击，魏军完全陷入了被动挨打的地位，终至惨败。

公元前342年，庞涓带兵在马陵使魏国遭到从未有过的惨败。接着，齐、秦、赵从东西北三面夹攻魏国。公元前340年，秦商鞅用计抓到魏公子，大破魏军，魏国又一次惨败。后来到五国相王时，强盛一时的魏国终于向齐国屈服，战国的形势由此发生重大转折，齐国代替魏国而称霸诸侯。

在这里，庞涓所表现出的鼠肚鸡肠和阴险毒辣，显然完全背离了宽容、谨慎、修德柔顺的坤卦精神。本来，倘若他能够做到容留本与自己情同手足的师兄弟孙膑，则不但会成全了兄弟之义，也使自己有了一个好的搭档，一同使魏国国势蒸蒸日上。可惜的是，他完全被一种不健康的狭隘偏执思想给控制了，结果不但害了别人，误了国家，也将自己送进了一个万劫不复的深渊。

屯卦第三

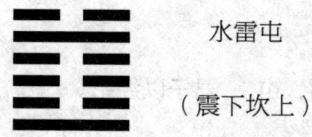

水雷屯

（震下坎上）

【题解】

《屯》象征着万物初生的景象。"刚柔始交"，则万物"生于忧患";"天造草昧",则"多难兴邦"。故《易》以《乾》《坤》开篇之后,就以《屯》来阐释万物开始的道理,既以"元亨,利贞"来总说卦情,又以"刚柔始交而难生"来说明生物之初的艰难。筮得《屯》卦,下卦为震,震为动,上卦为坎,坎为陷,动而有陷,如行而遇险,故其卦爻辞以其"难"启示人们:《屯》利于内建诸侯,而不利于外有攸往。

【原文】

屯①:元亨,利贞。勿用有攸往②,利建侯③。

【简注】

①屯:卦名。屯本义指草木初生,也有释为春、禾、椿者。在此象征盈塞,聚集。②攸往:所往。③建侯:封授侯位。侯,诸侯。

【释义】

《屯》卦:
亨通之至,有利于所占问之事。不要出门远行,有利于建立诸侯。

【原文】

《彖》曰:屯,刚柔始交而难生。动乎险中,大亨贞。雷雨之动满盈,天造草昧。宜寻建侯而不宁。

【释义】

《彖传》说:屯象征着刚柔开始交感而产生的艰难,虽然它萌动于艰险之中,却还是亨通而有利的。天地之间充盈着雷雨时,上天就开辟世界创造万物于冥昧之中。在适宜于建立诸侯的时候,本来就不能安宁无事。

【原文】

《象》曰:云雷,屯。君子以经纶。

【释义】

《象传》说:雷声在乌云中震动,天空正在酝酿"初生"的希望。君子也应有所感动而经略天下,治理国家。

【卦解】

屯卦卦辞中同乾卦一样，也有"元亨利贞"四个字，这是告诉我们当自己的人生还处于萌芽时期，应坚守在自己的岗位上创业，有始、有中、有终地进行奋斗。这就好比人们对新职工的忠告：当你刚走入工作岗位时，不要急于跳槽，要先在这个岗位上认真干上一段时间再说。因为刚走入工作岗位的员工就像幼苗难以移活一样，频繁改换工作只会浪费自己的青春，甚至会有失业的危险。所以"不要前往"，而适宜在自己的岗位上建立功业。

屯卦上卦为坎代表险难，下卦为震代表行动，在险难中行动，所以处处要小心。这就好比刚参加工作的员工，肯定会遇到这样或那样的困难，而处事谨慎，任劳任怨，最终会得到亨通。就好比豆芽菜一样，只有在上面压上大石头，才会长得粗壮。人也是一样，需要在困境中磨砺自己，才能很好地成长。"不想当元帅的士兵不是好士兵"，所以在事物发展的最初阶段，要有建立功业的志向，对人生的未来做好规划，并且一步一步地朝自己的目标迈进。就像幼苗一样逐渐成长，最后长成参天大树。所以，象传辞告诫君子要"以经纶"。"经纶"本义为将丝理出头绪，编成丝织品。此处是告诫君子应当整理好自己的思绪，有选择地进行交往，形成自己的人际关系网；在事业上要做好规划，然后有条不紊地做事，积少成多，就像织布一样，最终建成自己的功业。

【原文】

初九，磐桓①，利居贞，利建侯。

【简注】

①磐桓：徘徊难进的样子。

【释义】

初九，盘桓徘徊时，利于居守正道，利于建立诸侯。

【原文】

《象》曰:虽磐桓,志行正也。以贵下贱,大得民也。

【释义】

《象传》说:虽然初九在遇到危险时会徘徊犹豫,然而有志于践行正道。如果能以尊贵的身份来到社会底层,就能大得民心。

【爻解】

初九爻,踌躇不前,利于在原地保持贞正,有利于建国封侯。"磐"就是大石,而"桓"是树名,大石压住草木,阻碍了草木的生长,"磐桓"比喻为前进不得、踌躇淹蹇的意思。"初九"阳爻,但在最下方开始的位置;因此,虽然刚健,但是却处于困顿的苦难状态。不过,下卦"震",有动的作用;"初九"又与上卦的"六四",阴阳相应,当然会奋发前进。可是,"六四"在上卦"坎"也就是陷、险的最下方,是危险的陷阱,以致"磐桓",不得不踌躇。尽管如此,但"初九"阳爻阳位得正,态度坚贞,依然有利。"初九"是屯卦的开始,意义重大,阳爻位于阴爻的下方。以人事做比拟,正是有才能,又正当有利于建立公侯基业的草创时期,前途大有可为。

【原文】

六二,屯如邅如①,乘马班②如。匪寇婚媾,女子贞,不字③,十年乃字。

【简注】

①邅:邅转,绕圈子。如,语助词,即样子。②班:旋转不进。不字:不嫁人。字,古礼女子订婚后即用簪子插住挽起的髻。引申为不许嫁。

【释义】

六二,有许多人聚集在一起,乘着马回环徘徊,纷纷前来。但是他们不是强盗,他们是来求婚姻的,女子若在此时不应许,则十年之后才能结成姻缘。

【原文】

《象》曰：六二之难，乘刚也。十年乃字，反常也。

【释义】

《象传》说：六二陷入困难，因为它凌驾于初九阳刚之上，违犯了男尊女卑、阴下阳上的常理。十年后才许嫁，这是违背常理的。

【爻解】

六二爻，虽然徘徊不前，乘马在原地旋转，但并不是抢劫，而是为了求婚。女子贞烈而十年不嫁，十年后才出嫁。"六二"阴爻阴位，并且在下卦的中位，因此中正；又与上卦的"九五"，阴阳"相应"，应当结为夫妻。不料"六二"又恰好在阳刚的"初九"上方，非常接近，以至于"屯如"、"邅如"，进退两难了。就如同并列的四匹乘马，脚步不一致，难以顺利前进。又象征"初九"强横，胁迫"六二"下嫁，但"六二"贞烈，等待十年之久，才摆脱"初九"的纠缠，终于和相应的"九五"结合。

【原文】

六三，即①鹿无虞②，惟入于林中。君子几③，不如舍，往吝④。

【简注】

①即，追逐。②虞，虞人。古时入山林必有虞人做向导。③几，近、企望。④吝，困难。

【释义】

六三，没有虞人引导就追逐山鹿，结果进入茫茫的森林之中。君子与其紧随其后，不如暂时舍弃，如果执意前往，就会陷入困境。

【原文】

《象》曰："即鹿无虞"，以从禽也。君子舍之，往吝穷也。

【释义】

《象传》说:"在没有虞人的引导下就追逐山鹿",是因为紧紧地追赶野鹿。君子不如暂时舍弃,执意前往会陷入困境,无路可走。

【爻解】

"六三"阴爻阳位,因而不满,想要妄动。但"六三"既不正,也不中,又与"上六"同是阴爻,也不相应,轻率进入,必然会陷入困境。用打猎追逐"鹿"来做比拟,要是没有管理山林的人做向导,就避免不了在山林之中迷失方向。因此,君子应当机警,不如舍弃,要是贸然询往,就会有迷失被困在林中的耻辱了!

【原文】

六四,乘马班如,求婚媾,往,吉无不利。

【释义】

六四,乘着马纷纷前去,求取婚姻。前往是吉利的,无有不利之事。

【原文】

《象》曰:求而往,明也。

【释义】

《象传》说:求婚而前往,这是明智之举。

【爻解】

"六四"阴爻,原来和下卦的"初九"阴阳相应,但却和上卦的"九五"过于接近,因为"初九"、"九五"的相互牵制,使"六四"意志动摇,犹如脚步不一致的四匹乘马,进退两难。可是"六四"毕竟和"九五"接近。只要向前去"求",就可以结合,因此说吉祥,没有不利。

【原文】

九五,屯其膏,小,贞吉;大,贞凶。

【简注】

①膏:雨水。

【释义】

九五,在草木萌发初生时遇到雨水的润泽,若雨水小,就吉祥;若雨水滂沱,则凶。

【原文】

《象》曰:"屯其膏",施未光也。

【释义】

《象传》说:"在草木萌发初生时遇到雨水的润泽",说明九五所施恩泽德惠尚未广大。

【爻解】

九五爻,难以布施恩泽。占问日常小事吉利,占问国家大事凶险。"九五"原本与"六二"阴阳相应;可是"六二"阴柔,无力量给以应援,不足以解困。更何况阳刚的"初九",又在最基层受到拥护。以至于"九五"被困重阴中,孤立而无援。因此"屯其膏",纵然有能力,也难以施展。在这种状况下,假如是小事,保持纯正,还会吉祥;假如是大事,即或保持纯正,也难免凶险。"九五"中正,又在最尊贵的"五"位上;但是,却陷在上卦"坎"的险陷的正中央,以致行动困难。

【原文】

上六,乘马班如,泣血①涟如。

【简注】

①泣血:古人指无声泣哭。

【释义】

上六,乘马盘旋徘徊,泪流如血涟涟不止。

【原文】

《象》曰:"泣血涟如",何可长也。

【释义】

《象传》说:"泪流如血涟涟不止",怎么能长久呢?

【爻解】

"上六"阴柔,却上升到极点,已经是日暮途穷的时刻。与下卦的"六三",同属阴爻,不可以获得应援,以致陷入于进无可取、退无可守的绝境之中;从而忧惧,血泪涟涟。

【卦义新解】

《屯卦》居于《乾卦》《坤卦》之后,是因为紧接天地创万物之后春雷发动万物萌动之故。喻以时事,则认为事业草创之初危机四伏,宜把握方向,坚定不移于正道;积聚力量以求发展,不可轻举妄动;积聚力量之后,应当积极进取,不可滥施其力以致陷险而难以自拔。

事物的初生并不太平,而是"动在险中"。或许这在很多人眼里已是常识,但往往正是因为它是常识而常被忽略轻视。作为领导者,无论是在事业草创之时,还是在遭受一番打击之后,面对一个烂摊子,都必须要有立足现实、克服困难而积极进取的精神。本卦所说"勿用有攸往",并不是因险不动、知难而退的意思,犹如女人生孩子,不能因痛苦就不去生养。相反,应该创造条件,在较有利的环境中涉险而动。

《屯卦》中的"屯"代表人生、事业的初创,在这个初创阶段,任何人都会遇到艰难险阻,每当这个时候,人们最需要的就是坚定的信念和锲而不舍的精神,也就是"君子以经纶明志"。只要能够"以经纶明志",我们的人生和事业便会由一株刚刚萌芽的小苗,历经风雨而成长为参天大树。

人们对于著有《本草纲目》的医药学家李时珍并不陌生,在他的成功之路上,随处都能见到屯卦中讲到的"以经纶明志"的精神。

李时珍出生在湖北蕲州的一个医学世家。其父李月池医精德高，曾任太医院吏目，并写有《医学八脉考》《四诊发明》等著作。由于家庭环境的熏陶，李时珍从小就热爱医学，特别喜爱药物学。十几岁时，他就知道了许多药物的名称，并能讲出自己所种几十种花草的药用功能。

在当时，医生的地位不高，收入也不丰，因此，李时珍的家境并不富裕。由于营养不足，少时的李时珍体弱多病，甚至病得卧床不起。幸得父亲精心治疗，才得于康复。由于患病的经历，使李时珍亲身感受到病人的痛苦，他暗暗下定决心，随父学医，济世救人。

父亲李月池行医多年，深知医道之难。他从内心里不愿让儿子再走这条担风险的谋生之路。他一心想让时珍读书应考，以便一举成名，光宗耀祖。开始时，李时珍不敢抗父命，认真习儒，十四岁就考中秀才。可后来，越学越没兴趣。在父亲的严厉督促下，曾三次去武昌应试举人，但都名落孙山。李月池认为是儿子玩弄花、草、虫、鸟而影响了学习，一气之下，把时珍种的花草都给拔了。为此，父子还闹了一场风波。后来，李月池发现儿子通过种花草、养虫鸟，对药物很有研究，有时还在药物知识上将他这个父亲一军。父亲无奈，只好同意了李时珍学医的请求，并亲自帮助时珍种花、植草、喂虫、养鸟，收集各种药物标本。

李时珍实现了自己学医的愿望，真是如鱼得水，如虎添翼。他学起医来，兴趣浓，劲头足，经常废寝忘食。他"读书十年，不出门庭"，三十多岁便成了当地名医。嘉靖三十五年（公元1556年）李时珍被皇帝召到太医院任"太医院判"。由于他不甘心忍受卑躬屈膝的耻辱，待了一年便辞职回家。为了济世救人，李时珍决心编修本草。他博览群书，采访四方，亲尝百草，岁历三十载，书考八百家，对历代本草复者芟之，讹者绳之，缺者补之。他奋力编摩，纂述诸家，殚心厘定，编成不朽名著《本草纲目》。此书收药1892种，附方11096首,插图1127幅,计190多万字,确是一部集本草之大成的划时代的杰作,是一部造福于炎黄子孙千秋万代的珍贵文献。李时珍的成功过程,极其准确地验证了"经纶明志"对于人生的重要性。

万事开头难,在事业的初创阶段总会遇到种种困难。不应因阻力而放弃,经受住无数次的磨难与痛苦,凭借着一种锲而不舍的精神,最终一定会赢得成功。

蒙卦第四

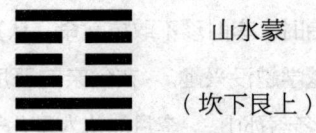

山水蒙

(坎下艮上)

【题解】

《蒙》象征着事物初生后的蒙昧幼稚的状况。从卦序上看,《蒙》出现在《屯》之后,体现出圣人"爱人"、"育人"的良苦用心。既然人有"蒙稚",就应当"发蒙"教导。故《礼记·学记》云:"玉不琢,不成器;人不学,不知道。是故古之王者,建国君民,教学为先。"

【原文】

蒙①:亨。匪我求童蒙②,童蒙求我。初筮告,再三渎③,渎则不告。利贞。

【简注】

①蒙:卦名。本义是冢上的草木。冢,高地,高地被草木覆蔽。后引申为萌发、蒙昧、幼稚、蒙蔽。②童蒙:幼稚蒙昧之人。③渎:渎慢、亵渎。

【释义】

《蒙》卦本义是幼稚蒙昧，象征着教育，亨通。不是我去求幼童，是幼童来有求于我。初次占筮，我告以教诲之辞，若接二连三地来问就是亵渎和轻侮，若轻侮，就不给以教诲。利于做事。

【原文】

《彖》曰：蒙，山下有险，险而止，蒙。"蒙亨"，以亨行时中也。"匪我求童蒙，童蒙求我"，志应也。"初筮告"，以刚中也。"再三渎，渎则不告"，渎蒙也。蒙以养正，圣功也。

【释义】

《象传》说：蒙昧，譬如高山之下遇险，遇险而停止前行，这就是蒙昧不明啊！"蒙昧而亨通"，因为亨行于合适的时机。"不是我求童蒙来问我，而是童蒙来求我启发他"。"初次占问时就告知"，因为九二以阳刚居下卦之中。"若再三地来问，就是亵渎，亵渎则不能告知"，因为这是亵渎启蒙之道。启蒙就是培养人的正直品格，这是圣人的功德。

【原文】

《象》曰：山下出泉，蒙。君子以果行育德。

【释义】

《象传》说：山下流动着泉水，就如蒙昧渐渐开启。君子就是要以果决之行来培养美德。

【卦解】

"匪我求童蒙，童蒙求我"，这句卦辞告诉我们，人类是自觉走出蒙昧的。不懂事的孩童，找长者求教知识，人类就是这样在求教中，在代代相传中，积累了知识，走出了蒙昧，进入了文明。

"初筮则告，再三渎，渎则不告"，这是告诉我们，人类走出蒙昧是靠占卜实现的。并且这种占卜知识是极其神圣的，如果孩童对其怀疑或亵渎，则不会告诉他这种知识。其实这一句话也是告诉人们占卜的注意事项，同一件事一般只能占卜一次，多次占卜便不灵验了。这是怎么回事呢？我们现在哲学中有一个两难选择的问题，古人当时也会面临两难选择，怎么选择呢？便是通过占卜。可是如果占卜者对结果总是不满意，多次占卜也无法解决这个问题，所以在两难选择面前犹豫不决的人，确实神灵也帮不上忙。用八卦进行占卜，是有着严密的逻辑推理的，所以它与一些迷信活动有区别，也正是这样，人类才靠这一门学问走出了蒙昧时代。

彖辞则对蒙卦的卦象进行了进一步的发挥，告诫人们要遇险知止。而象辞则从另一个角度对人们提出忠告：君子要像山泉学习，培养自己的道德，像山泉源远流长、滋润万物一样用自己的道德为人类做贡献。

【原文】

初六，发①蒙，利用刑人，用说桎梏②，以往吝③。

【简注】

①发：启发。刑人，受刑之人。②桎梏：古代刑具，在脚称"桎"，在手称"梏"。③吝：难行之状。

【释义】

初六，启发蒙昧，利于受刑之人，脱去桎梏，然前行仍然有困难。

【原文】

《象》曰："利用刑人"，以正法也。

【释义】

《象传》说："有利于受刑之人"，这是为了严正国家的法律。

【爻解】

发蒙意即启蒙，教育是用来规范人的，刑通型，刑人意即定型、规范人，使儿童读书明理，以避免将来牢狱之灾。"用说桎梏"中用当以讲，说通脱，桎梏是代刑具，借指触犯刑律。初六往上五个爻恰像桎梏，是两个刚爻夹着三个阴爻。不可往前，否则有害。下卦坎代表水，水最平，象征法律，所以象辞中说道，树立规范来端正法规。

【原文】

九二，包①蒙吉，纳妇②，吉，子克③家。

【简注】

①包：包容、包含。②纳妇：儿子娶媳妇。③克：成。

【释义】

九二，为众阴所包涵，吉祥。就像迎娶美丽贤淑的媳妇一样，吉祥。因为儿子已经有能力治理家庭，可以给他娶亲了。

【原文】

《象》曰："子克家"，刚柔接也。

【释义】

《象传》说："儿子能治理家庭"，这是因为阳刚与阴柔互相接应。

【爻解】

包蒙意即包容，九二爻与九三、九四爻组成互卦震，震代表长子，九二爻为刚爻居中，表明长子已经当家做主，以刚节制周围的它周围三个柔爻（刚柔节也），而且刚柔相济，故吉。克意为成，克家即成家。这里忽然谈到长子成家、治家，同人修身然后齐家的思想一致。

【原文】

六三，勿用取女，见金夫①，不有躬②，无攸利。

【简注】

①金夫：有金钱的男人。②躬：身子。

【释义】

六三，不宜娶这个女子为妻，因为当她见到美男子，就会不顾礼节地接近这个美男子，所以娶她为妻是很不利的。

【原文】

《象》曰："勿用取女"，行不顺也。

【释义】

《象传》说："不宜娶此女子为妻"，因为这件事不顺利。

【爻解】

六三爻仍然谈齐家，六三爻为柔爻居刚位，首先不正。下卦坎由坤变（乾坤生六子，其他六卦都出自乾坤两卦，八卦叠加生六十四卦，可以说其他六十二卦都由乾坤演变而来）。坤为身、为躬，躬就是自身，坎变坤，所以说"不有躬"，她应当同上九相应，却见到九二爻居中，有权有势（象征金夫），就失身于他，这种势利女人行不顺也，不能娶。取通"娶"，娶了这种女人没什么好处（无攸利），"攸"意为"所"，前面卦中爻辞里"有攸往"，意思就是有所往（行动）。

【原文】

六四，困蒙，吝。

【释义】

六四，困于蒙昧，如陷入困境之中。

【原文】

《象》曰："困蒙之吝"，独远实也。

【释义】

《象传》说："陷于蒙昧之中的困难"，是因为它远离于师教。

【爻解】

六四阴爻与初六阴阴不应。同左右两旁也是阴阴不应，距离阳爻最远，阳代表实，阴代表虚，所以在蒙卦里六四爻是独远实也，故困蒙，这里蒙有遮蔽、覆盖之意。柔爻不像刚爻具有独立果敢的力量。需要有刚爻的支持帮助。其实就是刚爻在不合适的时候，也要"利见大人"以寻求帮助。

【原文】

六五,童蒙,吉。

【释义】

六五,幼童受到启蒙,吉祥。

【原文】

《象》曰:"童蒙"之"吉",顺以巽也。

【释义】

《象传》说:"幼童受到启蒙"的"吉祥",是因为幼童能如和风一样顺应老师的教诲。

【爻解】

儿童虽然蒙顿未开,但天性纯真,中国哲学非常推崇返璞归真,所以童蒙很吉。 六五柔爻柔顺地进入尊位,达到返璞归真的至高境界。 巽为八卦之一,代表风、木,也有柔顺的意思。

【原文】

上九,击①蒙。 不利,为寇;利御寇。

【简注】

①击:治、惩治。

【释义】

上九,以惩罚的方式启发幼童的蒙昧,不利于做伤害别人的盗寇之事,有利于做抵御别人伤害的事。

【原文】

《象》曰:"利用御寇",上下顺也中。

【释义】

《象传》说:"有利于做抵御别人伤害的事",就能使上下之间的意志顺畅。

【爻解】

一般到上九或上六的位置亢而不吉利,但此处上九下面紧接着三个柔爻，组成互坤，坤为顺、跟从，所以上九有率众之象。上九本与六三相应，但六三投靠金夫九二不应，六三所在下卦为坎，坎为寇，与上九不应，所以上九不利为寇，上九所在艮卦代表止、代表手（前面讲过震为足，坤为身），击蒙，这里的蒙似是昏迷意思，如打蒙。以手击打阻止盗寇，得到众人响应，所以利御寇，且上下顺也。可见击蒙已经到了平天下的地步。

【卦义新解】

《蒙卦》为《易经》的第四卦，说的是人要摆脱蒙昧，像孩子求学一样启蒙求学，去获得智慧的提升。人需要引导，最重要的是获得心灵智慧的引导，生命就会获得光明和自由。就像山下面的泉水，在自身心灵的引导与渴求下，冲破岩石的阻挡，走出自己的路来。看到那冲出岩石压抑的泉水，比一般的泉水更有生命力。因为它摆脱了束缚，所以能唱出自由灿烂的歌声。有的泉水在石头中冲出来，像一根水搓成的绳子。把自己拧成一股绳，才有力量冲出巨石的压制。

孩子的成长要面临很多问题。事情的发展，在开始时就好像孩子成长一样要面临各种问题。所以把这一卦放在战胜困难这一章里。

身心被蒙蔽，需要自身的开启，可以求助别人，这就是求学。求学是一生的事情。但有智慧的人，读书读到一定的时候，就不必再读书学习，下一步就是如何把智慧转化与应用。

站在另外一个角度，劝导、说服、开启别人，首先自己要有这样的能量，否则就无法做到。

身心被蒙蔽，就不能看得很远，没有视野，也没有心灵。太阳被遮蔽，万物就没有阳光，就会生出疾病，走向死亡。在遮蔽的环境与状态下，人就要突破，不能坐以待毙，不能身陷不利境界之中无法自拔。

不论被心灵蒙蔽还是被疾病或环境蒙蔽，自己都要寻求突破。像种子那样，冲出黑暗的泥土，找到新生。像鸡蛋里的小鸡那样，啄破蒙蔽自己的蛋壳，走到阳光的世界里面去经受风雨。

童年的快乐不仅在于求学启蒙，还在于在游戏中快乐的长大。童年的经历对一生来说都是最重要的铺垫，对人生的成长有至关重要的影响。当孩子眼睛被蒙上布捉迷藏的时候，有的孩子为什么能够"看见"，慢慢走近目标，而有的孩子就变成了盲人寸步难行或者四处乱撞？因为能够"看见"的孩子，是用心在走路，他判断周围的声音，捕捉细小的响动，甚至用耳朵倾听别人的呼吸，都可以作为根据，加上对蒙上布之前、蒙布时候所抓住的感觉进行综合分析，就可以找到答案。

智慧要发挥作用，就要与周围的因素积极配合，才会产生应有的价值。多少优秀的智慧被埋没，因为智慧得不到它的物质条件，就不能发挥作用。很多有智慧的人，只能去打工，从事低级工作，智慧得不到充分的运用，这些人自身不具备物质外在条件，所以只能如此。智慧不是孤立存在的，只有在恰当的位置、恰当的时候，才会显示出它的威力，否则就是废品，就像印刷在书上的智慧一样没有得到运用，毫无用处。

长大以后，还是要像孩子一样成长，用学习来解决成长的迷惑。

需卦第五

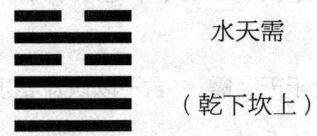

水天需

（乾下坎上）

【题解】

在六十四卦中，凡言有"利涉大川"的卦，多有进取之象。

《需》卦就是这样的一个卦。但是，进取需要耐心、稳步、有序地进行，而不是轻举妄动。所以《彖传》以"需，须也"阐明卦德。《需》中六爻，初言"无咎"，二言"终吉"，三言"慎不败"，四言"顺以德"，五言"贞吉"，上又言"终吉"，皆无凶象，这表明以诚实、耐心、慎重的态度进取，就会吉祥有利。

【原文】

需①：有孚②，光③亨④，贞吉。利涉大川。

【简注】

①需：卦名。其本义为古代求雨之祭。后引申为等待、需要等意。②孚：诚信。③光：通"广"。④亨：祭祀。

【释义】

《需》卦象征着等待：心怀诚信，光明亨通。守持正直之心，利于涉过大河。

【原文】

《彖》曰："需"，须也。险在前也，刚健而不陷，其义不困穷矣。"需，有孚，光亨，贞吉"，位乎天位，以正中也。"利涉大川"，往有功也。

【释义】

《彖传》说："需"，就是等待。因为有险象于前，等待就不会使乾之刚健之行陷入困境，适宜的时候再前行就不会导致困穷之苦。"等待，心怀诚信，光明亨通，坚持正直之德"，这是因为九五居天君之位，保持正中之德行的缘故。"利于涉过大河"，建立功业。

【原文】

《象》曰：云上于天，需。君子以饮食宴乐。

【释义】

《象传》说：云浮动在天空的情景，就是《需》卦。在这个时候，君子应该在家饮食作乐，等待天晴。

【卦解】

从卦辞上看，需卦还是有利于行动的，并且前途光明。但其主要的因素在于要有诚信，其次是具备刚健之德。天有诚信，所以云行雨施，使万物得到滋养，并且适时雨过天晴，使万物普受阳光。春去秋来，时节按时到来，分秒不差。人们根据圭表测日影而安排农事，春耕夏种，秋收冬藏，不会有任何失误，这便是天的诚信，天的刚健，在于日月运行，寒来暑往，永不停息。所以人如果具备天的诚信与刚健，就可以渡过大的险阻，走向光明与辉煌。

有这么一个故事，可以说明诚信对人生的作用。第一次世界大战期间，山本武信经营国际出口贸易，他的出口贸易生意火爆，赚了不少钱。为了扩大经营，他向银行进行大量借贷，以备足更多的货物供应市场的需求。可是，紧接着，世界大战结束，出口生意被迫停止，导致库存滞销。他只得把库存进行低价甩卖，可是货款却无法收回来。于是山本武信的贸易公司破产了。为了偿还银行的贷款，他把自己所有的财物都交给了银行，包括自己的金怀表也交了出去，甚至连妻子戒指也交了出去。本来按照惯例，首饰一类的财物是可以保留的，可是尽管银行经理说怀表与戒指可以拿回去，但他执意不肯。银行被感动了，不但派人把他妻子的戒指送了回来，还送来了一大笔款子，使山本武信凭这笔巨款终于渡过了难关。山本的诚信，使一个日本人深受教育。后来这个日本人以诚信为原则，创立了享誉全球的大公司，他就是松下幸之助。

有诚信，而且自强不息，还有什么困难战胜不了呢？

【原文】

初九，需于郊，利用恒，无咎。

【释义】

初九，在郊外等待，有利于保持恒心，如此则没有过失。

【原文】

《象》曰:"需于郊",不犯难行也。"利用恒无咎",未失常也。

【释义】

《象传》说"等待于郊野之处",不冒险前行。"用恒心等待则没有过失和灾难",远离灾害未失常理。

【爻解】

初九距离上卦坎险还远,所以说等待于郊外,不犯难冒进,无危害。"利用恒"意思是保持平常、正常就好,不要盲动招惹是非,静养在平静的郊外不错。孩子的抚育成长也要一个安静适宜的环境,所以昔日孟母三迁。

【原文】

九二,需于沙,小有言①,终吉。

【简注】

①言:责难,口舌之事。

【释义】

九二,等待于沙滩之中,虽有口舌之事,最终还是吉利的。

【原文】

《象》曰:"需于沙",衍在中也。虽小有言,以终吉也。

【释义】

《象传》说:"在沙滩中等待",水流于其中。即使稍有言语口舌之事,但是最终还是吉利。

【爻解】

沙指沙滩、沙洲。九二离水更近,到了水边沙滩。风险又大了一点,有人稍微说些责让的话,但言语之烦,不足为虑,过去后就会吉利。常常人要做些事情,总遭到旁人的非议,简直人言可畏,但勇者让别人说去吧(在沙滩上等候)。坚持下去,终会成功。

【原文】

九三,需于泥,致寇至。

【释义】

九三,等待于泥潭之中,不能进也不能退,结果招致强寇来侵。

【原文】

《象》曰:"需于泥",灾在外也。自我致寇,敬慎不败也。

【释义】

《象传》说:"等待于泥潭之中",这时灾难尚存在于自身之外。是我的前行招致了强寇,虽然如此,只要谨慎就不会失败。

【爻解】

继续前行,已经陷入泥沼,紧挨着坎水,坎为寇(注:蒙卦上九爻为利御寇)。因为九三与上六正应,所以此寇是自己招来的,但下卦乾刚健无畏,只要谨慎是不会失利的。外寇并不是最大的祸患。

【原文】

六四,需于血,出自穴①。

【简注】

①穴:古人居住的山洞、土洞。

【释义】

六四,在血泊中等待,从洞穴中爬出。

【原文】

《象》曰:"需于血",顺以听也。

【释义】

《象传》说:"在血泊中等待",要顺从地听命于九五。

【爻解】

在血泊中等候,凶险可以想见,到达坎卦险境,此时已经深入虎穴,看起来只有听天由命了。上卦坎由坤变,坤为顺,坎在人身为耳为听,所以说"顺以听也"。但乾刚健,应该没有生命之忧。

【原文】

九五,需于酒食,贞吉。

【释义】

九五,在危险面前,不犯险前行,却需待于酒食之前,这是吉利的。

【原文】

《象》曰:"酒食贞吉",以中正也。

【释义】

《象传》说:"需待于酒食之前是吉利的",这是因为九五居于中正之尊位。

【爻解】

进入坎中央,中央为阳爻为实为陆地沙洲,大难不死,必有余幸。 此时坎水也变成了美酒,既是畅饮庆祝涉险过关,还是尽享受人生饮食之乐,这一爻体现了需卦的本意,应该是该卦的本位爻。 胜利的果实来之不易,才愈加显得甘美。 庆祝也会给人生增添享受人生的意义,世界第一总裁杰克·维尔奇只要有理由就会搞庆祝,下面的人很受鼓舞,士气很高。 儒家多强调生于忧患,死于安乐,是进亦忧,退亦忧,然则何时而乐也? 《易经》的见解真是历久弥新啊。

【原文】

上六,入于穴,有不速①之客三人来;敬之,终吉。

【简注】

①速:邀请、召。

【释义】

上六,返入于地穴之中,有三位不速之客来到,恭敬相待,最终是吉利的。

【原文】

《象》曰:"不速之客来,敬之终吉",虽不当位,未大失也。

【释义】

《象传》说:"不经邀请的客人来到,恭敬地接待他们,最终是吉利",即使其位有不当之处,也不会有大的过失。

【爻解】

上六因与九三正应,虽然乘刚于九二爻,而且走到尽头,却没有什么大的险害,与九三正应,九三带着九二、初九一同到来,三位不速之客着实让上六吓了一大跳,但刚柔相济,彼此没有威胁,既来之,则安之,恭谨招待,最终大家握手言欢,吉不必言。人在走投无路的时候,有时只能靠外人帮助。别人是否出手相助,就看以前做过的事,相处过的人能否有回应、回报了。

【卦义新解】

《需卦》中的"需"在古代是等待的意思。这种善于等待,既是一种手段,又是一种人生智慧。在《需卦》中分别指出了"需于郊"、"需于沙"、"需于泥"、"需于血"、"需于酒食"的制胜哲学。告诫我们在遇到危险、困难时,审时度势地等待时机,不失为一种较好的取胜之道。

从另一方来讲,看起来是这么样的险,但竟然是那么样的宽容,开始是让,让他们进去;第二步是以宾客相待;第三是敬,顺而听之。这个"需"一下子就上升了,由"待"上升为"养",就是涵养,双方都知对方有涵养,所以由和而见合。从这里又看到了更高一层的意思,如果仅仅是将它当作表面需要讲,那就根本讲不通,所以要理解为等待。但后面不能是仅仅等待就完了,它本身就已经升华了,所以我们必须去总结,去作更深层的理解。这完全是一个等待并超越的过程。因此,它对于领导思想方面的意义,其影响之深之远是显而易见的。无论是在干事业方面或设计自己的前途之时,积极的等待,显然是一种必要的过程和高明的策略。

为什么要在"城外"等待机遇呢?这是讲距离。如果把都城看成是权力中心所在,那么"需"就是要距离权力中心远一点。作为一个有目的的等待者,距离权力中心远,有利有弊。靠近权力中心,容易得到升迁,但也容易卷入权力斗争的漩涡而招致灾祸。远离权力中心,可以避免介入权力斗争,特别是在社会动荡时期及不具备相应实力的时候。由于距权力中心远,即使有才干也不容易被人发现,因此必须有等待的恒心。时间久了,有才干的人总会被发现、重用的;同时,在局势并不明朗的情况下,不介入权力中心的斗争,也可以避免过失和灾祸。

东汉末年,诸葛亮在远离都市的隆中卧龙岗隐居,实际上是"需于郊"。诸葛亮是一个胸有大志的人,"每常自比管仲、乐毅"。刘备三顾茅庐,终于见到诸葛亮。诸葛亮一开口便指出:"今操已拥百万之众,挟天子以令诸侯,此诚不可与争锋。孙权据有江东,已历三世,国险而民附,此可用为援而不可图也。"而后又说:"荆州北据汉、沔,利尽南海,东连吴会,西通巴、蜀,此用武之地,非其主不能守:是殆天所以资将军,将军岂有意乎?益州险塞,沃野千里,天府之国,高祖因之以成帝业……将军既帝室之胄,信义著于四海,总揽英雄,思贤如渴,若跨有荆、益,保其岩阻,西和诸戎,南抚彝、越,外结孙权,内修政理;待天下有变,则命一上将将荆州之兵以向宛、洛,将军身率益州之众以出秦川,百姓有不箪食壶浆以迎将军者乎?诚如是,则大业可成,汉室可兴矣。"言罢,诸葛亮叫童子拿出"画一轴",指着对刘备说:"此西川五十四州之图也。"

如此看来,诸葛亮不仅对取天下、成大业的步骤、方略,已胸有成竹,甚至连地图都准备好了。他在隆中,绝不是隐居,而是在等待机遇,以施展自己的雄才大略。

当时天下大乱,有那么多的所谓英雄豪杰称王称侯,诸葛亮为什么不匆匆去投奔哪一位,却"需于郊",而且久久不出山呢?诸葛亮自己没有说,但我们可以推测一下。诸葛亮身居隆中,却极为密切地观察着天下时势的变化。他知道,曹操已拥兵百万之众,手下的谋臣、策士、战将成百上千。他若去投奔,也不会受到重用。江东的孙权,已历三世,也是故吏满门庭,他若是前往,不可能身居要位。距他居地最近的是荆州刘表,但诸葛亮了解刘表不是成大业的人。只有刘备才是诸葛亮等待的人。因为刘备有志"成大业"且将少兵少,身边没有得力谋士,也没有立足之地。刘备正好是使诸葛亮获得重用,且能发挥他"经天纬地"之才的明主。如此看来,诸葛亮可谓是一个参透"需"理的智者了。这当然是与他自身的才能与眼光分不开的。

现实中,如果你是一位管理人员,无论所负责的是一个部门、一个企业,还是全面的工作,都难免会面临抉择和彷徨。其实在很多时候,"等待"都有可能是一种更好的解决问题之道。

讼卦第六

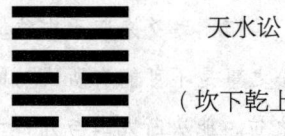

天水讼

(坎下乾上)

【题解】

《讼》象征着争议和诉讼。或争而不已,或争而结怨,不损人,则必损于人,二者必居其一。故卦以"中吉"而"终凶"来劝诫那些陷于争讼的人,不要因为时或有"吉"而争讼不已,否则必遭遇"终凶"之实。《论语·颜渊》载孔子之言曰:"听讼,吾犹人也,必也,使无讼乎。"所以筮遇此卦的人切不可因卦辞有"中吉"和九五爻之"元吉",就心迷于讼之得而不知讼之祸。

【原文】

讼①:有孚,窒惕②,中吉,终凶。利见大人。不利涉川。

【简注】

①讼:卦名。有争辩诉讼之意。②窒惕:后悔害怕。窒,通"咥",觉悔。惕,怨惧。

【释义】

《讼》卦象征着争辩之事,因为诚信被阻塞而心情恐惧。其过程中可能有暂时的吉利,然最终还是凶险的。此时,有利于去拜见大人,但不利于去涉越大川。

【原文】

《彖》曰:讼,上刚下险,险而健,讼。"讼有孚窒惕,中吉",刚来而得中也。"终凶",讼不可成也。"利见大人",尚中正也。"不利涉川",入于渊也。

【释义】

《彖传》说:争辩之事,是因为上有阳刚之乾,下有坎水为险,内险而外健,故有争辩之事。"争讼是因为诚信被阻塞,心有恐惧,其过程可能有暂时的吉利",阳刚之爻来归于中位。卦辞说"最终是凶险的",原因就在于争讼之事是不可能有所成功的。"利于去拜见大人",因为九五得中正之位,能决断九二与九四之争,因而深受其崇尚。"不利于涉越大川",这是因为阳来居于坎水之中,如"入于深渊"。

【原文】

《象》曰:天与水违行,讼。君子以作事谋始。

【释义】

《象传》说：天与水相背而行，故有讼象。君子因有元始之德，做事之初就要有谋划。

【卦解】

人们各自怀着自私之心，在这种情况下，诚信自然会被窒息，因为靠诚信无法使自己获得更多的饮食与财物。这就好比战国时代，谁兵强马壮谁就拥有更多的财富，诚信已经没有任何价值了。可是在一个没有诚信的时代，人们怎么生活和保全自己呢？只有"惕中吉"了，也就是说只有时刻警惕，谨慎小心做事，才不会受害。可是如果社会成了这个样子，人们再警惕，最终也是难逃凶险的。在这种情形下，遇到难题唯一的出路是求大人物帮助，可是不适合跨越大的险阻，因为这种时代只能逃避危险，哪能以身犯险呢！这种生活方式，就有些像小市民的生活方式。小市民寄生在贸易来往的城市里，可是自己又没有地位，没有权势。来城里做生意的商人都很奸诈，为了不上当，小市民必须学得"精"一点，自然对别人也不会讲诚信了。一遇到别人欺负，只能请有能力的大人物帮助解决，对于有危险的事情，离得远远的。小市民的这种生活方式是由环境造成的。

可是君子处于这种时代该怎么办呢？总不能像小市民一样吧！象辞中对君子的忠告是"做事谋始"，也就是说在做一件事之前，一定要预先做好谋划，把不利的因素全盘考虑清楚，权衡利弊之后再行动。

【原文】

初六，不永①所②事③，小有言，终吉。

【简注】

①永：恒常、长久。②所：其。③事：讼事。

【释义】

初六，不能长久从事诉讼之事，稍有言语责难，最终是吉利的。

【原文】

《象》曰:"不永所事",讼不可长也。 虽"小有言",其辩明也。

【释义】

《象传》说:"不能长久从事诉讼之事",因为诉讼之事本身是不能长久的。虽然"稍有言语相伤",然有九五处阳刚中正之位,能辨明是非。

【爻解】

初六阴爻居阳位,有应相承,所以"不永所事",争讼不会长久。 九五、九四、六三为兑泽,是讼卦的反卦,象征口舌、言语、争辩、辩明,因为相反所以争讼爻辞说:"小有言,终吉。"争辩往往不仅不能把问题说清楚,反而可能节外生枝,有些小的口舌是非,不去管它,最终会清楚并获得吉利。 有时争执起来,什么事情都做不成,中国改革的成功很重要一点就在于不争论,勇于实践,错了再改。 一争就复杂了。

【原文】

九二,不克①讼,归而逋②。 其邑人三百户,无眚③。

【简注】

①克:胜。②逋:逃、躲避。③眚:目疾生翳,此处引申为灾难、妖祥。

【释义】

九二,不能赢得诉讼,回家后就急速逃跑。跑到一个有三百户人家的城中,就没有灾难了。

【原文】

《象》曰:"不克讼",归逋窜也。 自下讼上,患至,掇也。

【释义】

《象传》说:"不能赢得诉讼",就回到家里,立即逃跑。这是因为九二以下讼上，以民告官，故有灾难来到，灾难来而逃跑则灾难就暂时停止了。

【爻解】

九二阳爻居阴位，不当位，与九五不相应，与初六相承，与六三相乘。下卦坎水与九五不相应，象征回来，象征捕捉，所以"不克讼，归而逋。"上卦乾天的反卦坤地象征村庄、村镇，象征整数一百，下卦坎水位列第三，象征三，象征眚（小毛病），九二居中，没有大的灾难，所以爻辞说："其邑人三百户，无眚。"九二与九五不相应，为敌，所以与之争讼，下面的民告上面的官，灾难来临，本该停止，争讼失败，回家就要逃；所以《象》曰："不克讼，归逋窜也。自下讼上，患至，掇也。"现在社会在不断进步，这种消极怕事、息事宁人的态度并不利于事情的解决和社会的进步。在司法公正的情况下要敢于应诉，维护自己合法、合理的权益。比如中国目前遇到国外的很多贸易纠纷、反倾销调查起诉就应当积极应诉。尽量不争是对的，但该争的时候一定要争。俗语说："没事别惹事，有事别怕事。"

【原文】

六三，食①旧德②，贞厉③，终吉。或从王事，无成。

【简注】

①食：享用。相当于食邑的"食"，即古代官吏享用分封采邑税收。②旧德：指先祖的遗德。③厉：危厉，危难。

【释义】

六三，享用往日累积的功德，虽然占测的结果是危难，但最终会吉利的。或跟随君王做事，但不要把成绩归于自己。

【原文】

《象》曰："食旧德"，从上吉也。

【释义】

《象传》说:"享用往日累积的功德",遵从于上位之阳刚则会吉利。

【爻解】

六三是公爵之位,公爵位可以世袭,坎为滋润、饮食,又上承乾的旧德,秉承祖先的余荫,所以说"食旧德,从上吉也"。但一旦触犯王法,祖先的余荫就可能被剥夺,俗话说富不过五代,子孙一定要有一种危机感,谨守正道。所谓贞厉,不张狂乱为,或者辅佐王事,不居功自傲,才可能延续祖先的荫德。

【原文】

九四,不克讼,复即命渝①。够安贞吉。

【简注】

①渝:变。

【释义】

九四,不能赢得诉讼,就复其本来之位,改变争讼的想法。安于已变之正位就吉利。

【原文】

《象》曰:"复即命渝",安贞不失也。

【释义】

《象传》说:"复其本来之位,改变争讼的想法",安于已变之正位则没有过失。

【爻解】

九四爻就进入上卦乾,乾为天,九四爻同时处在九三、九四、九五爻组成的互卦巽中间,巽代表风、木,古人认为风传递上天的消息,巽又代表着命。乾巽即天命。天命不可违。九四败诉后,乐天命(复即命渝),安身立命,故吉。

【原文】

九五，讼，元吉。

【释义】

九五，明辨诉讼之事，大吉。

【原文】

《象》曰："讼，元吉"，以中正也。

【释义】

《象传》说："明辨诉讼之事，大吉"，因其居九五之尊位，有中正之德。

【爻解】

九五就是德高望重、公正无私的大人，官司打到这里，自然会获得圆满解决，比起前面的不争、逃避，这的确是最圆满的结果，是最大的吉利（元吉）。这个吉利来源于中正。但从讼的过程可以看到，普通百姓甚至士大夫打官司何其难矣！九五这个正义也算是迟到的正义吧。

【原文】

上九：或锡①之鞶带②，终朝三褫③之。

【简注】

①锡：同"赐"。②鞶带：古时依官品颁赐的腰带。③褫：剥夺。

【释义】

上九，在疑虑中被赐予鞶带，又在一日之间多次剥夺这一赏赐。

【原文】

《象》曰：以讼受服，亦不足敬也。

【释义】

《象传》说：因为争讼而得到显贵的服饰，故不足以为人所敬重。

【爻解】

锡同"赐"，带是官服上的大带，官司打赢了，也可能会隆重地官袍加身，但也可能一天内被三次贬黜。乾为昼，指一天，也就是"终朝"。褫是夺。上九途穷，靠打官司得到官终非正道，所以不足敬也。君子要取之有道，胜之不侮。《易经》中这个价值观非常有价值。《易经》成书的年代，民风还很淳朴，士人也坚持天人相应，所以存有许多很神圣的观念，但今天的人们似乎以胜王败寇为当然，甚至笑贫不笑娼。殊为可叹！

【卦义新解】

《讼卦》初六爻的前半句"不永所事"是说此卦接上卦需卦而来，不会永远处于原来的平安状态，必然会有争讼；后半句"小有言，终吉"是说争讼被别国责难虽然难免，但终局还是吉祥的，这个过程中就是宽厚待人起了关键作用。在生活中我们也经常遇到有争执产生的情况，这时最正确的方法就是宽厚待人，以和为贵，促进彼此间的和谐关系。

大家都知道，人与人、团体与团体之间关系是相互的，彼此之间和谐相处，就能形成良性互动，达到双赢。如果因为一点儿小冲突就意气用事，破坏和谐，则可能使自己陷入恶性互动，对双方都不利。这才是因小失大。

一次，上海一家著名饭店宴请外宾。一位中等身材的外宾被餐桌上摆放的雕有九条飞龙的精美酒杯——"九龙杯"所吸引，赞叹不已。于是，他趁人不备顺手把一只杯子塞进了自己的公文包里。这一举动被饭店服务员看在眼里，并立即向经理作了汇报。经理觉得此事比较棘手：如果直接到外宾的公文包内翻取，外宾会提出抗议，从而造成不良影响；如果想法把外宾引开，那也不行，因为此时外宾肯定不会让公文包离身；如果等明天外宾离开饭店时扣下来，又怕夜长梦多，夜间发生变故。正在一筹莫展时，经理忽然想到周总理正在上海。于是，他向周总理作了汇报。周总理听后说："九龙杯是我们的国宝,一定要追回来,而且要有礼貌不伤感情地追回来。"接着,总理问晚上给外宾安排什么活动。 当听说宴会后安排外宾看杂技表演时,总理笑了,说:"这不就很好吗? 让外宾欣赏一下中国杂技的神奇奥妙嘛!"经过一番布置,杂技演出的最后一个节目为魔术。 只见舞台中央的桌子上摆放着三只九龙杯,魔术师用一块黑色方布将杯子盖起来,走开几步,掏出道具手枪,对准杯子开了一枪,然后揭开黑布一看,三只酒杯只剩两只。 魔术师指指空缺酒杯的地方,又指指台下,示意酒杯变到台下观众席中了。 紧接着,魔术师走下舞台,来到宴会上拿九龙杯的那位外宾面前,先鞠了个躬,然后请他打开公文包。 在这样的场合和气氛下,外宾不得不将公文包打开,魔术师从中取出真的九龙杯,举在手上,场内顿时响起雷鸣般的掌声。 国宝终于被巧妙地取了回来。

面对非常棘手的事情,周总理用这种巧妙的方式,既追回了国宝,又维护了外宾的尊严,可谓一举两得,是以和为贵处理事情的典范。

要宽厚待人,防止意气用事,还要时刻保持与人为善的心态,把美好的回忆铭刻在心里,把不愉快用最短的时间冲刷干净。

汤姆和戴维、詹尼是好朋友。 有一次他们三人一起去旅行,行经一处山谷时,汤姆失足滑落,幸而詹尼拼命地拉住他,将他救起。 汤姆在附近的大石头上刻下了一句话:"某年某月某日,詹尼救了我一命。"

三人继续向前走,几天后来到一条小河边,詹尼跟汤姆为了一件小事争吵起来,詹尼一气之下打了汤姆一耳光。 汤姆当时非常愤怒,跑到沙滩上写下:"某年某月某日,詹尼打了我一耳光。"

当他们旅游回来后,戴维好奇地问汤姆为什么要把詹尼救他的事刻在石头上,却将詹尼打他的事写在沙滩上,汤姆回答说:"詹尼救了我，我永远都感激他。至于他打我的事，我会随着沙滩上字迹的消失而忘得一干二净。"

有的人信奉"有仇不报非君子"的哲学，却常常因这种狭隘的报复心失去更多。其实，"冤冤相报何时了"，不如"相逢一笑泯恩仇"，放下那些微小的不愉快，真诚地与人交往，才能拥有更幸福快乐的人生。

师卦第七

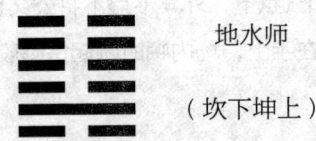

地水师

（坎下坤上）

【题解】

《师》卦强调的"用兵之道"：其一，在于"正"，只有正义之义之师才有资格用兵，才能如其《彖传》所言"毒天下之民从之"。其二，是欲治兵必先选将，也就是说，必须用人得当，如《师》之所谓"丈人吉"，"小人"则"乱邦矣"。也因此，《师》之六爻皆一一演示其用人与用兵的关系：初六强调军纪必须要严明，九二因用将得当而吉利，六三因用人不当而无功，六四行军有序而"无咎"，六五则直接说明用人当否的两种结果，上六则强调"小人勿用"。实际上，这些都在不同程度上揭示用兵之道的关键在于自己要"正"，故《彖传》曰："能以众正，可以王矣。"

【原文】

师①：贞丈人②。吉，无咎。

【简注】

①师：卦名。代表众、军旅。②丈人：德高望重之人，此处"丈

人"指主帅。

【释义】

《师》卦象征军旅之事：占测行军用兵的结果是，如果贤明之长者执掌军旅就吉祥，没有灾害。

【原文】

《彖》曰：师，众也。贞，正也。能以众正，可以王矣。刚中而应，行险而顺，以此毒天下，而民从之，吉又何咎矣。

【释义】

《彖传》说：军旅之事，是众人所组成的军队。贞，就是要坚守正道、正义。能使兵众坚守正道、正义，就可以做君王了。譬如有刚健中正之人在军旅之中响应君王，执行危险的任务而能顺应天下之民心，以此来治理天下，而民众纷纷顺而从之，吉利得很，还哪有什么灾害！

【原文】

《象》曰：地中有水，师。君子以容民畜众。

【释义】

《象传》说：土地中蓄积着很多的水，这种情况象征着兵众和军旅之事。君子深悟其中的道理而广泛地容纳百姓畜养民众。

【卦解】

古人极其注重出师有名，认为出师无名的战争是不会取得胜利的。比如武王在征讨纣王时，先是由周公慷慨激昂地宣《牧誓》，指出纣王的昏庸无道等各种罪行，以证明自己发动的这次战争是在替天行道。众将领与兵士于是便认为自己是在进行一场正义之战，肯定会有神灵保佑，所以作战更加英勇。

【原文】

初六，师出以律，否臧凶。

【释义】

初六,军旅出征必遵循国法军纪,反之,则必有凶险。

【原文】

《象》曰:"师出以律",失律凶也。

【释义】

《象传》说:"军旅出征必遵循国法军纪",没有国法军纪的约束就会有凶险。

【爻解】

初六阴爻居阳位,不当位,与六四不相应,与九二相承。师卦下卦坎水,象征法律、规则,象征失去;师卦上卦坤地象征善。据此,爻辞说:"师出于律,否臧凶。"行军打仗必须严守纪律,否则就会出现灾害。师旅的第一要求就是军队纪律,一下就点到了部队具备战斗力的精髓。史上著名的军队无不是军纪严明的部队。孙武严明军纪可以把一支由妃子宫女组成的队伍训练成令行禁止、敢于赴汤蹈火的队伍。军纪严明更可以得到人民百姓的拥护,在卦象中,初六居于坎卦,坎为水,水平故用如法律,所以首先要师出以律。

【原文】

九二,在师中,吉,无咎。王三锡命。

【释义】

九二,贤明长者在军旅之中就吉利,也没有灾害。受到君王多次奖赏并委以重任。

【原文】

《象》曰:"在师中吉",承天宠也。"王三锡命",怀万邦也。

【释义】

《象传》说:"贤明长者在军旅之中就吉利",承受天子的眷宠,"受到君王多次奖赏并委以重任",四方万邦之民皆因此而归服君王。

【爻解】

此爻是师卦的主爻，起着核心的作用。九二不当位，本来"有咎"，可九二居下卦的中位，与六五相应，阳应阴，并且与六三等四个阴爻相类，所以爻辞说："在师中吉，无咎。"

古代军队分为左中右三军，九二中爻位于中军大帐，即在师中。因为九二中正，又与上卦中爻六五正应，五位为天子位，所以九二是"承天宠也"。自然吉利无咎。六五天子不断嘉奖九二统帅，又九二与六五相隔三个爻位，所以爻辞谓"王三锡命"。宠誉甚隆，以慑服万邦。

【原文】

六三，师或舆尸，凶。

【释义】

六三，军旅出征有时会运输尸体回来，有凶险。

【原文】

《象》曰："师或舆尸"，大无功也。

【释义】

《象传》说："军旅出征有时会运输尸体归来"，说明六三无战功，很失败。

【爻解】

师卦的下卦坎水，象征尸体，互卦震雷，象征车辆，上卦坤地，象征死亡，六三无应、失位、有敌，所以爻辞说："师或舆尸，凶。"《象》曰："师或舆尸"，大无功也。

六三为什么不能行险而顺，反而是用车（舆）拉着尸体，大败而归呢？这是因为六三是柔居刚位，不正，又处于下卦坎险中，还与上六敌应。凡此种种，此时它前面面临的坤就不是代表顺，而是代表着阴和死了。

【原文】

六四，师左次①，无咎。

【简注】

①次：舍、驻扎。

【释义】

六四，军队驻扎于左方，就没有灾难。

【原文】

《象》曰："左次无咎"，未失常也。

【释义】

《象传》说："军队驻扎于左方，就没有灾难"，没有违背正道、常理。

【爻解】

师卦的互卦震雷，象征左（左次），古人尚右，左次则退，六四之后是六五、上六，都是阴爻，相敌，所以知难而退，所以爻辞说："师左次，无咎。"虽然后退，但六四当位，量力自处，改其常，所以《象》曰："'左次无咎'，未失常也。"

四位常有进退，如乾卦九四所说"或跃在渊"。古代行军以左为退，次为驻扎。师左次就是退军驻扎。六四柔居柔位，因为柔弱无力，周围又没有相比（异性爻相邻为相比）、相应，所以选择退却是正确的，柔居柔位，位正，无咎。胜败乃兵家常事，所以也"未失常也"。

【原文】

六五，田有禽①。利执言，无咎。长子帅师，弟子舆尸，贞凶。

【简注】

①禽：通"擒"，擒获。

【释义】

六五,打猎有所擒获。有利于发布命令,没有灾祸。长子统帅军队,弟弟打了败仗载着尸体而归,这件事是很凶险的。

【原文】

《象》曰:"长子帅师",以中行也。"弟子舆尸",使不当也。

【释义】

《象传》说:"长子统帅军队",这是因为九二以中正之道行师。"弟弟失败载着尸体而归",这都是因为用人不当啊!

【爻解】

六五阴爻居阳位,不当位,与九二相应。九二象征言语,意思是师出有名,象征长子。六五与九二相应,适宜与互卦震雷相应,不适宜与坎水相应,所以爻辞说:"田有禽,利执言,无咎。长子帅师,弟子舆尸,贞凶。"

古代狩猎常常就相当于军事演习。天子一般不能御驾亲征,故狩猎应有收获以示战争有俘获。六五位高又中正,但为柔爻居刚位,失之柔弱,九二统帅一阳统五阴,众望所归,能众正,可以为王,功高震,所以六五天子贞凶。

【原文】

上六,大君有命,开国承家,小人勿用。

【释义】

上六,君王发布命令,裂土分封诸侯,采邑赏封大夫,小人不可重用。

【原文】

《象》曰:"大君有命",以正功也。"小人勿用",必乱邦也。

【释义】

《象传》说:"君王发布命令",就是为了公正地评定功劳。"小人不可重用",说明任用小人必然祸乱国家。

【爻解】

上位为宗庙位,此爻明确地讲述其地位。古代打仗前后都要在宗庙举行隆重仪式以誓师或凯旋颁赐,这里讲战胜归来,在宗庙前论功颁奖(以正功也),立大功者封疆裂土,立小功者赐予采邑,上卦坤代表土地、国土,所以说开国承家。但不能奖赏小人,否则会乱国。

【卦义新解】

《师卦》上六一爻中说:军队凯旋,天子颁布了诏命,按功劳大小而分封功臣,或封为诸侯,或封为上卿,或封为大夫,但小人绝不可以重用,否则必然危害国家。用人之道也是如此,要舍得封赏,善于封赏,对那些取得成绩或者期待其取得成绩的人可以适当采用激励的方法来鼓舞士气。

有人说:"过度的压力可以让天才变白痴,适当的激励却可以让白痴变天才。"这句话道出了激励的伟大力量。

激励是一种有效的鞭策,可以激发员工的工作热情。缺乏激励则可能产生不良现象,如士气低落;员工流动性过大;彼此之间漠不关心,没有人情味;大家厌烦工作,生产力降低;不用心、不专心,到处浪费;一动不如一静,抵制革新……种种因素加在一起,就造成绩效不佳的可怕后果。

有人将"激励"比喻成一把宝刀,有刀刃也有刀背,用得正确,用对地方,用对时机,效果就很好;反之,则可能伤到自己,危及组织。因此,领导者更需用心学习正确的激励之道。

激励下属的第一步,是领导者首先要树立正确的激励理念:

(1)下属的动机是可以驱动的;
(2)绝大多数下属通过激励会喜欢自己的工作;
(3)下属都期望把工作做好、做对,而不会存心犯错;
(4)每位下属对需求的满足有完全不同的期待;
(5)下属愿意自我调适,产生合理的行为;
(6)金钱有相当程度的激励作用;
(7)让下属觉得自己很重要也是一种激励手段;
(8)激励可以产生大于个体运作效果的绩效。

激励的方式也多种多样,主要有以下几种:

1. 工资激励法

所有下属都希望能从工作中获得满足。工资待遇是满足其生存需要的重要手段。有了工资收入,不仅生活有了保障,还是社会地位、角色扮演和个人成就的象征,具有重要的心理意义,工资收入要与下属付出的劳动相对应。

2. 奖金激励法

奖金是超额劳动的报酬,设立奖金是为了激励下属超额劳动的积极性。在发挥奖金激励作用的实际操作中,应注意以下三点:

(1)必须信守诺言,不能失信于人。失信一次,会造成以后重新激励的困难。

(2)不能搞平均主义。奖金激励一定要使工作表现最好的下属成为最满意的人,这样会使其他人明白奖金的实际意义。

(3)使奖金的增长与企业的发展紧密相连,让下属体会到,只有企业兴旺发达,自己的奖金才会不断增多,而下属的这种认识会收到使其与企业同舟共济的效果。

3. 工作激励法

工作激励主要指工作的丰富化。工作丰富化能起到激励作用,是因为它可以使下属的潜能得到更大的发挥。

4. 支持激励法

上司可以明显地感觉到，对下属来说，"我批准你怎样做"与"我支持你怎样做"，两者的效果是不同的。一个好的上司，应善于启发下属自己出主意、想办法，善于支持下属的创造性建议，善于集中下属的智慧，把下属头脑中蕴藏的聪明才智挖掘出来，使人人开动脑筋，勇于创造。

5. 关怀激励法

得到关心和爱护是人的精神需要。它可以沟通人们的心灵，增进人们的感情，激励人们奋发向上，挖掘人们的潜力。上司应对全体下属关怀备至，创造一个和睦、友爱、温馨的环境。下属生活在团结友爱的集体里，相互关心、理解、尊重，会产生兴奋、畅快的感情，有利于开展工作。相反，如果下属生活在冷漠的环境里，就会产生孤独感和压抑感，情绪会低沉，积极性会受挫。

6. 竞争激励法

人们总有一种在竞争中成为优胜者的心理。组织各种形式的竞争比赛，可以激发人们的热情。比如各技术工种之间的操作表演赛，各种考察下属个人的技能、智能、专长的比赛，以及围绕下属的学习、工作等开展的各项竞争比赛，对下属个体的发展有较大的激励作用。

总之，激励是一种充满智慧的管理方法，是上司给下属注入的"兴奋剂"。通过激励，可以将所有成员更紧密地团结在一起，也可以使下属更快乐、高效地工作，这无论对于员工本身还是整个团队来说，都具有积极意义。

比卦第八

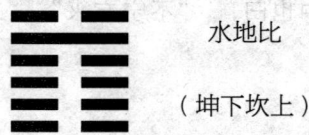

水地比

（坤下坎上）

【题解】

《比》卦强调人与人之间的和谐关系。"比"就是说人与人之间应"亲切辅助"。《彖》曰："比，吉也；比，辅也。"《荀子·议兵》曰："六马不和，则造父不能以致远；士民不亲附，则汤、武不能以必胜也。"《比》从德、人、上下、内外等方面来说明"比"的意义。初六以"比"而"有孚"，强调欲与人有"比"，必要心怀诚信；六二以"自内"提示，"比"应内附而不应外索；六三以"匪人"来指明所"比"之人应有正直的品德；六四则以外比于贤，来说明"比"应以贤人为友，而不应有内外之分；九五因以中正居尊，故以"显比"来宣扬其亲比于下的仁爱之德；上六则以"无首"来揭示不能终"比"则必终于"凶"。《比》卦的理想是要实现上下皆亲的"和谐"状态。

【原文】

比①：吉，原筮，元永贞，无咎。不宁②方来③，后夫④凶。

【简注】

①比：卦名。有亲辅、依附之义。②不宁：不安。③方来：并行而至。④后夫：指后来的人。

【释义】

《比》卦象征着亲近和团结：吉利。卜筮其卦象，则知元统大业利于坚持正道，无有灾祸。不安宁的四方之国均来归附，后来者有凶险。

【原文】

《彖》曰：比，吉也；比，辅也，下顺从也。"原筮，元永贞，无咎"，以刚中也曰。"不宁方来"，上下应也。"后夫凶"，其道穷也。

【释义】

《彖传》说：亲近归附，就能吉祥如意；"比"，归附而又顺从，这是因为九五之下有众阴顺从。"元统大业利于坚持正道，无有灾祸"，这是因为九五以阳刚之德上居中正之位。"不安宁的四方之国均来归附"，这是因为九五与四阴相亲相应。"后来者有凶险"，这是因为后来者失礼无道，穷途末路。

【原文】

《象》曰：地上有水，比。先王以建万国，亲诸侯。

【释义】

《象传》说：地上有水的情形，象征着亲密比辅的关系。先代的君王因此而建立万国之邦，亲近诸侯。

【卦解】

这一卦反映了武王登基后，群臣辅佐治理天下的史实。武王分封各诸侯后，与诸侯相亲，诸侯也与武王相亲，武王有姜子牙、周公、南宫括等一班贤人佐助，使四海归顺，而不来归顺的则会有凶险，因为会得不到武王的亲们，如果武王兴师问罪，自然是有灭国的危险了。

【原文】

初六，有孚比之，无咎。有孚盈缶[1]，终来有它[2]，吉。

【简注】

①缶：是盛酒的瓦盆。②它：意外之事。

【释义】

初六,怀着诚信来归附"九五"之君,没有灾祸。满腹的诚信犹如满缶的水一样,若终有其他人来归附,这种情况也是吉利的。

【原文】

《象》曰:《比》之初六,有它吉也。

【释义】

《象传》说:《比》卦的初六,内附于九五,就如同来自他方的吉利。

【爻解】

初六虽然俭居最下,离开九五很远,可坎卦之水从六四开始下泄,逐渐可到初六;九五阳气上升,所以"剥"化为"比","剥"穷阴气下降,则九五为阳,化为"比",阴阳之间相互作用,所以爻辞说"有孚盈缶,终来有它"。

"孚"是信实,"缶"是盛酒的瓦器。"初六"是比卦开始的第一爻,说明人人相亲相辅,应由诚信开始,才不会有过失。如果诚信像装满瓮中的酒,必然就会有人前来依附,得到意外的吉祥。这一爻,说明相亲相辅,应由诚信开始。

【原文】

六二,比之自内,贞吉。

【释义】

六二,以中正仁和之心亲近归附于君王,吉利。

【原文】

《象》曰:"比之自内",不自失也。

【释义】

《象传》说:"以中正仁和之心亲近归附于君王",说明六二坚持正道而不使自己有所过失。

【爻解】

"六二"阴爻阴位，在下卦中位，又与上卦的"九五"阴阳相应，因而柔顺、中正、上下呼应。"内"指在下卦内，是说相亲相辅应发自内心，不可失去主动性，坚持纯正的动机，必然吉祥。

这一爻，说明相亲相辅动机应当纯正，应发自内心，要求主动。与人交往，亲近某人，没有比心诚更可贵的了，所谓"精诚所至，金石为开"，即此也。

【原文】

六三，比之匪人。

【释义】

六三，亲近归附于行为不正当的人。

【原文】

《象》曰："比之匪人"，不亦伤乎？

【释义】

《象传》说："亲近归附于行为不正当的人"，就像亲近辅佐暴君一样，会受到伤害。

【爻解】

"六三"阴柔，不中不正，上下爻以及应当相应的"上六"，又都是阴爻，以致阴阴相斥，所要亲近的人，都不是应当亲近的人，怎能不令人伤心！所以说相亲相辅的对象，应当有选择。

【原文】

六四，外比之，贞吉。

【释义】

六四，自外亲近归附九五之尊，吉利。

【原文】

《象》曰：外比于贤，以从上也。

【释义】

《象传》说：六四自外辅佐其贤君，说明六四有顺从君王的意志。

【爻解】

"六四"应当与下卦的"初六"相应。但同性相斥，以致不能呼应，于是转向外面寻求，与"九五"相亲。"之"指"九五"。何况"六四"阴爻阴位"得正"，与阳刚、中正又在尊位的"九五"相亲，是执着于正道，所以动机纯正而坚定，当然吉祥。

六四已经进入上卦，上卦又称外卦，所以六四前来亲附，可谓外比之，九五中正贤明，四位是诸侯位、大臣位，亲比九五是外比于贤，选择了明。

【原文】

九五，显比，王用三驱，失前禽。邑人不诫。吉。

【释义】

九五，光明之德使四方皆来归附，先王在围猎时，三面围拢，仅张开一面网，任前面的猎物逃离，属下邑人因此知先王有仁德之心而不戒惧，这当然是一件吉利的事。

【原文】

《象》曰："显比"之吉，位正中也。舍逆取顺，"失前禽"也。"邑人不诫"，上使中也。

【释义】

《象传》说："光明之德使四方皆来归附"所形成的吉祥，来自于九五居于《比》卦中正之位。舍弃悖逆而接取顺从，"任前面的猎物逃离"。"属下邑人因此知先王有仁德之心而不戒惧"，这是因为居于九五之位的君王使用中正之人的缘故。

【爻解】

《史记·殷本纪》中记述：商汤在田野中，听到四面张网的人在祷告："天下四方，都进入我的网吧！"商汤认为，这将使天下的禽兽被赶尽杀绝，就撤去三面网，只留下一面并且祷告说："要往左的就往左，要往右的就往右，命中注定属于我的，就进入我的网吧！"《礼记·王制》中，也有"天子不合围"的说法，亦即天子狩猎，只由三面赶禽兽，称作"三驱"，舍弃往前方逃的，只捕杀迎面来的，所以说"失前禽"。《象传》用"舍逆取顺"解释。

"邑"是市镇。"九五"是这一卦的主体，唯一的阳爻，刚健中正，又在尊位，因而其他的阴爻，都来亲近依附，这是最显著的相亲相辅。所以，用王者狩猎来象征，只由三面包围，来者不拒，去者不追，态度宽宏无私。本着这种合乎中庸的原则、仁至义尽的态度，地方上的人们就不会恐惧戒备，当然吉祥。所以说亲比不可强求，应感化而使其自动自发。

【原文】

上六，比之无首，凶。

【释义】

上六，亲近归附时不能领先居首，有凶险。

【原文】

《象》曰："比之无首"，无所终也。

【释义】

《象传》说："亲近归附时不能领先居首"，最终无所归附。

【爻解】

"上六"阴柔，已达到这一卦的极点"上位五位"的位置，又缺乏刚毅，不具备成为领袖的条件，无法得到属下的拥戴与亲近，所以结果凶险。《象传》另以时间因素来解释。《诗经·大雅·荡》中说："靡不有初，鲜克有终。"有始尚且难以有终，何况无始哪里会有终；相亲相辅，必须一本初衷，贯彻始终。

【卦义新解】

《比卦》九五爻是在描述君王狩猎时的情景，要从三面驱赶，而将正前方空出，留一条逃生的通路。这样做的目的就是不要赶尽杀绝。君王狩猎都要心怀仁慈，给飞禽走兽留一条生路，我们在生活中更要胸怀坦荡、包容为大，即使对待对手甚至敌人，在不触犯原则的问题上，也要以大局为重。退一步海阔天空，多一些理解和宽容，化敌为友，这样才能在不知不觉中收获更多。

在美国一家市场里，有个中国女人的摊位生意特别好，引起了其他摊贩的嫉妒，大家常有意无意地把垃圾扫到她的店门口。这个中国女人对此只是微微一笑，不予计较，反而把垃圾都清扫到自己的角落。旁边卖菜的墨西哥妇人观察了她好几天，忍不住问道："大家都把垃圾扫到你这里来，你为什么不生气？"中国女人平静地回答："在我们国家，过年的时候都会把垃圾往家里扫，垃圾越多就代表会赚越多的钱。现在每天都有人送钱到我这里，我怎么舍得拒绝呢？你看我的生意不是越来越好吗？"她的宽容、大度让那些捉弄过她的摊贩惭愧不已，从此那些垃圾再也没有出现过，她也渐渐成了市场里最受欢迎的人。

这个中国女人用一颗宽容的心，巧妙地将别人的"诅咒"化为美好的"祝福"，她用智慧宽恕了别人，更赢得了大家的尊重，同时也为自己创造了融洽的人际关系。如果当时她带着怒气选择"报仇"，针锋相对，又会怎样呢？结果可想而知。

其实，消灭敌人最好的办法是把他们变成自己的朋友。在现实生活中，人与人之间的矛盾、摩擦不可避免，但大可不必将它们看得过重，动辄便上升到仇恨的地步。多一些宽容、多一些爱心，生活才会多一些温暖、多一些阳光。当你用宽容换来自己内心的豁达、用宽恕换来对方的微笑时，你难道不是把最好的东西留给了自己吗？

宽容的受益人不只是被宽容者，宽容别人就是解放自己。我们远离嫉妒与怨恨,就是远离了痛苦和迫害。要知道,宽恕别人的过错,宽容别人的无意冒犯,宽容别人的缺点与不足,同时也是宽容了自己。

宽容体现了一个人的人格魅力,浓缩了友爱、体贴、理解与修养。宽容,应该是每一个人最重要的品质修养。

当然,宽容绝不是无原则的宽大无边,而是建立在自信、助人和有益于社会基础上的适度宽大,必须遵循法律和道德规范。对于事业上的对手甚至敌人,可以适当宽容,和谐共存,共生共赢。而对那些无理取闹甚至是用卑劣手段伤人的人,就要拿起法律武器维护自己的权益,不能心慈手软。

小畜卦第九

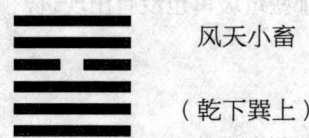

风天小畜

(乾下巽上)

【题解】

按《易》理通例来说,阴小而阳大,六四是《小畜》唯一的一个阴爻,因以阴畜阳,故其畜量则"小"。卦以"密云不雨"为喻,说明阴阳不调的状况。因其卦有"风行天上"之象,故有利于修"文德"之事,以等待时机。卦中六爻,九、九皆因"复道"而"吉",九三以"脱辐"为喻言其有"决躁"之失,六四因"有孚""去惕"而"无咎",九五诚信有实而利人,上九失正于"畜"道,则以"征凶"戒之。

【原文】

小畜①:亨。密云不雨,自我西郊。

【简注】

①小畜：卦名。小，少。畜，有积聚、畜养之义。

【释义】

《小畜》象征着小有畜积：亨通。浓云密布却不降雨，云气从城邑的西郊升起。

【原文】

《彖》曰："小畜"，柔得位而上下应之，曰小畜。健而巽，刚中而志行，乃亨。"密云不雨"，尚往也。"自我西郊"，施未行也。

【释义】

《彖传》说："小有畜积"，是六四爻以柔顺之德当位而上下阳爻皆来相应，这种情形就叫作"小畜"。乾之刚健之德遇巽之随顺之性，则九五、九二之刚中之志就可以施行，因而得以亨通。"浓云密布却不能降雨"，这是因为阳气上行离去，云气无法聚集成雨水。"云气从我所住的城邑之郊外飘来"，云气散布但未能降下雨来。

【原文】

《象》曰：风行天上，"小畜"。君子以懿文德。

【释义】

《象传》说：风流行于天空之上，象征着"小有畜积"。君子识其时机未到，功德未成，故修美其文章道德以待其时机来到。

【卦解】

"密云不雨，自我西郊"，八个字描绘出一种雨前阴云密布的气氛。后世有诗云"山雨欲来风满楼"，与这句卦辞有异曲同工之妙。在此压抑的气氛中，似乎面临一场政治风雨到来。可是到底来没来，卦辞上却没说，于是象辞解释说：没来。这种气氛正是武王去世后西周政局的真实写照。武王死后，太子诵继位，是为成王。成王不过是个十多岁的孩子。面对国家初立、时局尚未稳固、内忧外患接踵而来的复杂形势，成王是绝对应付不了的。武王的去世使整个国家失去了重心，形势迫切需要一位既有才干又有威望的、能及时处理问题的人来收拾这种局面，这个责任便落到了周公肩上。周公称制却以臣子的身份效忠于西周，为了避免人们的误会，他必须"以懿文德"，美化自己的道德，好得到更多的支持与理解。

【原文】

初九，复自道，何其咎？吉。

【释义】

初九，返回到正道，又有什么灾害呢？这本来就是吉祥的。

【原文】

《象》曰："复自道"，其义"吉"也。

【释义】

《象传》说："返还其正道"，其行为正当而获得"吉祥"。

【爻解】

初九以阳刚之德下居初爻，然得位居正，上应于六四之阴而远于阴，下就于乾之健行之德，往来返还之间皆在阴阳之中，虽阻于二、三，然返还于自己的得正之位，不也是很好吗？此孔子所谓"求仁得仁，又何怨"之深意。自己本来就处于得正之位，又能应变于阴阳之中，退能守正，进可有应，因"复"而有"道"，故进退自如，从容不失。

【原文】

九二，牵复，吉。

【释义】

九二，牵连于初，旁通于六四而畜之，故吉利。

【原文】

《象》曰：牵复在中，亦不自失也。

【释义】

《象传》说：九二虽牵复于四，而其位在乾刚之中，因而没有自失其道。

【爻解】

"牵"是携手的意思。下卦的三个阳爻，志同道合，都要前进，"九二"已愈来愈接近"六四"，不能不担心被阻碍。不过，"九二"刚健，又在下卦的中位，与"初九"携手并进，当可突破阻碍，回到原来的位置，所以吉祥。这一爻，说明在突破阻碍时，应与同志携手并进，并把握中庸的原则。

【原文】

九三，舆说①輹②。夫妻反目。

【简注】

①说：脱。②輹：指古代车子上连接车身与车轴的部件。

【释义】

九三，车厢与车轴相脱离。这种情形象征着夫妻反目成仇。

【原文】

《象》曰："夫妻反目"，不能正室也。

【释义】

《象传》说："夫妻反目成仇"，这种情形是在说明九三为"夫"，为阴四所制，不能正其妻室。

【爻解】

朱熹曰："《易经》不比《诗》《书》，只一两个字，便是一个道理。"《小畜》之九三以生动形象的比喻说明两种事物的错位之失，阴柔乘于阳刚，则夫不能正妻室，妻不能守其道，故于家不和、于事不吉。历来易家对《小畜》的解释纷纭不一，究其原因，主要是因为他们过多地掺入了义理的成分，以理说理，置卦象而不顾而妄说谬论，以至于此。就《小畜》卦辞来看，主要是在说明"密云不雨"

和"风行天上"的卦象，而九三却以"舆说輹"来喻言"夫妻反目"之事。其实，细察卦象则可以发现，下卦乾，乾为老夫，上卦为巽，巽为长女。以此为婚配，本有不和的隐患。且九二至六四互有兑，兑为少女；九三至九五互有离象，离为中女。又众阳聚合一阴，九三近于六四，并为六四所乘，故"反目"之事也就自然应在九三。

【原文】

六四，有孚，血去惕出，无咎。

【释义】

六四，九五以阳刚之德而给予六四以诚信，则六四之忧惧之心消除，这种情况下没有灾害。

【原文】

《象》曰："有孚惕出"，上合志也。

【释义】

《象传》说："借助九五给予的诚信，六四心中的忧惧消除了"，这是因为六四以柔顺之德而上合于九五的意志。

【爻解】

"六四"以唯一的阴爻，成为五个阳爻前进的阻力，当然担心会受到伤害。可是，阴爻柔顺，又阴位得正，是上卦"巽"象征人的阴爻，谦虚能够容人。加以上方有两个阳爻援助，因而能够避免伤害与忧惧。所以要"有孚"，心怀诚信，就可以远离"血""惕"，不会有灾祸。

【原文】

九五，有孚挛如，富以其邻。

【释义】

九五，心怀诚信之德，牵引上下之众阳而畜以一阴之中，这说明九五不是独享蓄积之富。

【原文】

《象》曰:"有孚挛如",不独富也。

【释义】

《象传》说:"心怀诚信之德,牵引上下之众阳而畜以一阴之中",不独享其财富。

【爻解】

"挛"是手指弯曲握紧,如痉挛等,"挛如"则是手握拢的意思。上卦的三爻,合力突破阻碍升进,所以说"邻",而且"九五"至尊中正,具有实力,可以协助相邻的两爻。因而只要排除私欲,有携手共进的诚信,不但自己富有,也要使邻居富有,就能得到邻居的协助。

【原文】

上九,既雨既处,尚德载,妇贞厉。月几望①,君子征凶。

【简注】

①几望:即既望。

【释义】

上九,密云已经降下雨来,阳刚之气已经畜止于终极,上九为阴气所积载。此时妇女必须守持正道以防止祸乱和危险,要像月亮将圆而未满的样子,阴气不能过盛;君子在阴气太盛时前进,就会遇到凶险。

【原文】

《象》曰:"既雨既处",德积载也。"君子征凶",有所疑也。

【释义】

《象传》说:"密云已经降下雨来,阳刚之气已经畜止于终极",这是因为上九被阴气所积载。"君子在阴气太盛时前进,就会遇到凶险",也就会心存疑虑。

【爻解】

"载"是满。《诗经·六雅·生民》中有"厥声载路"。"望"是满月;"征"与行同;"雨"是阴阳和谐的现象;"处"是安居,停止不前的现象。"妇""月"都属于阴。

到达"上九"已是蓄积的极点,"六四"的阴,以诚信与五阳精诚团结,共同蓄积力量,已经到达饱和状态,既经降雨,就应当安于现状,不可再贪多。 阴已经功德圆满,受到五阳的尊敬,但阴本来应当服从阳,阴极盛,已凌驾阳之上,处于蓄养五阳的地位,则是反常现象。 以人事比拟,就像妻压制夫,虽然和谐,用心正当,结果也危险。

当接近满月时,月亮匹敌太阳;阴盛极时,就与阳抗衡。 君子就不得不出走,所以凶。

小人是阴,君子是阳,小人得势,君子就会担心被伤害,所以《象传》说:即或是君子,也不能不担忧。 亦即蓄积已经达到极限,蓄积过度丰盛,因将招损。

【卦义新解】

《小畜卦》九五爻曰:"有孚挛如,富以其邻。"意思是坚持诚信,并与大家共享富贵,使周围的邻居也得到财富和实惠。 这其实就是一种共赢的智慧。 无论是与人合作,还是与人竞争,都不能只强调自己的利益,而要兼顾双方,双赢才是真正的赢。 现代有很多企业为了打击竞争对手,恨不得将对方置于死地而后快,这是一种狭隘的思维方式,注定不能长久。 战争的至高境界是和平,竞争的至高境界是合作,最会赢的人不是自己赢,去享受高处不胜寒的胜利,而是和别人一起赢,一起品尝胜利的果实。

中国人喜欢用筷子做餐具,用过筷子的人都知道,只有将两根独立的筷子放在一起才能夹起东西。 如果分开它们,用其中的任一根来用餐,那么恐怕你就会饿肚子了。 这正是对共赢思想的最好诠释——

和他人一起赢,你将会赢得更多。

　　一名商人在一团漆黑的路上小心翼翼地走着,心里懊悔出门时为什么不带上照明的工具。忽然前面出现了一点光亮,并渐渐地靠近。灯光照亮了附近的路,商人走起来也顺畅了一些。待到他走近灯光时,才发现那个提着灯笼走路的人,竟然是一位盲人。

　　商人十分疑惑地问那位盲人:"你双目失明,灯笼对你一点用处也没有,你为什么要打灯笼呢?不怕浪费灯油吗?"

　　盲人慢条斯理地回答道:"我打灯笼并不是为给别人照路,而是因为在黑暗中行走,别人往往看不见我,我便很容易被人撞倒。而我提着灯笼走路,灯光虽不能帮我看清前面的路,却能让别人看见我,这样我就不会被别人撞倒了。"

　　这位盲人为他人照亮了漆黑的路,为他人带来了方便,同时也因此保护了自己。正如印度谚语所说:"帮助你的兄弟划船过河吧!瞧,你自己不也过河了吗?"

　　"互利互惠"才能"双赢",这是与竞争对手寻求共同利益的最好办法。

　　张然在竞争记者部主任一职时败给了对手杨乐,心里很不是滋味。她担心自己以后没有好日子过,就想调离记者部去做专职编辑,但又不甘心放弃自己的记者生涯。正在犹豫不决时,她忽然得到一项重要任务:负责一个重大选题的采访,并被任命为首席记者。

　　这就是记者部主任杨乐对待同事兼竞争对手的策略:"如果我不任命她为首席记者,不委她以重任,部门里就会形成以她和我为中心的两个帮派。这样工作还怎么展开?我的目标就是让我们这个部门做得更出色,取得更大的成绩,而不是打击我的对手。只有让部门里的人同心协力,我才能做得更好,才能有更大的发展,所以我尽量对张然委以重任,给她一些重大且富有挑战性的采访任务,让她有受到器重的感觉。何况她还是整个部里最有实力的记者，工作能力很强，又有威望，处理得好，会成为我最得力的助手。"果然，很快张然就对杨乐心服口服。忠心辅助杨乐，办公室里的向心力也大大增强。杨乐因此进入了事业上如鱼得水的空间。

同事间本来就是既合作又竞争的关系，若换个角度想，以健康的心态看待竞争关系，当同事的能力越来越强，无异于在促使你提升自己的实力。更何况社会竞争如此激烈，你只有不断地提升自己，不断挑战更大的目标，才能让自己变得更强，而不只是与同一个屋檐下的同事比高低。

一个真正理解竞争的含义、敢于接受挑战的人不会惧怕对手，更不会将胜利定位于打败对手。其实，竞争正是你提升自己的绝佳机会，在对手的身上你能更清楚地看到自己的不足，更清楚自己应努力的方向。这不是一种莫大的收获吗？在竞争中与他人一起进步，赢得更多，这是《易经·小畜卦》给予我们的启示。

履卦第十

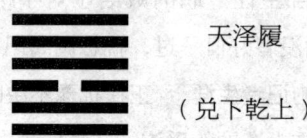

天泽履

（兑下乾上）

【题解】

我们常说"老虎的屁股摸不得"，《履》卦以"履虎尾"为喻，形象地警示人们"老虎的尾巴踩不得"这里讲到的"老虎"并非指真老虎，而是喻指走路时可能遇到的危险。适当"履"行，如初九的"素履"，九二的"幽人"之履，九四的"凭想"之履，上九的"视履"都是慎行正道之履，或"无咎"，或"贞吉"。唯九五履行得过于刚猛,故有危险。 六三因履而"眇视"而"跛履",故有"咥人"之凶。 就卦象而言,六三不仅失位不当,而且还应着"虎"象而来。

【原文】

履①:履虎尾,不咥②人,亨。

【简注】

①履:卦名。有践踏、履行之义。②咥:噬、咬。

【释义】

《履》卦,象征着人轻轻地踩了一下老虎的尾巴,因未踩伤踩痛虎,虎不咬人,故亨通。

【原文】

《彖》曰:"履",柔履刚也。 说而应乎乾,是以"履虎尾,不咥人"。 亨,刚中正,履帝位而不疚,光明也。

【释义】

《彖传》说:"轻轻地行走",就是以轻柔之足行走于坚刚之体上。 以和悦之情应和其乾刚之体,所以即使是一不小心,"轻轻地踩着了老虎的尾巴,老虎也不会咬人"。亨通,这是因为乾以阳刚之德而居于中正之位,履行"帝王"之职而无有灾害,显现出道德光明。

【原文】

《象》曰:上天下泽,"履"。 君子以辩上下,定民志。

【释义】

《象传》说:上为乾,为天;下为兑,为泽。这种情景就像人"轻轻地行走"。君子以其卦象而分辨其上下之名分,端正百姓的心志。

【卦解】

古代易学家认为,"履虎尾,不咥人"正是盛世之兆。 因为在盛世老虎是不吃人的。 为什么呢? 因为盛世人民富裕,谷物丰收,家畜众多,自然狩猎次数会有所减少。 于是大自然的食物链便不会遭到人为的破坏。野草肥嫩，自然食草动物就多，而食肉动物有众多的食物来源，自然不会饥肠辘辘了。老虎吃饱了是不会对猎物进攻的，所以"盛世虎不食人"。从卦象上讲，履卦上卦为乾为君为虎，下卦为兑为少女为喜悦，少女以喜悦之心同君王相处，即使是"履虎尾"，君王又怎么会伤害少女呢？

【原文】

初九，素履①往，无咎。

【简注】

①素履：白色的鞋。

【释义】

初九，穿着洁白柔软的鞋子，轻轻前行，没有灾害。

【原文】

《象》曰："素履之往"，独行愿也。

【释义】

《象传》说："穿着洁白柔软的鞋子，轻轻前行"，这是因为初九自己愿意奉行朴实的美德。

【爻解】

初九为阳在下，故行事谨慎，朴实无华，谦恭好礼，有"潜渊"之德，"素"而有礼，独行其愿。在此，只一个"独"字，《象传》的作者就为我们刻画出初九执着坚定的神态和凛然独行的节操。在某种意义上，初九独行其愿的行动，就是孔子"造次必于是，颠沛必于是"（《论语》）精神的实践。

【原文】

九二，履道坦坦①，幽人贞吉。

【简注】

①坦坦：指平坦。

【释义】

九二,深思明哲的人走在平坦的道路上,吉利。

【原文】

《象》曰:"幽人贞吉",中不自乱也。

【释义】

《象传》说:"深思明哲的人走在平坦的道路上,吉利",这是因为他的心中不乱。

【爻解】

九二爻居下卦兑中,中正坦荡不自乱。九二又与六三、九四爻组成互离,离为火为目,兑为毁坏,目坏之人即为幽暗之人,它与初九一样不改初衷,九二应当是出现在地面欲有所作为的时候,但由于上六下降到六三后,它应升未升,所以有幽怨,但能守正不自乱,所以贞吉。

【原文】

六三,眇①能视,跛能履,履虎尾,咥人凶,武人为于大君。

【简注】

①眇:偏盲。

【释义】

六三,目盲而视物,足跛而行路,踩着了老虎的尾巴,老虎就会咬人,有凶险。武士要效力于大人君王。

【原文】

《象》曰:"眇能视",不足以有明也。"跛能履",不足以与行也。"咥人之凶",位不当也。"武人为于大君",志刚也。

【释义】

《象传》说:"目盲而视物",不足以辨明事物。"足跛而行路",力不足以行走。"老虎咬人有凶险",在于六三居于不当、不正之位。"武士要效力于大人君王",因为他有乾刚之志。

【爻解】

"六三"阴爻阳位不正,离开下卦的"中"位;所以,《象传》说位不当。 阴爻本性柔弱,阳位性情刚暴;以这种性格,竟然尾随在刚强的"乾"的后面,必然非常危险。 就像只有一只眼,能看但看不清楚;跛了一只脚,能走却走不安稳;终于踩到老虎尾巴,以致被咬伤。 又像"武人为于大君",刚愎自用,拥兵自重,心怀不轨,企图叛乱,终于失败,当然凶险。 由此可见,我国传统重文轻武的观念。

【原文】

九四,履虎尾,愬愬①,终吉。

【简注】

①愬愬:畏惧貌。

【释义】

九四,小心翼翼地走在老虎的尾巴之后,心中保持警惕,终将是吉利的。

【原文】

《象》曰:"愬愬终吉",志行也。

【释义】

《象传》说:"小心翼翼地走在老虎的尾巴之后,心中保持警惕,终将是吉利的",这样他的志愿也就得以实行。

【爻解】

俗语云:"老虎的尾巴碰不得。"《履》唯六三、九四爻有"履虎尾"之辞,且二者均失位不正。 由此可见,卦辞中的"虎尾"应指下兑,而非上乾,前人多以上乾为虎尾,实为乱象之说。 按卦象,兑主西方,西方为白虎。 乾为马,为健行,六三因位在兑之尾,故曰"履虎尾"。 九四应乾之健行于兑上,下不能应初,故而也有"履虎尾"之忧。 然其有上行之势,且以"愬愬"之心而履之,故有惊无险,化险为夷,有"终吉"之果。

【原文】

九五,夬①履,贞厉。

【简注】

①夬:决。

【释义】

九五,刚猛果断地行走,是会有危险的。

【原文】

《象》曰:"夬履贞厉",位正当也。

【释义】

《象传》说:"刚猛果断地行走是会有危险的",这是因为九五处尊得位,恃正决刚的缘故。

【爻解】

这是明白无误地讲履卦由臭卦变来。九五是至尊之位,但九五此时身在乾中,又于九二敌应,过于乾刚独断,这样下去,它的位置就可能塌陷。夬意为垮塌、崩溃,所以"夬履贞厉"。

易道认为,上下尊卑的秩序虽不能乱,但天道讲究谦卑,上层的人应多听听下层的人的意见。水能载舟,亦能覆舟。

【原文】

上九,视履考祥,其旋①元吉。

【简注】

①旋:一指周旋、无亏;一指返回。

【释义】

上九,回顾所行之善恶,就可以考察吉凶之征兆,这是因为上九能回还而下应于三爻之阴,所以很吉祥。

【原文】

《象》曰:元吉在上,大有庆也。

【释义】

《象传》说：很吉祥的情况存在于上九之位，这说明上九有很大的福庆。

【爻解】

高而无危，极而能还，这是上九的圣明之处。而其所以能圣明如此，就在于能从其他几爻所履行的经历中得以考察得失，吸取教训。《集解》引卢氏曰："王者履礼于上，则万方有庆于下。"上九视履之善恶而考察得失，即以阳合阴，由刚还柔，故九五之"庆"，也是应了"积善之家，必有余庆"的道理。

总之，履礼要求大家既不能像六三那样非分、妄想、乱礼，也不能像九五唯我独尊、刚愎自用，而是要如初九、九二安分如常，如九四小心，如上九体谅下情。

【卦义新解】

《履卦》九四一爻曰："履虎尾。愬愬，终吉。"，意思是说，踩在老虎尾巴上，如果十分谨慎小心，终究还是吉祥的。

人要有恐惧之心，要有忧患意识，就像踩在老虎尾巴上，必须"战战兢兢，如履薄冰"，才能安然无恙。古人说，人无远虑，必有近忧。只有小心行事，时时处处警觉，才能趋吉避凶、化险为夷。万不可觉得自己已经功成名就，可以躺在功劳簿上高枕无忧了。殊不知危险正是在懈怠中悄悄产生的。等到突变到来，才手足无措，再想挽回，已经无能为力。

未来不可预测，人也不是天天走好运的，所以，我们要有危机意识，以便应对突如其来的变化。有危机意识，不一定能把问题解决，却可把损失降到最低，为自己找到生路。

危机意识是不可缺少的，正因为那些潜在的威胁，你才不会沉沉睡去，而是小心提防，时刻保持高度警惕，这样才不会给敌人以可乘之机。有了危机意识，才不会让自己真的陷入困境，束手无策。这也就是"人无远虑,必有近忧"蕴藏的道理。

无论目前自己的工作有多么稳定,都不能排除来自敌人的威胁。在敌人积聚实力的同时,自己不突破、不进步,势必会落后挨打。要想不被敌人打败,必须以更快的发展速度来超越敌人,一刻也不能停息。

有一只野猪对着树干磨它的獠牙,一只狐狸见了问它,为什么不躺下休息享乐,而且现在没看到猎人和猎狗。野猪回答说:"等到猎人和猎狗出现时再磨牙就来不及啦!"

的确,时刻也不能放松,如果没有远见,看不到潜在的危险,那么,在你防备最松懈的时候,危险突然而至,你除了惊慌失措、束手就擒之外,还能有什么作为?

那么,应如何在日常生活中培养危机意识落实呢?

首先要随时有接受突发情况的准备,要有远虑,这是心理预防。心理有准备,到时便不会手足无措。

其次是在生活中、工作上和人际关系方面要有足够的认识和准备:人有旦夕祸福,如果有意外的灾难,生活应该怎么继续?要如何解决困难?世上没有天长地久的事,万一失业了,有何退路?有人取代了我现在的位置,我又该怎么办?

其实你要想的"万一"并不止这几样,所有的事都要有"万一……怎么办"的"远虑",未雨绸缪,早做准备。尤其关乎前程与生存的事业,更应该有危机意识,随时把"万一"摆在心里。

没有危机感就是最大的危机。成就的花朵再美,也只属于过去的时光,前面有着更重的担子、更曲折的征程在等着我们,这就要求我们必须牢记《易经》的教诲:要在一生之中,时刻保持警觉,保持上进心,这样,危险因素就会消弭在膨胀之前,人生便可平安快乐。

泰卦第十一

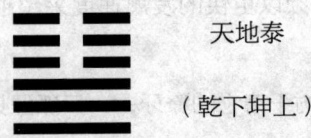

天地泰

（乾下坤上）

【题解】

在《周易》里，一个卦象的吉利与否取决于三个方面的因素：交流、相应、变通。三者之中，"交流"与"相应"是"变通"的前提。交流，就是下卦与上卦交流，下爻与上爻交流。相应，就是爻与爻之间的阴阳属性要相应。有了交流与相应，自然也就能够实现变通。"变通"不仅是《周易》认识世界的方法，也是认识世界的目的。在《周易》六十四卦里，《泰》卦是唯一实现"交流"、"相应"和"变通"的卦。它一反大自然的本来面貌，将"天上地下"变化为"地上天下"。这种"反态"使得"天地交"泰，爻爻相应，气象变通。于是六爻之中，初九"征吉"，九二"得尚"，九三"有福"，六四"戒孚"，六五"元吉"，唯上六"泰"极而"吝"。

【原文】

泰①：小往大来，吉，亨。

【简注】

①泰：卦名。亨通顺利之卦。

【释义】

《泰》卦象征着通顺安泰：坤道柔小往外，乾道伟大入内，吉祥，亨通。

【原文】

《彖》曰:"泰,小往大来。吉,亨。"则是天地交而万物通也,上下交而其志同也。内阳而外阴,内健而外顺,内君子而外小人,君子道长,小人道消也。

【释义】

《彖传》说:"通泰,坤道柔小往外,乾道伟大入内,吉祥,亨通",就是说天地交感而万物亨通,上下交感呼应则人们的志气相同。内卦有阳而外卦有阴,内为刚健而外为柔顺,内为君子而外为小人,于是君子之道兴旺生长,小人之道减弱消亡。

【原文】

《象》曰:天地交,泰。后以财成天地之道,辅相天地之宜,以左右民。

【释义】

《象传》说:天地交合,通泰。君王由此而裁制成天地运行之道,辅助天地以适当的方式运行,这样就可以保佑百姓生存发展。

【卦解】

"小往大来"历来易学家们说法不一。其实这一句很好解释。往,便是离去;来,就是来临。那么大与小指什么呢?当然是指阴阳二气了。虽然八卦初创的时候本来阴阳是平等的,但是自从黄帝以后,几千年的男权思想,使阴变小了、变低了、变卑了、变贱了;阳则自然显得大、高、尊、贵了。俗话说冬至一阳生,用八卦表示便是复卦;大寒时则二阳生,用八卦表示便是临卦;雨水时三阳生,用八卦表示便是泰卦。到了泰卦,阳气已明显处于强势,天气逐渐转暖,万物开始生长。按照这个趋势往下发展,自然是阳长阴消,所以说"小往大来",直译过来就是"小的要走了,大的来临了"。而《易经》已同伏羲时代的太阳历有所不同,它是一门哲学,是一门学术思想。所以它有深刻含义。这个含义是什么呢?就是君子之道的正气来临，小人之道开始削弱，人们开始过好日子了。

【原文】

初九，拔茅茹以其汇，征吉。

【释义】

初九，拔出茅草，茅草与根相连着，这是因为它们以同类相聚。此时此景，前进就会吉祥。

【原文】

《象》曰："拔茅征吉"，志在外也。

【释义】

《象传》说："拔出茅草，前进就会吉祥"，这说明初九的志愿在于向外发展。

【爻解】

《乾文言》曰："本乎天者亲上，本乎地者亲下，则各从其类也。"茅茹附于地上，为初九上应之对象，以理推之，则"坤为茅茹"不仅在爻辞之中，而且也在象中。

茅是一种草本植物，一般认为拔茅象征向上生长，表现"君子道长"。泰卦的下乾是健进不息之象，征为行进，故为征吉。九二在地下，欲突出地面，其志向在外。

【原文】

九二，包荒①，用冯②河。不遐遗，朋亡，得尚于中行。

【简注】

①荒：大川。②冯：徒涉。

【释义】

九二，以包容之心，囊括之志，徒步涉过河水，无论多远都无所遗弃。心中也不结党营私，而以中正之德去辅佐君王。

【原文】

《象》曰："包荒，得尚于中行"，以光大也。

【释义】

《象传》说:"以包容之心,囊括之志,徒步涉过河水,以中正之德去辅佐君王",这是因为九二有光明正大的道德。

【爻解】

包为包容,荒为荒远广大,冯河即涉水过河。取象于九二、九三、六四爻组成的互兑,兑为泽为河;九三、六四、六五组成互震,震为足,足在水中为涉水过河。遐是远,平时常说的遐迩就是远近的意思,不遐遗,就是不遗弃偏远地方。朋指朋友、同类。朋亡指坤阴消退,借指大公无私。泰卦上坤下乾,都是最广大深远的象,天地交往,无所不包。九二上行(尚通上)中正无私,光明正大(以光大也)。本爻旨在强调从此岸跨越到彼岸,相互交流感通是天地万物的存在的法则。

【原文】

九三,无平不陂①,无往不复②。艰贞无咎,勿恤其孚,于食有福。

【简注】

①陂:倾斜。②复:返回。

【释义】

九三,世上的事物未有平坦而无坡的情况,也没有往而不复还的情况。艰难曲折时须守持正道,就会免于灾害。不要担心自己的诚信不能被人理解,在食物供给方面有幸福。

【原文】

《象》曰:"无往不复",天地际也。

【释义】

《象传》说:"世上的事没有往而不复还的情况",这是因为九三处于天地交接之处。

【爻解】

九三以"平"与"陂"和"往"与"复"为喻,说明世上的事未有一成不变的道理。非此则即彼,有往则必有复,有平则必有陂,否极泰来,泰极否来。九三处于天地之位将要发生变革之时,为乾之极,所应之爻上六为坤之极。两极处在乾坤交接之间,可升而归其乾之本位,有"复自道"之意,而且,因为九三位于阴阳二气的交合点,很容易产生变革。故九三在《泰》中的位置,实际上也反映着事物发展的基本规律。

【原文】

六四,翩翩,不富以其邻,不戒以孚。

【释义】

六四,翩翩地飞来飞去,因上与阴虚为邻,下有乘阳之嫌,故不富裕,这是因其不以诚信戒其行为的缘故。

【原文】

《象》曰:"翩翩不富",皆失实也。"不戒以孚",中心愿也。

【释义】

《象传》说:"翩翩地飞来飞去,因上与阴虚为邻,下有乘阳之嫌,故不富裕",原因全在于阴虚而失实的缘故。"不以诚信戒其行为",这说明坤之阴爻都有下降而乘阳的愿望。

【爻解】

"翩翩"是鸟轻盈飞翔的形态。"六四"已经超过"泰卦"的一半,由上升到极限,开始回落。所以用鸟轻盈飞翔,来比拟轻率冒进,不可能保有财富。"不富"在《易经》中是专指阴爻的用语,因为阴爻的中间断开空虚。《象传》解释"不富",是说由应当在下方的阴,上升到上方,因而丧失了实力。

不过,"六四"阴爻阴位得正,又与"九二"阴阳相应,所以能够得到近邻"六五""上六"的信任,不必提出警告,就能跟随一起行动。《象传》解释,这是志向相同,衷心乐意的缘故。

【原文】

六五,帝乙归妹①,以祉②,元吉。

【简注】

①归妹:指少女出嫁。归,女子嫁人。②祉:福。

【释义】

六五,帝乙嫁出了自己的妹妹,其妹因下嫁而获得到幸福,这件事很吉祥。

【原文】

《象》曰:"以祉元吉",中以行愿也。

【释义】

《象传》说:"获得幸福,且很吉祥",这是因为六五以"中和"之德实现了自己美好的愿望。

【爻解】

帝乙是商朝的一个帝王,是商纣王和微子的父亲。帝乙下嫁自己的妹妹给周王季,生周文王。《易经》的这一爻辞也是这段史事的一个有力佐证。六五与九二阴阳正应,心愿相合。天子嫁妹是莫大的福祉(以祉元吉)。归妹卦为上震下兑,震为长男,兑为少女为妹,有嫁娶之象。泰卦中有互震在上,互兑在下的归妹卦象,六五居中能推行心愿,可谓皆大欢喜。

【原文】

上六,城复于隍①,勿用师,自邑告命,贞吝。

【简注】

①隍:城下沟壕。

【释义】

上六,城墙倾覆于壕沟之中,这时不可出征用兵,城邑中的人请命不要用兵。因为占问的结果是有难。

【原文】

《象》曰:"城复于隍",其命乱也。

【释义】

《象传》说:"城墙倾覆于壕沟之中",这是因为阴乘于阳,尊卑颠倒,政令不顺。

【爻解】

上六为泰之极,极则有变,变泰为否,则上下不交,政令不顺。又有"城覆于隍"这样的不祥之兆。子曰"言不顺则事不成",《泰》之上九有令不行,有禁不止,故有"命乱"之失。而"命乱"之时,又有阴虚之弱,且无强兵可用。"城覆于隍"、"命乱"、"勿用师",这一连串的麻烦皆聚集于上,则《泰》之上六,不仅不能泰安,而且还有危而又危的险情,故观《泰》之象,"玩"《泰》之辞,方可见得圣人居安思危的良苦用心。

【卦义新解】

《泰卦》中的"泰"通常被人们解释为通。而它说的"小往大来",其意就是小的在外,大的在内。在为人处世方面,可以引申为另外一种意思——内方而外圆。

"方",方方正正,有棱有角,指一个人做人做事有自己的原则,不为人所左右。"圆",圆滑世故,融通老成,指一个人做人做事讲究技巧,既不超人前也不落人后,或者该前则前,该后则后,能够认清时务,使自己进退自如、游刃有余。

人如果过分方方正正、有棱有角,必将碰得头破血流;但是一个人如果八面玲珑、圆滑透顶,总是想让别人吃亏,自己占便宜,也必将众叛亲离。因此,做人必须方外有圆,外圆内方。

外圆内方的人,有忍的精神,有让的胸怀,有貌似糊涂的智慧,有形如疯痴的清醒,有脸上挂着笑的哭,有表面看是错的对……

"方"是做人之本,是堂堂正正做人的脊梁。人仅仅依靠"方"是不够的,还需要有"圆"的包裹,无论是在商界、官场,还是交友、情爱、谋职等等,都需要掌握"方圆"的技巧,才能无往不利。

秦朝末年,匈奴内部政权变动,人心不稳。邻近一个强大的民族东胡,借机向匈奴勒索。东胡存心挑衅,要匈奴献上国宝千里马。匈奴的将领们都说东胡欺人太甚,国宝决不能轻易送给他们。匈奴单于冒顿却决定:"给他们吧,不能因为一匹马与邻国失和嘛!"匈奴的将领们都不服气,冒顿却若无其事。东胡见匈奴软弱可欺,竟然向冒顿要一名妾。众将见东胡得寸进尺,个个义愤填膺,冒顿却说:"给他们吧,不能因为舍不得一个女子与邻国失和嘛!"东胡不费吹灰之力,连连得手,料定匈奴软弱,不堪一击,根本不把匈奴放在眼里。这正是冒顿单于求之不得的。不久之后,东胡看中了与匈奴交界处的一片茫茫荒原,这荒原属于匈奴的领土。东胡派使臣去匈奴,要匈奴以此地相赠。匈奴众将认为冒顿一再忍让,这荒原又是杳无人烟之地,恐怕会答应割让了。谁知冒顿突然说道:"千里荒原,杳无人烟,但也是我匈奴的国土,怎可随便让人!"于是,下令集合队伍,进攻东胡。匈奴将士受够了东胡的气,这一下,人人奋勇争先,锐不可当。东胡做梦也没想到那个痴愚的冒顿会突然发兵攻打自己,所以毫无准备。仓促应战,哪里是匈奴的对手?战争的结局是东胡被灭,东胡王被乱军杀死。

其实,冒顿的这一手实际上就是"绵里藏针"。试想,冒顿如果一点实力都没有,匈奴早晚得让东胡给吞并掉。但如果一味强硬,不但迷惑不了对手,更激不起属下的士气,那么这一仗的输赢也就难说了。

"鹰立以睡,虎行似病。"真正的"方圆"之人是大智慧与大容忍的结合体,有勇猛斗士的武力,有沉静蕴慧的平和;面对大喜与大悲泰然自若，前进时干练、迅速，不为感情所左右，退避时，能审时度势，全身而退；他们没有失败，只有面对挫折与逆境时积蓄力量的沉默。

老子在《道德经》中说："曲则全，枉则直，洼则盈，敝则新，少则得，多则惑。"意思是说："受得住委屈，方能保全自己，经得起冤屈，事理才能得到伸直，低洼反能盈满，凋敝反得新生，少取反而多得，贪多反而痴迷。"确实，在强大的对手高压下，在面临危机的时候，采取藏巧于拙、装糊涂，扮作"诚实"的样子，往往可以避灾逃祸、转危为安。遇到突发事件而装傻装呆，比临危不惧和视死如归的壮烈要高明得多。留得青山在，不怕没柴烧，以拙诚与对手周旋，确实不失为一种高明之术。

人生在世只要运用"方圆"之理，必能无往不胜，所向披靡；无论是趋进，还是退让，都能泰然自若，不为世俗的眼光和评论所左右。

否卦第十二

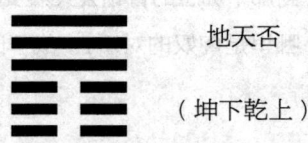

地天否

（坤下乾上）

【题解】

变化之理本来是事物的本质特征，也是《周易》的普遍特征，而这种特征在《否》《泰》两卦体现得最为充分，因为这两卦代表着事物发展变化的两个终极。本来天上地下是天地的本来面貌，但是，这种固定不变的位置说明天地、上下之间缺乏交流互动，使事物处于闭塞不通的情况而不能发展。对于人而言，《否》象征着小人行志，君子困厄之时；对于事而言，《否》象征着闭塞不通，难以成就大业。然而至九四则有"否极泰来"之势。总的说来，《否》卦是在说明"小人吉，大人否"的道理，小人于吉中有"包羞"之耻，君子于否中有不乱群之志。卦之六爻：初有"吉"，二有"亨"，九四"无咎"得福，九五则于大人"吉"，上九"先否而后喜"，唯有六三因居位不正而蒙受耻辱。

【原文】

否①：否之匪人，不利君子贞，大往小来。

【简注】

①否：卦名。此卦卦名与卦辞相连，意谓被闭塞的不是那些应该受到闭塞的人。

【释义】

《否》卦：
《否》卦象征着闭塞不通，不利于人道，不利于君子之行，因为这时是正大的阳气消往而去，卑弱的阴气生长而来。

【原文】

《彖》曰："否之匪人，不利君子贞，大往小来。"则是天地不交而万物不通也，上下不交而天下无邦也；内阴而外阳，内柔而外刚，内小人而外君子，小人道长，君子道消也。

【释义】

《彖传》说："闭塞而不利于人道，不利于君子之行，因为正大的阳气消失而去，卑弱的阴气生长而来。"这是因为天地不能交通使得万物的生长不能通达，君臣上下不能相互交流，使得国君的天下没有邦国的辅助。阴气居内，阳气居外，柔顺者居内，刚强者居外，小人居内，君子居外。这种情况就像是小人之道在增长，君子之道在消亡。

【原文】

《象》曰：天地不交，"否"。君子以俭德辟难，不可荣以禄。

【释义】

《象传》说：天地不能相互交通，象征着"闭塞"不通的情况。君子以勤俭之德避难，不可追求荣华、俸禄。

【卦解】

闭塞而没有人道的时期来临了。在这种情况下，君子守正道只能吃亏，所以说"不利君子贞"。孔子的人生经历便是典型的例子。孔子宣扬仁义道德，本来是属于正道的事。可是时代不同了，周室衰落，诸侯称霸，谁兵强马壮土地便是谁的。结果孔子到各个国家去宣扬仁义道德思想，诸侯们怎么会采纳他的意见呢，因为这仁义对他们一点用都没有。在当时的情况下，靠仁义道德连饭都吃不上，这种道德怎么会有市场呢？再比如五代十国时期，都到了人吃人的地步了，道德还能起到治理社会的作用吗？所以说在这种时代，君子就无法守正道了。这种时代是"大往小来"的时代。什么叫"大往小来"呢？便是阳气渐衰，阴气渐盛，秋天来了，开始向严冬过渡。否卦在十二消息卦中代表的节气为处暑。六爻代表立秋至白露的三十余天。五天为一候，一爻代表一候。秋天来了是什么样子呢？是秋风扫落叶，万物开始凋零，动物们开始换毛，万物开始处于躲藏之中。所以在这种时期，君子应当"俭德辟难，不可荣以禄。"意思是说，小人得志的时候来到了，小人妒贤嫉能，所以君子得把美德收藏起来才能避免灾难的到来。由于是小人的天下了，自然就没没君子的位置了，所以君子在这种情况下要甘于清苦，不要追求荣华富贵而到朝中为官。如果不识时务，只能引来杀身之祸。春秋时期以老子为代表的一帮隐士就是明智的君子，他们隐居起来，不再为官，从而逃过了小人的破害。不过隐士们也是身隐而心不隐，仍然观察着天下大势的变化，随时准备因时势而动。这就是处于泰极否来时，君子所应当做的。

【原文】

初六,拔茅茹以其汇,贞吉,亨。

【释义】

初六,拔起茅草,根系相连,这是因为草根以同类相聚的缘故。这种情况是吉祥的,也是亨通的。

【原文】

《象》曰:"拔茅贞吉",志在君也。

【释义】

《象传》说:初六之所以有"拔起茅草与吉祥如意"的好事,就因为初六有上应九四之君的志向。

【爻解】

《否》与《泰》二卦之初爻皆以"茅茹"取象,然而,泰卦初爻为阳,否卦初爻为阴,故象虽同类,而其志则不同。《论语》有言曰:"君子之德,风;小人之德,草"。阳为君子,于《泰》有生长之道;阴为小人,于《否》则有闭塞之道。君子进则吉,故其爻辞告以"征吉";小人守正则吉,故爻辞告以"贞吉"。

【原文】

六二,包承,小人吉,大人否亨。

【释义】

六二,被包容且顺承上位之尊者,小人吉利,大人不为这种小人之道所包容。故亨通。

【原文】

《象》曰:"大人否,亨",不乱群也。

【释义】

《象传》说:"大人不入于小人之道,亨通",这说明大人不能为小人之道所乱。

【爻解】

"小人同而不和,君子和而不同"(《论语》)。 六二当位居中,上应九五之尊,本以吉论,然居在《否》中,为群小所包围,故有小人之象。 正所谓:"与善人居,如入兰芷之室,久而不闻其香;与恶人居,如入鲍鱼之肆,久而不闻其臭。"(《孔子家语·六本》)六二居正《否》中,既可以为大人,也可以为小人。 若知《否》道,不以俭德独善其身,误入群小,则"吉"而为"小人"。 若能以俭德退身无为,正己而不乱其群,则为"大人"而"亨"。 六二既知小人之"邪",当反其道而不行之,洁身自好,独善其身,此之谓"道不同,不相为谋"。

【原文】

六三,包羞。

【释义】

六三,被包容而行小人之道,终致羞辱。

【原文】

《象》曰:"包羞",位不当也。

【释义】

《象传》说:"被包容而行小人之道,终致羞辱",说明六三居于不正当之位。

【爻解】

"包羞"是包容羞辱,亦即行为恶劣,心中却不知道羞耻。 "六三"阴爻阳位不正,又离开了中位,与"六二"还能包容顺承君子比较,已经完全是小人了。 而且已与上卦的阳爻接近,阴谋伤害君子,丝毫不知道羞愧。 说明小人已经显露了阴险的真面目。

【原文】

九四,有命,无咎。 畴①离②祉。

【简注】

①畴：众。②离：附。

【释义】

九四，承受上天之命，没有过错，因类附于乾而获得幸福。

【原文】

《象》曰："有命无咎"，志行也。

【释义】

《象传》说："承受上天之命，没有过错"，这说明九四奉命扭转否道的行动正在进行。

【爻解】

九四在六三、九四、九五爻组成的互巽里，巽为风为命（例见讼卦九四爻辞），而且是受九五君命。 畴意为多数，是指多数柔爻为求福祉附丽（离通"丽"）于九四刚爻，乾为福。 九四在小人亨通的社会里，保持刚直，并得到上层九五的支持，有上方宝剑在手，可以推行志愿。

【原文】

九五，休否，大人吉。 其亡其亡，系于苞桑。

【释义】

九五，使否闭停止，大人就会得到吉祥。将要灭亡！将要灭亡！要使我系之于如山之固，如桑之坚。

【原文】

《象》曰：大人之吉，位正当也。

【释义】

《象传》说：大人能得到吉祥，这是因为他居于九五之正当之位。

【爻解】

"休"是休息、休止。 "苞"是丛木与"六二""六三"的"包"，在感觉上相关联，"苞桑"是说桑木的根，纠结牵缠在一起。"九五"阳刚、中正、又在中位,可打消闭塞的气运,重新恢复泰平,这是大人物才能做到的事业;所以,占断"大人吉"。 然而,排除闭塞,恢复泰平,毕竟潜伏着危险;因而,必须时刻警惕到灭亡,这样才能像丛生桑木纠结在一起的根,确保安全。 孔子在《系辞传》中,引用这一爻辞说:"君子安而不忘危,存而不忘亡,治而不忘乱;是以身安而国家可保。《易经》说:'其亡其亡,系于苞桑。'"

【原文】

上九,倾①否,先否后喜。

【简注】

①倾:倾倒。

【释义】

上九,倾覆否闭的局势,起先还有否闭之困,尔后则通泰喜悦。

【原文】

《象》曰:否终则倾,何可长也。

【释义】

《象传》说:否闭之道终极之时,就会使否道倾覆,如此则否道怎么能长久呢!

【爻解】

物极必反,泰极则反于否,否极则反于泰。 事物的变化规律总是以起伏不定的状态和循环往复的方式,在展现希望时,也隐藏着危亡;在显示危亡时,又给人们以希望。 在此,《否》道启示着人们:尽管天地或有反常之时,但是,总体上看,还是以时节有序地成就着万物,而丝毫没有毁灭万物的本性。 因此,人应该顺应天地之道,保持热爱生命的信念和希望,因为,就整个人类而言,真正放弃生命的是人类自己,而不是天地。

【卦义新解】

《否卦》初六云："拔茅茹以其汇。 贞吉，亨。"意思是说，拔起一把茅草，只见它们的根连在一起，物以类聚，找它们时要以其种类来识别，结果是吉祥的，亨通。

初六，同《泰卦》初九爻一样，下面三条爻全为阴爻，即带出了一片。 下三爻皆为阴爻，上承的是天，配应的是君主，故此句意思是要辅佐君主。 只要甘居人下，诚心辅助君主，就能改变否塞局面，变为亨通了。 另外，并不是否卦不好，六条爻就都不好，任何事物是这样，即使在最不好的情况下也会蕴含着好的情况，只看是不是善于运用。 从初六来看，植物尚且懂得团结起来力量大的道理，人类更应明白：在遭遇困境时，只有同心协力才能有所突破。

一群狼被猎人赶进了一个洞里。

猎人在洞口安放了一只兽夹，哪只狼先出洞就会被夹住，但其余的狼就得救了。 狼群在洞里饿了一天一夜，开始讨论谁先出洞的问题。

老狼说："我年岁最大，先出洞不太合适吧。"

小狼说："我的年龄最小，不该我先出去。"

母狼说："我家里还有三只狼崽等着我喂奶，你们忍心饿死他们吗？"

一只跛脚狼说："我已经负伤了，应该照顾我。"

剩下一只壮狼了，他说："我不能先出去。 如果我最后冲出去，我可以为大家报仇，去咬死猎人。"

几天后，猎人从洞里拖出一群饿死的狼。

看了这则寓言故事，大家可能都会觉得那群狼真笨，只想自己活着，那么自私，那么贪生怕死，谁也不能带个头，结果都死在了洞里。 它们只晓得自己拾柴为自己取暖，却不知把大家的柴聚在一起热量会更强。

　　法国人创造了"团体精神"这个名词。日本的企业成员也不一定具有血缘关系，但凡是进入某一"家"共同生活者，即被认为是这一"家"的完整成员。这就是"团体的意识"。

　　单打独斗的个人英雄主义时代早已不适应"双赢"的时代了。我们早已迈入合作就是力量、讲求团队默契的新纪元。领导不再是明星，虽然位高权重，拥有领导统御的大权，但是如果缺少了一批忠心耿耿的下属，很难成就大事。任何组织、任何部门，现在需要的不仅是一位面面俱到的领导人才，更需要整个团队的合作精神。

　　管理大师威廉·戴尔在《建立团队》一书中就一针见血地指出，近15年来，经理人在组织内的角色已经发生重大改变："过去被视为传奇英雄，并能一手改写组织或部门的强硬经理人，在现今日趋复杂的组织下，已被另一种新型经理人取代。这种经理人能将不同背景、专业和经验的人组织成一个有效率的工作团体。"

　　有句老话："驼负千斤，蚁负一粒。"讲的是从自身重量来看负重的力量，单个蚂蚁的力量虽然微不足道，但蚁群的力量就远远超过了骆驼的力量。富兰克林说："没有任何动物比蚂蚁更勤奋，然而它却最沉默寡言。"这是对蚂蚁精神最好的写照，团结在一起，不用说谁做得更多，团体的力量会是所有单人力量加在一起的很多倍，当困难来临时，这才是最有力的支撑。

同人卦第十三

天火同人

（离下乾上）

【题解】

《同人》卦因六二以柔中当位，上应九五，因而名之以"同人"，《礼记·礼运》载孔子之叹："大道之行也，天下为公。"故"人不独亲其亲，不独子其子"，"是谓大同"。同样是孔子，在《论语·子路》中他却以冷静精辟的态度说："君子和而不同，小人同而不和。"由此可知，"同"之义因其所言的对象不同，意义也有所不同。《礼记》之所谓"同"是一种政治理想，故而孔子赞叹，《论语》之所谓"同"指人在思想上相同，故孔子不赞成。《周易》之"同"是指人们在"言行"上保持一致性，因此，在《同人》卦中，没有真正以"吉"对应的爻位，其中初以"同""无咎"，二因"同"而"吝"，三、四、五皆有兵象，上九仅"无悔"而已。于是王弼于此卦叹曰："凡处'同人'而不泰焉，则必用师矣！"言下之意，即今日之"同"实为往日攻战而来。

【原文】

同人①：同人于野②，亨。利涉大川，利君子贞。

【简注】

①同人：卦名，有与人和同、集结、亲辅之意。②野：旷野，古代邑外谓郊，郊外谓野。

【释义】

在广阔的原野上行走，其志气相同，亨通。有利于涉过大河，有利于君子守正持固。

【原文】

《彖》曰：同人，柔得位得中，而应乎乾，曰同人。 同人曰："同人于野，亨。 利涉大川"，乾行也。 文明以健，中正而应，君子正也。 唯君子为能通天下之志。

【释义】

《彖传》说：《同人》卦，六二以其阴柔之爻得中正之位，上应于乾之刚健之德，象征着和同于人。《同人》卦说："在原野上行走，与人志气相同，亨通。有利于涉过大河"，这正应了乾之刚健之行。其卦内文明而外刚健，位居中正而上应于乾，这是君子和同于人的纯正美德。只有君子才能通达于天下人的心志。

【原文】

《象》曰：天与火，同人。 君子以类族辨物。

【释义】

《象传》说：天与火相亲近，象征着人与人之间志气相同。君子以事物的类别来辨别事物的本质特性。

【卦解】

"同人于野"的亨通，是来源大家一条心，能够同心同德。 这就叫"人心齐，泰山移"。 想想我们远古的祖先，在生存条件极其艰苦的情况下，走出了野蛮，走出了蒙昧，战胜一个个的冰川期，越过无数的大山，渡过无数条河流，走进文明，在全世界繁衍自己的后代，一直到今天，是多么的不易，又是多么的伟大！

然而，让天下的人都一条心，是无法做到的。 尤其是在私有制社会，人心不可能达成一致。 那么君子在这种大气候中应该怎样去"同人"呢？ 象辞说："君子以类族辨物。"就是说，君子在人群中要寻找与自己志同道合的"同人"。 俗话说"鱼找鱼，虾找虾，王八找王八。"自然界中总是物以类聚，人以群分的。 君子就应当明白这个道理,与自己的同类人聚集在一起,这对一个人的一生有很大影响。较为典型的例子便是孟母三迁的典故。

【原文】

初九,同人于门,无咎。

【释义】

初九,出门与人志气相同,必无灾害。

【原文】

《象》曰:"出门同人",又谁咎也。

【释义】

《象传》说:"出门与人志气相同",又有谁能使其有灾害!

【爻解】

"初九"是"同人"开始的一爻,刚毅,在下方的位置,与"九四"同性相斥,不相应;但也象征中间没有私情存在,与人交往的公正与广阔;所以说,在门外与人交往。虽然没有到达"卦辞"中的"野",那样的大同程度,但已超越在一门之内的狭隘的近亲关系。像这样交往广阔,当然不会有过失。

【原文】

六二,同人于宗①,吝。

【简注】

①宗:宗族。

【释义】

六二,仅与同宗血亲求同,有难。

【原文】

《象》曰:"同人于宗",吝道也。

【释义】

《象传》说:"仅与同宗血亲求同",说明六二以阴柔合和之德与贞静吝惜之心唯与九五和同。

【爻解】

"宗"是宗族。"六二"中正,与"九五"阴阳相应,通常是吉的象征;但这一卦,是在阐扬天下大同的理想世界,相应反而成为不利的关系,因而不相宜。用只在宗族中交往的现象来比拟。这种宗族和同的态度,虽然不能说错,但也不值得赞扬。

没有天下为公的志向。门户之见、宗派利益,非坦荡君子所有,君子不党。

【原文】

九三,伏戎于莽①,升②其高陵,三岁③不兴。

【简注】

①莽:林丛。②升:登。③岁:年。

【释义】

九三,潜伏兵戎于草莽之中,登上高陵频频察看,三年也不敢兴兵作战。

【原文】

《象》曰:"伏戎于莽",敌刚也。"三岁不兴",安行也。

【释义】

《象传》说:"潜伏兵戎于草莽之中",这是因为敌人刚强。"三年也不敢兴兵作战",这说明九三是为了安稳健行。

【爻解】

九三所在下卦为离为火明为兵戈,下卦离由姤下卦巽转化而来,巽为草木,这表现九三是把埋伏兵器于草莽之间(伏戎于莽)。九三应在上九,上九最高,故为高陵,但上九同样为刚爻,与九三为敌应,即象辞所说"敌刚也"。九三受到上九打压,升不上去有三年,三年是指九三与上九中间间隔三个爻位。九三无法与上层意见一致,就安于现状。

【原文】

九四，乘①其墉②，弗克攻，吉。

【简注】

①乘：登上、攻占。②墉：城墙。

【释义】

九四，登上高墙，敌人不能攻打我，吉利。

【原文】

《象》曰："乘其墉"，义弗克也。其"吉"，则困而反则也。

【释义】

《象传》说："登上高墙"，不能为敌方所克，其所以有如此"吉利"的情况，就是因为九四能知"失位"之"困"而变正"返则"。

【爻解】

"九四"也刚强，不中不正，与"九三"同样的暴躁，又与"初九"不相应，也想与"六二"的阴爻亲近，却被"九三"像墙一般隔开；于是，"九四"就登墙攻击。不过，"九四"阳爻阴位，虽然暴躁，还有自知之明，省悟自己的行为不正当，没有必胜的把握，终止放弃攻击。所以，占断仍然吉祥。

【原文】

九五，同人，先号咷①而后笑，大师②克相遇。

【简注】

①号咷：啼呼、号哭。②大师：大军。

【释义】

九五，与人和同时先是号啕而哭，尔后笑容满面，这是因为大军克敌告捷而归，志气相同的人相遇在一起。

【原文】

《象》曰：同人之先，以中直也。大师相遇，言相克也。

【释义】

《象传》说：一开始就和同于人，乾德真诚中直。待大军相遇后，九五战胜三、四之强后，才能与六二言语相合。

【爻解】

"号咷"是哭叫。"大师"是大军。"九五"刚健中正，在尊位，又与柔和中正的阴爻"六二"相应，当然"九五"与"六二"和同。但"九三"，与"九四"或者埋伏，或者越墙，在中间阻挠，因而无法结合。然而，和同是以道义为基础，不容易破坏，最后仍然和同。所以用开始哭泣，最后以欢笑来比拟。

不过，"六二"柔弱，"九三"，"九四"刚强，"九五"必须用大军击败强敌，才能够与"六二"相遇孔子在"系辞传"中解释说："君子立身处世的原则，或者从政，或者隐居，或者缄默或者议论，二人一条心，就有断铁的锐利；志同道合的言论，就像兰花一般芬芳。"

【原文】

上九，同人于郊，无悔。

【释义】

上九，在远郊野外而和同于人，也是没有悔恨的。

【原文】

《象》曰："同人于郊"，志未得也。

【释义】

《象传》说："在远郊野外而和同于人"，这说明上九的志向未能如愿。

【爻解】

九在同人在乾，乾为郊野，所以说同人于郊，但上九即将引退，距离六二最远无应，为不得志。但也在同人之列，并无忧患。卦辞说"同人于野"是从总体上看卦，比较吉利，同样，象辞倍加赞美六二，但六二爻辞却有些不满，一个是从总体看一个是从细节看，毕竟没有完人。同人卦与小畜卦有异同，这两个卦都是由姤卦演变而来，但小畜为小同小富，同人为大同大公。同人封与比卦有异同，都有亲和相近之意，但比卦为外帮亲附，甚至有迫于形势不得才归附来的，为群小（柔爻）亲附一位阳君（刚爻）。而同人为出于内心的愿望和志向、胸襟走到一起，为众君子（刚爻）志同道合。

【卦义新解】

《同人卦》初九爻曰："同人于门，无咎。出门同人，又谁咎也。"就是说同门亲戚和睦相处，当然没什么不好。出门在外，还应该与他人和睦相处，做到平易近人，一视同仁，又有什么不可以的呢？

公元前11世纪，商朝灭亡后，西周王朝为巩固其政权，推行了分封制，将其贵族和功臣，列封于四方，建都立国。姜太公被分封到齐地，建立了齐国。周公的儿子伯禽被分封到了鲁地，建立了鲁国。

姜太公封齐建国，仅过了5个月，就安定齐国，向周公汇报在齐国施政的情况。周公感到很惊奇，便问他说："怎么这么快啊？"姜太公回答说："我简化了君臣之间的礼节，顺应当地风俗，所以这么快。"伯禽到了鲁地后，过了3年才向周公汇报鲁地的施政情况。周公很不满意地问他："为什么这么迟才来汇报呢？"伯禽回答说："改革那里的风俗，革新那里的礼法，3年后才能看到效果，所以才这么晚。"周公不由叹息说："唉，鲁国的后代将要当齐国的臣民了！政令不简约易行，百姓就不会对它亲近；政令平和易行，百姓就必定会归附。"

民间风俗习惯是一种普遍的社会现象。它是不同民族、不同地区的人们，在长期的社会生活中逐渐形成并共同遵守的行为规范。

由于它是社会生活方式和民族文化整体的重要组成部分，是社会环境中最稳定的因素，因此顺应民俗可以起到稳定社会秩序、安定民心的作用，有利于统治和管理。"因俗简礼，平易近人"是姜太公建国的三大基本国策之一。他给齐国带来的舒缓、达观的国风，自由开朗的民风，为齐国称霸春秋，威冠战国七雄，奠定了良好的基础。

要记住，无论是同一个民族或者是异族，无论是同一宗教或者是不同派别，我们都彼此生长在同一个地球上，同一个大家庭里，我们都直接或间接地相互融合着，相互鼓励着，相互帮助着，饮着同一个地上的水，吃着同一产地的食物，沐浴着同一个天上的太阳，观赏着同一个美丽的月亮，我们彼此之间没有什么深仇大恨，也许几千年前我们的祖宗同生活在一个地方。

嗡嗡作响的蜜蜂在红花绿叶当中尽情地展示着自己美丽的舞姿，快乐地享受着花蕊之中的蜜浆，彼此和谐地建造着自己的"宫殿"，幸福美满地养育着自己的子孙后代。

忙忙碌碌的蚂蚁爬满了自己家园的周围，它们看似密密麻麻乱成一锅粥，但事实上却能够分工精细、彼此协作、热火朝天地做得井然有序，每个小家伙都在做着平凡而又令人震惊的伟大事业。它们一方有难，八方支援，它们具有舍己忘我的团队精神、踏踏实实的苦干劲头，这些都是我们人类学习的榜样。

今天是一个张扬的社会，是一个个性充分展现的时代，我们不能再故步自封、自命清高，妄图远离纷杂社会的干扰，隐居深山老林，等待着高人的发现。因为时代不同了，"三顾茅庐"的故事一去不复返了，今天的隐居就意味着逃避，就意味着懦弱，就意味着无能，就是脱离群体。

脱离了群体，就会被别人孤立，孤立了意见和想法就会发生片面，片面就会产生极端，极端就会发生大的问题。自古以来一意孤行的人最终都会走入死胡同，撞得头破血流，以至于到了"走火入魔"的地步而自焚其身。

今天我们讲究的是团队精神，团队精神要求的是各项素质全面发展的人才，一个人除了有精深的专业技术能力外，还必须具备无私奉献的精神，灵活的协调能力，高度的责任感和积极的创新精神。

融入团体需要积极主动的勇气；

融入团体需要平易近人的态度；

融入团体需要"先天下之忧而忧，后天下之乐而乐"的高尚品德；

融入团体需要不计前嫌、以德报怨的大度。

大有卦第十四

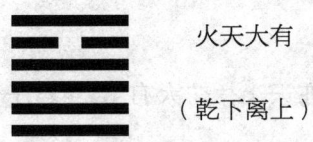

火天大有

（乾下离上）

【题解】

《系辞上》曰："富有之谓大业，日新之谓盛德。"富家大有往往与国泰民安的政绩相联系。具体在《大有》卦中，"柔得尊位"，"上下应之"，这是多么好的太平盛世啊！故卦中六爻，如杨万里所评："六爻亨一、吉二、无咎三。明主在上，群贤毕集，无一败治之小人，无一害治之匪德。"（《诚斋易传》）这里所说的"吉二"，就是六五与上九。六五以阴虚居上，为众阳朝拱，一阴之虚承受众阳之实，故有"威如"、"交如"之吉。上九失位无应，然有六五之君为邻，得其"天佑"之吉。

【原文】

大有①：元亨。

【简注】

①大有：卦名。"有"字本义是手持月以耕植。月，指耒耜之类，故古谓丰年曰"有"，大丰年曰"大有"。此为丰盛、众多，富有的意思。

【释义】

《大有》卦象征着大有收获：极为亨通。

【原文】

《彖》曰："大有"，柔得尊位大中，而上下应之，曰"大有"。 其德刚健而文明，应乎天而时行，是以元亨。

【释义】

《彖传》说："大有收获"，这是因为阴柔居于尊崇之位，身居高位，中正有德，上下响应，这种情况就称之为"大有收获"。《大有》内秉刚健之德，外著文明之光，能顺应天体的规律，按照时节运行，所以大有亨通。

【原文】

《象》曰：火在天上，"大有"。 君子以遏恶扬善，顺天休命。

【释义】

《象传》说：日光如火，高悬于天，象征着"大有收获"。君子遏止邪恶，弘扬善德，顺应天道，美化万物之性和政令。

【卦解】

正是由于众人的拾柴，使火焰烧得更旺，火苗燃烧得更高；正是众人的齐心协力，才使人类社会发展到文明盛世阶段；正是众人一条心，才得以大的亨通。 大有卦的卦辞极其简洁，只有两个字——元亨。 这里没有"利贞"两个字。 为什么呢？ 因为只要人多心齐，不走正道也会成功。 《周易》是一本给君子讲道理的书，所以在象辞中专门阐明了君子应当怎样效法大有卦的精神。象辞传说："君子以遏恶扬善，顺天休命。"

【原文】

初九，无交害。匪咎艰则无咎。

【释义】

初九，不与恶害相交，自然无有过错。即使身处患难之中也没有灾祸。

【原文】

《象》曰：《大有》初九，无交害也。

【释义】

《象传》说：《大有》的初九，无与恶害相交。

【爻解】

过多的拥有，容易使人骄傲，发生满招损的弊害。不过，"初九"虽然是阳爻，但在最下位，又与"九四"同是阳爻不相应；象征有才华，还不能出人头地，又缺少有力的援引，尚在起步阶段，不至于产生因骄傲造成的过失。然而，得意就会忘形，在艰难中才会戒惧，不发生过失，才会大有所获。

【原文】

九二，大车以载，有攸往，无咎。

【释义】

九二，用大车承载"大有"之财富，有所前往，必无灾祸。

【原文】

《象》曰："大车以载"，积中不败也。

【释义】

《象传》说："用大车承载'大有'之财富"，将物承载在正中就不会失败。

【爻解】

"九二"阳刚，有才能；在下卦得中，不会过分；又与上卦"六五"相应。象征得到信任，委以大任，就像装载在大车中，不论前往何处，也不会败坏，没有灾祸。

【原文】

九三，公用亨于天子，小人弗克。

【释义】

九三，公侯享用天子的宴请之礼，小人则不能享受此种礼遇。

【原文】

《象》曰：公用亨于天子，小人害也。

【释义】

《象传》说：公侯享用天子的宴请之礼，小人受此礼遇必致祸害。

【爻解】

"九三"阳刚，阳爻阳位得正，在下卦的最上位，相当于公侯。上卦的"六五"，相当于君王，柔和谦虚，礼贤下士；"九三"，也竭尽所能，报效知遇，就像公侯朝见君王，赐给饮食，得到礼遇，对小人来说，这是无法得到的恩宠。如果小人得到这种恩宠，上柔下刚，将造成祸害了。

同样的事情，君子可为而小人不可为，这就是君子和小人在人们心目中的地位所致。君子行正道，正道直行；小人行邪道，邪道弯曲。欲为君子，莫走邪道；如是小人，正道难行。

【原文】

九四，匪其彭①，无咎。

【简注】

①彭：盛大。

【释义】

九四，不以盛大骄人，无所祸害。

【原文】

《象》曰："匪其盛，无咎。"明辩晢也。

【释义】

《象传》说:"不以盛大骄人,无所祸害"。这说明九四能辨明自身的处境。

【爻解】

九四为四个刚爻累积而至,已经呈现大壮(也为四个刚爻叠加)之势,非常盛大,但九四忠心于六五,不自我膨胀,九四身处上离中,离为火明,能看清楚自己,没有妄自菲薄。所以无咎。

子贡曾经向孔子求教说:"贫而无谄,富而无骄,何如?"子曰:"可也。未若贫而乐,富而好礼者也。"九四已经做到了富而好礼。而古今许多人富裕后骄横不能自持,这种暴发户的心态是德才穷困的一种表现。

【原文】

六五,厥孚交如,威如,吉。

【简注】

①威如:威严庄重的样子。

【释义】

六五,用诚信与人交往,威严①庄重,吉祥。

【原文】

《象》曰:"厥孚交如",信以发志也;"威如之吉",易而无备也。

【释义】

《象传》说:"用诚信与人交往",这说明六五用诚信来感化、激发他人的心志;"威严庄重而得到吉祥",这是因为六五简易而对人无所防备。

【爻解】

六五与众刚爻极为亲合信赖(厥孚、信以发志也),这是由于它从上位到五位换位的结交(交如)。六五虽在互兑(九二、九三、九四爻组卦）里，兑为虎，有虎的威风（威如），但位尊而怀柔，使人感到平易而不戒惧（易而无备也）。 不像履卦九五唯我独尊，地位变得危厉。 大有六五受众拥戴，这是比财富的大有更有意义，可谓含弘光大。

【原文】

上九，自天佑之，吉，无不利。

【释义】

上九，得到上天的帮助，吉祥，无有不利。

【原文】

《象》曰：《大有》上吉，自天佑也。

【释义】

《象传》说：《大有》上九的吉祥，是来自于上天的佑助。

【爻解】

"上九"刚健，在最上位，通常物极必反，是有畏惧感的形象；然而，满而不溢，这才是君子应有的修养，符合天的道理，必然获得天的保佑，就会吉祥无往而不利了。 因而，"上九"在最高位，就应当谦虚，自己知道抑制，才能得到天佑。

【卦义新解】

每个人都觉得自己很重要！ 或者说，每个人都希望被别人认为很重要。 如果对方感觉到他在你心目中很重要，他一定会对你产生好感——没有人会讨厌一个喜欢自己、尊重自己的人。

有些人自视甚高，他们觉得自己很重要，却忘了别人也需要这种感觉。 他们在不经意间流露出对别人的轻视，于是受到大家的疏远。 只有使别人产生重要的感觉，你才会受到他们的欢迎。

如何使对方产生重要的感觉呢？ 礼貌上的尊重是毫无疑问的，关键是你要把他放在心上，同时还可以采用一些让人产生好感的方法，比如：关心对方关心的事。 他关心自己的利益，关心自己的健康，关心自己的家人……你只要对他的利益、他的健康、他的家人……表现出足够的关心，他就会把你当成自己人。欣赏对方欣赏的事。他欣赏自己的成就，欣赏自己的能力，欣赏自己的风度……你只要对他的成就、他的能力、他的风度……表现出你真诚的欣赏，他一定会欣赏你，把你当成难得的知音。

请教对方擅长的事。自己不懂的问题、不清楚的事情，不妨向对方求教，既可增长见识，又能得到对方好感，何乐而不为？

"你以怎样的态度对待别人，别人也会以怎样的态度对待你。"这是成功学家拿破仑·希尔的一句名言。

你轻视一个人，你就不会把他放在心上，对他的一切都漠不关心；你重视一个人，你就会关心他的感受，关心他所处的状况。当他感受到你的轻视或重视后，也会报以同样的态度。当你想改善和巩固跟某个人的关系时，把他放在心上，无疑是一条捷径。

美国前国务卿奥尔布赖特十多年前是BON电影公司的公关部经理。她面临巨大的职业挑战，同时又必须面对许多现实的东西，像人际关系的处理、家庭生活的和谐等，但她巧妙地使这些烦琐的事情顺畅起来。

比如，她的下属总会在某一个繁忙的下午突然收到一张上面写着诸如"你辛苦啦"、"你干得非常出色"之类的小卡片，或一张精致典雅的卡片。而在她丈夫生日的那一天，她总会努力举办一个家庭小舞会，而且是一个人事先布置好，就这样，在繁忙工作的间隙，她并没有花太多的时间，却给他人送去了一份又一份快乐。她对这一做法，饶有兴趣地解释说："大家的节奏都那么快，大部分人都忘了一些最基本的问候，都认为这些是无足轻重的小细节。其实正是这些细小的方面使人与人之间的情感变得不那么紧张，那我就想：为什么我不能做得更好些呢？"

她又说:"一份小小的问候就能体现出一个人的真挚和诚意,使他人感到温暖。人与人之间渴望沟通和交流,而这些小的方面是最能体现出你的那一份心意的。这是对我个人形象、风度的最佳传播,当她们看到那张卡片的时候,就一定会想起我,而且在她们心中隐含着对我的谢意,会使她们更认为我是一个完美无缺的人,她们总会想到我好的地方,不会注意我的缺陷。"显然,奥尔布赖特的这一番言论有许多值得我们借鉴的地方,人与人的关系不一定非要在大事中才能体现出来,在日常生活的琐事之中更能体现你的友善。

既懂得工作的重要,也深信生活的乐趣,随时把心中最真诚的愉悦带给大家,这正是处理人际关系的要诀。

维也纳著名心理学家亚佛·亚德勒说:"不对别人感兴趣的人,他一生中的困难最多,对别人的伤害也最大。所有人类的失败,都出自于这种人。"

生活中很多很多的问题,就是因为一方不把另一方放在心上或者双方互相不把对方放在心上引起的,种种仇视和敌意,也因此而生,并带来数不清的麻烦。如果每个人都对别人多一份关注,多一份重视,这个世界将变得更加温馨和谐。

谦卦第十五

地山谦

(艮下坤上)

【题解】

《谦》卦六爻,初、二、三皆因谦德而获"吉",四、五皆因谦而"无不利",上六因谦德极盛,断之以"可用行师"。综观六爻,无一不吉。孔子曰："《易》先《同人》后《大有》，承之以《谦》。不亦可乎？"《谦》卦以"君子有终"来劝勉君子之行，算得上是对"谦谦君子"的最高嘉奖。周公曾经就以此劝诫伯禽曰："故《易》有一道，大足以守天下，中足以守其国家，近足以守其身，谦之谓也？"《尚书·大禹谟》曰："满招损，谦受益。"故《谦》之《象传》以"裒多益寡，称物平施"称赞君子之行。正所谓"谦虚使人进步"，在几千年的华夏文化中，谦虚始终是被视为君子所奉行的美德。

【原文】

谦①：亨。君子有终②。

【简注】

①谦：卦名。有谦让、谦逊之义。②有终：有好的结果。

【释义】

《谦》卦象征着谦虚：亨通，君子若保持谦虚的美德就能得到美好的结果。

【原文】

《彖》曰：谦，亨。天道下济而光明，地道卑而上行。天道亏盈而益谦，地道变盈而流谦，鬼神害盈而福谦，人道恶盈而好谦。谦，尊而光，卑而不可逾，君子之终也。

【释义】

《彖传》说："谦虚，亨通。"天因为能将其光明、雨露下济于地而愈显其光明，大地的本性在于处于低底之处而地气则冉冉上升。天道的规律是亏损满盈而补益谦虚，大地的规律是改变满盈而充实谦虚，鬼神的本性是损害满盈而施福于谦虚，人类的本性是厌恶满盈而爱好谦虚。人爱好谦虚，处于尊位就光荣，即使是处于卑贱之位也不可超越，所以君子能有好的结果。

【原文】

《象》曰：地中有山，谦。君子以裒多益寡，称物平施。

【释义】

《象传》说：巍峨的高山就在大地之中，这种情形象征着谦虚。因此，君子对待事物的态度是削减过多的，补充不足的，权衡事物，然后公平地施予。

【卦解】

谦卦的卦辞也简练，只有五个字——亨，君子有终，可其内涵却极为丰富。谦虚使人受益，使人进步，所以会亨通。君子能够做到这一点，便会得到善终。我们知道人们一般都是能够做到善始的，但做到善终的却没几个人。因为善终者才是最后的成功人士。世界上的成功人士与非成功人士的比例是1∶9，可见人们大多数是做不到善终的。为什么呢？只因为人往往会因为一点小小的成绩而骄傲自满。谦受益，满招损。只有谦虚才能使你得到更多，这就像一个瓶子，只有空瓶子里才能装入水，如果已经装满了水，那么再往里倒水，便会流到外面。而人与瓶子不同的是，人这个容器是可大可小的，内心谦虚，你的容量就大；内心骄傲，你的容量就小。谦虚则意味着你还能接受，骄傲则意味着你已经什么都容不下了。所以说一个人富贵了就骄傲起来，无异于向人们宣布：我已经无法再富下去了。如果一个人因为自己有学识而骄傲，则无异于在对人们说我再也学不到知识了。如果一个人因为自己的业绩而骄傲，则无异于在向人们说：我再也创造不出更大的业绩了。你真的想成为这种人吗？如果不，那么你就必须懂得谦虚。

【原文】

初六，谦谦①君子，用涉大川，吉。

【简注】

①谦谦：小心谨慎的样子。

【释义】

初六，谦而又谦的君子，可以涉越大河，吉祥。

【原文】

《象》曰："谦谦君子"，卑以自牧也。

【释义】

《象传》说："君子谦而又谦"，这说明初六以谦卑来制约自己。

【爻解】

初六位在最下，谦之又谦，所以叫作谦谦君子。 牧，原意为放牧，引申为管理，谦卑能够自我约束、自我管理自己，谦有亨通，可以渡过大川，六二、九三、六四爻所组成的互坎为水为川。 谦卑的人走到哪里都会顺利。

【原文】

六二，鸣谦，贞吉。

【释义】

六二，宣扬谦虚的美德，吉祥。

【原文】

《象》曰："鸣谦贞吉"，中心得也。

【释义】

《象传》说："宣扬谦虚的美德能获得吉祥"，这是因为心中坚守正道的缘故。

【爻解】

六二之所以"吉利"，在于谦卦的卦主是九三，而九三与上六相应，而六二紧靠九三，都与六二和谐，共鸣于"谦卦"。 六二"柔顺而居中位"，谦虚之德累积在中。 人也是如此，寻找合适的老板，寻找合适的朋友。 跟对一个人，找到一个合适的朋友，成功一生，幸福一生，发展自己的才能，实现自己的理想，柔顺居中，雄鸣雌应。

【原文】

九三，劳①谦，君子有终，吉。

【简注】

①劳：功劳。

【释义】

九三，有功劳而能谦虚的君子，必然有一个美好的结果——吉祥。

【原文】

《象》曰："劳谦君子"，万民服也。

【释义】

《象传》说："有功劳而能谦虚的君子"，天下的万民都信服他。

【爻解】

"九三"是这一卦唯一的阳爻，处于下卦的最上位，相当于负有重大责任的人物。"九三"阳爻刚毅，阳爻阳位得正；因而，上下五个阴爻，都信赖以他为重心。"劳谦"是说辛劳而且谦逊；这样的君子最后必然吉祥，能使万民归心。这一爻，说明谦虚必须有实质，可骄傲而不骄傲，才是真正的谦虚。

【原文】

六四，无不利，撝①谦。

【简注】

①撝：本义为裂开。此指举、发挥。

【释义】

六四，无有不利，发挥谦虚的美德。

【原文】

《象》曰："无不利撝谦"，不违则也。

【释义】

《象传》说："无有不利，发挥谦虚的美德"，说明六四不违背谦虚的法则。

【爻解】

"撝谦",撝即麾,在麾下之人,应该明白事理,尽自己的全力做好事情,不能无功受禄。 做事情有两种态度,一种是尽力而为,一种是全力以赴。 尽力而为已经是一种比较高的境界,可是从处世的角度而言,尚有推脱之嫌,虽然"尽力",并非"全力"。 "挥谦"要求在人麾下,必须全力以赴,把忠诚和状态紧密地结合在一起。

【原文】

六五,不富以其邻,利用侵伐,无不利。

【释义】

六五,不富裕是因为其邻国的原因,我用武力讨伐,无有不利。

【原文】

《象》曰:"利用侵伐",征不服也。

【释义】

《象传》说:"我用武力讨伐",只是征伐那些骄横不服的邦国。

【爻解】

六五在上卦坤中,坤三爻皆阴,阴为虚,虚就不富,不富的是因为遭到了邻居的盗窃而不富裕,有邻如此,侵伐之,名正而言顺。 六五居尊位,有权势,可以利用侵伐,这表明谦逊不是柔弱可欺,谦卑不是一味低调,各个事物谦的表现是不同的,比如"地道卑而上行"。 那么这个窃贼是谁呢? 就是下爻中所讲的"邑国",即六二,六二居大夫位,大夫封地就是邑。 六二"中心得也",窃喜得了九三的下济。 六五与六二又是阴性敌应关系,暗示六二不服六五。

【原文】

上六,鸣谦,利用行师,征①邑国。

【简注】

①征:征讨、讨伐。

【释义】

上六,宣扬谦虚的美德,就有利于用兵作战,征伐那些不服的小国和都邑。

【原文】

《象》曰:"鸣谦",志未得也。"可用行师",征邑国也。

【释义】

《象传》说:"宣扬谦虚的美德",然而心中的志向仍然未能实现。"可以出兵作战",征伐那些不服的邑国。

【爻解】

《谦》六四至上六为坤,六二至六四互为坎,则二至五有《师》象。故自五爻始,有用兵征伐之语。谦德有礼,礼不能服之,则须用兵征伐。《论语》曰:"君子无所争,必也射乎。揖让而升,下而饮,其争也君子。"故用礼谦让的同时还须有武力的准备。当谦则谦,谦而好礼,方可谓之"谦谦君子"。当武则武,武而"用师",凛然难犯,此《谦》之文武之道。

【卦义新解】

人们常说得意忘形,就是说得意之时,就会忘了自己的模样,失去自我,偏离正道。

得意忘形来自这样一个典故:东晋阮籍放荡不羁,能诗善文,有时在家读书,数月闭门不出;有时出外游山玩水,十天半月不回家。当他快乐时,就发疯似狂,忘乎所以,甚至连他自己是什么都不知道了。

乌鸦得意忘形的时候,自己嘴里的肉就会掉下来被狼吞走;蚊子得意忘形的时候,就会触到蜘蛛网而自寻灭亡。

《封神演义》中有一精彩片段,讲的是苏妲己在享乐的鹿台筑就之后宴请众狐仙的事。

昏庸的纣王宠信妲己,整日笙歌欢宴,下令造鹿台,以致刀兵四起，百姓思乱。 两年零四个月后，鹿台竣工，纣王让妲己邀请神仙仙子们赴天子九龙宴席。 妲己请了三十九席狐仙，纣王派了朝歌中出名海量的比干丞相陪酒。

9月15日夜，神仙们如约而至，一个个仙风道骨，气度不凡。不料，宴席中"神仙们"喜不自禁、得意忘形，刚饮了两三回酒，不胜酒力，一个个把尾巴都露了出来。

之后比干遣四员大将探定，原来所谓的神仙只是离城三十五里轩辕坟内的一帮狐狸精，于是派兵把住洞口，用火焚烧。

俗话说得好："金无赤金，人无完人。"世界上任何事物总有它的长处和短处，人更是如此。 因此，认识自我，不仅要认识到自己的优势和潜力所在，还要认识到自己的缺点和错误，并且能善用自己拥有的长处去改正自己的不足，学会扬长避短。 如果对自己的缺点视而不见，整天狂妄自大、得意忘形，那自己的缺点就像狐狸精的尾巴一样展现在别人面前，对方就可以利用你的缺点轻易地战胜你。

要想正视自己，发挥自己的优点，改变自己的缺点，必须谦虚谨慎。

《易经》中说："谦，亨，君子有终。"就是说，谦虚的美德可以使人百事顺通，但谦虚并不是人人都能坚持下来的，而只有君子才能做得到。

当你做事心情浮躁、工作半途而废、无法全身心投入时，你是否想到是自己有问题了呢？ 你是否扪心自问：我是不是没有做到谦虚谨慎呢？

"满招损，谦受益"是古人的修身养性之道。 所谓"贪满者多损，谦卑者多福"、"自伐者无功，自矜者不长"，说得正是这个道理。

唐代吴兢在《贞观政要·政体》中记载着唐太宗一段话："天下

稍安,尤须兢慎,若便骄逸,必至失败。"这警示人们如果骄傲自满必将招来祸端。

《易经》中说:"地中有山,谦。君子以衷多益寡,称物平施。"就是说,地中有山,是高山隐藏于地下之表象,象征高才美德隐藏在心中不外露,所以称作谦。君子总是亏多益少,衡量各种事物,然后取长补短,使其平衡。

作为一个人,尤其是作为一个有才华的人,要做到不露锋芒,凡事不要咄咄逼人,既有效地保护自我,又能充分发挥自己的才华,不仅要摒弃、战胜骄傲自大的病态心理,更要养成谦虚让人的美德。所谓"花要半开,酒要半醉",凡是鲜花盛开娇艳的时候,不是立即被人采摘而去,就是衰败的开始。人生也是这样。当你志得意满时,且不可趾高气扬、目空一切、不可一世,这样很容易被别人当靶子打。无论你有怎样出众的才智,一定要谨记:不要把自己看得太重,狂妄得仿佛自己是救国济民的圣人君子似的,一定要收敛锋芒,夹起尾巴,谦虚待人。

在旧时,锋芒太露而惹祸上身的典型是为人臣者功高盖主。打江山时,各路英雄会聚一个麾下,锋芒毕露,一个比一个有能耐。主子当然需要借这些人的才能实现自己图霸天下的野心。但天下已定,这些虎将功臣的才华就成了皇帝的心病,所以屡有开国初期诛杀功臣之事发生。所谓"飞鸟尽,良弓藏;敌国破,谋臣亡",韩信身死未央宫,宋太祖杯酒释兵权,朱元璋火烧庆功楼,莫不如此。

大家读《三国演义》时可能注意到,刘备死后,诸葛亮好像没有大的作为了,不像刘备在世时那样运筹帷幄,满腹经纶,锋芒毕露了。在刘备这样的明君手下,诸葛亮是不用担心受猜忌的,并且刘备也离不开他,因此他可以尽力发挥自己的才华,辅助刘备,打下一份江山,三分天下而有其一。刘备死后,阿斗继位。刘备当着群臣的面说:"如果这小子可以辅助,就好好扶助他;如果他不是当君主的材料,你就自立为君算了。"诸葛亮顿时冒了虚汗,手足无措,哭着跪拜于地说:"臣怎么能不竭尽全力,尽忠贞之节,一直到死而不松懈呢?"说完,叩头流血。 刘备再仁义,也不至于把国家让给诸葛亮,他说让诸葛亮为君,怎么知道没有杀他的心思呢? 因此,诸葛亮一方面行事谦虚谨慎,鞠躬尽瘁,一方面则常年征战在外,以防授人"挟天子"的把柄。 而且他锋芒大有收敛,故意显示自己老而无用,以免祸及自身。 这是韬晦之计,收敛锋芒是诸葛亮的大聪明处。

你不露锋芒,可能永远得不到重用;你锋芒太露却又易招人陷害。 虽容易取得暂时成功,却为自己掘好了坟墓。 当你施展自己的才华时,也就埋下了危机的种子。 所以才华显露要适可而止,唯有谦虚谨慎才受人尊敬。

所以,《易经》中才说:"谦谦君子,用涉大川,吉。"谦虚而又谨慎的君子,才可以克服重重困难,排除一切障碍,最终必然安全吉祥。

《易经》还写道:"不富以其邻,利用侵伐,无不利。"就是说虽不富有,但却虚怀若谷、矢志不渝,就有利于和近邻一起征伐那些骄傲蛮横不可一世的人,不会有任何不利的结果。

只有虚怀若谷才能接触到更多的有才之人,才能够不断地从别人身上学到更多的东西,特别是从对手身上更能够看出自己的不足,因为自己的"敌人"才是自己最大的老师,不断地取长补短,增强自己的实力,只有这样才不会高傲自大、得意忘形。

在这个复杂多变的社会里,人心越来越浮躁,这会让人变得浅薄而得意忘形,如此一来,我们会失去很多。 为了让鲜花常伴于我们身边,让事业不断前进,让我们从今开始谦虚谨慎、虚怀若谷吧。

豫卦第十六

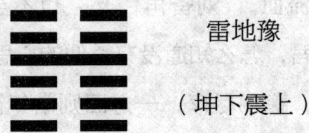

雷地豫

（坤下震上）

【题解】

《豫》卦以"顺以动"的主要特征启示人们，当雷声在大地上震动时，一则有利于"建侯行师"，二则"天地如之"。雷声是上天献给大地的音乐盛典。随着雷声的震动，云天山河、花木鸟兽也应声而动。这样的盛典表现着地球生命最大的欢乐。雷声给大地欢乐使先王"作乐崇德"，使"天地如之"。《乐记》曰："移风易俗，莫善于乐。"故舜有一夔足以治国。初六失位，应四而遇险，故有"凶"；六二因位居"中正"而吉；三"有悔"；五以"不死"为喻说明守正防病的必要性；上六"无咎"。《豫》之六爻，唯九四为阳，居震应坤，为《豫》卦之主，因其将欢乐献给众生而使自己"大有得"。

【原文】

豫①：利建侯②，行师③。

【简注】

①豫：卦名。本义为象之大。引申为娱乐。②侯：侯国。③行师：用兵。

【释义】

《豫》卦象征着欢乐：有利于建立诸侯，行军出征。

【原文】

《彖》曰：豫，刚应而志行，顺以动，豫。豫顺以动，故天地如之,而况建侯行师乎? 天地以顺动,故日月不过,而四时不忒。圣人以顺动,则刑罚清而民服,豫之时义大矣哉!

【释义】

《象传》说:欢乐,因为在此卦象之中有阳刚与阴柔相应,使得心中的志向能实现,顺着事物的本性而动,就会得到欢乐。之所以欢乐,是因为顺应事物的本性而动,天地的运行也是这样。更何况封侯建国、出师征战这样的事呢?天地能按照事物本性运动,所以日月的运转就不会出现过错,四季的更替也不会出现差错。圣人顺应事物的本性动,那么运用刑罚就清楚分明,老百姓也就信服。"欢乐"的时候包含的意义是多么伟大啊!

【原文】

《象》曰:雷出地奋,豫。 先王以作乐崇德,殷荐之上帝,以配祖考。

【释义】

《象传》说:雷声发出时,大地都感到振奋,欢乐。先代圣明的君王因此而制作音乐以赞赏美德,并以盛大的场面将其乐歌呈献给伟大的天帝,同时,让祖先的神灵配享。

【卦解】

豫卦的卦辞是"利建侯行师",怎么在一片安乐祥和的气氛中一上来就谈到打仗的事情上了呢? 这与上一卦谦卦的上六爻有关。 上面我们讲了,谦卦的上六爻"鸣谦",于是联合"劳谦君子"征伐自负而不归顺的小国。 现在天下都过上了富足的生活,可正是由于安乐与富足,便会滋生出一些骄傲自负的小国君。 所以即使处于富足的和平年代,战争还是要发生的。 不过由于和平富足的年代中谦虚谨慎的盟主会得到很多诸侯的支持,所以有利于征伐,因为极其容易成功。并且这种征伐既在诸侯中树立了威信,又可以伸张正义,所以"利建侯行师"。

富足安乐的社会，君王的所作所为应当更加谨慎，所以象辞中特别谈到了君王应当如何去做。象辞中说："先王以作乐崇德，殷荐之上帝，以配祖考。"是什么意思呢？就是说在这种和平年代，从前圣贤的君王开始制礼作乐，宣扬道德思想来维护社会的治安。其道德的具体内容是什么呢？便是孝字当头。举行祭祀活动，祭祀上帝与祖先。

【原文】

初六，鸣豫，凶。

【释义】

初六，狂呼乱喊地娱乐，有凶险。

【原文】

《象》曰："初六鸣豫"，志穷凶也。

【释义】

《象传》说："狂呼乱喊地娱乐"，这是因为它欢乐之极，乐极生凶。

【爻解】

"鸣"，心中有感而发出声音，是感情的自我表达。"鸣豫"，是自鸣得意发出声音，不知不觉地唱了起来，表现出忘乎所以的轻贱相。这种随心所欲，自我感觉良好，得意扬扬的态度，根本不能持之恒久，往往乐极生悲，结果凶必无疑。这爻强调，愉快也是有条件的，不可独乐乐，应当众乐乐。有苦大家共同吃，有福大家共同享。这里要注意的是，当你看到凶的时候，也不要害怕，认为不吉利。讲到凶也不一定就是"凶"，关键看你怎么做，你是注重结果还是注重过程，如果顺应了事物发展，那么凶也就可以化解了。凶是对你的提醒，以引起你的足够重视。比如，只要你不坚持"鸣豫"，而是以谦谦之道行事，那么凶就可以化解了。心中即使有了好的计划，掌握了解决问题的方法，看透了别人的计划，也不要张扬，打一点埋伏为好。

【原文】

六二，介①于石，不终日，贞吉。

【简注】

①介：中正坚定，亦有解作纤小、触摸者。

【释义】

六二，攻石治玉，不到一天就做成了，这是一件吉祥可庆的事。

【原文】

《象》曰："不终日贞吉"，以中正。

【释义】

《象传》说："攻石治玉，不到一天就做成了，吉祥可庆"，这是因为六二以君子之德当位居正的缘故。

【爻解】

六二处豫之和乐之中，而无迟迟耽恋之意。静则确然自守而坚介如石，处优越、顺利的环境不能动摇它的意志；动则善于观察，及早发现问题并果断解决，把问题处理在萌芽状态，早上该做的事情，绝不等到晚上。《大学》中说，"安而后能虑，虑而后能安"，就是这个意思。这爻强调，在安乐中不可沉溺，应保持警觉。

【原文】

六三，盱豫，悔；迟，有悔。

【释义】

六三，在音乐声中独自忧愁，必有，悔恨；若醒悟迟缓必将更加悔恨。

【原文】

《象》曰："盱豫有悔"，位不当也。

【释义】

《象传》说："在音乐声中独自忧愁，必有悔恨"，这是因为六三所处的位置不当所致。

【爻解】

"六三"阴爻阳位不正,又不在中位,象征不中不正的小人;又接近这一卦的主体,最强的"九四";因而仰视"九四"的脸色,迎合其心意,自己得到安乐。爻辞是说,用媚上的方法寻求欢乐的人,必将后悔;如果迟不悔悟,不及时悔改,又必将悔上加悔,还会有令他悔恨的事情发生。所以,必须立即悔改,否则迟疑就真的要后悔了。所以说,安乐应是靠自己正当努力得来的,而不是靠向别人乞求的,更不是靠站在别人肩膀上而获取的。

【原文】

九四,由豫,大有得,勿疑,朋盍①簪②。

【简注】

①盍:合。②簪:古代用来绾头发的针形首饰。此引申为连合,聚会。

【释义】

九四,人们依赖他而得到欢乐,大有所得,至诚不疑。这会使自己的朋友像头发括束于簪子一样聚拢在一起。

【原文】

《象》曰:"由豫大有得",志大行也。

【释义】

《象传》说:"人们依赖他而得到欢乐,大有所得",这说明九四的志向大为成功。

【爻解】

九四是唯一的阳爻,是豫卦的主卦,五个阴爻都来悦顺于他,有大有得之象。但要把由豫变为现实,必须做到"勿疑,朋盍簪"。"盍",通"合",也就是大家都集合起来、团结起来。"簪",古人用以束发的头饰,簪子。簪子的作用是把梳理好的发型固定起来，也有团结集合之意。

爻辞是说，"九四"是这一卦唯一的阳爻，"四"又是大臣的地位，与上下各阴爻呼应，成为朋友、同志，更得到"六五"君王的信任，成为安和乐利的中心人物，所以大有所得。然而"六五"柔弱，重大的责任寄托在他一人身上，必须诚信，不可猜疑，同志才会前来聚合，得到协助。

【原文】

六五，贞疾，恒不死。

【释义】

六五，要预防疾病，只要长久地预防就不会死。

【原文】

《象》曰："六五贞疾"，乘刚也。"恒不死"，中未亡也。

【释义】

《象传》说："六五要预防疾病"，这是因为他凌乘于九四之刚直之上。"只要长久地预防就不会死"，这是因为六五以阴柔处尊位，行中和之道，故不能败亡。

【爻解】

六五是个柔弱昏暗之君，它以阴柔之质居于至尊之位，又乘于九四阳刚之上，依托于强臣。这样的君主，处在安乐之时，必然只图享乐，不问国政，以至大权旁落于九四之手，处境十分糟糕。好像一个人疾病缠身，无法治愈了。只因为六五居于中位，还没有失去中道，还可以在各种势力的平衡中维持自己出一席地位，不过也只是充当傀儡，得以苟延残喘而已。

【原文】

上六，冥①豫，成有渝②。无咎。

【简注】

①冥：日暮天晚。②渝：变。

【释义】

上六，日昏天暗还一味地耽于娱乐，如改正有所变化则无灾祸。

【原文】

《象》曰："冥豫"在上，何可长也？

【释义】

《象传》说："日昏天暗还一味地耽于娱乐"，处于上位之极，怎么能够长久呢？

【爻解】

上六以阴爻在上位，处于豫卦之终，是极端享乐的象征，到了昏昏沉沉、迷迷糊糊的程度，这种状况叫作"冥豫"。"豫"本来是好事，到了这种地步就不妙了，要乐极生悲了。这样的狂欢长不了，不在安乐中猛醒，就在安乐中毁灭。总之，"豫"的发展已经到了极点，非变不可了。所以卦辞一方面以"冥豫成"发出警告，一方面又从"有渝无咎"勉励盲目纵乐者迷途知返，从灭顶之灾中自拔，实现有价值、有意义的人生。

【卦义新解】

有人以苦为乐，有人自得其乐，有人以微笑面对惨淡的人生，有人以默默奉献为自豪，有人以辛勤耕耘为幸福，还有人乐此不疲、乐不思蜀、乐极生悲。

快乐本来是好事，可是乐得过了头，也会变成坏事。

《聊斋志异》中有这样一个故事：一群人热闹地让座，有一个人拉住另一个人的袖子，想把他拽上座去。那个被拉住的人使足全身力量向后躲闪。双方势均力敌，互不相让。突然，拉袖子的人手一松，被拉袖子的人胳膊猛得向后一冲，正好撞到后面看热闹的人的大板牙上，一声脆响——双牙落地，被撞者伤心痛哭不已。本来一个很欢乐的场面顿时变了味。

《易经》中说，人在快乐时，始终要保持高度的警觉，保持清醒的头脑,像石头一样坚贞不渝,时时慎思、明辨、反省,坚持刚健、中正,才会永久吉祥。

《孟子·告子下》写道:舜从田野中崛起,傅说从筑墙的工作中被提举,胶鬲曾是鱼盐贩子,管仲从监狱走向飞黄腾达,孙叔敖从海边被提举出来,百里奚曾沦落于买卖市场。

就是说忧愁、困苦的环境能使人常存进取之心,安逸、享乐却容易使人迷失方向、走向邪恶。 这里说的虽然有点极端,但是如果在安乐的环境里生存,没有清醒的头脑是很难建功立业的。

长在岩石间的树,总是长得特别苍劲;沙漠里的种子,遇到一点儿水分就能快速萌发;极地的苔藓,可以经历长期的寒冷干燥依然存活。 不平凡的遭遇常能造就不平凡的人生。 顺利的境遇、优越的地位、富足的资财、舒适的生活,似乎应该是个人、家庭以至民族发展的有利条件,但历史和现实的经验却一再告诉我们:从来纨绔少伟男。 在中国五千年的文明史上,我们看到名门望族走马灯般地替换,家运五代不衰便成为治家有方的美谈。 清朝的八旗子弟就是最好的例子:这个马背上的民族曾是骁勇剽悍的,但成了统治阶级后,不过几代,就沉醉于安乐享受之中,清朝的灭亡也随之来临。

快乐是要追求的,但要追求真正的快乐,而不是追求物质享受、贪图利益,甚至为了一时的享乐不顾一切、不择手段地去做一些伤天害理的事情,这样的快乐是罪恶的、转瞬即逝的,就像流星一样,在它划过夜空那一瞬,格外光彩耀人,但随之而来的就是狠狠地坠落,摔得粉身碎骨。

相亲相爱会带来快乐;努力奋斗会带来快乐;坚持真理会带来快乐;无私奉献会带来快乐。

快乐就在我们身边,只要想要快乐,快乐随时可得,快乐需要分享,只有把自己的快乐分享给大家,你才能更快乐。

著名作家福楼拜说:"快乐好似生命上的温度计,快乐多,生命中的乐趣也就多。"快乐,是一种身心愉快的状态,追求快乐,是人的本能。快乐与一个人的财富、地位、名气无关,快乐不需要大量的金钱去支撑,也不需要以名气为后盾,更不需要乌纱帽来提携。因而,一个普通人所享受的快乐并不比一个阔人、名人少。

《庄暴见孟子》中写道:

庄暴见孟子,曰:"暴见于王,王语暴以好乐,暴未有以对也。"曰:"好乐何如?"孟子曰:"王之好乐甚,则齐国其庶几乎?"

他日,见于王,曰:"王尝语庄子以好乐,有诸?"王变乎色曰:"寡人非能好先王之乐也,直好世俗之乐耳。"曰:"王之好乐甚,则齐国其庶几乎?今之乐犹古之乐也。"曰:"可得闻与?"曰:"独乐乐,与人乐乐,孰乐?"曰:"不若与人。"曰:"与少乐乐,与众乐乐,孰乐?"曰:"不若与众。""臣请为王言乐。今王鼓乐于此,百姓闻王钟鼓之声,管之音,举疾首蹙頞而相告曰:'吾王之好鼓乐,夫何使我至于此极也!父子不相见,兄弟妻子离散!'今王田猎于此,百姓闻王车马之音,见羽旄之美,举疾首蹙頞而相告曰:'吾王之好田猎,夫何使我至于此极也!父子不相见,兄弟妻子离散。'此无他,不与民同乐也。今王鼓乐于此,百姓闻王钟鼓之声,管之音,举欣欣然有喜色而相告曰:'吾王庶几无疾病与,何以能鼓乐也?'今王田猎于此,百姓闻王车马之音,见羽旄之美,举欣欣然有喜色而相告曰:'吾王庶几无疾病与,何以能田猎也?'此无他,与民同乐也。今王与百姓同乐,则王矣。"

诚如克鲁普斯卡娅所言:"一个人一旦爱上他所从事的事业,他就能从事业的奋斗和成功中获得最大的快乐和满足。"那么,也许我们今生今世不会成为比尔·盖茨、李嘉诚那样的巨富,不会拥有黛安娜那样的盛名，但我们完全可以做一个小有成就的艺术家，做一个慈爱的母亲或父亲，做一个救死扶伤的医生，只要我们充满爱心，真诚地奉献，认真地劳动，又收获着一个个小小的成功，我们就会成为世界上最快乐的人。

世界是美好的，当我们以微笑去面对世界时，我们征服了世界；创业是艰辛的，当我们以微笑去面对创业时，我们成就了创业。 无论春夏秋冬阴晴冷暖，我们都应该把笑容常挂在脸上，让我们的朋友、甚至陌生人都能感觉到温暖。 这样，我们才会像沐浴春风一样享受永久的快乐。 因为快乐是会传递的。

随卦第十七

泽雷随

（震下兑上）

【题解】

《说卦》云"动万物者莫疾乎雷"，"说万物者莫说乎泽"，故《彖传》以"动而悦"来赞美《随》卦之德。 孔子说："三人行，必有我师焉；择其善者而从之，其不善者而改之。"从中可以看出孔子随从善道的乐观情绪。 同样，《随》卦以"元亨，利贞"来赞美随从于善道的品德。 具体到六爻：初九"出门"而"有功"，六二随从"小子"而有"失"，六三失"小"得"大"，九四"有孚"而"无咎"，九五因"孚"而"吉"，上六则"穷"于随道。 晏子曰："君子居必择邻，游必就士。"故君子之"随"必"择善而从"。

【原文】

随①：元亨，利贞，无咎。

【简注】

①随：卦名。有"从"之义。

【释义】

《随》卦象征着随从、顺应：大为亨通，有利于做大事，无灾祸。

【原文】

《彖》曰：随，刚来而下柔，动而说，随。大亨贞无咎，而天下随时，随时之义大矣哉！

【释义】

《彖传》说：随从，阳刚来屈居于阴柔之下，震动而充满喜悦，故有众人相随。大为亨通，做大事而无灾害，因而使天下之物随之以适宜的时机，随从以适宜的时机意义非常伟大啊！

【原文】

《象》曰：泽中有雷，随。君子以向晦入宴息。

【释义】

《象传》说：大泽中有雷声，象征着随从。随着日晦天晚之时来到，君子也回家入室休息。

【卦解】

人们追随喜悦，随时势而动，这怎么会有灾难呢？所以爻辞说："元亨利贞，无咎。"

象辞中说："君子以向晦入宴息。"便是告诫君子要明察时势，随时势而动。秋天来了，雷隐藏到了沼泽地里，君子也应当像雷一样，该隐则隐。其"向晦入宴息"按现在的话来说便是白天工作，晚上休息。与"日出而作，日落而息"的意思相同。古代为什么要强调晚上要休息呢？这与当时的生活条件及社会治安有关系。当时人们已经有了照明设备，由于夜幕会给人带来一种神秘的感觉，所以烛火（或篝火）通明的夜晚，往往可以提高人们的享乐兴趣。

【原文】

初九,官有渝,贞吉,出门交有功。

【释义】

初九,人的职能随着时间改变,就吉祥;出门与人交往就能成功。

【原文】

《象》曰:"官有渝",从正吉也。"出门交有功",不失也。

【释义】

《象传》说:"人的职能随着时间发生改变",随从正道就吉利。"出门与人交往就能成功",说明初九随从正道就不会有所失。

【爻解】

按照常规,阳爻为主应该居上,阴爻为从应该在下。但在本卦中,阳爻初九反而在阴爻六二之下,初九为主的地位改变了,这就是爻辞中听说的"官有渝"。这恰好符合随卦卦辞所说的"刚来而下柔"的精神,阳刚居于阴柔之下。这意味着初九不以"主"自居,变主为从,首先降其尊贵去随从六二。你要先随人家,人家才会来随你。所以爻辞断为"贞吉",《象传》断为"从正吉也"。刚先随柔,这就是守正、"从正",是吉祥之正道。"出门交有功",这也是指初九随从六二而言。不在家内,而是走出门外,表明交往不是出于私心,所交对象并非亲属。初九走出门外,举步就和六二相遇、相交而相随,这样的谦恭下士之举,当然没有过失。

【原文】

六二,系小子,失丈夫。

【释义】

六二,依附小子,失去阳刚之大丈夫。

【原文】

《象》曰:"系小子",弗兼与也。

【释义】

《象传》说:"依附小子",这是因为六二不能同时兼有"小子"与"丈夫"。

【爻解】

六二下与初九阴阳相比,上与九五阴阳相应,"小子"和"丈夫"是指初九和九五这两个阳爻而言。 六二随从哪一个为好呢? 六二以阴爻居阴位,它是优柔寡断的,既想系于年轻小子,又不想失去伟岸丈夫,但这是不可能的,一女不能随二男。 在这艰难的选择中,六二终于依从了小子,同时失去了那位大丈夫。 年轻小子之所以获胜,大概有两个原因:一是"近水楼台先得月";二是阳居阴下,谦恭有礼,终于获得了六二的芳心。

【原文】

六三,系丈夫,失小子。 随有求得。 利居贞。

【释义】

六三,依附于大丈夫,失去了小子,随从于人,求而有所得。利于守居正道。

【原文】

《象》曰:"系丈夫",志舍下也。

【释义】

《象传》说:"依附于丈夫",这说明六三的心志在于舍弃居于己下的初九。

【爻解】

随从居于上位者要注意守正。 六三与上面的九四阳爻相比,就来依附九四这个"丈夫"。 以阴随阳,当然是有求必得。 而初九这个小子地位卑下,何况它已经被六二所系,所以就被六三舍弃了。 这样看来,六三"系丈夫,失小子",舍下而取上,似乎也是很自然的事。 不过,六三毕竟是阴居阳位而失正,给人的印象不太好,现在又舍下而从上，上交于权贵，恐怕会有觍颜媚上之讥，在舆论上有些不利。所以，虽然六三"随有求得"，但还是不要得意忘形为好，要注意安居守正。

【原文】

九四，随有获，贞凶。有孚在道，以明，何咎？

【释义】

九四，为六三相随而有所获，却有凶险之兆。然而，若于正道之中保持其诚信，使自己的行为光明磊落，又什么灾害呢？

【原文】

《象》曰："随有获"，其义凶也。"有孚在道"，明功也。

【释义】

《象传》说："六三随从九四而为其所获"，但蕴含的意义则是凶险。"在正道之中保持其诚信"，这是九四保持了光明磊落所立的功劳。

【爻解】

九四居于九五君位之下，是近君之位，这是容易引起猜忌的危惧之地，特别要小心。九四"随有获"了，已经为人所随而颇得人心了，威望就有可能超过人君九五，这就太危险了。再加上九四以阳爻居阴位失正，处理问题不很妥当，此乃取凶之道。在此种情况下，九四要注意"贞凶"，也就是守正以防凶。具体说起来，要内怀诚信之心，外行中正之道，所作所为既尽其诚，又合于道，一切归之于心地光明，胸怀磊落。如此则无愧于人，无懈可击，还有什么过错呢？这就是爻辞所说的："有孚在道，以明，何咎？"

【原文】

九五，孚于嘉，吉。

【释义】

九五，保持诚信于美善之道中，吉祥。

【原文】

《象》曰:"孚于嘉吉",位正中也。

【释义】

《象传》说:"保持诚信于美善之道中,吉祥"。这是因为九五处于正中之位的缘故。

【爻解】

"孚",诚、信。"嘉",善,嘉会。嘉会是什么? 是指祭祀的时候献上玉佩、玉器这些非常珍贵的礼品,以此来表示自己的诚信。"孚于嘉",舍己从人,与人为善,不嫌不疑,唯善是从。 以诚感人,人来随之则吉。 象辞"位正中也"是说,九五爻不仅居正位,又居中位,所以有吉。

【原文】

上六,拘系[①]之,乃从维[②]之,王用亨[③]于西山。

【简注】

①拘系:囚禁。②从维:释放。③亨:甲骨文像一座建于高大台基上的宗庙,故有享受祭祀进献之义。

【释义】

上六,九五拘捕上六,强迫其相附于己,并使其随从并系属于已,君王因兴师讨逆,祭祀西山。

【原文】

《象》曰:"拘系之",上穷也。

【释义】

《象传》说:"拘捕而强迫其相附于己",因为上六处于穷极之处。

【爻解】

上六是最高爻,以柔乘刚,不愿随从,作为君王象征的九五不导不以阳刚之力强行"拘系"。 九五先强行拘系上六,然后再用祭天一样的诚予以感化,上六和九五毕竟是阴阳比近,仍有相随之义;加上九五以阳刚之尊居于上六之下，符合"刚来而下柔，动而悦，随"的卦旨。这样，在九五诚意的感召下，上六终究是会悦而相随的。

总的来看，随卦的初九与六二、六三与九四、九五与上六，分成三组，每组一阴一阳，俩俩相随。阴随阳，有的主动，有的被动。六爻情况也各不相同，有的吉，有的凶。

【卦义新解】

海水随着月亮的阴晴圆缺而潮起潮落，候鸟随着季节的变化而迁徙繁殖，国家的大政方针，要随民意，随真理。

古人常常讲究天时、地利、人和，也就是无论做任何事情，只要顺天、应地、随人，都很容易成功。

而一些人却往往做得与之相反。他们不问青红皂白，随心所欲、固执己见，到最后撞得头破血流，不但走了许多弯路，还白白浪费了时间，真是得不偿失。

而我们所说的随从是按照客观规律办事去随从，绝不是盲从。随从要有一个度，太死板、太教条就成了墨守成规、生搬硬套，太无原则、太随意又成了盲从。只有不偏不倚走在大道的中央，路才会越来越顺，越来越畅通。这个不偏不倚就是要因时、因地、因人而灵活变通。

《易经》中说："随，元亨利贞，无咎。"就是说要顺从自然变化的规律，顺从社会发展的规律和人生的规律，只有这样才会大亨。

朱熹说过："己随物，还是物随己。"就是说，我们自己去随从万物变化，还是万物变化随我们呢？当然，结果谁都明白，没有任何一个人能主宰万物。

今天，社会上出现了跳槽之风，有些人总认为这个公司不适合自己，那个也不适合，结果跳来跳去也没遇见满意的，浪费了许多时间精力，对自己很不负责任。这个时候怎么办呢？就应该随环境了，大的环境是一个人无法改变的,因此要试着适应环境,而不是让环境适应你。 试着适应公司,而不是让公司适应你。

另外,找工作还要随才,就是随从自己的才华。 当自己的才华不足时要低调,不要张扬,就像泡沫,再美丽也是一碰就破、消失殆尽,因为它肚子里没有支撑它炫耀的东西。 所以,对于刚刚踏入社会的青年人,开始进入公司要踏踏实实静下心来做事,努力地学到真本事,等你真正有了才华,为公司提高了效益,老板自然会提升你的工资待遇,这是任何一个好老板都能做得到的。 即使遇到的不是好老板,这时你也可以随才而跳槽了,因为你确实有跳槽的资本,无论走到哪里都会受欢迎,正所谓是金子到哪里都会发光的。

有些年轻人对于父母总在自己耳边唠唠叨叨说个不休很是反感,其实父母唠叨是因为他们总是望子成龙、望女成凤,希望儿女尽早明白人生的道理,在人生的道路上少走弯路。 做父母的都是过来人,人生阅历比较丰富,他们的经验都是日积月累形成的,在这方面我们要随父母,这也正应了"不听老人言,吃亏在眼前"的俗语。 所以古人说:"随得其道,可以致大亨也。"

自以为是不可取,固执己见也要不得。

固执在不良心理面前扮演的都是帮凶的角色。 它容易使自卑者感到更加焦虑,使多疑者感到更加烦闷,使忧郁者感到更加沮丧,使孤独者感到更加冷落,使恐惧者感到更加不安。 你要保持良好心境,就不可不对固执加以防范。

固执的人往往自以为是,听不进别人的意见,只想让别人接受自己的观点。 同时,会有一种盲目的自我崇拜心理,以为自己处处都比别人高明,不自觉地把自己凌驾于他人之上。

固执还会成为人际交往的一个障碍,如果不能用理智来评价自身,也就不能客观公正地去评价别人,从而赢得别人的理解和信任;

如果总是把自己的观点强加于人，势必会引起别人的反感，从而使交往在无形中变成一种"心理对抗"；如果固执己见就难免不与人发生争执，从而影响与人的思想交流和融洽相处。过于固执就无法与人沟通，会使你处于孤立无援、举目无友的境地，最终导致怀疑自己的能力，动摇甚至丧失自信。

有一句话说得好：物过刚则易折。一个人一旦顽固不化就容易"折腰"。因此，要学会长大，遇事能够随机应变。

《史记·廉颇蔺相如列传》中写道："赵括自少时学兵法，言兵事，以天下莫能当。尝与其父奢言兵事，奢不能驳，然不谓善。"

战国时期的赵国将军赵括，很小的时候就习读兵书，喜欢夸夸其谈。有时，连他的父亲——赵国大将赵奢都很难驳倒他，但赵奢坚持认为赵括并无真才实学。后来的结果是长平一役赵括被秦兵乱箭射死。

赵括只知道生搬硬套、纸上谈兵，在战场上不能做到随机应变，最终败死。

《易经》中说："泽中有雷，随，君子以向晦入宴息。"就是说，泽中有雷声，泽随从雷声而震动，这就是象征随从。君子要遵从合适的休息时间，白天出外辛勤工作，夜晚回家睡觉安息。

提到雷声，不由得让人想起以下这个典故。

刘备寄居曹操篱下，为怕引起曹操的猜疑，实行"韬晦"之计，在自己的住处后园里种起菜来了。不料曹操和他青梅煮酒论英雄，一语道破他"英雄"的真面目，刘备惊慌失措，手中筷子不觉落在地下。恰巧这时老天作美，雷声大作，刘备急中生智，以雷声巧妙掩饰而过，在这里是随机应变的能力救了他。

曹操拔刀行刺董卓，被发觉后借物随机，顺势改为献刀；曹操马惊踏农田，灵机一动来了个"割发权代首"，无不闪烁着随机应变的智慧之光。

应变是闪烁着才能、机智、胆略之光的高超艺术,好比曹操的"割发权代首",人们尽可以驰骋自己的想象,但只能得出这样的结论:这是一种极富个性的艺术表演。在这种特定的环境里能急中生智,想出这个两全其美的解决问题的办法的,唯有曹操。可见,应变没有统一的模式可循,没有固定的规律可循。随机之"机"可依天时、地利、人物、势态,应变之"变"可迎难而上,可另寻他途,可求索支援,可等待时机,可顺水推舟,可置之不理……究竟如何?运用之妙,存乎一心,都需要快速灵活的反应,急中生智临场发挥。

要想做到随机应变必须有广博的知识、卓越的见识、乐观的个性、非凡的性格,尤其需要长期的实践锻炼,在实践中要放眼世界、开阔视野、勇于创新。

要学会相互贯通、相互促进,不断拓宽视野。没有开阔的视野,没有长远的眼光,就会跟不上时代潮流,就会守旧,就会落后。只有站得高一些,看得远一些,将总结历史经验、反映现实问题和把握未来趋势结合起来,才能做到善于从纷繁复杂的现象中揭示本质、展示主流,从而更好地提高自己的应变能力。

思想大师、艺术大师,无一不是勇于创造、勇于探索的典范。齐白石花甲高龄"衰年变法",自出机杼,创造了独特的艺术风格,开辟了中国画的新境界。他对自己的学生说:"学我者生,似我者死。"这深刻说明,创新是艺术的生命,不创新就没有前途。

现在,我们正处在伟大的创新时代,要有敢为人先的胆识,有超越前人的勇气,革除旧观念,打破老框框,不断创新内容、形式、手段和方法,要坚持一切从实际出发,尊重规律、探索规律,自觉运用规律,积极适应人们思想活动的新特点,适应经济社会生活的新变化,要运用现代技术手段和传播方式,站在历史发展浪头,揽四方精华，纳八面来风，古为今用、洋为中用，博采众长、推陈出新，开风气之先，领时代风骚。

只有在变中求发展，才能永远立于不败之地。

蛊卦第十八

山风蛊

（巽下艮上）

【题解】

《蛊》卦之义在除弊治乱。就其卦象而言，以山下有风来喻指"往有事"。苏轼曾在《东坡易传》中就《蛊》卦何以谓"蛊"做了细致的分析："器久不用而虫生之，谓之'蛊'；人久宴溺而疾生之，谓之'蛊'；天下久安无为而弊生之，谓之'蛊'。""蛊之灾非一日之故也，必世而后见，故爻皆以'父子'言之。"因为二、五皆不正，无法挟制众爻，则其有"事"，必是"弊乱之事"。有乱事必要治之，故初、三、五皆以匡正父弊而或吉、或无咎；六四因缓正父"蛊"而有"吝"；上九以不服侍王侯而"高尚其事"；唯九二以匡正母弊为喻，来说明"守正持中"的必要性。

【原文】

蛊①：元亨，利涉大川，先甲②三日，后甲三日。

【简注】

①蛊：卦名。"蛊"字本义为器皿中食物腐败生虫。"蛊"字在此有"事"、"惑"、"乱"之义，引申为过失。②古代用甲、乙、丙、丁、戊、己、庚、辛、壬、癸十天干为循环记日，甲前三日为辛日，壬日、癸日、而乙日、丙日、丁日为甲后三日。

【释义】

《蛊》卦象征着弊乱和整治：大为亨通，有利于涉过大河；应当在"甲"日的前三天准备，至"甲"日的后三天行动。

【原文】

《彖》曰：蛊，刚上而柔下，巽而止，蛊。蛊，元亨而天下治也。"利涉大川"，往有事也。"先甲三日，后甲三日"，终则有始，天行也。

【释义】

《彖传》说：蛊之卦象，阳刚之爻居于阴柔之爻上，政令入而弊乱止，这就是"蛊"的真义啊！弊乱而最终得到整治，是大有可为的亨通之事，它能使天下得到大治。"利于涉越过大河"，这是因为前往则有事可做。"应当在'甲'日的前三天准备，至'甲'日的后三天行动"，有终止，也有开始，终而复始，就如同天体的运行一样。

【原文】

《象》曰：山下有风，蛊。君子以振民育德。

【释义】

《象传》说：山下吹来一阵风，象征着有乱事出现。这时君子就应以道德来培养百姓，拯救他们。

【卦解】

蛊卦卦辞中有"先甲三日，后甲三日"，这句话不是很好理解。历代易学家对此的解释极其不统一，大概有六七种说法。但较为正确的应当还是虞翻的纳甲说。依据纳甲原理，十天干与八经卦的配置是乾纳甲、壬，坤纳乙、癸，艮纳丙，兑纳丁，坎纳戊，离纳己，震纳庚，巽纳辛。蛊卦从泰卦变化而来，泰的下卦为乾卦，所以纳甲。变为蛊卦后，泰卦初爻变成了蛊卦的上九爻，成为艮卦的上爻。也就是说成为蛊卦后，泰卦的初九爻从乾卦的前三爻升到了乾卦的后三爻的位置上，所以有"先甲三日，后甲三日"的说法。

彖辞中对"先甲三日,后甲三日"的解释是"终则有始",这是为了阐明事物发展变化周而复始的循环规律。用现在的话来说就是"十年河东,十年河西"、"此一时,彼一时"。细致地来讲就是说,繁荣昌盛了,腐败也就会滋生起来;既然腐败来了,就该走向衰落了;衰落中通过自强不息的奋斗,又迎来了新的辉煌;而新的辉煌造就的繁荣昌盛,又会滋生出腐败。所以说事物有终结,就会有开始。一个事物的终结,则意味着另一个事物的开始。

在繁荣昌盛中,腐败滋生蔓延,这种情况下君王该怎么办呢?象辞说:"君子以振民育德",这便是解决的方法。意思是说在这种情况下,应当加强精神文明建设,应当反腐倡廉。

【原文】

初六,干①父之蛊,有子,考②无咎。厉,终吉。

【简注】

①干:匡正、挽救。②考:古人对活着的父亲或亡父皆称"考"。

【释义】

初六,纠正父辈的弊乱之事,这是说有儿子可以依靠,那么,即使是父辈去世了,也不会造成太大的危害。而且,即使是有一些危害,因为有儿子能纠正并继续父辈未竟的事业,故最终也是吉利的。

【原文】

《象》曰:"干父之蛊",意承考也。

【释义】

《象传》说:"纠正父辈的弊乱之事。"这说明儿子的意愿是继承已去世的父辈的未竟事业。

【爻解】

蛊害的产生不是一朝一夕的事,是积久而成的,往往要经过一个世代才能充分表现出来。上代人造成的弊端,往往要到下一代人才能得到纠正。所以本卦谈治弊常以父子为喻,本爻则以亡父与儿子为喻。初六以阴爻处于卑位，上承九二、九三之阳，阴之承阳，犹如子之承父。父辈的成法如果有毛病，经过时间和实践的检验其弊端已经显露，子辈因而加以矫正和整治，这样的"干父之蛊"正是补父之过，使得父辈免除更多的过错，使得父辈、子辈代代相传的事业免遭更多的损失，这样才算得上真正地继承先父之志。所以《象传》指出："干父之蛊，意承考也。"

【原文】

九二，干母之蛊，不可贞。

【释义】

九二，纠正母辈的弊乱之事，是不可以勉强做的。

【原文】

《象》曰："干母之蛊"，得中道也。

【释义】

《象传》说："纠正母辈的弊乱之事"，这是因为九二居于下卦之中，得中正之道的缘故。

【爻解】

初爻言考，二爻言母，是因为没有了父亲而母亲在操持家业。如果说初爻"干父之蛊"是指国事、外面的大事。"干母之蛊"就是指家事了。

"不可贞"是说治理国事与家事的方法不一样，清官难断家务事。治国的方法原则性强，治理家庭一是不能太原则，二是不能操之过急，所以讲"干母之蛊，得中道也"。蛊卦六爻之中，称父之蛊的有四爻，即对于父辈出现的问题的治理，有四种不同的方式方法。称母之蛊的仅有九二爻。这爻是儿子为母亲善后的情形。刚阳的儿子干母之蛊，即为母亲的失败善后，纠正母亲的错误，如果操之过急，很可能把事情搞糟。因为母亲作为女性，其性格与心理不同于男性，一旦迷乱，则疑义重重，固执难改。若强行以贞正治母蛊，常会激起逆反心理与抵触情绪，则难以达到除弊治乱的目的。所以，"不可贞"的意思是说，不要固执己见，而要有至诚之心，委曲周旋，做能做到的，不做不可能做到的。这样，干母之蛊才能收到良好效果。

【原文】

九三，干父之蛊，小有悔，无大咎。

【释义】

九三，纠正父辈的弊乱之事，稍有悔恨，但没有大的过失。

【原文】

《象》曰："干父之蛊"，终无咎也。

【释义】

《象传》说："纠正父辈的弊乱之事"，最终并没有什么过失。

【爻解】

"九三"阳爻阳位，过于刚强，又离开了中位。以这种性格刚强的儿子，为父亲的失败善后，难免会有过分急躁的情形，因此多少会有些懊悔。不过"九三"在下卦"巽"中有顺从的美德，而且阳爻阳位得正，因此柔顺只要动机纯正，结果就不会发生大的过失。

【原文】

六四，裕父之蛊，往见吝。

【释义】

六四，慢慢地纠正父辈的弊乱之事，前面肯定会遇到困难。

【原文】

《象》曰："裕父之蛊"，往未得也。

【释义】

《象传》说："慢慢地纠正父辈的弊乱之事"，往前发展也不能得到功效。

【爻解】

九三以阳爻居阳位，过于刚猛，雷厉风行；六四恰恰相反，本来就是阴柔之爻，又处于阴位（第四爻），而且居于艮止之体，柔者懦，止者怠，既懦弱又懈怠。这样的人根本就不是治弊的材料，只能够姑息宽容，敷衍了事。所谓"投鼠忌器"，不敢下手，这就叫"裕父之蛊"。"裕"就是"宽容"的意思，采取能拖就拖、得过且过的态度。六四就是这种胆小怕事、不负责任的家伙。

【原文】

六五，干父之蛊，用誉。

【释义】

六五，纠正父辈的弊乱之事，因而得到人们的赞誉。

【原文】

《象》曰："干父用誉"，承以德也。

【释义】

《象传》说："纠正父辈的弊乱之事而受到人们的赞誉"，这是因为六五自己用美德继承了父辈的事业。

【爻解】

六五强调的是治蛊的方法和手段不同于初六、九三和六四。"用誉"，就是依然沿用父辈（前任）的信誉、名义，用父辈的旗号，旗帜不能倒。"承以德"，就不仅仅是子承父业的问题了，不仅仅是卦象中"承以考"所指的，继承事业及事业的方向性问题了，而是还要发扬光大父辈的诚信、信誉和道德。六五居尊得中，它既能干父之蛊，又能保持父辈的声望和业绩。因此，六五是处于能够一扫久年积弊，身受清新之气的可喜时候。到这时，家中纷扰已经解决，杂乱局面已经整理，与亲友邻居修睦和好而过得和平安乐的日子。而且必定得到他人的支援。有了得力的部下或晚辈为后盾，继承父辈的事业，替他处理一切事务，当然会使声誉日隆。同时也表明，纠正父辈的错误，是正确、正当、正义的行动，因此而能够获得大家的赞誉。

【原文】

上九,不事王侯,高尚其事。

【释义】

上九,不侍奉君王公侯,并把自己的行为看得很高尚。

【原文】

《象》曰:"不事王侯",志可则也。

【释义】

《象传》说:"不侍奉君王公侯",这种高尚的心志值得效法。

【爻解】

治弊大功告成之后,应该退出名利之争。治弊之事发展到了六五爻的阶段已经大功告成,因此,本卦之终的上九爻,谈的就是治弊完成之后的行为原则了。在某种事业完成的最后阶段,功劳卓著而获得大家交口称赞的人往往会经营自己的权势地位,产生称王称侯的欲望。在这种情况下,古人看得很高尚的行为是功成身退,超然地退出名利之争,而保持自己志向的高洁。因为除弊治乱是为了民众的幸福,其志不在建立私人的"王侯事业"。如果借此以追求个人私欲的满足,必然是治蛊未成,反被名利权势蛊惑,不仅害己,还会对社会造成危害。

【卦义新解】

每个人都有犯错误的时候。问题来了,有人会烦躁不安,心神不宁,顾虑重重,无从下手。而在人生的路上,犯错误是避免不了的,有了错误该怎么办呢?

《易经》:"蛊,元亨,利涉大川。先甲三日,后甲三日。"这里象征除弊治乱,拨乱反正:从开始就很亨通,就有利于渡过难关。不过,在做大事以前,要考察现状、分析事态;在做大事以后，要讲究治理措施，预计到后果。

托尔斯泰在《安娜·卡列尼娜》中写道：改过迁善从不嫌迟。事实上，处分并不是要对当事人进行一味打击，而是对其错误行为进行有效制止，督促其认真改正。正是由于我们对治病救人功能的习惯性忽视，所以一些人在受到处分后处处感觉低人一等、委靡不振，有的甚至自暴自弃，令人扼腕叹息。

人非圣贤，孰能无过。犯错不可怕，可怕的是缺乏改过自新的勇气。因此我们在处分的同时，有必要搞好帮教，做好跟踪问效，督促当事人积极改正错误，并回到正确的人生轨道上来。

莎士比亚在《理查二世》中说：因为容忍祸根乱源而不加纠正，危险已是无可避免的。而要认识和改正缺点及错误，批评与自我批评这个武器是不可或缺的。

首先，要正确地看待批评，要有开展批评的勇气和决心，排除私心杂念。私心杂念是影响批评与自我批评健康开展的主观因素，摒弃各种私心杂念，时常地检讨自己，敢于在大家面前自我"揭丑"。面对各种错误倾向时，要敢于进行严肃的批评；在考虑问题时，要从大局出发。

其次，要有"闻过则喜"的胸怀，学会从批评中汲取营养，关键是要有诚恳接受他人批评的态度。自我批评固然重要，但人的自我认识能力总是带有一定的局限性，很多时候我们无法完整地看清自己的缺点和不足，古人说"知人易，自知难"就是这样一个道理。因此，来自"旁观者"的批评就显得十分的珍贵。只有诚恳接受他人的批评，主动地从他人的批评中汲取营养，才能不断进步。

第三，要有"自讼"精神，敢于"自己和自己打官司"。《论语·子张》中说:"君子之过也,如日月之食焉;过也,人皆见之;更也,人皆仰之。"也就是说,君子也会犯有目共睹的错误,重要的是君子能够改正错误,这是君子能受到尊敬的原因所在。如果说听取别人的批评是我们前进的外在推动力的话,那么自我批评则是内在推动力,有了这种推动力,我们才能有自我净化和提高的能力,才会不断克服自己的缺点,使自己成为一个道德高尚、品质纯正的人。

卡耐基小时候是一个公认的坏男孩,在他9岁的时候,父亲把继母娶进家门。当时他们一家还是居住在乡下的贫苦人家,而继母则来自富有的家庭。

父亲一边向继母介绍卡耐基,一边说:"亲爱的,希望你注意这个全郡最坏的男孩。他已经让我无可奈何。说不定明天早晨以前,他就会拿石头扔向你,或者做出你完全想不到的坏事。"

出乎卡耐基意料的是,继母微笑着走到他面前,托起他的头认真地看着他。接着她回头对丈夫说:"你错了,他不是全郡最坏的男孩,而是全郡最聪明最有创造力的男孩。只不过,他还没有找到发泄热情的地方。"

继母的话说得卡耐基心里热乎乎的,眼泪几乎滚落下来。就是凭着这一句话,他和继母开始建立友谊。也就是这一句话,成为激励他一生的动力,使他日后创造了成功的28项黄金法则,帮助千千万万的普通人走上成功和致富的道路。

在继母到来之前,没有一个人称赞过他聪明,他的父亲和邻居认定:他就是坏男孩。但是,继母就只说了一句话,便改变了他一生的命运。

我们的身边有多少这样的卡耐基啊!如果他们能得到激励,把长处得以发扬光大，那么，其他的种种过失就很容易得到纠正，错误最终也会被纠正。

临卦第十九

地泽临

（兑下坤上）

【题解】

"临"有"大"的意思，而《临》卦的真正意思则是"统治"。就其卦象而言，它所蕴含的本义就是如何统治人民。因为根据事物发展的规律，统治者认识到物盛则衰，并以"八月有凶"而告诫自己。因此卦中各爻演绎各种方法，就是要如何避免"凶"而有"咎"的结局。从"咸临"、"甘临"、"至临"、"知临"、"敦临"，可以说是机关算尽，但是，这些方法唯一可取的则是教育对于治国的重要作用，故朱熹在其《本义》中说："教之无穷者，兑也；容之无疆者，坤也。下兑为悦，上坤为顺。悦而顺，刚而应，治之则大亨以正，教之也大亨以正。"

【原文】

临①：元亨，利贞。至于八月有凶。

【简注】

①临：卦名。本义为从高视下。引申为进、治等。

【释义】

《临》卦象征着君临天下：大为亨通，利于做大事。但时至八月则有凶险。

【原文】

《彖》曰：临，刚浸而长，说而顺，刚中而应。大亨以正，天之道也。"至于八月有凶"，消不久也。

【释义】

《彖传》说："君临天下"，这是因为阳刚有渐趋增长之势，全国上下心悦诚服，随和顺从，君子秉持阳刚之正气，又有六五顺应相亲。不仅大为亨通，而且守正持固，这顺应了大自然的运行规律。"时至八月有凶险"，那是因为接近消亡之时，"小人道长，君子道消"，故曰"有凶"。

【原文】

《象》曰：泽上有地，临。君子以教思无穷，容保民无疆。

【释义】

《象传》说：水泽之上是大地，象征着"君临天下"。君子以无穷无尽的思想道德教育民众，关心民众，并以宽厚博大的胸怀容纳民众，保护民众。

【卦解】

临卦的"元亨利贞"与乾卦的"元亨利贞"意思相同。两者区别是，"元亨"指的是改革后的"初始亨通""利贞"则是说改革要坚持下去，守于正道，不要半途而废。而"八月有凶"则是阐明了阳消阴长、循环往复的道理。临卦时阳气在逐渐增强，天气渐渐转暖。可是到了八月，则是阴气开始逐渐强盛，天气逐渐转凉，代表八月的八卦正是临的覆卦，也就是排列顺序与临卦正好相反的观卦。卦辞中提示"八月有凶"，则是告诫君子要争取有利时机，不要等到小人的势力强盛后再铲除邪恶势力，那时就晚了。那么君子在坚持改革中应做到哪些呢？象辞说"以教思无穷，容保民无疆"。即用无穷的思想教化民众，以广博的胸怀包容民众。这正如广博的大地包容沼泽地一样。古人言："防民之口，胜于防川"，说的是人民就像水，采用

"堵口"的方法是危险的,那么怎样防止民众叛乱呢,便是包容。"无穷的思想"指的是什么呢,便是坤卦的卦德,也就是柔顺之德,对民众宣扬柔顺之德,讲道德,讲正气才可以维护社会的太平。"容保民无疆"指的是什么呢,便是用宽容得到民众的拥护。怎么宽容?减少民众的劳役,减轻民众的赋税,减少民众的压迫,让民众富起来,让民众不受欺负,让民众享受欢乐富足的生活,这就是宽容。只有这样,才能使和平的盛世继续发展下去。所以君王要"临",就是要经常察看民间的疾苦。

【原文】

初九,咸临,贞吉。

【释义】

初九,以感化之道君临天下,大事吉祥。

【原文】

《象》曰:"咸临贞吉",志行正也。

【释义】

《象传》说:"以感化之道君临天下,大事吉祥",这说明初九的志向是实行正道。

【爻解】

统御民众的初期要实行感化。临卦六爻,四个阴爻在上,两个阳爻在下。在取象上,四个阴爻取以上临下之义;两个阳爻则不同,取以刚临柔之义。阳刚为主导,阴柔为附从,仍然是统御民众的象征。正如《象传》所说,初九、九二这两个阳爻处在"刚浸而长"的主导地位,四个阴爻则处于"悦而顺"的从属地位。不过初九毕竟是在"临"之初始阶段,象征刚刚上任的领导者,更加注意以德临人。于是屈尊降下,用感化的方法统御民众,群众当然会喜悦地顺从,一切都很顺利吉祥。这就是爻辞"咸临,贞吉"的含义。

【原文】

九二，咸临，吉，无不利。

【释义】

九二，以感化之道君临天下，吉祥，没有不利的事情。

【原文】

《象》曰："咸临吉无不利"，未顺命也。

【释义】

《象传》说："以感化之道君临天下，吉祥，没有不利的事情"，这说明九二并非全顺应六五之命。

【爻解】

由于"九二"也与"六五"阴阳相应，因此也能用人格使"六五"感动。"六五"阴爻柔顺，"九二"阳爻刚毅，在下卦中位，升进不会有障碍，所以占断吉祥没有不利。

没有顺从亲则亲之、疏则疏之的命念。"九二"阳爻阴位不正，为什么说吉祥没有不利呢？由于"九二"逼近上力集结的四个阴爻，不会心甘情愿地服从，因此"九二"要以刚毅中庸的德行来感召，才能使其听命。这一爻讲的是领导应当德威并济，刚毅是必要的。

【原文】

六三，甘临，无攸利。既忧之，无咎。

【释义】

六三，靠甜美之巧言统治人民，无所得利。若已经为此感到忧虑，则无过失。

【原文】

《象》曰："甘临"，位不当也。"既忧之"，咎不长也。

【释义】

《象传》说："靠甜美之巧言统治人民"，这是因为六三失位不正。"若已经为此感到忧虑"，其过失必不会长久。

【爻解】

以言辞之甘，骗取民众的支持，这叫做"甘临"。屡次自食其言，必然丧失威信，招来怨恨，当然百无一利。六三阴居阳位，不中不正，上无正应，下乘二阳，《象传》说它"位不当也"，故其心术不正。六三又在"兑"之上，为悦之极，故一味以甘言欺骗的手段取悦民众。骗术不可能长久生效，必有技穷之时。如果六三能知危而忧，改弦易辙，还是可以挽回影响的。所以爻辞提醒说："既忧之，无咎。"

【原文】

六四，至临，无咎。

【释义】

六四，以极为亲近的方式统治民众，没有过失。

【原文】

《象》曰："至临无咎"，位当也。

【释义】

《象传》说："以极为亲近的方式统治民众，没有过失"，这是因为六四当位居正。

【爻解】

"至"，是最高、最优的意思。统御民众要亲临现场，接近下层。六四居于上卦之下，切近下体，正是"地"与"泽"的接触之处，故能亲近于所临之民。再说，六四以居阴而得正，象征领导者温和虚心地亲近群众。这是监临最高最优的态度，以至诚监临于众，即用亲善的方式关怀民众，体察民情，顺应民意，就不会有过失，更不会有灾祸。

【原文】

六五，知①临，大君之宜，吉。

【简注】

①知：通"智"，聪明睿智。

【释义】

六五，以聪明睿智统治民众，大人君主应当这样，吉祥。

【原文】

《象》曰："大君之宜"，行中之谓也。

【释义】

《象传》说："大人君主以适宜的方式治理国家"，说明六五实行的是中和之道。

【爻解】

六四指出统御民众要亲临现场，叫做"至临"，却也仅可以"无咎"而已。而真正聪明睿智的大君的统御之术是"知（智）临"，这才是可以得"吉"的"大君之宜"。领导者如果事事亲临，难免分身乏术，疲于奔命，穷于应付，这样也不利于最大限度地调动众人的积极性。领导者应该选贤任能，适当授权。以众智为己智，善取下级之智慧以临天下，这才是以智慧临下的"智临"。既不是事必躬亲，又不脱离民众，这才是无过无不及的"中道"。

六五以柔居尊，而又得中，下与九二阴阳取应，可见它能够中道而行，善于虚心任用刚健有为的大臣，辅助自己君临天下，这正是"大君"的明智之处。

【原文】

上六，敦临，吉，无咎。

【释义】

上六，温柔敦厚地统治民众，吉祥，没有过失。

【原文】

《象》曰："敦临之吉"，志在内也。

【释义】

《象传》说:"温柔敦厚地统治民众,吉祥",这说明上六的志向在于邦国之内。

【爻解】

统御民众要心存厚道。居于极位者,获得了绝对的权势,易于刚愎自用,施暴政以虐民,其后果是祸不旋踵的。所以本爻强调位居最上者必须心存厚道以临民,只有这样才能免除卦辞所警告的"至于八月有凶"。值得注意的是,"敦临"与"甘临"有本质上的不同。"甘临"是口头上虚伪的花言巧语,那是骗不了民众的;"敦临"是内心中真诚的敦厚仁惠,是"志在内也"。上六以阴柔之质处上,是能够以敦厚临下的。而且,上六处于本卦上体坤之极,天高地厚,上六恰好具有君子敦厚之象。

临卦的实质是统御之术。然而,给人的感觉又不仅仅是对权术的研究,还与伦理思想融合在一起,处处显示出内心的真诚仁厚、心灵的沟通感应。这种精神正是《易经》的精髓。《易经》处处体现出儒家伦理哲学的"诚"的精神、"正心诚意"的原则。从临卦论统御之术的六爻看,初九、九二实行感化(咸临),六四亲临下层(至临),六五知人善任(知临),上六敦厚待人(敦临),皆获"吉"而"无咎";只有六三以虚假的甘言诳众(甘临),因而"无攸利"。在统御方略中贯穿着"正心诚意"的精神,这也就是《易经》中反复强调的"利贞"(利于坚持正道)二字的实质。

【卦义新解】

《临卦》上讲到"君子以教思无穷,容保民无疆",就是让我们对待别人所犯的错误,应该抱有一种感化之心,让其知错改错。

一个人的心境是可以由自己来决定的,指责别人的错误也许非常重要,然而,适时原谅别人的错误,才是更高一层的功夫。

在一次大战结束后的庆功宴上，楚庄王由于大获全胜，因此十分高兴地以大鱼大肉款待众位将士，更安排自己的一位宠妃，到席间亲自为将士们斟酒，以示奖励。

酒足饭饱之际，将士们的酒越喝越多，胆子也越放越开。当这位妃子穿梭席间替将士们斟酒时，大厅上的蜡烛突然被风吹熄了，黑暗中妃子感觉到有人趁机摸了她一把。

她急中生智，一把扯下了那个人头盔上的帽带，然后回到楚庄王的身边，生气地把这件事情告诉了楚庄王，希望他好好惩治一下那个没有了帽带的登徒子。

楚庄王听说有人调戏自己的爱妃，当然怒火中烧，但是转念一想，在场人士皆是有功之臣，而且每个人都已满脸酒意，一时得意忘形不值得大惊小怪，何必为此小题大做，破坏原本欢乐的气氛呢？

于是楚庄王举起酒杯，对所有将士们说：''今天宴请大家，一定要玩得尽兴，不醉不归，因此请所有人都摘下头盔，不必拘泥礼节，大家一起狂欢吧！''

说罢，全场的人皆摘下头盔，再也分不出谁是那个被扯下帽带的无礼之人了。

楚庄王宽宏大量，体恤下情，掩小恶以顾全大局，因此能在春秋时代，为楚国开拓出一片繁荣盛世。

很多事情，本来也都可大可小、可有可无，每个人身上也总有几处污点，疾恶如仇的人猛盯着那些地方看，心中充满了憎恶；有容乃大的人却假装看不见那些脏污的地方，设法往好处看，只要瑕不掩瑜，心中自然充满了喜乐。

对别人的宽容就是对自己的宽容。

这是一个自越战归来的士兵的故事。他从旧金山打电话给他的父母：''爸妈，我回来了，可是我想带一个朋友一起回家。''''当然好啊?"他们回答,"我们会很高兴见到他的。"不过儿子又继续说下去:"可是有件事我想先告诉你们,他在越战中受了重伤,少了一条胳臂和一只脚,他现在走投无路,我想请他回来和我们一起生活。"

"儿子,我很遗憾,不过或许我们可以帮他找个安身之处。"父亲又接着说,"儿子,你不知道自己在说些什么。像他这样残障的人会对我们的生活造成很大的负担。我们还有自己的生活要过,不能就让他这样破坏了。我建议你先回家,然后忘了他,他会找到自己的一片天空的。"

就在此时儿子挂上了电话,他的父母再也没有听到他的消息了。

几天后,这对父母接到了来自旧金山警局的电话,称他们的儿子已经坠楼身亡了。警方相信这只是单纯的自杀案件。于是他们伤心欲绝地飞往旧金山,并在警方带领之下到停尸间去辨认儿子的遗体。那的确是他们的儿子,但让他们惊讶的是,儿子居然只有一条胳臂和一条腿。

故事中的父母就和我们大多数人一样,要去喜爱面貌姣好或谈吐风趣的人很容易,但是要喜欢那些造成我们不便和不快的人却太难了。我们总是宁愿和那些不如我们健康、美丽或聪明的人保持距离。

我们每个人的心里都藏着一种神奇的东西称为"情感",你不知道它究竟是如何发生、何时发生,但你却知道它总会带给我们特殊的礼物。爱就像是稀奇的宝物,它带来欢笑,激励我们成功,它倾听我们内心的话,与我们分享每一句赞美,它的心房永远为我们而敞开。

爱心与情感会影响你的思维,这一点毫无疑问。如果你缺少爱心,缺少对弱者的同情,有时候你就会作出错误的决定。因为事实上,你所面对的不幸可能只是一个假象,这个假象是对你情感的一种考验。包容心有时候能替你作出正确的决定。18世纪，法国科学家普鲁斯特和贝索勒是一对论敌。他们围绕定比定律争论了有9年之久，他们都坚持自己的观点，互不相让。最后的结果是普鲁斯特获得了胜利，成了定比这一科学定律的发明者。

但是，普鲁斯特并未因此而得意忘形，忘乎所以。他真诚地对与他激烈争论了9年之久的对手贝索勒说："要不是你一次次的责难，我是很难进一步将这个定律研究下去的。"同时，普鲁斯特特别向众人宣告，定比定律的发现有一半功劳是属于贝索勒的，是他们共同促使了这个定律昭示天下的。

在普鲁斯特看来，贝索勒的责难和激烈的批评，对他的研究是一种难得的激励，是贝索勒在帮助他完善自己。这与自然界中"正因为有狼，鹿才奔跑得更快"的道理是一样的。

普鲁斯特是宽容博大而明智的。他允许别人的反对，不计较他人的态度，充分看到他人的长处，善于从他人身上汲取营养，肯定和承认他人对自己的帮助。正是由于他善于包容和吸纳他人的意见，才使自己走向成功。

观卦第二十

风地观

（坤下巽上）

【题解】

《系辞下》曰："天垂象，圣人则之。"这其中就有"观"的情节。《左传·襄公二十九年》载春秋时吴国季札在鲁国观乐，当他欣赏到《韶箾》之乐舞时，赞叹："观止矣！若有他乐，吾不敢请已!"这个故事说明盛大之"观"对人心的感召力。而这样的感召力就蕴含在《观》之六爻:初六因观之以幼稚而"无咎";六二说明女子之"观"应悄然而观;六三自观其"进退";唯六四因近于君王之侧,而得"观国"之"观",成为王之座上宾;九五、上九则从上往下观,观下之民风而知其政治得失,所以君王观民之时也是自观,正如《象传》所谓"省方观民设教"。

【原文】

观①:盥②而不荐③,有孚颙若④。

【简注】

①观:卦名。有瞻仰、观察、考察的意思。②盥:通"祼"。一种祭祀仪式,斟酒浇地以降神。③荐:奉献酒食以祭。④颙若:崇敬仰慕之貌。

【释义】

《观》卦象征着观察:看过祭祀开始时用香酒灌地以降神的隆重仪式后,就可以不再观看后面贡献祭品的过程了。因为你经过庄严隆重的祭典,你的内心对君王的威严已充满崇敬和信服。

【原文】

《彖》曰:大观在上,顺而巽,中正以观天下,观。"盥而不荐,有孚颙若",下观而化也。观天之神道,而四时不忒,圣人以神道设教,而天下服矣。

【释义】

《彖传》说:隆重壮观的场面呈现在上面,而这种场面蕴含着和顺润物的气象,君王以中正之德让天下的人都看到宏大威严的场面。观看的含义在于:"看过祭祀开始时用香酒灌地以降神的隆重仪式后,就可以不再观看后面贡献祭品的过程了,因为你经过庄严隆重的祭典,你的内心对君王的威严已充满崇敬和信服",这说明在下面观看祭典的人们已从中被感化。而观看大自然神奇的运行规律,其春夏秋冬四季的运行不会发生差错,圣人从中悟出"天道"的奇妙,并将其运用于设立教育的意义中,使天下的百姓都能信服。

【原文】

《象》曰:风行地上,观。 先王以省方观民设教。

【释义】

《象传》说:有风行于大地之上,象征着"观察民风"。先代的君王因此而视察天下邦国,观察民风,实施教化。

【卦解】

中古时期,祭祀是很有讲究的。 一般主祭的天子先要散斋七日,这七天在饮食、仪容、声色等方面要做到洁净。 七日之后是致斋三日,这三天要吃素食,并且要住在洁净的房间里,不能与女人同居,要在专门的一间洁净的房间里睡觉,并且焚香沐浴。 致斋三天后便开始进行祭祀了。 在献上祭品前,主祭的天子要洗手,这个洗手很有讲究,首先要心怀虔诚,其次要符合规范要求。 一般的方法是侍者用特制的水壶匜盛水,主祭的天子把双手伸出来放在接水的盆子上方,侍者用匜将水徐徐倒出,主祭的天子便用双手接着这流动的水洗手。 洗完手后,主祭人斟满一杯酒,虔诚地将酒浇在茅草上,象征被神享用了,这叫盥。 接下来,便按照"三献而荐腥,五献而荐熟"的规矩献上祭品,并求先祖或众神的保佑。

在卦辞中,并没有讲祭祀的具体细节,只是讲了献祭品前的洗手。 为什么不讲别的,只提到洗手呢? 这与"观"有什么联系呢? 其实卦辞想要表达的意思是,洗手时表情极其虔诚,还没有献上祭品便显示出庄严恭敬、无比虔诚,这是为了给周围的人看。 外表的虔诚是给周围的众人看的。 这就是卦辞要表达的"观"的意思,是让众人看天子。 这就是卦辞的本义。 这个意思与临卦天子去看民众正好相反。 为什么说虔诚的外表是给众人看的呢? 因为神是不需要看这些的,神可以直接看到你的内心。 外表再虔诚,而内心不虔诚,神是不会保佑的。即使没有外表的虔诚,只有内心的虔诚,神也会因你的虔诚而保佑你。可是为什么要表现出虔诚给众人看呢？就是要给众人树立一个虔诚的榜样,让民众也这样虔诚地做事敬神。

【原文】

初六,童观,小人无咎,君子吝。

【释义】

初六,若如幼童一样观看事物,这对于小人而言,并没有什么过失,如对君子而言,则为可羞之事。

【原文】

《象》曰:"初六童观","小人"道也。

【释义】

《象传》说:"初六,若如幼童一样观看事物",这本是"小人"观看事物的方法。

【爻解】

观察事物不能目光短浅。"童观"大概就是通常所说的"小儿浅见",这比喻很生动。儿童蒙昧无知,认识肤浅,没有辨别真伪、分清是非的能力。初六以阴居阳,其位不正,又处在"观"之初期,离开九五、上九的"大观"境界很远,当然谈不上远见卓识。为什么说"童观"对于小人是"无咎"的呢？因为小人卑下,鼠目寸光,并不足怪;况且小人胸无大志,偷主苟活,浑浑噩噩,也无需苛责。而君子肩负重任,欲有作为,理应高瞻远瞩,如果他局限于小人的短视浅见之中,当然是令人惋惜的事。所以,同样是"童观",对于小人来说无咎,君子则可吝。

【原文】

六二,窥①观,利女贞。

【简注】

①窥:从门缝中向外偷看。

【释义】

六二,从内向外窥视,利于女子守正持固。

【原文】

《象》曰:"窥观女贞",亦可丑也。

【释义】

《象传》说:"从内向外窥视,利于女子守正持固",这对于女子而言,守正则有利,对于男子而言,则是耻辱的事。

【爻解】

"童观"是说观察的幼稚性,像个小儿;"窥规"是说观察的狭隘性,像个女子。 所谓"小儿之见""妇人之见",都是古人认为不可取的。 六二虽与上面的九五相应,但是阴柔暗弱,见识不广,并不能见到大观之境。 像个足不出户的人,从门缝里向外窥看,只能见到一星半点。 这对于不出闺房、自守贞洁的女子来说,还算正常,至于要外出办大事的男子,这样就丢丑了。

六二居于下体之中,又以阴爻处阴位得正,确实是静居闺中、自守贞洁的象征。 男子汉应该视野开阔,纵览全局,所见者广,所蓄乃大,不计较一时之成败得失,这才是做大事的胸襟气度。

【原文】

六三,观我生,进退。

【释义】

六三,观察我自己的行为,就可知进退之可否。

【原文】

《象》曰:"观我生进退",未失道也。

【释义】

《象传》说:"观察我自己的行为,就可知进退之可否",这说明六三没有丢失《观》卦所赋予的道理。

【爻解】

初六、六二讲的是向外观察,六三"观我生"讲的是向内观察,反躬自省。 人们往往注意观察客观环境,而不注意省察主观行为。 在认知客观环境以后,必须据此调整主观行为,以求适应环境,实现主客观的统一。 从六三来说,以阴柔之质居于阳刚之位,又处于上下二体之间,很容易搞得进退失据。 这就更需要在观察自己的处境的同时,省察自己的行为,以决定自己用舍行藏,时可进则进,时不可进则退。

【原文】

六四,观国之光,利用宾于王。

【释义】

六四,观看国家壮丽辉煌的大气象,有利于成为君王的宾客。

【原文】

《象》曰:"观国之光",尚宾也。

【释义】

《象传》说:"观看国家壮丽辉煌的大气象",这说明六四是君王的座上宾。

【爻解】

六四"观国之光",观的范围更大了。 实际上是观九五。 古代认为君可代表国家,国君一体。 从卦象来看四爻动,上卦由巽变为乾,乾为天,有光明之象;乾为君,为一国之主。 "观国之光",是观看、瞻仰国家或国君的盛德辉煌,观看一个国家的大政方针,风俗民情,有向往光明之象。 特别是看一个国家的政风是否清明,看国君是有道明君还是无道昏君。 "宾",即仕,古代有德行的人,前往朝廷效力,天子以宾客的礼仪招待,成为朝廷的"座上客"。 不仅朝廷,古代连一些大臣等都养许多"门客",这些"门客"实际也是待之如"宾客"。 "用宾于王",即仕进于王朝,在王朝做官,为王朝效力。"尚用宾",是说志愿仕进于王朝,以施展自己的抱负。

【原文】

九五,观我生,君子无咎。

【释义】

九五,观看天下生民,就可以使君子不犯错误。

【原文】

《象》曰:"观我生",观民也。

【释义】

《象传》说:"观看天下生民",就是观察民风。

【爻解】

九五是执政之君,执政之君坐在令人瞩目的权位顶峰,颂歌盈耳,威势逼人,最不容易看到自己的不足,也最需要作清醒的自我审察。所以九五爻辞提出"观我生,君子无咎"是十分明智的。《象传》进一步指出当政者观己要与观民相结合。作为一个君王,能向他直言进谏的人极其罕见,而人们又总是难得有自知之明,很难看到自己的真相,很难客观地自我评估。所以九五虽然认识到了自我审察的必要,但是实现自我审察极其困难。而民风之美恶、民情之好恶、民生的优劣,正是检验为君者的政绩如何、是否合乎民意的尺度,正是自我审察的极好的借鉴。

【原文】

上九,观其生,君子无咎。

【释义】

上九,观察他所治理的百官庶民,君子就可以不犯错误。

【原文】

《象》曰:"观其生",志未平也。

【释义】

《象传》说:"观察他所治理的百官庶民",自己心中也难以平静。

【爻解】

上九的"观其生"与九五的"观我生",有相同之处,更有不同之处。"观其生",既要观自己,更有观民众,观社会。上九居全卦之终,"观"卦已穷,为矛盾转化之时,只有兢兢业业以修美其德为要务,才能保"君子无咎"。这爻若变,变卦为"比",其上六爻辞"比之无首,凶"。因此,此处的"君子无咎",意义不同于九五,有警诫之意,暗示如不修美其德,改造自我,则必然有凶险之事发生。同时,这里的"观其生"还有直接去观察民生,解决民生中存在的问题,亲民、安民,这样就会无咎的意思。"志未平"是说,通过观察民生,发现还有许多需要解决的问题,是"志犹未竟"的意思。

【卦义新解】

人与人之间都是相互依存的,做到你知我知,相当重要。这就是说,看透对方,才能不至于陷入误区,才能行之有效地处理棘手的问题。

刘邦看透人心,巧妙应对,稳住对方,暗中布阵,然后一举攻城夺地,实是高明之策。这种手法,在谈判上也是惯用的。

最聪明的人在人际关系这个圈中,总能了解自己身处何位,知道有什么利害,然后巧妙应对,既不伤害自己,也不伤害别人。

总之,巧妙应对是为人处世时绝对不能少的手段,不可视之为可有可无。有些事情之成败,全在于你应对的灵敏度的高低。

较量是大智与小智之间的碰撞。我们知道,明暗之区别在于一道看不见的神秘线。这道线是两股势力对抗的战场。人与人之间,冲突与竞争在所难免。面对竞争,你应当学会站在明处,冷眼旁观,以静制动;面对冲突,你要学会照样站在暗处,以动制静,击中对手的薄弱环节。这叫在明暗之中较量高低。

有些时候,在明暗中较量高低绝不可少。天下事总有许多出人意料的，如找不到关键，发现不了其动机，是很难得手的，与人打交道其理相同。

大侦探福尔摩斯破案的故事，已广为流传、脍炙人口。形形色色、离奇古怪的复杂疑案，一经福尔摩斯的侦察分析，蛛丝马迹毕现，真相大白。在作家柯南·道尔的笔下，福尔摩斯完全是一个学识渊博、观察力非凡的人。

有一次，福尔摩斯同他的助手华生同时鉴别一块刚刚得到的怀表。华生的鉴别仅仅停留在怀表的指针、刻度的设计和造型上，没有发现线索。而福尔摩斯凭借手中的放大镜，看到了表壳背面的两个字母、四个数字和钥匙孔周围布满的上千条错乱的划痕。经过周密的思考，福尔摩斯认为：那两个字母表示主人的姓氏；四个数字是伦敦的当铺的当票号码，表明怀表的主人以前穷困潦倒；而钥匙孔周围布满的上千条错乱的划痕，则说明怀表的主人在把钥匙插进孔去给表上弦的时候手腕总是在颤抖，因而这个人多半是个嗜酒成性的醉汉……

福尔摩斯在破案过程中，没有顾及这只怀表的新旧程度和价值，而是紧紧抓住那些与案件有本质联系的细节，进行深入细致的分析。分析是一种有目的、有计划、有步骤的知觉，它是通过眼睛看、耳朵听、鼻子闻、嘴巴尝、手摸等有目的地认识周围事物的心理过程。

一个人的分析能力与他的知识、经验以及职业兴趣有着密切关系。对于同一块怀表，福尔摩斯之所以能够比华生看到得更多，理解得更深，一下子就能抓住那些不大明显，然而却是本质的特征，正是因为他们有着不同的知识和经验。

人的分析能力是可以培养的，那么怎样培养自己的分析能力呢？

第一，要有明确的分析任务。在确定任务的时候，可以把总任务分解为一系列细小的可以逐步解决的任务。这样可以避免知觉的偶然性和自发性，提高观察的积极主动性。

第二,分析的成功与否主要依赖是否具备一定的知识、经验和技能。俗话说:"谁知道得最多,谁就看得最多。"一位富有学识的考古学家,能够在一片残缺不全的乌龟壳(甲骨)上,发现不少重要而有趣的东西,而一个门外汉,却一无所得。

第三,分析应当有顺序、有系统地进行,这样才能看到事物各个部分之间的关系,而不至于遗漏某些重要的特征。

第四,要设法使更多的感觉器官参与认识事物的活动。这样一来,不仅可以获得事物各方面的感性知识,而且所得到的印象也是深刻的。

第五,分析时应当做好记录。这不仅对于收集和整理所观察到的事实是十分必要和有益的,而且也是确保分析准确的宝贵方法。

我们在生活中每天都需要与人进行交流,掌握准确地分析方法,使你进一步把握好人际交往中的微妙关系,你就可以在芸芸众生中脱颖而出,成为人际交往中的焦点人物。

噬嗑卦第二十一

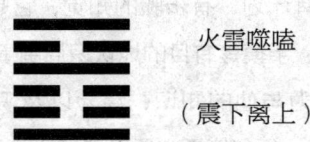

火雷噬嗑

(震下离上)

【题解】

《噬嗑》以其雷电之动、之明,来象征先王"明罚敕法"的法制之严明,又以"啮合"食物为喻,来形象化说明刑罚、罪行的轻重之别:初九、六二、六三皆因罪小罚轻而"无咎";九四、六五皆以"噬"得"金"物来比喻治狱之难;上九积恶太甚,故罪大而凶。因为爻所处的位置不同,所以刑罚的轻重也就有所不同。故《周易折中》引李过之言曰:"五,君位也,为治狱之主;四,大臣位也,为治狱之卿;三、二,又其下也,为治狱之吏。"在《噬嗑》中,着重在说明"狱治"要明,而不是在强调"刑罚"要严。

【原文】

噬嗑①:亨,利用狱。

【简注】

①噬嗑:卦名。有咬合之意。以齿咬物为"噬",合口为"嗑","噬嗑"即为齿咬物合口咀嚼。以象征刑罚。

【释义】

《噬嗑》象征着啮合与刑罚:亨通。有利于施行刑罚。

【原文】

《彖》曰:颐中有物曰噬嗑。噬嗑而亨,刚柔分,动而明,雷电合而章。柔得中而上行,虽不当位,利用狱也。

【释义】

《彖传》说:口中含有东西就需要啮合。啮合而亨通,震刚在下,离柔在上,当雷声震动时,闪电就闪耀出光芒,雷电交合在一起,就使其雷声的威力和闪电的光明显示出来。阴柔居中,其性如地气喜爱上行一样,虽然六五爻因以阴居阳而不当位,却有利于刑罚。

【原文】

《象》曰:雷电,噬嗑。先王以明罚敕法。

【释义】

《象传》说:雷电交加,象征着啮合。先代的君王运用这个卦象中所蕴含的道理,严明法律,公正刑罚。

【卦解】

噬嗑卦的卦辞极其简单,只有四个字"亨,利用狱。"可是这四个字却是贤明的君王通过长期的观察总结出来的。君王四处巡视,发现百姓的愿望不过是想安居乐业,可是社会仍然得不到很好的治理。

君王于是又以身作则,在行言上做出典范,让百姓明白应该怎样诚信做人,怎样敬神而怀有虔诚之心,怎样做好君君、臣臣、父父、子子。可是社会仍然出乱子,淫邪腐败现象仍然存在。于是君王明白了,必须得用刑罚惩治这些淫邪腐败分子,正是这一小撮坏人扰乱了社会秩序与治安。所以君王说"利用狱"。

【原文】

初九,屦①校②灭趾,无咎。

【简注】

①屦:即履。此指加在足上。②校:古代木制刑具的通称,加于颈称"枷",加于手称"梏",加于足称"桎"。

【释义】

初九,脚上戴着刑具伤没了脚趾,没有太大的罪过。

【原文】

《象》曰:履校灭趾,不行也。

【释义】

《象传》说:"脚上戴着刑具伤没了脚趾",不重犯以前的罪行。

【爻解】

"屦",即履、鞋。"校",木制的能套住脚的一种刑具,也是一种枷。"屦校",就是把这种刑具像穿鞋那样穿在犯人的脚上。灭,遮没、伤害的意思。"灭趾"说明刑很轻,刑具仅仅遮没了脚趾或伤害到脚趾。这一爻是针对小人而言。小人有了过错,不给一点厉害他是不会改的。对小人的最好办法是"小惩而大戒",在他犯有轻微过失的时候,及时给予适当的处罚,使之幡然悔悟、改恶从善,不会发展到严重的程度。这样做,其实是挽救了他,是小人之福。校,这个刑具很怪,只要套到脚上,就能够将脚主要活动的地方给夹住,它既不伤皮肤,也不伤筋骨,但却使人无法活动、无法行走。因此,此爻显示的另一层意思,是指不让人往犯罪的道路上走,这不仅仅是一种处罚，同时也是一种规范和约束。

【原文】

六二，噬①肤②灭鼻，无咎。

【简注】

①噬：吃。②肤：肉。一般指柔软、肥美之肉。

【释义】

六二，如咬脆肉一样地割除犯人的鼻子，以使其不再犯大的罪行。

【原文】

《象》曰："噬肤灭鼻"，乘刚也。

【释义】

《象传》说："如咬脆肉一样地割除犯人的鼻子"，因为六二有乘刚之嫌。

【爻解】

"肤"是与骨头不相连的肉，这样的肉易咬，甚至连嘴巴能咬进肉里，连鼻子也能没进去。这爻是针对执法的人而言的。"噬肤"是说，要咬住案子不放，对犯罪的人不能轻易放过，达到犯人服罪的目的。"灭鼻"，不是说割掉鼻子，而是把鼻子埋没进去，是形容"噬肤"的程度，要深入到案卷里面去，把罪犯的罪证查清楚。

这爻的"噬肤灭鼻"已经不同于初爻的"屦校灭趾"，其用刑已经比较严重了。因为六二虽有柔顺中正之德，但阴爻乘在阳爻之上，是乘刚带来的灾，由于乘刚，所以必然得到处罚，刑必当罪，即使用严刑，也是适宜的，不会有咎。乘刚，也是说，执法者要注意执法不能一味用柔，不可优柔寡断，只要公正执法，执法从严一点也没有什么害处，从轻了不仅对罪犯起不到教育作用对社会也起不到警示作用。

【原文】

六三，噬腊肉①，遇毒，小吝，无咎。

【简注】

①腊：干肉。古礼有"腊人"，专掌制作干肉。

【释义】

六三，噬咬腊肉却遇到毒物，稍有困难，却没有大的灾祸。

【原文】

《象》曰：遇毒，位不当也。

【释义】

《象传》说："六三之所以遇到有毒的物质"，就是因为其所处的位置不当。

【爻解】

六三的情况就像咬坚韧不易咬，并厚味有毒的腊肉，结果不但肉咬不动，还要多少中一点毒。因为腊肉里面有一种微毒，虽然看不见，但吃多了对身体不利。不过，腊肉的毒也只是小毒。由微毒带来的小吝，就是说可能会遇到一点小的挫折或麻烦，但不要紧，如同食物中毒引起的肠胃炎一样，吃一些诺氟沙星就好了。由此也比喻碰到的案子可能有点麻烦，有点棘手，有点不好啃。但处理这样的案子也没有多大咎害，该处理还得处理。六三是受刑之人，但不中不正，受刑人不仅不服，反遭受刑人的怨伤。不过问题不大，用刑是必要的，纵然可吝，也属小问题，经过咬碎以后，就能排除障碍，最后不会有过失的，是无咎的。

【原文】

九四，噬干胏①，得金矢，利艰贞，吉。

【简注】

①胏：肉中有骨。

【释义】

九四,噬咬干肉,却遇到了骨中的金属箭头。这有利于在艰难中守正,吉祥。

【原文】

《象》曰:"利艰贞吉",未光也。

【译文】

《象传》说:"有利于在艰难中守正,吉祥",这说明九四不能使刑之威罚之明发扬光大。

【爻解】

咬带骨头的干肉,咬出一只铜箭头。带骨头的干肉比腊肉更难啃,这意味着案子更加难办,居然啃出一只铜箭头,这就暗示办案人员要像金属那样刚硬,要像箭头那样正直。由于九四以阳居阴,失位而又不中,在主客观因素上有这样弱点,所以在执法治狱时遇到重重困难,十分艰苦。不过九四的优点也很明显,它秉性阳刚,正直不阿,有此品格,就能够在艰难中坚持守正,所以爻辞断为"利艰贞,吉"。六爻中只有这一爻吉祥,可见执法人员刚直的品格十分可贵。九四虽然刚直守正,难能可贵,但是从儒家的理想政治的高度来看,还没有达到治狱之道充分实现的光辉境地。有两点还不够理想:一是客观上阳居阴位是"失位",没有足够的职权;二是主观上不居中位(属第四爻)是"失中",不能掌握中道的分寸。

【原文】

六五,噬干肉,得黄金,贞厉,无咎。

【释义】

六五,噬咬干肉得到黄金一样的东西。事有危险,但最终没有灾难。

【原文】

《象》曰："贞厉无咎"，得当也。

【释义】

《象传》说："事有危险，但最终没有灾难"，这说明六五所用的刑罚是得当公正的。

【爻解】

自六二始，一节比一节难噬，至六五噬干肉反而变易了。这是因为六五得黄金。"得黄金"是说，六五具有某些优越的条件。一是六五居中，以柔居刚，且在君位。二是六五爻变则上卦由离变为乾，乾有黄金之象。六五虽然得黄金，具有处刚得中的条件，但是它毕竟本身是柔体，要获得无咎的结果，还要做到贞厉，既要坚守正道、心怀危惧、又要谨慎用刑。这爻说明因为刑罚毕竟是不得已的手段，应当谨慎从事，才不会发生过错。六五居上离之中，离者光明普照之象，便于审察刑狱，不造成冤案。六五虽然贵为君主，但仍然兢兢业业治狱，守正以防凶险。所以象辞称贞厉，无咎。噬干肉，得黄金，也有另外一种意思，就是说接受这个案子，可能会收到意外的效果。

【原文】

上九，何校灭耳，凶。

【释义】

上九，肩上荷负的刑具伤没了耳朵，有凶险。

【原文】

《象》曰："何校灭耳"，聪不明也。

【释义】

《象传》说："肩上荷负的刑具伤没了耳朵"，这说明上九积恶不改，如不听话的聋子，太不聪明了。

【爻解】

上九为什么会受到荷校灭耳的严重惩罚呢？系辞对上九做了进一步的解释："善不积，不足以成名；恶不积，不足以灭身。小人以小善为无益，而弗为也，故恶积而不可掩，罪大而不可解。"易曰："荷校灭耳，凶。"这里也说明，上九的罪大而不可解，完全是咎由自取。

这爻从另一个侧面去理解，有另外一层意思，即施行的人用的手段、刑罚过重，用这样重的刑罚是有凶险的，弄不好会把自己也牵连进去。不是吗？执法执纪的人员因犯刑讯逼供错误而渎职，受到处理的也不在少数。有一个地方的纪检部门在对一个干部双规期间，因雇佣人员使用暴力致被双规人员死亡的案例，就是最好的证明。因致被双规人员死亡，而牵涉进了许多官员受到党纪、政纪和刑罚处罚，其教训是极其深刻的。

【卦义新解】

《噬嗑》卦下震上离相叠。离为阴卦，震为阳卦，阴阳相交，咬碎硬物，比喻恩威并施，宽严结合，刚柔相济。这对每个管理者都有启示作用。

统御下属是一门很深的学问。无论是统治一个国家的国君，还是管理一个公司的总裁，抑或只是一个小组织的领导人，"恩威并济"的统治权术可谓是必学的良谋妙计。

施"恩"的用意在于建立自己的"名声"；施威的用意在于提高自己的"名望"。"声望"树立起来了，基础也就牢实了，还怕有什么不能成功的吗？

李世民曾严厉训斥尉迟敬德的骄横，使之受到震慑；而当徐茂功病重时，李世民又不惜拔下自己的胡须为他治病，把徐茂功感动得涕泪横流。无严刑峻法论是用威还是示仁，都收到了驯服臣下的效果。

即使以严刑峻法治国而出名的明太祖朱元璋，也告诫御史们，做监察工作不能太苛刻，以使官吏百姓都能有一个宽松的环境。

听话的，就给根萝卜尝尝；不听话的，就当头狠狠一棒。恩威并重，实为妙不可言的高超管人技巧。

"汉家自有制度，本以霸王道杂之，奈何纯任德教。"这是汉宣帝对汉朝治国政策的总结，简而言之，就是"宽猛相济"。有人说君王统御天下与羊倌牧羊有相通的道理，既要食之以草，又要驱之以鞭，由此臣子才能驯服，君权才能稳固。

"主卖官爵，臣卖智力。"非常形象地揭示出古代的君臣关系；臣下辅佐君王总是要得到一定好处，才可供驱使；如果君主严刑峻法，过于苛刻，必会使臣下畏而远之，君主可能成为"光杆司令"。但如果君主对臣下太宽松，则又易使臣子们骄纵跋扈，妨碍君主治国。

所以，恩威并济成为历代君王所用的主要手段，其中的奥妙就在于时机与火候的把握。难怪老子说治大国（当然包括驭臣）就像炸一条小鱼一样简单。

高欢把持东魏政权时，怕人才外流，对官员的贪敛不闻不问，但又让其子高澄打击勋臣的骄纵，父子俩一个唱红脸，一个唱白脸，巧妙地驯服了公卿贵戚。

东汉光武帝刘秀十分懂得用以柔克刚的政治手腕驾驭群臣。一面宽宏大度、赏赐有加，一面削除实权、威严所至。正是采取了刚柔相济的统治措施，并以清明的政治手段，稳妥地解决了如何对待开国元勋的问题，从而保持了东汉初期统治局面的相对稳定。

战国时期的郑国领袖子产临死前对继位人说："我死之后，假如你主持郑国的政治，一定要用猛烈的方法治理人民。火的形势猛烈，所以被烧死的人很少，水的形势柔弱，所以被淹死的人很多。你必须使用猛烈的方法，不要让人民因为你的柔弱而淹死。"

由于子产对民性观察入微,他深知治民应该采用"猛如火"的硬手腕,而不该柔若水。 如果事事放纵,该管不管,那么,善良守法的百姓就会被少数"害群之马"给害惨了。

孔子听说此事后,大为赞叹说:"政策宽大,则人民轻慢,轻慢就用严厉的政策纠正;政策太严厉,百姓又会受到残害。 百姓受到残害,就实行宽大的政策,用宽大辅之严厉,用严厉辅之宽大,政事因此而得到平和。"

在管理下属的过程中,光有软的或硬的似乎都不妥,最高明的则是软硬结合,宽严相济。 我们可以把领导者的发威视为"硬",而把领导者的"施恩"视为"软"。 软硬兼施,双管齐下,因人因事而采取相应的措施就能收到好的效果。

贲卦第二十二

山火贲

(离下艮上)

【题解】

《集解》引崔憬曰:"物不可以苟合于刑,当须以文饰之,故受之以《贲》。""贲"就是"文饰"。《贲》卦之所以"亨通",在于其有"文饰"之美。 然君子之德在"正而质",而不在其"美而饰",所以,《孔子家语》记孔子自得《贲》卦而"愀然有不平之色",其弟子子张问其故,孔子对曰:"吾闻丹漆不文,白玉不雕。 何也? 质有余,不受饰故也。"因《贲》有"文饰"之色,不得黑白之正色,以孔子之德得"文饰""小利"之卦,故孔子愀然不乐。

【原文】

贲①：亨，小利有攸往。

【简注】

①贲：卦名。有修饰，文饰之义。

【释义】

《贲》卦象征着文饰：亨通。较有利于有所前往。

【原文】

《彖》曰：贲亨，柔来而文刚，故亨。分刚上而文柔，故小利有攸往。刚柔交错，天文也。文明以止，人文也。观乎天文，以察时变；观乎人文，以化成天下。

【释义】

《彖传》说：文饰一些事物是亨通的，阴柔前来文饰阳刚，所以亨通。卦分为阳刚在上，阴柔、文饰在下，所以较有利于有所前往。阳刚与阴柔交错，形成天的文章。离卦焕发文明而艮卦有限制，这是人类的文化与文明。观察上天显示出来的文章与文明，就可以知道四季变化的规律；观察人类的文化与文明，就可以使教化成就天下万物。

【原文】

《象》曰：山下有火，贲。君子以明庶政，无敢折狱。

【释义】

《象传》说："山下燃烧着火焰"，它的光芒象征着文饰。君子因此想到自己应该使政务清楚明确，而不敢判决讼狱之事。

【卦解】

卦辞简练而朴实，讲明装饰只有小的利益，会对人与人交往有帮助。现在一谈到艺术，人们往往同"价格不菲"等同起来，所以艺术家都很有钱。可是在当时的社会，人们明白装饰只是为了突出主体，所以饰品永远没有被装饰者更贵重。

【原文】

初九,贲其趾①,舍车而徒②。

【简注】

①趾:脚趾。②徒:徒步。

【释义】

初九,把文饰好的鞋穿着在自己的脚上,不坐车,徒步而行。

【原文】

《象》曰:"舍车而徒",义弗乘也。

【释义】

《象传》说:"不坐车,徒步而行",这说明按照礼义是不能乘车的。

【爻解】

最简陋的文饰表现出质朴之美。初九处于"贲"的初始阶段,所以文饰程度最轻。把脚包扎一下,这是为徒步远行做准备的最基本、最初的文饰,简直可以说是朴素无文,表现出的是一种质朴之美。初九是最下面的一爻,是个处于社会底层的寒士。初九以阳爻居于阳位,地位虽然低下,其精神并不卑下,颇有些骨气。他宁肯徒步,也不愿为五斗米折腰,在道义上不屑于乘坐不应当乘坐之车。所以他"舍车而徒,义弗乘也"。

【原文】

六二,贲其须。

【释义】

六二,文饰胡须。

【原文】

《象》曰:"贲其须",与上兴也。

【释义】

《象传》说:"文饰胡须",这说明六二是随着九三而兴起。

【爻解】

"须",其实就是下颌留的胡子。胡须在下颌的称须,在两颊的称髯。胡子对人来说,主要的就是修饰脸面,使其美观。六二阴柔中正,与上方阳刚的九三接近,双方在上卦又都无应,因而异性相吸,关系密切,一起行动,得以兴盛。就像须装饰下颌,与下颌一起动一样。换句话说,在没有应援时,应当追随接近的有实力的人物。

【原文】

九三,贲如濡①如,永贞吉。

【简注】

①濡:湿润而光泽。

【释义】

九三,文饰得那样俊雅,润泽得那样滋润,做事能够长久的吉祥。

【原文】

《象》曰:"永贞之吉",终莫之陵也。

【释义】

《象传》说:"做事能够长久的吉祥",最终也没有谁能凌辱自己。

【爻解】

"濡如",湿润,是被水浸湿后的样子。"贲如,濡如"是说,文饰得有点过头了。好比一个人夏天本来穿得简单一点就行了,非要穿一套西服,并且打上领带,企求一个好形象,结果被热得出了满身大汗,西服湿透了,不仅形象没有展示出来,而且弄得很狼狈,被人当作了笑柄。"陵",同"凌",凌辱、讥讽的意思。事物发展到一定程度容易起变化,稍不留意,极有可能走向反面。不可被文饰迷失,以文灭质。永远坚守正道,才能吉祥,才始终不会被人凌辱。《周易》中凡说"某如某如"的,都是犹豫不决,两端难定之辞,有反问的意思。这爻说明,不可被文饰迷惑,凡是文饰的东西都不会长久,只有真正的内在美,比如注重保健,讲究营养,会使得皮肤润泽，靠涂脂抹粉皮肤是不会光亮润泽的。又比如只有注重道德修养，才会做到心灵美。

【原文】

六四，贲如皤①如，白马翰如，匪寇婚媾。

【简注】

①皤：老人发白曰"皤"，此指白色文素之貌。

【释义】

六四，文饰得那样俊美，一身洁白素雅，白色的马奔驰如飞。那不是来抢劫的盗寇，而是拿着聘礼来求婚的人。

【原文】

《象》曰：六四，当位疑也。"匪寇婚媾"，终无尤也。

【释义】

《象传》说：六四当位得正，然心中仍有所疑惧。"那不是来抢劫的盗寇，而是拿着聘礼来求婚的人"，这说明六四最终并不会有过失。

【爻解】

贲卦发展到九三，是象征文明的"离"体的最后一爻，已经出现文胜于质的倾向。发展到六四，已经进入象征停止的"艮"体，文饰应该到此为止，到了贲极返素的时候了，便由文饰转为质朴，尚质而不尚文。所以六四素装白马，不加文采，以朴素为贲。"匪寇，婚媾"，在这里是指与六四阴阳相应的初九。初九虽然以刚质处阳位，气质刚强，又舍车徒步，风尘仆仆，但他并不是打家劫舍的鄙夫，而是不慕浮华的志士。它与洁身自好、素朴为美的六四阴阳相应，同气相求，实在是理想的配偶。由于六四处于下体之上、上体之下，是上下相交的疑惧之地，"当位疑也"，所以开始时对初九有些误解，后来经过观察了解，"匪寇，婚媾"，并非强寇，是可以联姻的爱侣，六四终于毅然与之结合，"终无尤也"。六四与初九联姻，这也是

"柔来而文刚"的象征。以六四之"柔"文初九之"刚",以六四"素洁"之美文初九"刚实"之质。一为"白马"尚素,一为"舍车"弃华,志趣相投,珠联璧合。

【原文】

六五,贲于丘园,束帛戋戋①,吝,终吉。

【简注】

①戋戋:即残残。指很少。

【释义】

六五,一束束洁白的丝帛装饰着山上的园圃,虽有困难,但是,最终是吉祥的。

【原文】

《象》曰:六五之吉,有喜也。

【释义】

《象传》说:六五之所以最终能得吉祥,这说明他有喜庆的事。

【爻解】

国君应提倡简朴之风。六五以柔居尊位,象征仁厚之君。他并不兴建壮丽的宫殿,只花费一束之帛,戋戋之数,修饰一下山丘中的庭园。看起来很吝啬,没有国君的排场和气派,但是这种崇尚简朴无华的清廉举措,对政风的影响是巨大的。对一个国家来说,这无疑是吉祥喜庆的征兆。

【原文】

上九,白贲,无咎。

【释义】

上九,用纯净洁白的颜色文饰,就不会有过失。

【原文】

《象》曰:"白贲无咎",上得志也。

【释义】

《象传》说:"用纯净洁白的颜色文饰,就不会有过失",说明九五的心志得以实现。

【爻解】

上九已是极点,人类的装饰是礼法,当礼法达到极致时,又恢复到朴素,即返璞归真,由文趋质。上九如果能领悟到装饰的空虚,而恢复到本来面目时就会无咎。象辞"上得志也"是因为上卦是艮卦。上卦为艮的卦,上九都是比较吉利的。这里的上九没有称"吉",而是称"无咎",其实对于上九来说,已经处在高位,已经得志了,现在已经无处可升,处上九爻之时,应领悟到这一切,放弃虚饰,放弃名利,悠然自得,无咎就是吉。

【卦义新解】

《周易》指出,文饰之道,一是刚柔相杂而成文,二是不慕华丽而尚质。

《贲卦》对古代哲学思想的形成和发展有着重要影响,诸子百家无不从中受到启发。但由于对此卦的理解不同,产生了不同的理论和学派。儒家认为"有本有文……无本不立,无文不行",强调文与质、形式与内容的完美统一。

玉不琢不成器,只有去其瑕疵才能增其光辉;也只有琢成器皿才有实用价值。这并没有改变玉的本质,它还是"玉"。

修饰的目的是弥补人或事物的某些不足。《贲》卦阐述的"贲之道",是说在不影响事物本质的情况下,是可以做适当修饰的。

孔子说:"质胜文则野,文胜质则史。文质彬彬,然后君子。"意思是:光有质朴的品格,不注重礼节仪表,就会显得粗野;光注重礼节仪表,缺乏质朴的品格,就会显得虚浮。只有配合适当,才算得上一个有教养的人。

从个人修养的角度来理解,"质"是指质朴的品质,"文"则是指文化修养。那么,"质胜文则野"就是指一个人没有文化修养就会很粗俗;"文胜质则史"就是指一个人过于文雅就会显得像个酸秀才、书呆子,注重繁文缛节而不切实际。所谓"百无一用是书生",就是典型的"文胜质则史",忘了做人的根本。所以要"文质彬彬","质"与"文"要配合得当,既要有文化修养,又不要迷失了本性,只有这样,才能够称得上是真正的君子。

孔子认为,君子应文质彬彬。一个君子,不但要有良好的内在品质,而且还应有良好的礼仪教养和举止风度,做到内在美和外在美相统一。

有些人仅仅将孔子的质和文理解为天生的容貌和外在的服饰,这是相当片面的。因为孔子认为只有以义为质,依礼节实行它,用谦虚的言语呈现它,用诚实的态度完成它,才是真正的君子。可见孔子所说的质,主要是道德品格,是仁义,文则是行义的外在行为表现。实际上,在现实生活中,只有良好的品德而失去了恰当的表现方式,是得不到好结果的。而一味追求文雅的表现形式,以至于冲淡了内在品质的修养亦不会得到良好结果。文质彬彬才是君子应具备的人格标准,也是中国历代知识分子的追求。大诗人屈原在《离骚》中就曾表露过这一思想。他说:"纷余既有此内美兮,又重之以修能。"这句诗的大意是说:我已经具备了内在的美德啊,同时又注重修饰自己的外表。当然,相比之下,中国古人认为更重要的还是内在美,下面的这个故事就形象地说明了这一点。

春秋时期,卫国有个名叫哀骀的人,他的容貌虽然很丑陋,可不管是男人还是女人都非常喜欢和他交往,相处亲近随和,舍不得离去。有一些女人甚至说:"与其做别人的妻子,还不如做他的小妾。"

他一无权位二无财产,也没有什么高深的理论和显赫的功绩,可是外表粗陋、其貌不扬的这位丑人却受到几乎所有人的喜爱和赞美，这使得鲁国的鲁哀公惊异不已，于是就派人把他从卫国请回鲁国加以考察。

相处不到一个月，鲁哀公觉得他在平淡中确有不少过人之处，不到一年，就很信任他了。

不久，宰相的位置空缺，鲁哀公便让他上任管理国事，可他无心做官，虽在再三要求下参议了国事，但不久他还是辞了高位厚禄，回到他在卫国的陋室中去了。

对此，鲁哀公求教于孔子："他究竟是怎样一种人呢？"

孔子借喻道："我曾经在楚国看见一群小猪在刚死的母猪身上吃奶，一会儿都惊恐地逃开了，因为小猪发现母猪已不像活着时那样亲切。可见小猪爱母猪不是爱它的形体，而是爱主宰它形体的精神，爱它内在的品性。哀骀这个人虽然外表不美，但他的品德和才情等内在之美必定已超越一般人很多，所以您和许多人才喜欢他。"

这个故事告诉我们《贲卦》所阐释的基本观点之一：只有内在美才可靠长久，值得追求和尊崇。虽然外在的容貌、身材、风采和权位、财产等也很吸引人，可内在的品德、学识、才能和真诚、自信等给人的感受则更有魅力。

剥卦第二十三

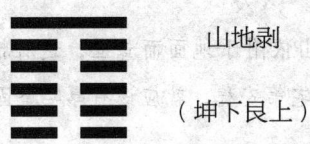

山地剥

（坤下艮上）

【题解】

《剥》卦象征着阳气将要被阴气剥尽的情况。六爻之中，只剩有上九为阳，悬系于上，如将尽之残阳，令人想起"残阳如血"的凄怆。在这种情况下，初、二因"剥"而有"凶"，六三剥之而"无咎"，六四于"剥"道中切近其肤而有凶灾，六五因近于上九之阳而"无不利"，上九以"硕果"为喻说明阳气之珍贵、重要，并提醒人们戒备"小人"剥削硕果。

【原文】

剥①：不利有攸往。

【简注】

①剥：卦名。有剥灭，侵蚀之意。

【释义】

《剥》卦象征着剥落：不利于有所前往。

【原文】

《彖》曰：剥，剥也。柔变刚迫。"不利有攸往"，小人长也。顺而止之，观象也。君子尚消息盈虚，天行也。

【释义】

《彖传》说：剥，就是指阳气被阴气剥落。阴柔改变了阳刚，所以"不利于有所前往"，因为此时小人的势力得到增长。坤之柔顺被艮止住，卦象上就可以看出这种情况。君子崇尚阴虚消亡和阳盈息长的节气变化，因为这本来就是天体运行的自然规律。

【原文】

《象》曰：山附于地，剥。上以厚下安宅。

【释义】

《象传》说：高山依附于地面而耸立，这种情形象征着"剥落"。君子以此而悟出要想宅第安稳，就应该有厚实坚固的基础。

【卦解】

剥卦来临的时候，是小人已经有了很强的势力的时候。在这种情况下，是不利于求取功名的。比如在春秋战国时代，无论你投靠哪一个诸侯国，都无法保证长久吉祥。因为每个诸侯国都处于危机中，随时有被吞没的危险。在这种大背景下，礼制已经失去了对人们思想的约束力，所以在这种情况下，只能静观时势，不利于急于前去求取功名。因为这是一个小人得势的时代。

【原文】

初六：剥床以足、蔑①贞，凶。

【简注】

①蔑：灭。

【释义】

初六，去掉床的足，这就等于削去了正道，结果必然是凶险的。

【原文】

《象》曰："剥床以足"，以灭下也。

【释义】

《象传》说："去掉床的足"，这等于是在毁灭下面的基础。

【爻解】

阴剥阳，小人剥君子，是自下往上剥。床是人休息的地方。床是"安身之座"，象征安身立命的本钱或事业的基础。床足又在床之下，是基础的基础。"剥床以足"是说小人的势力正在形成，并且开始对君子剥夺了。"灭下"，是先从下面开始，或者说先从君子的外围、基层剥起，接着将逐渐由下及上。言外之意，小人剥了君子之下以后还要向上剥。君子这时候应顺时而止，不要固执而不知变，否则必凶。对于一个企业或一个单位来说，已经显露出衰败之势，此时如果依然不改变经营的方式方法，那么等待后面的就是更大的损失，更大的灾难。这爻说明，小人对君子的剥是渐进的，不达目的是不会罢休的。如果君子不屑一顾，不防微杜渐，任其发展，一旦形成气候，则是很危险的。

【原文】

六二：剥床以辨①，蔑贞，凶。

【简注】

①辨：床头。

【释义】

六二，把床头剥落下来，这同样也是毁灭正道，必有凶险。

【原文】

《象》曰："剥床以辨"，未有与也。

【释义】

《象传》说："把床头剥落下来"，没有谁赞同，也没有谁来帮助。

【爻解】

"辨"是床板的下方，床脚的上方部位，剥落由下而上，已经到床身的下方，邪恶更进一步的侵蚀正直，愈加凶险。 小人的势力正在愈来愈凶，虽然目前势力还不很大，但如果轻视他，置君子之道于不顾，就会后患无穷，带来灾难，所以应采取恰当措施予以应对。

【原文】

六三：剥之，无咎。

【释义】

六三，处剥落之时，却没有过失。

【原文】

《象》曰："剥之无咎"，失上下也。

【释义】

《象传》曰："处剥落之时，却没有过失"，这是因为六三摆脱了处于上下的两阴而独与上九应。

【爻解】

在这一卦中，唯一相应的是"六三"与"上九"。 剥卦由

"初"，到"五"，都是阴爻，因而狼狈为奸，要剥落阳，但是只有"六三"不同流合污；要从狐朋狗党中将自己剥落，与"上九"的阳爻呼应，支持君子的行动，因此无咎。

象辞说"剥之无咎"，是因为脱离了上下阴柔的小人而与阳刚的君子相呼应。"失"是断绝的意思。"六三"与上下的阴爻断绝关系，结交"上九"的君子，因此无咎。这一爻讲的是在剥落的时刻，不可与小人同流合污。

【原文】

六四，剥床以肤，凶。

【释义】

六四，把床剥去而使自己的皮肤紧贴着严寒的地面，有凶险。

【原文】

《象》曰："剥床以肤"，切近灾也。

【释义】

《象传》说："把床剥去而使自己的皮肤紧贴着严寒的地面"，这说明六四很接近灾难。

【爻解】

六四剥蚀到了床面，问题非常严重了，不是"蔑贞凶"，而是直接评断为"凶"，甚至"切近灾"了。不过，正当剥落至极、大祸临头之时，转机也会随之而来。我们看下一爻"六五"的"无不利"，就知道已经出现"转剥复阳"的苗头了。

【原文】

六五，贯鱼以宫人宠，无不利。

【释义】

六五，引领宫人鱼贯而入承受君主的恩宠，没有什么不利。

【原文】

《象》曰："以宫人宠"，终无尤也。

【释义】

《象传》说:"引领宫人承受君王的恩宠",即使是到最终也没有过失。

【爻解】

出现"阳剥为阴"向"阴复为阳"转化的契机。阴阳之间的斗争、依存和转化是十分微妙的。剥卦中的五个阴爻,初六、六二、六四这三个阴爻,都与阳爻上九无应无比,故表现出斗争的一面,所以步步进逼剥阳,从"剥床以足"到"剥床以辨",直至"剥床以肤",局势也都是"凶"的。而六三、六五两个阴爻,与阳爻上九存在着或应或比的关系,就表现出了依存的一面,甚至含有转化的契机,局势就大不相同了,六三"无咎",六五"无不利"。六五以阴爻居尊位,是众阴之长。当剥极将复之时,它以阴柔之性与上九阳刚邻近而相比,以阴承阳;不仅如此,它又以众阴之长的身份,影响并带领众阴一起顺承上九,就像后妃带领一群宫女向天子邀宠一样,听命于上九。由于鱼为阴物,所以又用一串首尾相接的鱼来比喻初六、六二、六三、六四、六五等五个阴爻。群阴鱼贯而进,归顺于孤阳上九。这样就形势大变了,这正是"阳剥为阴"的终极和转化的关键,预示着"阴复为阳"的契机已经出现,当然是"无不利"的。

【原文】

上九,硕果不食,君子得舆,小人剥庐。

【释义】

上九,硕果不曾剥食,当此之时,君子得到大车就会装载着硕果去济世,小人得势则会使天下百姓的房屋也会被剥落殆尽。

【原文】

《象》曰:"君子得舆",民所载也。"小人剥庐",终不可用也。

【释义】

《象传》说:"君子得到大车",这是因为百姓爱戴他承载他。"小人得势则会使天下百姓的房屋剥落殆尽",故小人最终也不能使用。

【爻解】

孤阳独存时会有两种可能。如果君子能够得到这可贵的一阳,把握矛盾转化的时机,就可以力挽颓势,转剥复阳,那么得此一阳就犹如得到一辆大车运装万民滚滚向前,历史就会展开一个新的历程。如果在此危急关头,小人竟占了上风,扑灭了这仅存的阳气,那就无异于破坏了断安身的房屋,大家都无法生存了。一阳在上,覆盖五阴,也正像一间房屋,如果剥掉这一阳,岂不是掀去屋顶了吗?可见在此危急关头,不可任用小人,否则后患无穷。

【卦义新解】

《剥》卦初六中讲,从床脚开始坏,"剥"的局面开始了。这就好比一个人、一个组织。万事万物都是这样的,总是从不起眼的地方开始坏,然后慢慢影响到整体。"千里之堤,溃于蚁穴"就是这个道理。很多时候,我们认为小事无关紧要,可以忽略,但或许就是这些小事造成了难以挽回的损失。

村子里有一家酒店卖的酒味道好、分量足,店主招待顾客也很殷勤,门口还高高地挂着招牌,老远就能看到。

照理说,这家酒店的生意一定会很好。可是却不然,来这里买酒的人很少。由于生意清淡,一坛坛酒堆在那里卖不出去,日子一长,味道就开始变酸了。

店主看到这种情况,心里很急,就去问村上一个有见识的人这是怎么回事。

那人想了想说:"你家养的狗是不是对人很凶?"

店主说:"确实很凶,可这跟卖酒有什么关系呢?"

那人说:"你家的狗看见人又追又咬、张牙舞爪,本来想到你那里买酒的人,却因为怕狗而不敢去。 这样就难怪你家生意不好,酒要变酸了。"

一粒老鼠屎糟蹋了满锅粥,一只狗坏了整个生意。 我们生活在这个越来越挑剔的年代,只有做好每一个关键的细节,才能获得成功。

所以,作为一个企业,一旦发现产品或者服务方面存在不合理的现象,一定要立刻设法铲除,不可姑息。 不要对出现的问题视而不见,等到让消费者发觉时,要损害的就不只是这些产品,而是整个公司的名誉和信用。

有着百年辉煌历史的爱立信与诺基亚、摩托罗拉并世称雄于世界的移动通信业。但自1998年开始的3年里,当世界蜂窝电话业务高速增长时, 爱立信的蜂窝电话市场份额却从18%迅速降至5%,即使在中国市场,其份额也从1/3左右迅速地滑到了2%。 爱立信在中国的市场销售额一日千里地从手机销售头把交椅跌落,不但退出了销售三甲,还排在了新军三星、飞利浦之后。 在中国这样一个快速成长的市场上,国际上很多濒危的企业都起死回生、生龙活虎,爱立信却在这块风水宝地上失去了往日的辉煌。

2001年,在中国手机市场上,大家去买手机时,都在说爱立信如何如何不好。 当时,它的一款"T28"手机存在质量问题。 这本来就是一种突然出现的危机,但爱立信并没有采取正确方式对待。 "我的爱立信手机的送话器坏了,送到爱立信的维修部门,很长时间都没有解决问题。 最后,他们告诉我是主板坏了,要花700块钱更换。 而我在个体维修部那里,只花25元就解决了问题。"这位消费者确切地说出了爱立信存在的问题。 那时,几乎所有媒体都注意到了"T28"的问题,似乎只有爱立信没有注意到。 爱立信一再地辩解自己的手机没有问题,而是一些别有用心的人在背后捣鬼。 然而,市场不会去探究事情的真相,也不给爱立信以"申冤"的机会,就无情地疏远了它。

一款产品的不合格导致了消费者对整个爱立信品牌的不信任,这就是1%的错误导致了100%的失败。

做到百分百的完善很不容易,但不论企业还是个人,都不能忽略一些细小的错误,因为这些毫不起眼的错误可能就会决定一个人或者一个企业的命运。

复卦第二十四

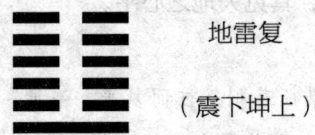

地雷复

(震下坤上)

【题解】

《复》卦一阳勃勃生于众阴之下,象征着阳气回复,正道复兴的情况。一种严冬即将过去,春天将要来到的生机,生动、形象、可喜地展现在人们眼前。陈梦雷指出:"天地之一阳初动,犹人善念之萌,圣人所最重。"卦之初九因及时地回复阳刚之气而得"元吉",如屈原在《离骚》中所唱的:"回朕车以复路兮,及行迷之未远。"其余五阴中,凡与初阳相得相应者,皆有所得:六二因近于初阳"美复"而得到赞誉,六三因能勉励"回复"而得"无咎",六四因下应于初阳而能"独复"其善,六五因敦实回复善道而"无悔"。唯上六因远于初阳而"迷复",所以有"凶"有"灾"。此卦各爻均以"复"来说事,而其吉凶皆生于与初阳的关系之中。

【原文】

复[①]:亨,出入无疾,朋来无咎。反覆其道,七日来复,利有攸往。

【简注】

①复：卦名。有复返，还归之义。

【释义】

《复》卦象征着阳气往而复来：亨通。阳气从内生长，出入之间则无从得疾患。朋友前来也不会有什么过失。阴气剥尽至阳气来复，其运行有规律性，一般需要七日。在这种情况下，有利于前往。

【原文】

《彖》曰："复，亨"。刚反，动而以顺行。是以"出入无疾，朋来无咎"。"反覆其道，七日来复"，天行也。"利有攸往"，刚长也。复，其见天地之心乎。

【释义】

《彖传》说："象征着阳气往而复来，亨通"。阳刚之气又返回于萌初，当阳气振动时，顺势往上运行。所以"出入之间则无从得疾患。朋友前来也不会有什么过失"。"阴气剥尽至阳气来复，其运行有其规律性，一般需要七日"，这是天体运行的规律。"利于前往"，这说明阳刚之气会随着你的前往而增长。阳气往去复来，从中我们可以看到天地哺育万物的善良愿望。

【原文】

《象》曰：雷在地中，复。先王以至日闭关，商旅不行，后不省方。

【释义】

《象传》说：雷处在大地之中，这象征着阳气来复。先代的君王在冬至日要闭关静养，同样，在冬至这一天，商贾旅客也不远行，即使是君王也不巡视四方的邦国。

【卦解】

一阳来复，使天地出现了生机，虽然表面上还看不出来，但这种孕育着的生机却有着极其顽强的生命力。冬至一阳生，复卦表示的便是冬至这一天。这一天在古代有着极其重要的意义，象征一年的开始。所以卦辞中说"亨"。

出入无疾是什么意思呢？便是说从这一天开始，人体内的阳气初生了，体质会得到增强，不容易得病。它还有另一个意思是：出入不必讲究什么忌讳。为什么会有"不必忌讳"的意思呢？这与"反复其道，七日来复"有关。

【原文】

初九，不远复，无祇①悔，元吉。

【简注】

①祇：大、多。

【释义】

初九，往而不远就来回复，这样就没有大的悔恨，大为吉祥。

【原文】

《象》曰："不远之复"，以修身也。

【释义】

《象传》曰："往而不远就来回复"，这说明初九是善于修身正己。

【爻解】

原来有的东西后来失掉了，失掉之后又找到，叫作复。原本没有的，后来有了，不能叫作复。复有远近早晚。"不远复"，是说去的不远（可能只有七天）就回来了，或者在错误的道路上没走多远就认识到错误，痛改前非，回到正确道路上来了。一个人有了过错就能够认识到，认识到了就能改，不至于达到悔的程度，这就是"无祇悔"。

【原文】

六二，休复，吉。

【释义】

六二，美的回复，吉祥。

【原文】

《象》曰:"休复之吉",以下仁也。

【释义】

《象传》说:"美的回复,吉祥",这说明六二能屈己之尊,亲善处在自己下位的仁爱、贤能之士。

【爻解】

"以下仁也",这里的"仁"指率先回复于阳的初九。六二当阳气回复之时,性柔居中得正,与初九最为亲近,最早受到阳刚之气的影响,以回复于阳为可喜庆之事。因此,六二虽然在初九之上,却能视初九为"仁人",亲而下之,谦逊地归向于它,这就是《象传》所说的"下仁"。这样,六二就会心悦诚服地向阳刚回复,而得到"休复之吉"。

【原文】

六三,频复,厉,无咎。

【释义】

六三,蹙额皱眉地回复,虽然有危险,却没有什么灾祸。

【原文】

《象》曰:"频复之厉",义无咎也。

【释义】

《象传》说:"蹙额皱眉地回复,有危难",但是,只要努力履行回复善道,就不会有灾祸。

【爻解】

六二居中得正,又亲近于初九,所以对回复于阳是心悦诚服的。六三以阴爻居阳位而失正,在素质上并不很好,又与初九无比无应,对回复于阳并无内心需要,只是处于阳气回复之时,在客观形势的裹挟之下,不得不勉强地回复于正道。由此可见,是否回复于正道是问题的关键,哪怕是内心不很情愿地回复,也可以免过。

不过，"频复"只能"无咎"而已，到底不能与"休复"之"吉"同日而语。

一个人犯了错误，能够及早改正，改了不再犯，是最好的。而六三不然，犯了改，改了犯，频繁地犯错误，所以厉。厉是危的意思。但是频复，屡失屡复也强于屡教不改。它就屡失这一点来说，是厉的，但就屡复这一点来说，即频频犯错而又频频改过来说，应当是无咎的。义，做应当讲。这爻说明，应当慎重，不可一错再错，频复虽然无咎，但也无利。

【原文】

六四，中行独复。

【释义】

六四，居群阴之中而行为正当，独与先行复道的初九相应以实行回复之善。

【原文】

《象》曰："中行独复"，以从道也。

【释义】

《象传》说："居群阴之中而行为正当，独与先行复道的初九相应以实行回复之善"，这是因为六四能忠诚地遵从"复"道。

【爻解】

六四上下各有两个阴爻，它居于五个阴爻的中间位置，所以叫做"中行"。它以阴爻居阴位得正，而且与初九阴阳相应。在五个阴爻中，唯独六四处在与阳刚相应的位置，这是十分有利的条件。所以，六四虽然居于群阴包围之中，却独能顺利地回复于阳。这就叫"中行独复"。在阳气初生之时，要认清趋势，坚决果断，敢于独自回复于阳。要提倡这种"独复"的精神。一般人都习惯于随大流，受"从众"意识支配。六四独能"从道"而不"从众"，独自走自己的路，确实有其超凡出众之处。

【原文】

六五,敦复,无悔。

【释义】

六五,敦厚忠实地回复,没有悔恨。

【原文】

《象》曰:"敦复无悔",中以自考也。

【释义】

《象传》说:六五之所以能"敦厚忠实地回复,没有悔恨",这是因为他能居中不偏,自我考察是非得失。

【爻解】

"敦",有两层意思,一方面是敦厚、老实,是说六五中庸、柔顺,又在尊位,是能够笃守原则,一旦认识到错误就会立即返回正道的人。因此复回正道是不会有任何后悔的。另一方面是敦促,是在别人的敦促下而复的。六二居中处正位,是自己主动复,所以言吉。六五阴爻居尊位为不正,六五的返是敦复,有别人敦促返回正道的意思,在别人的敦促下回来了,因此不言吉。用"无悔"形容,是符合实际的,这就是易经用词的严谨性。

"自考",就是从内心考察、反省、反思。象辞说,六五能够做到"敦复无悔",这也是坚持以中庸的原则,自己考察自己,审视自己,使自己的思想、行为能够适应新的形势,能够坚守正道的道路。

【原文】

上六,迷复,凶,有灾眚①。用行师,终有大败。以其国君凶,至于十年不克征②。

【简注】

①眚:此指灾害。②不克征:不能出兵征战。

【释义】

上六,迷入歧途而难以回复,有凶险,有灾难。在这种情况下,若用兵作战，则最终必然是大败；同样，若在此时，用于治理国政，则必然使国君也有凶险，以至于十年犹不能征伐。

【原文】

《象》曰："迷复之凶"，反君道也。

【释义】

《象传》说："迷入歧途而难以回复，有凶险"，这是因为上六有悖于回复阳刚的君道。

【爻解】

"复"，是走错道了，能够迷途知返，复回到正道上来。"迷复"，是走错道了又不知道复，迷而不复必凶。犹如一个人犯了错误不知改悔，在歧途上一直走到底灾，是外来之灾。眚，是自作之眚。"有灾眚"是说，不仅有外来之灾，甚至还会有自作之眚。外来之灾也是由自作之眚招致引起的。问题出在整天昏头昏脑，迷不知复。迷而不复，无论干什么事都不行，动辄得咎。在这种情况下行师打仗，必以大败告终。在这种情况下治国，则国危君凶。十是数的终极。"至于十年不克征"，是说只要迷而不复的状况不加以改变，便永远"有灾眚"，永远"终有大败"，永远"以其国君凶"，永远会"不克征"，至少十年之内都没有能力再行动起来。"至于十年不克征"，也可能是一句隐喻，告诫西周，十年之内，纣王的气数还没有尽，西周在这十年内应当不断壮大，不断积蓄力量，十年之后就可以举旗造反了。

【卦义新解】

《复卦》初九曰：不远复，无祇悔，元吉。"祇"，乃大、多之义，"无祇悔"指不会出现大的悔恨的情况。初九，走得还不太远就返回，就没有灾祸和悔过。表示深得变通之道，发现错了就及时改正，所以一开始就是吉祥的。

莫里哀曾说："变通是才智的试金石。"世间万物都在变。没有变通，就会落后，就无法生存。事变我变，人变我变，适者方可生存。成功离不开变通。

"变"是成功人士的重要法则之一。在汉语里面，有很多反映思想僵化的词语，比如，死板、呆板、顽固等。很多人做事之所以处处碰壁，最重要的原因就是不会变通。

而只有变通才能让我们的思维灵活起来，从而触类旁通，不局限于某一方向，不受消极思维定式的桎梏，从多方面选择和考虑问题，越过思维定式的障碍。同时，变通力是创造力中求异思维的较高级层次，使我们的思维沿着不同的方向扩散，表现出极其丰富的多样性，使人产生超常的构思，提出不同凡响的新思想、新观点。

1982 年，在美国《幸福》杂志上所列的全美 500 强大企业名单里，赫然跃上了一家名不见经传的电子工业公司——苹果计算机公司。

一年之后，奇迹再次发生。在《幸福》杂志的排位中，年轻的苹果计算机公司青云直上，一举跃到第 291 位，营业额达 9.8 亿美元，职工 4000 人，它的迅速发展引起了美国企业界的极大关注。

原来，领导这家公司的主要是两位年轻人——史蒂夫·乔布斯和斯蒂芬·沃兹奈克。当时，在美国，许多计算机生产厂家都把研制和生产的重点放在大型计算机上。微电脑在美国市场上已经出现，但大多是供工程师、科学家、电脑程序设计师使用，还没有普及，普通家庭很少购买。

这两位年轻人决定另辟蹊径，将注意力集中到个人计算机上。

创业伊始，困难重重，乔布斯和沃兹奈克工作得很辛苦。但功夫不负有心人，1976 年，他们终于研制成功了一台家用电脑，命名为"苹果1号"。当他们把这台电脑拿到俱乐部去展示时，立刻吸引了不少电脑迷,他们纷纷要掏钱购买,一下子就订购了50台。为了生产这50台电脑,他们跟几家电子供应商谈妥,以30天的期限,赊了2.5万美元的零件,结果在29天之内就装配了100台家用电脑。他们用50台电脑换了现金,付清了欠款。

从此,局面打开了,他们的订单源源不断。他们认定家用电脑的发展前景广阔,于是打算成立一家公司,专门生产家用电脑。

他们的想法得到了投资家马克拉的帮助,他愿意投资9.1万美元,美国商业银行也贷给了他们25万美元。然后,他俩又开始了游说活动,募集到60万美元资金。这样,1977年,"苹果计算机公司"正式宣告成立。

他们将办公地点从车库里搬出,又网罗各方面人才,共同进一步研制和改良家用电脑。不久,他们向市场推出了"苹果2号"、"苹果3号"和"里萨"等个人电脑新产品。

苹果计算机公司独辟蹊径,瞄准别家计算机公司遗漏的"盲区",闪电般向市场推出家用电脑,迎合了美国大众的需要,销路非常好。到1981年,苹果计算机公司生产的个人计算机占据了美国市场上个人电脑总销售量的41.2%。难怪纽约基础书籍出版公司在1984年出版的畅销书《硅谷热》中,对于苹果计算机公司发迹和崛起的速度极为赞叹,认为:"一家公司只用了5年时间就有资格进入美国最大的500家企业之列,这还是有史以来的第一次。"

想成为成功人士,就必须懂得变通,不停地转变观念,以适应社会的变化,这样才能打破常规,迈出成功的一步。

现在社会注重创新,其实变通就是不竭的创造力。我们改变不了过去,但可以改变现在;我们很难改变环境与困难,但可以改变自己。擦亮眼睛,变换思维的角度。

无妄卦第二十五

 天雷无妄

（震下乾上）

【题解】

《说卦》曰"动万物者，莫疾乎雷"，又曰"帝出乎震"。《初学记》引后汉郎顗上书曰："雷于天地为长子，以其首长，万物与之出入也。雷二月出地百八十三扫，雷出则万物出。""无妄之往何之矣？天命不佑，行矣哉！""无妄"就是指"不妄为"，因其卦象皆刚猛之物，故以"无妄"来劝诫。卦中六爻：初九因不妄行而获吉；六二以柔处中和之位，故利于所往之地；六三因其在《无妄》之中居位不正，遭遇灾祸；九四因"正"而"无妄"得"无咎"；九五处尊而"无妄"，所以能"勿药有喜"；上九因于《无妄》之中有"妄"而遭"灾"。胡炳文《周易本义通释》曰："善学《易》者在识'时'。初曰'吉'，二曰'利'，时也；三曰'灾'，五曰'疾'，上曰'眚'，非有妄以致之也，亦'时'也；初与二皆可往，时当动而动；四'可贞'，五'勿药'，上'行有眚'，时当静而静。"因为"天"以当令之"时"而"育万物"，故"妄"行则不利。而且虽不妄行也遭飞来之灾，非己之过，而在其不得于"时"。有时待"时"而动，本身就是"时"来而运转。

【原文】

无妄①：元亨利贞。其匪正有眚②，不利有攸往。

【简注】

①无妄：卦名。"妄"为虚妄。②眚：灾异。

【释义】

《无妄》象征着不妄为：大为亨通，有利于做大事。若背离正道就会灾难降临，所以不利于前往。

【原文】

《彖》曰：无妄，刚自外来而为主于内，动而健，刚中而应。大亨以正，天之命也。"其匪正有眚，不利有攸往"，无妄之往何之矣？天命不佑，行矣哉！

【释义】

《彖传》说：无虚妄之行，阳刚自外面而来成为一卦之主而居于《无妄》之卦中，这样的卦象表现出下面是雷声震动上面是刚健威行，九五以阳刚之德居中与六二相应。因为坚守正道，所以有大为亨通的吉祥，这也是自然规律的真实反映。"若背离正道就会灾难降临，所以不利于前往"，也就是说，在天下都没有虚妄之行时，不守正道而有所前往，将到哪里去呢？因为上天不会保佑，还是算了吧！

【原文】

《象》曰：天下雷行，物与无妄。先王以茂对时育万物。

【释义】

《象传》说：天下有震雷之行动，万物皆怀敬畏之心不敢妄为。先代的君王以勤勉之心来配合时节培育万物。

【卦解】

无妄卦表示的是社会改革以严刑峻法治理国家的阶段。当社会风气淫邪腐败时，就需要以严法治国了。比如在战国时代，社会处于大动荡、大变革之中，传统典章制度已不能规范人心。此时君王没有实权，很多政治大权掌握在家臣手中，百姓庶民也不再遵守道德规范，而是斗殴凶杀，兄弟相残，争夺财物，偷盗抢劫，男女私淫，诸如此类乱世风气，到处弥漫，正所谓"礼崩乐坏"。在这样的大背景下，秦孝公请商鞅对秦国进行改革，加强法制建设。商鞅先在秦国首都的南城门立了根木头，然后贴了一个告示，告诉大家谁能把这根木头搬到北城门去，便可以得到重赏。大家都不相信，最后有一个人把这根木头给搬到北城门去了，商鞅便如数赏给了这个人五十两黄金。做了这么点事就发了财，于是人们都相信商鞅的话了。其实这不过是一场大变革的开场白。接下来，商鞅便在秦国开始了以严刑峻法来治理国家。而一些仍然不遵守法度的人便受到了法律严厉的制裁。按现在的话说，赶在运动点子上了，本来该判两年，结果掉了脑袋；本来该判罚款，结果蹲了大牢。这些在非常时期犯法的人，便是没有看清时势造成的。所以在这样的时段，要坚守正道，不利于有所行动。商鞅用搬木头来表明自己的说话"不妄"，然后推行法律，以严刑峻法来约束人们行为的"无妄"。

【原文】

初九，无妄，往吉。

【释义】

初九，不要虚妄前往，就会得到吉祥。

【原文】

《象》曰："无妄之往"，得志也。

【释义】

《象传》说："不要虚妄前往"，这是因为初九上行前往能够实现他的愿望。

【爻解】

初九以阳爻居阳位，纯阳不杂，实而不妄，在素质上有利于实现"无妄"。这样，它就没有妄想妄行，一切按照天道规律行事，当然就无往而不吉，能够得遂进取的心愿。初九又象征事情开始的第一步，起步不妄，就有了一个好的开端，就预示着吉祥的前途。

【原文】

六二，不耕获，不菑①畲②，则利用攸往。

【简注】

①菑：荒田，此为开垦。②畲：古三岁治田称"畲"，亦即熟田。

【释义】

六二，不耕种收获，不开垦良田，却有利于前往。

【原文】

《象》曰："不耕获"，未富也。

【释义】

《象传》说："不耕耘收获"，这说明六二之志不在于求取富裕。

【爻解】

古代指初耕的土地为菑田，即脊田。开垦了二年的土地为兴田。耕种了三年及三年以上的土地为畲田，也称熟田。"不耕获"，不是不耕种、不努力就有收获，天底下哪有这样的好事？是指不要刚刚耕种就盼望收获。是不奢望刚刚垦荒一年就盼望成为三年熟田。即应当做眼前应当做的事，不期望不耕耘就有收获，不期望刚开垦的土地就能成为良田，就能获得丰收，不期望尚未来临的事情就会成功，不期望刚买了一篮鸡蛋，就会成为养鸡专业户。人的作为，如果期望过分的收获，就是妄；听其自然，只求耕耘，不问收获，只重视过程，不盼望结果，才能称得上无妄。若能如此，则利有攸往。

【原文】

六三，无妄之灾，或系之牛，行人之得，邑人之灾。

【释义】

六三，不虚行妄为却遇到灾祸，这就像有一个人把牛拴在树下，过路的人将它牵走，居住在他家附近的人却受到怀疑，遭到拘捕，这可真是飞来的横祸。

【原文】

《象》曰：行人得牛，邑人灾也。

【释义】

《象传》说：路过的行人牵走了牛，居住家中的人却无缘无故地遭到拘捕之灾。

【爻解】

六三爻辞说了生活中的一个小故事：邻居把牛拴在路边，被过路人牵走了，我却被诬告成偷牛的嫌疑犯。人在家中坐，祸从天上来。这真是"无妄之灾"，无缘无故而受灾。但偶然中有必然，六三处于上下体交接处的是非危惧之地，这是很容易惹麻烦的地方，所以他被无端地怀疑株连而致祸。再说六三以阴居阳而不正，处于下卦之终而不中。既然本人原来行事就是不正不中，又怎能避免在时间和地点上偶然交叉的意外事件中涉嫌呢？如果六三之为人一向道德高尚，难道会突然被怀疑为偷牛贼吗？既然主观上本来就存在着"妄"，又遇上了客观之"妄"，这样又怎能做到真正的"无妄"呢？

【原文】

九四，可贞，无咎。

【释义】

九四，能够坚守正道，则没有灾害。

【原文】

《象》曰："可贞无咎"，固有之也。

【释义】

《象传》说："能够坚守正道，则没有灾害"，这说明九四乘柔履正，固守其所有之正道。

【爻解】

九四爻，阳刚，是上卦"乾"，也就是健的一部分，所以刚健。"九四"在下卦没有相应，表示没有私的交往。这样刚健无私，就是无妄，所以应当固守无妄的正道，没有灾害。这象征着刚而能柔的品格，有助于它正确地应付复杂的环境，坚守正道而不妄为，终于得以免过。

【原文】

九五，无妄之疾，勿药有喜。

【释义】

九五，行为不虚妄却染上了疾病，即使是不服药也能有病愈之喜。

【原文】

《象》曰："无妄之药"，不可试也。

【释义】

《象传》说："行为不虚妄却染上了疾病，却不服药"，这是因为九五刚健中正，其疾用不着服药也能自愈。

【爻解】

"疾"，也是一种灾，但疾比灾轻。 九五以阳刚居中得正处于尊位，它本无致疾之由，然而却有了疾。 此疾在外而非生于内，是无妄之疾。 无妄之疾对于九五来说不必怕，是无足轻重。 只要心底放宽，以勿药为药，以不治为治，结果必有喜。 有喜是疾病不治自愈的意思。 得无妄之疾，最好的办法是守正安常，泰然处之，疾病将自然祛除。 如果试之以药，则等于否定了自己守正的正常做法，从而破坏了自己正常的生理机制，不仅不能去疾，反而招致更多的疾病。 此道理应用到社会人事上也是如此。 治国、治世之人如果实践证明自己的某一政策是正确的，就应该贯彻执行到底。 纵然有人反对甚至攻击诽谤，也不可动摇改变。 否则，无异于以国试药，后果必然可悲。

【原文】

上九，无妄行有眚，无攸利。

【释义】

上九，没有虚妄之行，却有灾祸，无有所利之事。

【原文】

《象》曰："无妄之行"，穷之灾也。

【释义】

《象传》说:"没有虚妄之行",这是因为上九位处穷极之地,动即有灾祸。

【爻解】

"无妄之行"本来当然是好的,但行动得不是时候也不好,仍会遇祸。 上九处于全卦之终,这是终极之地、穷尽之时,已经无处可行。 这时就宜止不宜行,宜静不宜动。 上九以阳爻居阴位,刚躁易动,在时穷难行、动则遭灾之时,仍然固执前行,这样无妄就变成有妄了,因此"有眚"而"无攸利"。

【卦义新解】

著名童话《皇帝的新装》中有这样的情节:

光着身子的国王在仪仗队的护卫下走在了街上,全城的人都争着来看国王的新衣服。 他们个个都说:"我们国王的新衣服好漂亮啊! 世界上再也没这种漂亮、高贵的衣服了!"

如此滑稽可笑,又是如此可悲。 而这正是无知和权力压制所构筑的集体虚伪。

做人终究是要老实一点为好,老实本分才能过上实实在在的生活,如果每个人都虚伪卑劣而又道貌岸然,世界将是多么可怕。

《无妄》卦中说:"无妄,元亨利贞。 其匪正有眚。 不利有攸往。"就是说,不荒诞。 开始先行沟通,利于占问。 假如言行不合正道,就有灾殃。 不宜于有所行动。

虚伪是荒诞的,是不合情理的,是空洞的,是处于现实生活之外的。 它就像一场梦,可想而不可得。 梦完了,一切都结束了,不留下半点云彩。 虚伪过后,留下来的只有空虚和自欺欺人的痛苦。

战胜虚伪,要做到光明磊落。 要言行一致、表里如一,堂堂正正地做人、光明正大地做人。 首先,对人应当坦坦荡荡,绝不能小肚鸡肠。其次，对己应当襟怀坦白，绝不能文过饰非。第三，对事应当秉公而行，绝不能鼠窃狗盗。虚假、伪善者，永远是卑微的，"贼怕响声鼠怕亮"，对待虚伪者，最好的办法就是用光明磊落作为炮弹，将其戳穿击破，让它在光明下无地自容。

老子十分推崇"上善若水"，意思是说人类最美好的品行就应该如水一样。水质透明，清澈见底。水的这种鲜明特性，启迪我们做人要光明磊落、襟怀坦白。"君子坦荡荡"，城府深不可测者很难觅到挚友良朋。我们应做一个清纯如水的人，洁身自好、纤尘不染，永远保持健康的肌体。

《论语·述而》中写道："君子坦荡荡，小人常戚戚。"

意思是说君子胸襟开阔、心地纯洁，因而坦荡荡；小人蝇营狗苟、患得患失，因而常戚戚。老百姓有句俗话，"自己没做亏心事，不怕半夜鬼叫门"，这说明做个君子内心踏实。而小人得志终不久长：靠溜须拍马而当官、靠坑蒙拐骗而发财的似乎大有人在，可那些当了官、发了财的小人们难道就真的幸福吗？今天要"打假"，那些制造假冒伪劣的人能不心虚吗？明天要"反贪"，那些专搞贪污腐化的人能不害怕吗？别看那些人早上围着轮子转，中午围着盘子转，晚上围着裙子转，一年挥霍几十万，可未必能睡个踏实觉。

孔子三千弟子，七十二贤人，而最令他满意的，既不是处事果断的仲由，也不是多才多艺的冉求，而是品德高尚的颜回。"子曰：贤哉，回也！一箪食，一瓢饮，在陋巷，人不堪其忧，回也不改其乐。"在物质生活日益发达的今天，这种带有禁欲主义色彩的"孔颜乐处"或许并不值得过分地提倡，然而颜回所能达到的境界却又是令人崇敬并发人深思的。

平心而论，我们大多数人既不是严格意义上的君子，也不是彻头彻尾的小人，而常常是介于这两者之间的。正因为如此，我们才既有

"坦荡荡"的襟怀，又有"常戚戚"的体验，并经过日久天长而真正悟出究竟哪种状态更本真、更幸福、更有意义。

人活在世界上，要不断地增进个人的修养，每一个人身上总有着魔鬼和天使的两面，人要不断地进行修炼，要和自己思想上的贪欲进行斗争。做一个正直的人，做一个富有同情心的人，让自己的一生能够在某一个方面有所建树，严于律己、宽厚待人，不要贪求太多，智者能够认识到自己身上的不足，以平常心来对待其他人，以平常心来看待自己，生活上不要有太高的要求，工作上过得去就行，处事坦然，宠辱不惊，能够到这样的地步，那真是修炼到家了。

有些人总是认为自己所做的一切都是对的，人家所做的一切都是错误的，遇事首先指责别人，遇事经常会后悔万分，一直在痛苦和责备中生活，这样的人生活过得也太累了，所以，经常烦恼不断，经常怨天尤人，经常会心情不痛快。与其在过去的自责中争执不休，不如在自己的修行上下功夫。人无完人，金无足赤，是谁都会有缺点错误，人们需要换位进行思考。世界上根本没有后悔药可以买，老是对过去的事情纠缠不休，总是认为自己吃了亏，总是认为其他人对不住你，最后是心情永远难以宁静，既影响了情绪又影响了身体。

人需要豁达，需要开朗，需要抛弃烦恼，需要放开心情，更需要有宽广的胸怀。只要自己坐得正行得直，坦然地面对一切，这样，你的所有烦恼就会烟消云散。

要想战胜虚伪，还要会知足常乐，不可有太高的攀比之心，不能总这山望着那山高。

当今社会有的人有一份很好的工作，还想换一个比自己现在更好的工作，家里有一个贤惠的妻子，还想换一个既年轻漂亮又温柔贤惠的妻子。欲望是无止境的，工作也好妻子也罢，换了一个又一个，最后还是不满意，换到最后的不一定就比先前的好。

人不满足有时是好事，但过分的攀比又容易由奢求造成不择手段的虚伪。如此循环，将忙忙碌碌，永无安宁，到了最后才知自己总活在幻觉之中，这样的一生过得未免也太可怜了。

生活是现实的，只有踏踏实实地走好每一步，光明磊落地做好每一件事情，你才能活得舒心，过得放心。

大畜卦第二十六

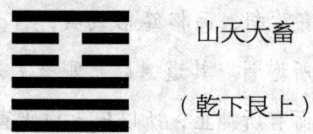
山天大畜

（乾下艮上）

【题解】

《序卦》曰："有《无妄》然后可畜，故受之以《大畜》。"《大畜》之谓"大"，一方面是相对于《小畜》而言，小之谓"小"，因其以一阴而蓄众阳；大之所谓"大"，有二阴蓄四阳。另一方面，从卦象而言，天在下而山在上，乾为天，有天而藏之于山中，不可不谓"大"。《集解》引向秀言："吐莫若山，大莫若天。天在山中，大畜之象。"既大有蓄积，就可"养贤"，而不使其自食于家，此"畜"之所以为"畜"。故"畜"之于己，则为"以畜其德"；"畜"之于人，则可"尚贤"；"畜"之于上，则可"上合志"、"道大行矣"。概而言之，畜之所谓"大"，就在于以所蓄之资"养贤"。

【原文】

大畜①：利贞。不家食，吉。利涉大川。

【简注】

①大畜：卦名。畜有畜养、积聚之义。大畜即大的蓄积。

【释义】

《大畜》象征着大有蓄积:利于做事;不使贤能之士在家自食,就有吉祥之事;利于涉越大河。

【原文】

《彖》曰:大畜,刚健笃实,辉光日新。其德刚上而尚贤,能健止,大正也。"不家食吉",养贤也。"利涉大川",应乎天也。

【释义】

《彖传》说:大有蓄积,品格笃信诚实,行为刚健,辉耀其光芒以使品德每日都能有所增新。其道德以阳刚充满着上进之势而又崇尚贤能之士,能够刚健而有所抑止,所以宏大而正直。"不使贤能之士在家自食",所以能够养活贤能之士。"有利于涉越大河大川",能顺应天道。

【原文】

《象》曰:天在山中,大畜。君子以多识前贤往行,以畜其德。

【释义】

《象传》说:天畜于大山之中,这种景象就称作"大畜"。君子因为能多多地识记前代贤人的事迹,所以能蓄积其美德。

【卦解】

大畜卦之所以有利于学士出来做官,还有一个原因是可以得到君王的重用。因为盛世的君王懂得"文治武功"的道理,会广纳贤才,听取贤士的治国策略,所以这一卦对君王的告诫便是:"君子以多识前言往行,以畜其德。"便是说君王要多从以前贤者的言行中得到受益,来提高自己的道德修养。这是君王的"大畜",也就是"畜大德"。

【原文】

初九，有厉，利已。

【释义】

初九，有危险，有利于停止前行。

【原文】

不犯灾也《象》曰："利已"，有厉。

【释义】

《象传》说："有危险，有利于停止前行"，这说明初九不冒险前行。

【爻解】

初九是刚健之才，然而初出茅庐，阳德卑微，不待德智有所蓄积就急于进取，而被位置相应、性质相反之柔爻六四所蓄止。初九以刚居刚，依它的本性来说，是必然要冒进的。但有六四在那里阻止它上进。如果它不顾六四的阻止，一定要前进，则必有危险。此时最好的办法是约束自己，不贸然前行。能够做到自止自律，便不会犯灾。否则如果不可进而强进，其犯灾是必然的。

【原文】

九二，舆说輹。

【释义】

九二，车脱掉了车輹而不能前进。

【原文】

《象》曰："舆说輹"，中无尤也。

【释义】

《象传》说："车脱掉了车輹而不能前进"，然居中而上应于六五，故没有多大的过失。

【爻解】

九二也是刚健进取之才，像车子一样，本来是要向前运转行的。

但是它居于下体的中位，能行"无过无不及"的中道，所以当"大畜"之时，它被位置相应而性质相反的柔爻六五所蓄止，就能够审时度势，可行则行，应止则止，终于停止前进，就像车子自行脱下轮輹一样。止而不进，蓄养其德，当然不会有过失。

【原文】

九三，良马逐，利艰贞，曰闲舆卫，利有攸往。

【释义】

九三，驾着良马在奔逐时，即使是道路艰险，也是吉利的；不断地熟练车马防卫技能，有利于有所前往。

【原文】

《象》曰："利有攸往"，上合志也。

【释义】

《象传》说："有利于有所前往"，这是因为九三与上九的"大畜"之志相合。

【爻解】

九三处下卦的上端对应的上九处在艮卦，又是止的极点；象征极端阻塞、难以通行的时刻。然而，九三与上九，都是阳爻，都不会停止，就像九三骑着良马，在追逐上九，可是九三过于刚健，过分冒进，就有陷入危险的可能；所以必须自己能够警觉艰险，坚守正道，才会有利。就像在追逐敌人之前，要先休整，训练驾车的车夫，护卫的战士，并且使自己的车确实坚固耐用，再往前追逐，才会有利。西周要攻打朝歌，过路遥远，必须做好充分准备，这就是"曰闲舆卫"。"上合志"是说，九三与上九都是阳刚之爻，意志相同，所以上九不仅不会阻止九三，而且还会全力支持九三。在这种情况下，容易产生心高气盛的状况。然而这爻强调的不是要一鼓作气，而是充分把握形势，前进必须更为谨慎，做好随时可以停止的万全准备。

【原文】

六四，童牛之牿①，元吉。

【简注】

①牿：牛角上横木。

【释义】

六四，将横木做成的框束缚在小牛的头上，大为吉祥。

【原文】

《象》曰："六四元吉"，有喜也。

【释义】

《象传》说："六四爻大为吉祥"，这是因为他有喜庆之事。

【爻解】

"童牛"，是还没有长角的小牛。"牿"，装在牛角上面的横木，使牛不伤人或触物。六四好比牿，初九好比尚未露角的小牛，又装有防止触人的横木，未等牛长角就加以防范，当然再好不过。所以六四毫不费力就将初九阻止。说明当恶行还没有形成其势之前，就要将其阻止，能做到防患于未然，当然大吉，也当然可喜。这爻说明，最有效地阻止是止于未然。犹如改正错误、解决问题，在错误问题处于萌芽状态时，就及早加以改正、解决，必然产生好的效果。

【原文】

六五，豮豕①之牙，吉。

【简注】

①豮豕：被阉割过的猪。

【释义】

六五，被阉割过的猪，其尖利的牙被制服，故吉利。

【原文】

《象》曰："六五之吉"，有庆也。

【释义】

《象传》说:"六五之所以吉祥",是因为"豮豕之牙"被制服,值得庆贺。

【爻解】

古代的野雄猪是刚烈的动物,它往往用自己锐利的牙齿伤人,甚至能用刚利的牙齿啃断粗大的树木。豮也有给猪去势的意思。"豮猪",就是去势的猪或给猪去势。野猪用牙伤人,治猪的牙不好治,一是有很大危险,二是即使费好大力气把猪牙掰掉了,它很快又长出新牙。治猪牙的最好办法就是从根本上治猪的性。给它去势,使其刚暴变温顺,有牙也不再伤人。这爻显示,凡事要用釜底抽薪的方法,才能从根本上解决问题,无论是从政治上,或是解决矛盾问题上都是如此。这爻说吉而不说大吉,因为等恶行已经形成,再去正本清源,毕竟不如六四的防患于未然。喜为小庆,所以六四曰喜。庆为大喜。一个家庭如生孩子,嫁娶,子女考上大学,这些都是喜事。国家大的节日是庆祝,是庆,这就是喜与庆的区别。

【原文】

上九,何天之衢①,亨。

【简注】

①衢:四通八达之路。

【释义】

上九,何等通达的天上大路,亨通。

【原文】

《象》曰:"何天之衢",道大行也。

【释义】

《象传》说:"何等通达的天上大路",这说明上九的"大畜"之道就如同大路一样可以畅通。

【爻解】

在本卦中，对乾体的三个刚爻的蓄止、蓄养，都用古代的畜牧驯养术打比方。初九是顶人的小牛，需要加以防护；九二是咬人的公猪，需要去其野性；九三则是经过驯养的良马，可以任其奔驰了。所以这时上九已经不需要对九三再加以蓄止，而是放开通天大路，任凭九三这匹"良马"奔驰了。

大畜卦以德智蓄养为主要命题，以"止健"为实现德智蓄养的基本手段，认为现实生活中的困难和挫折对性格刚健、急于进取者起有蓄止其轻率冒进、蓄养其道德智慧的作用。把逆境视为有益于德智蓄养的必要的人生磨炼，这种思想是很有积极意义的。

【卦义新解】

《大畜》卦以大畜为卦名，除了有积蓄、畜养之意外，还有一种停止的意思。这就是初九所说的"有厉，利已"。

詹妮和男朋友分手了，处在情绪低落中，从男朋友告诉她应该停止见面的一刻起，詹妮就觉得自己整个被毁了。她吃不下睡不着，工作时注意力集中不起来。人一下消瘦了许多，有些人甚至认不出詹妮来。一个月过后，詹妮还是不能接受和男朋友的关系已经结束这一事实。

一天，她坐在教堂前的椅子上，漫无边际地胡思乱想着。不知什么时候，身边来了一位老先生。他从衣袋里拿出个小纸口袋开始喂鸽子。成群的鸽子围着他，啄食着他撒出来的面包屑，很快飞来了上百只鸽子。他转身向詹妮打招呼，并问她喜不喜欢鸽子。詹妮耸耸肩说："不很喜欢。"他微笑着告诉詹妮："当我是个小男孩的时候，我们村里有个饲养鸽子的男人。那个男人为自己拥有鸽子感到骄傲。但我实在不懂，如果他真爱鸽子，为什么把它们关进笼子，使它们不能展翅飞翔，所以我问了他。他说：'如果不把鸽子关进笼子，它们可能会飞走,离开我。'但是我还是想不通,你怎么可能边爱鸽子,一边却把它们关在笼子里,阻止它们要飞的愿望呢?"

詹妮有一种强烈的感觉,老先生在试图通过讲故事,给她讲一个道理。虽然他并不知道詹妮当时的状态,但他讲的故事和詹妮的情况太接近了。詹妮曾经强迫男朋友回到自己身边。她总认为只要他回到自己身边,一切就都会好起来的。但那也许不是爱,只是害怕寂寞罢了。

老先生转过身去继续喂鸽子。詹妮默默地想了一会儿,然后伤心地对他说:"有时候要放弃自己心爱的人是很难的。"他点了点头,说道:"如果你不能给你所爱的人自由,你并不是真正地爱他。"

这是个发人深省的道理——爱是不能勉强的。我们应该给予自己所爱的人自由,不然我们并不比那个饲养鸽子的人好多少。如果我们爱什么人,应该给他自由。让他们自由地决定任何事情,自由自在地按照他们自己的意愿去生活,而不要把自己的愿望强加给他们。放走自己所爱的人通常不那么容易,但实际上你也没有其他路好走。即便你勉强地把他留下,最终自食恶果的还会是你。你将得到更深的痛苦,更多的悲伤。

人类天性需要一个空间。在坏情绪中人们也需要自由,不然很快他们会感到被禁锢起来了。当我们纠缠自己的内心时,会使自己感到难以呼吸。如果你爱自己,应该给自己自由。

一个灵魂对老天爷说:"您派给我一个最好的形象,我将永远崇拜您。"

老天爷仁慈地回答:"好,你准备做人吧,这是世界上最好的形象。"

灵魂问:"做人有风险吗?"

"有,钩心斗角,残杀,诽谤,夭折,瘟疫……"

"另换一个吧!"

"那就做马吧。"

"做马有风险吗?"

"有,受鞭笞,被宰杀……"

"唉,请再换一个吧。"

"老虎。"

"老虎。"灵魂乐了。"老虎是兽中之王,它一定没风险。"

"不,老虎也有风险,有时被猎人杀,有一种小兽也是它的克星。"

"啊,老天爷,我不想当动物了,植物总可以吧。"

"植物也有风险,树要遭砍伐,有毒的草被制成药物,无毒的草人兽食之。"

"啊,恕我斗胆,看来只有您老天爷没有风险了,我留下,在您身边吧。"

老天爷哼了一声:"我也有风险,人世间难免有冤情,我也难免被人责问,时时不安。"说着,老天爷顺手扯过一张鼠皮,包裹了这个灵魂,推下界来:"去吧,你做它正合适。"

生活中应该学会满足,若不知足有时就连起码的东西都得不到。

人往往是很贪的,这也想要,那也想要,舍不得放弃任何东西,这也是眼光狭隘的表现。在通往成功的道路上,我们必须懂得有所选择,有所舍弃。尤其是在困境中时,牺牲小的代价,就能换来整体的利益。

20世纪60年代是日本经济迅速发展的时代。那时,世界能源的主要支柱是石油,因此作为石油的运输工具——油船就显得很重要。一股油船热很快席卷了整个日本。

然而,这时候,已经经营造船业多年的日本巨商坪内寿夫却反其道而行之，不跟人家凑热闹，不顾董事会其他人员的反对，毅然决定放弃红红热热的造船业，转而投资汽车专用轮胎。

坪内寿夫认为，既然是这么热门的行业，追风投资的人肯定很多，不久后必然会出现供大于求的局面，等到那时受重创，不如现在就赶快转行。

果然，几年后，日本就因为造船业生产的产品供大于求，造成经济危机，很多造船厂损失惨重。坪内寿夫的眼光让从业者敬佩。

20世纪70年代初，日本汽车大受世界各地的青睐，坪内寿夫的生意扶摇直上，其名声很快就震惊日本。

想把生意做大，就应该把眼光放远。不要因为眼前有利润而紧抓不放，有得必有失，懂得放弃，才有更多的收获。

传统的人参补药店，销售目标都是些中上层人士。但香港却有一家花旗参店一改传统的做法，面向低收入阶层。这家花旗参店有一个销售策略，一直被传为美谈。该店推出了"一元超值销售"方法，吸引了广大顾客，使市场占有率激增。

他们把原定价100元左右的每包参类商品，分拆开来，装成小包出售。每包只卖一元钱，每位顾客每次只能买一包。这样，让再穷的顾客，也买得起高档的商品。而富有的顾客也愿意这样少量多次地购买。很快，不同层次的顾客都成了这家店的销售目标。

后来，这家店又推出了一元一斤的蜜枣，一元一只的当归，一元一两的淮山药等等。渐渐的，光顾这里的客户经常要排十几分钟才能轮到自己交款。事实上，精明的顾客都会知道，一元商品都是物超所值。店家卖的这些商品，都是亏本销售。而这家店的总销售情况是，虽然那些"一元商品"亏本了，但带动了其他商品的销售。因为绝大多顾客不会只要"一元商品"。

做生意，不能太过精明，不要什么钱都非赚不可。有时在某些地方吃点亏，会带来大量的利润。

做人更是如此。什么都想要，却又不能什么都要，这样活着很累。不如干脆放弃一些东西，你会得到更多。

颐卦第二十七

山雷颐

（震下艮上）

【题解】

《颐》为颐养之象，众生得养而能生，贤者得养而能用，故圣人对"养"之道，慎而又慎。如"食无求饱"的孔子，"割不正不食"。养有两种，或为人所养，或"求实"自养。自养者动，被养者静。艮在上，为静、为贤者、为灵龟；震在下，为动、为朵颐、为自养。贤者以灵龟比德，故被养；自养者动而"自求口实"；上下各得其正，故《象》曰"养正则吉"。孔子曰："君子远庖厨。"《孟子》曰："劳心者治人，劳力者治于人。"《颐》下动而上静，养则以下养上，故下三爻皆"凶"，上三爻皆"吉"而"无咎"。

【原文】

颐①：贞吉。观颐，自求口实。

【简注】

①颐：卦名。颐，即腮部。食物由口入而养生，故"颐"又引申为"养"。

【释义】

《颐》象征着颐养：吉利。观察事物的颐养情况，应当明白自食其力的道理。

【原文】

《彖》曰：颐，贞吉，养正则吉也。观颐，观其所养也；自求口实，观其自养也。天地养万物，圣人养贤以及万民，颐之时大矣哉！

【释义】

《彖传》说：颐养，做事吉利，这说明用正道养身就会吉祥。观察颐养之道，是观察所颐养的人；而观察自求口中食物，则是观察自养之道。天地之大能养育万物，圣人效法天地养育万物之道，颐养贤能之士及其千千万万的民众，颐养贤人和百姓，其时间起着很大的作用。

【原文】

《象》曰：山下有雷，颐。君子以慎言语，节饮食。

【释义】

《象传》说：静止的山下有雷震动，这种情形象征着颐养。君子因此而大受启发，慎言少语，节制饮食。

【卦解】

万物都需要饮食才能够延续生命，而人的口不但可以因吃食物而使自己的生命延续，它还有另一个功能便是传授知识使人类得到另一种食物——精神食粮。所以颐卦不单是指物质方面饮食颐养，还指精神方面的饮食颐养。

卦辞中告诫人们与其看着人家吃东西，不如自己去寻找食物。这个道理就相当于"与其临渊羡鱼，不如退而结网"，这是一个很实在的道理。而象辞中则对这一含义进一步发挥，引申为借鉴别人吃东西的经验，然后懂得正确的养生之道。而其所真正要表达的，却是通过物质的食粮引申到精神食粮。所以象辞中说："君子以慎言语，节饮食。"便是说人不能吃得太饱了，人的言语也应当像吃东西一样，不能话说得太多。俗话说言多必失。也就是说话说多了就会出现失误，所以君王不能说太多的话。古人说皇帝都是金口玉言，便是与这一告诫有关。君王的话要言而有信，如果说错了话，便无法做到言而有信了。因为如果照自己说的去做，会成就过错，不照自己说的做，便会言而无信。所以君王说话要慎重，教育民众时，一定要考虑周全后再发表言论。

【原文】

初九，舍①尔②灵龟③，观我朵颐④，凶。

【简注】

①舍：舍弃。②尔：你。③灵龟：古人认为龟不食，而且长寿，因则灼其甲以卜，故称这谓"灵龟"。④朵颐：两腮隆起状。

【释义】

初九，舍弃你的灵龟，却来观看我鼓起腮帮子大吃大嚼，这是有凶险的。

【原文】

《象》曰："观我朵颐"，亦不足贵也。

【释义】

《象传》说："观看我鼓起腮帮子大吃大嚼"，这没有什么贵重可言。

【爻解】

灵龟食欲不强，能够吐纳气息而致长寿。初九以阳爻居阳位而得正，本来是有养生正道的，完全可以像灵龟那样以内质自养而不求养于外食。然而由于它象征下腭主动，易起口腹贪欲之心，又与六四相应，犹如以阳刚之实求养于阴虚。所以爻辞借用六四的口吻责备说：你本来是不求外食、以气自养的灵龟，怎么放弃了养生正道，竟然贪婪嘴馋起来，看着我大快朵颐而淌口水呢？贪于口腹之欲，对养生来说必然是凶险的。

【原文】

六二,颠颐、拂经,于丘颐,征凶。

【释义】

六二,颠倒"颐养"之理,违反以下养上常理,而向处在山丘之上的六五去求食,其前行必有凶险。

【原文】

《象》曰:"六二征凶",行失类也。

【释义】

《象传》说:"六二前行必有凶险",这说明六二前行将失去同类的帮助。

【爻解】

颐卦六爻不是讲颠,就是讲拂。讲颠是求养于下,讲拂是求养于上。"颠颐,拂经",是颠倒而违背常理,故征凶。六二颠倒了颐养之道,既向下索养,违背了常理,又向上九索取或对外侵略,把别人的东西也想要过来供自己使用,这好比一个鸡子栓到门槛上里外叨食,这种颐养之道,完全失去了道义,所以今后必有凶险。征凶,就是说动则有凶,因为你这样贪婪,肯定不会有人支持你。再说,脱离了阴爻同类,厚颜求食,既无补于身体,又有损于品德。

【原文】

六三,拂颐、贞凶,十年勿用,无攸利。

【释义】

六三,违背"颐养"之常理,做事就会有凶险,因为十年也不能为君王所用,故无有所利。

【原文】

《象》曰:"十年勿用",道大悖也。

【释义】

《象传》说:"十年也不能为君王所用",这是因为六三大悖于

"养正"之道。

【爻解】

《说文》："拂，过去也"。 拂又有违背、攻击、掠夺之意；就是说六三为了颐养自己，就去掠夺他人。 拂颐，就是违背了常理的一种颐养之道。 颐卦三爻比二爻更应上、献媚以奉上，是拂夫颐养之贞，故凶。 贞和凶用到一起，好像是矛盾的，但事实上贞用的又非常恰当，贞就是说，颐养自己本来是正常的，但他却靠掠夺他人去颐养自己，就是有凶了。 互卦上下卦都是坤，坤为消息卦，为十月、十年等，这里代表的是"十年"。 坤又为用，以其"拂贞"，故曰"勿用"。 "无攸利"，是无所可往，无所得利。 十，又为数之终，"十年勿用"，一是说十年内不要有所行动，二是说这个凶太大了，甚至有余殃和后患，乃至终不可用，无所往之利。

【原文】

六四，颠颐，吉。 虎视眈眈，其欲逐逐，无咎。

【释义】

六四，颠倒颐养之道，却有吉祥。 这是因为六四如老虎一样威猛地注视着初九，不断地求取所养之食，却没有过错。

【原文】

《象》曰："颠颐之吉"，上施光也。

【释义】

《象传》说："颠倒颐养之道，却有吉祥"，这是因为六四能够向下广施光明的美德。

【爻解】

虎视眈眈地盯着它国，掠夺的欲望并未停止，没有灾害。 "眈眈"是虎往下注视。 "逐逐"是贪得无厌。 "六四"阴柔，尽管在上卦处养人的地位，可是却连自己也不能养，只好颠倒向下求养于"初九"。 然而"六四"与"六二"不同，而"六四"与"初九"

又都得正，而且相应，以柔顺正当的"六四"，就养于刚正的"初九"，反而是理所当然，所以说吉祥。 不过，柔弱的在上位者，求养于刚强的在下位者，就有可能会被在下位者轻视或者威胁，所以必须像虎视眈眈，威而不猛；并且要求必须愈来愈严格，才能确保没有灾祸。

【原文】

六五，拂经，居贞，吉。 不可涉大川。

【释义】

六五，违背常理，居住在家就吉利，不可以涉越大河。

【原文】

《象》曰："居贞之吉"，顺以从上也。

【释义】

《象传》说："居住在家就吉利"，这是六五顺手上九的缘故。

【爻解】

六五本来是违逆颐养的常理的，它虽居于至尊的君位，却是阴虚无实之质，不仅不能养天下，甚至连自己也要求养于上九阳实。 这就是六五违逆于常理的地方，所以称为"拂经"。 不过，六五有柔顺之性，又居于上卦艮体之中央，能够安居而守中，以阴承阳，顺从于邻近的上九阳刚。 这就象征着谦虚的君主礼求于贤人，问道于能臣。借他人的智慧以自养其德、德养万民。 这便是在六五的处境中自我颐养的正道，所以《象传》说："居贞之吉，顺以从上也。"

不过，六五只能安居，不可有所作为。 六五为阴虚之质，只宜静养，以利于生命力的逐渐生长和积累，切不可轻举妄动，冒险犯难，随便损耗虚弱的元气。 所以爻辞告诫说："不可涉大川。"只有当元气积蓄充足之日，阴虚转化为阳实之时，养己已足，才能兼养天下。

【原文】

上九，由颐，厉吉，利涉大川。

【释义】

上九,天下众生赖之而获得颐养,虽有危险,但最终仍然能获得吉祥。有利于涉越大河。

【原文】

《象》曰:"由颐厉吉",大有庆也。

【释义】

《象传》说:"天下众生赖之而获得颐养,虽有危险,但最终仍然能获得吉祥"。这说明上九得颐养之福,大有喜庆。

【爻解】

此爻是艮卦的上爻,四阴爻都由它而得以养,上九吉,因为它有功德。"由颐",就是由这一爻来养万民,养万物,养贤人。这本来是六五君主的事,他来干君主的事,本来是不当的,弄不好就会有危险。所以吉,是因为它行的是正道,六五依靠他去施教于万民,依靠他去渡过难关险滩,结果不仅吉,而且还有喜庆之事。然而它毕竟是人臣,以人臣担负起养天下之重任,必须常怀危厉,戒慎恐惧,方可得吉,所以叫厉吉。"利涉大川"包含着厉与吉两层意义。因为是要解决大险大难的问题,所以有危厉。因为能够解决大险大难的问题,所以吉。

【卦义新解】

《序卦传》说:"物畜然后可养,故受之以饲移。颐者养也。"其象传在一开头,就给人们袒露了亘古至今的一种问题:"观颐,观其所养也;自求口实,观其自养也。""所养",就是何以养,所以养。它应该包含这样两层意思:一是作为个人,应当以何种方式"自求口实";二是放眼天下,国计民生该如何来颐养呢?作为普通人,也许只解决好第一个问题就可以了;即使作为所谓的"哲人",对第二个问题,可能也只是停留在哲学思维的层次上;但倘若是一个负有责任的领导者,则不但要把第一个问题妥善解决,更要把寻求第二个问题的解决办法作为自己义不容辞的神圣使命。

就个人来讲,《颐卦》讲自养,讲守正,也就是说,"口实"要取之有道,不但要养口,同时也要养德。不能靠别人,更不能因为贪图一点儿实惠而吞下那种咽不下又吐不掉的"烫山芋"。

战国时代,孟子名气很大,府上每日宾客盈门,这一天,接连来了两位神秘人物,一位是齐王的使者,一位是薛国的使者。

齐王的使者给孟子带来赤金100两,说是齐王所赠的一点小意思。孟子见其没有下文,坚决拒绝齐王的馈赠。使者灰溜溜地走了。

隔了一会儿,薛国的使者也来求见。他给孟子带来50两金子,说是薛王的一点心意,感谢孟先生在薛国发生战争的时候帮了大忙。孟子吩咐手下人把金子收下。左右的人都十分奇怪,其中一个叫陈臻地问道:"齐王送你那么多的金子,你不肯收;薛国才送了齐国的一半,你却接受了。如果你刚才不接受是对的话,那么现在接受就是错了,如果你刚才不接受是错的话,那么现在接受就是对了。"

孟子回答说:"都对。在薛国的时候,我帮了他们的忙,为他们出谋设防,终于平息了一场战争。我也算个有功之人,为什么不应该受到物质奖励呢?而齐国人平白无故给我那么多金子,是有心收买我,君子是不可以用金钱收买的,我怎么能吃人嘴软呢?"

左右的人听了,都十分佩服孟子的高明见解。

孟子的这种自养之道,显然是颇合"颐"卦之精神的。当然,他这一行为,更主要地还是体现出"圣人养贤"的意思。孟子本人并未出仕,而真正的实践者,就应当"以及万民"了,只有这样,才能"颐颐时大矣哉!"

对安分守己的百姓,皇帝很高兴,因为他不必为天下担心。要让百姓安分守己,让他们忙于生计,忙于为儿女付出。他们忙碌,就不会有过多的精力来思考生命与人生。 贫穷的定义并非指钱财拮据。 只要主观地认为"我是贫苦的",即可判断这个人一定贫穷。贫穷令人厌恶,将其视为成为富翁之前所必经阶段,那么现在的穷困不过是跃向收获的踏板而已。 要想有所收获,首先必须抛弃对贫穷的恐惧。

有的人运气来了,做什么顺什么,好像不费力气,钱在追他。 但想赚多少钱就能赚多少钱是不可能的,大多数人赚钱都很难。 钱不是一下子就能赚到的,只有保住健康,才有可能去挣钱。 要考虑到健康,就不必勉强自己,否则弄坏身子,就算眼前有一堆钱,也无力去拿。 没有大钱,能快乐平安活着也好啊。 不要时时为赚钱疯狂,要理智、节制欲望。 酒色财赌,害人害己。

对于大多数人而言,应该过着量入为出的日子,这理所当然的事情说来容易做来难。 物价上涨,生活负担重,年轻人物质表达的欲望强烈,再加上面子观念,随着开支增加而造成收支不平衡,不得不奔波。 没有赚钱时,就预先透支,为事业就另当别论,为生活就造成借贷度日。 所以,不透支就可奠定安定的基础。 无论借钱也好,预支也好,总有一天要归还。 不应该把还没有到手的收入预先安排,至少要把每年收入的十分之一储蓄起来,虽然物价高昂,不到几年也就可以获得经济上的安稳。

大多数人赚不到天文数字的大钱,因为他们不具备成为巨富的条件。 会过日子,虽然钱不多却也很幸福,关键在于理财。

在赚不到大钱的时候,就不要异想天开。 虽然远大理想和雄心壮志重要,但赚小钱也是好心态。 踏踏实实赚小钱,不知不觉就壮大了自己。

渔夫捉到一条小鱼。 小鱼说:"渔夫,放我回水里去吧。 你看,我太小,给你的好处不大。 你放了我,等我长大你再来捉,那时候你得到的好处会大一些。"渔夫说:"放过手中的小利去等大利的人是傻瓜。"连小钱都不会赚,怎么能谈得上赚大钱呢?

有的人用小钱赚到了大钱。用小钱赚大钱的赚钱法,就是"借":借环境,借声势。把自己的小店设在一个僻静之处,又有谁会去光顾这个小店呢?所以,关键还是要在"借"字上下功夫。这里的"借"可以引申为"借鸡生蛋"、"借别人的脑袋发财"等方法。善于"借"力制胜,并从多层次、全方位入手。用小钱赚大钱的方法有很多,但归纳起来,一要开动脑筋想办法,二要利用一切可以利用的条件。虽然实际做起来不会如说起来那么简单,但只要凭借智慧借机找窍门,挣大钱不是可望而不可即的。

有的人好高骛远、舍近求远,放着身边的隐形财富不看,去远方打工谋生做生意,结果发展得并不如意,而那些就近取材、充分挖掘身边机会的人反而首先成功。

谋生从青年时开始。小时候上学,有父母供养。穷人的孩子早当家,有的人谋生比较早,走向社会比较早。一旦外出谋生,就知道赚钱的滋味,赚钱与生命就紧密联系在一起。

赚钱与健康也有很大的关系。要想成大业赚大钱,才干、机运、话语权、资本、人脉、天时地利人和都是条件,还有一点更加重要,那就是健康,它是最重要的基础。年轻时,身体精神都不错,可以整夜不睡觉,还没有觉得健康的重要性,到了一定年纪,就会慢慢品出健康的重要。身体发育到二十五岁左右就停止,慢慢开始衰老,好比爬上峰顶,要开始下坡。在二十五岁到三十岁之间还感觉不出体力的变化,但一到三十岁,便明显感到体力比不上以前,四十岁以后,身体开始出现一些毛病,到了五十,情况就更差。

一般人都在四五十岁这一阶段取得成绩,处于身体由盛转弱阶段,平时注重身体保养,这时会尝到甜头。只顾拼命,不管身体,就会吃到苦头。有的人正值事业巅峰时就大病缠身，一命呜呼。赚钱是为了活得好一点，只顾赚钱而赔上健康老本，很不值得。

大过卦第二十八

泽风大过

（巽下兑上）

【题解】

"大过"为《大过》所蕴含的卦义。前人注《易》多以为"大过"是"大的过失"，然细考其卦象与卦义，此种注解似有错误。其一，从《彖传》之卦辞看，并未言及"大有过失"。其二，就其卦象而言，含有恭顺地进入喜悦之境界，既无"过失"之理，更不要说"大"。其三，从六爻看：初六曰"无咎"，九二言"无不利"，九三"凶"，九四"吝"，九五"无咎无誉"，上六"无咎"，六爻之中唯有一"凶"一"吝"，焉能至于"大的过失"。因此解释此卦时，应如马其昶《重定费氏学》所言："《易》卦名每兼数义。过，越也；过，差也；过，误也。义各有当也。"以这种见解去细察《大过》卦爻辞，则其义多通。

【原文】

大过①：栋桡②，利有攸往，亨。

【简注】

①大过：卦名。有大的过失之义。过，失。②栋桡：房屋栋梁弯曲。房屋主梁称为"栋"。桡，曲木，引申为曲折。

【释义】

《大过》卦象征着唯强大过人者才能战胜大的困难：栋梁扭曲；

有利于有所前往，亨通。

【原文】

《彖》曰："大过"，大者过也。"栋桡"，本末弱也。刚过而中，巽而说行。利有攸往，乃亨。"大过"之时大矣哉！

【释义】

《彖传》说："大有过越"，只有强大的人才能战胜大难。"栋梁扭曲"，这是因为栋梁的本末都弱。越过刚强的三、四，然后与九五之中正相应，这种过程说明九二将柔顺地进入喜悦的境界，故有利于有所前往，因为前往则必得其亨通。这说明"大过"之时的功绩是多么的宏大啊！

【原文】

《象》曰：泽灭木，大过。君子以独立不惧，遁世无闷。

【释义】

《象传》说：水泽淹没了树木，这象征着"大过"。君子处在"大过"之时，独立而无所畏惧，即使是逃避现实世界也不感到郁闷。

【卦解】

卦辞中的"栋桡"指的便是栋梁因受潮而变得弯曲。而"利有攸往"则是取象于大过卦有桥梁的形象，大河的两岸之间有桥梁，可以使人通过，所以"利有攸往"。"亨"则是可以通过的意思。

彖辞根据大过卦的卦象进一步发挥，认为怀着随和而喜悦的心情前往，会从交往中获利。俗话说"官不打送礼的"，你能够怀着随和而喜悦的心情与对方相处，自然不会带来麻烦。象辞则继续引申发挥这一卦的卦象，由于大过卦上卦为兑为喜悦，下卦为巽为随和，并且卦中的四个阳爻象征坚实，所以象辞中以四个阳爻比喻君子，告诫君子要有独立不惧的性格，虽然隐居生活清苦，但仍然能够安然度日、以苦为乐。

在这一点上，孔门的弟子做出了典范。比如孔子的弟子原宪在鲁国隐居的时候，居住在远离闹市的偏僻处，房子小而简陋，四周没有道路可走，院子里长满了杂草，用桑树枝当作房门，用破陶片放在窗口当窗户，再塞上破布来抵挡寒风，逢雨雪天，屋子里便水流成河。可是原宪却在这样的艰苦生活中自得其乐，弹着古琴放声高歌。 一次他的同学子贡坐着马车去看他，竟然找不到可以通往他房间的路。 子贡只得下了车走到他那里，一看原宪脸色像绿菜似的，便关心地问是不是病了。 可是原宪却说："没有钱叫作贫，学有所成但是却没有用武之地叫作病，我算不上学有所成，所以我不是病了，是因为贫穷。"孔氏门徒像原宪这样的还有很多，因为他们都受周礼的熏陶，所以能够做到"遁世无闷"，安贫乐道。

【原文】

初六，藉用白茅，无咎。

【释义】

初六，用洁白柔软的茅草衬垫在祭品之下，就没有过错。

【原文】

《象》曰："藉用白茅"，柔在下也。

【释义】

《象传》说："用洁白柔软的茅草衬垫在祭品之下"，因为初六就如同衬垫的茅草，柔软地处于下位。

【爻解】

古代祭祀敬神，十分虔诚庄重，祭品不能直接放在地上，要用白茅草垫上，以示洁净。 "柔在下也"喻示，在阳刚过盛的"大过"之时，初六以一阴处于极下，是柔弱卑小的，要敬慎柔顺地上承阳刚，就像以白茅垫衬承物奉上那样。 这样初六的阴柔才能得到九二阳刚的调剂，才能在相比的初六、九二之间促成阴阳互济。

【原文】

九二，枯杨生稊①，老夫得其女妻，无不利。

【简注】

①稊：穉。即老根长出的新芽。

【释义】

九二，枯槁的白杨树生出了嫩芽和新枝一个老汉娶了一个年少的娇妻，这没有什么不吉利的。

【原文】

《象》曰："老夫女妻"，过以相与也。

【释义】

《象传》说："老汉娶得少妻"，虽然年龄超过很多，他们相处得还是很亲和的。

【爻解】

九二这一爻处在阳过的时候。阳过了，不好。所以把它比喻为枯杨、老夫。但是九二处在刚过之始，得中而居柔，无应于五，而切比于初六，是刚过之人而能以中道与阴柔相济，恰似杨虽枯却能生稊，出现生机，夫虽老竟得女妻，能成生育之功。由于九二刚过而未至于极，又与初六相比，有老夫得女妻之象，它卦以刚居刚得位为善，大过则刚已过，须有柔来相济，所以大过刚爻皆以居柔不得位为吉。

【原文】

九三，栋桡，凶。

【释义】

九三，栋梁弯曲，有凶险。

【原文】

《象》曰："栋桡"之"凶"，不可以有辅也。

【释义】

《象传》说："栋梁弯曲"凶险，但是，因为过刚，九三不能再承受辅助。

【爻解】

卦辞讲栋，指中间四个阳爻，至于爻辞则把栋落实到九三与九四两爻，而栋桡象独归于九三。这是因为九三以刚居刚，过刚而不中的原故。处大过之世，做出大事业来，必须有人支持、辅佐。九三过刚，有违中和，遇事不能与人同，没有人来支持、辅佐它。自爻象看，九三本与上六正应，上六可来辅住它，但是它处大过之时，不过而不中，居巽巽亦将变，与上六志不相从；上六无意来应它，它也无系上六的愿望。自事理看，栋当房屋之中，亦不可以加助，栋桡之凶，是不可避免了。

【原文】

九四，栋隆，吉。有它，吝。

【释义】

九四，栋梁隆起，吉利。若应于其他，则有难。

【原文】

《象》曰："栋隆之吉"，不桡乎下也。

【释义】

《象传》说："栋梁隆起而获得吉利"，这说明九四不应被下柔所"桡"。

【爻解】

九四爻以刚质居于柔位，性刚而能用柔，这已经部分地抵消了阳刚过度之质。同时它又居于上卦的下位，并且与初六阴阳相应，这就更容易得到阴柔的辅助，实现刚柔相济。于是，九四阳刚的过度，在初六阴柔的反向力量的作用下，就得到了纠正，因阳刚过甚向下弯曲的栋梁就向上隆起而平复了。九四由原来的阳刚过度，经过纠正，恢复了阴阳平衡的"中"的状态，所以吉祥。如果又有其他变故，那又会打破平衡，那就是又出毛病了。所以爻辞补充说："有它，吝。"意思是强调指出，只有恢复处中适度的状态才是吉祥的，"有它"则

"吝"。

【原文】

九五，枯杨生华，老妇得其士夫，无咎，无誉。

【释义】

九五，枯槁的白杨树开出了新鲜的花朵，一个老态龙钟的妇人配了一个强壮的丈夫，没有什么过错，也得不到人们的赞誉。

【原文】

《象》曰："枯杨生华"，何可久也？"老妇士夫"，亦可丑也。

【释义】

《象传》说："枯槁的白杨树开出了新鲜的花朵"，这怎么能够长久呢？"老态龙钟的妇人配了个强壮的丈夫"，虽没有什么大过失，但也是可羞、可丑的事。

【爻解】

九五的过盛之阳，亲比上六衰极之阴，虽然阴阳和合，勉强调济，目的也是取阴济阳，以阴柔抑制过盛的阳刚，纠正"大过"的弊病，当然是"无咎"的；但是，以极衰之阴调剂极盛之阳，必然收效甚微，而上六又乘凌于九五之上，是以阴乘阳，调剂作用也很有限，所以"无誉"可言。《象传》说这种婚配"亦可丑也"，指这种婚配正像枯树开花，毕竟只能新鲜一时，长久不了，而且只能是有花无果，根本谈不上是美满的结合，仅仅是形式上的凑合而已。 这就意味着如果阴柔已经处于过度衰竭而失去生机的阶段，表现出毫无作为的消极因素，就不能发挥抑制阳刚过度、实现刚柔相济的调节作用。 因为在刚柔相济的理想状态下，刚与柔两者毕竟都是有所作为的手段，使得人生行为趋于科学化。 这与失去生机、无所作为是大异其趣的。

【原文】

上六，过涉灭顶，凶，无咎。

【释义】

上六，涉水过深以至于淹没头顶，有凶险。但没有什么过错。

【原文】

《象》曰："过涉之凶"，不可咎也。

【释义】

《象传》说："涉水过深以至于淹没头顶而造成凶险"，这是因为上六义在拯难死节，故没有什么大的过错可以追究。

【爻解】

上六居大过之极，处无位之地，泽灭木之象由它这里表现出来，因此有过涉灭顶之凶。它是阴柔才弱之辈，又当阳过至极的时候，无它可做的事情。事情若由它主持，必遭灭顶之凶。这是一方面。从另一方而看，上六有上六的长处。它既是阴柔又是说之主，有从容随顺之德，在任何情况下都不会由于刚激而把已经不利的形势弄得更加不利。它的委蛇斡旋，在大过之极的时候，是无害的，人们不会怨咎它。

【卦义新解】

《卦序传》说："不养则不可动，故受之以'大过'。"意思是说，没有丰富的颐养，就不可能有所行动和作为。从卦象分析，在八卦所象征的自然物中，巽的象征物为风为木，兑的象征物为泽。"大过"卦中的下巽象征树木，上兑象征大泽。本来泽为水，滋润树木，树木以长。但"大过"的卦象，是树木在大泽之下，被大泽之水所淹没，这早已超越了滋润树木以保证其生长的正常范围，构成了灭顶之灾的"大过"之时。湖泽之水滔天，树木浸没其中，过多过久过甚，树木怎能正常生长？所以《卦传》说："《大过》颠也。"颠，颠倒。生活的颠倒，的确是非常时期。《象传》进一步说："泽灭木,大过。君子以独立不惧,遁世无闷。"卦象启迪了人们的哲学思考。

程颐所说:"君子观《大过》之象,以立其'大过人'之行。君子所以'大过人'者,以其能独立不惧,遁世无闷也。天下非之而不顾,独立不惧也;举世不见知而不悔,遁世无闷也。"倘若我们把这种认识"移植"到政治层面上,则作为领导者,处在大动荡的时期中,必须要有中流击水、独立不惧的行为方式,采取非常的措施,以应对动荡的"大过"态势。比如当敌军已越过前线,一场残酷的白刃战即将大规模展开,这时再向千万里之遥的皇帝请示,来得及吗?

宰相张居正,其所言所行,显示出自己确实是一个能够在大过之中独立不惧的领导者。他在万历初年实行了大胆的改革。当时土地兼并现象严重,赋敛无度,国防废弛,生灵涂炭,形成了国家与民族的严重危机。处此"大过"之时,没有非常之人(即"大过人")出来收拾残局,力挽狂澜能行吗?在他当政的十年间,改革措施的确行之有效,明王朝的内忧外患之祸渐次平息,国家相对安定,经济也有发展,当时国家的粮食可支十年之用,太仆寺积金四百余万两。明代中叶以后,只有张居正执政的十年是较清明富强的时代,此后都是乌烟瘴气,混乱黑暗。但当时顽固派煽动舆论来反对他,御史刘台弹劾他"威福自己,目无朝廷",罪莫大焉,迫他辞职。但张居正到底是"大过人",必有"大过人者"的非凡举动。他在父亲去世后,不循例丁忧三年,而是拒不辞职,坚守岗位。他更在《独潋篇》中大声呵斥:"欲报君恩,岂恤人言!"这里的"君",不仅指皇帝个人,而且是整个封建国家的象征。因为张居正"大过人"的改革,为晚明王朝延续了数十年的生命。后来在万历皇帝亲政以后,一切与老师张居正对着干,凡是张居正的一切作为,不问青红皂白,统统否定,也就葬送了大明江山。亡明者,非清也,而握在"大过"之时坑害"大过人"的朱明王朝自己!

从《大过卦》整体来看,"大过"之时,社会人心也失去控制,如果不加补救,出现"大过人者"来干一番非凡的过人事业,则不足以挽危图强。面对"大过"的灭顶之灾,是消极坐等灭亡,还是积极挽狂澜于既倒?两种做法效果截然相反。"大过之时"的大动荡年代,正是肩负重要责任的"领导者"或有志于此的人大显身手、大有作为之时,但同时,针对"大过之时"刚强过甚的特殊性,道家创始人老子曾提出"兵强则灭,木强则折。坚强处下,柔弱处上"的说法。这不是否定富国强兵的必要,而是说不能因兵强而一味只知用兵而不知进退变化,这显然能够预防"栋桡,凶"这种"过上加过"情况的出现,颇富哲理意义。

坎卦第二十九

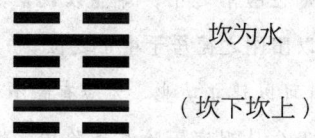

坎为水

(坎下坎上)

【题解】

《坎》下三爻均失位,故爻辞凶;上三爻皆当位,其爻辞无凶。"险而有凶"与"险而无凶"各占一半,这也是《坎》卦含有的深义,即险能害于事,也能利于人。从《坎》卦的卦爻辞中可见古人对待险陷的态度是积极而乐观的:一要"行险而不失其信",二要"以常德行,习教事"。险有"天险"、"地险",古人观象取法于天地之险,然后设险"守国",于险难之中"行有尚"而"往有功",故《彖传》说:"险之时用大矣哉。"

【原文】

习坎①：有孚维心，亨。行有尚。

【简注】

①坎：卦名。有陷，险之义。因卦体内外二经卦皆坎，故"习坎"。习，重复。"习坎"即重坎。有重险之意。

【释义】

《坎》卦象征着重重陷阱和险阻：若以诚信之德维系心灵，也能亨通。勇敢前行会得到人们的赞赏和崇尚。

【原文】

《彖》曰："习坎"，重险也。水流而不盈。行险而不失其信。"维心，亨"，乃以刚中也。"行有尚"，往有功也。天险不可升也；地险山川丘陵也。王公设险以守其国，险之时用大矣哉！

【释义】

《彖传》说："坎水相重"，意味着有重重的险阻。川流不息的水却不能使坎坑满盈。走在险陷之中，却能以诚信之德维系心灵，心气亨通，这是因为九五以阳刚之德居于中正之位。"勇敢前行能得到人们的崇尚"，因为前往就可以建立功业。天险有高不可升之势，地险有山川丘陵的坎坷不平。王公从观察天险与地险中，悟出设立险要之关以守卫国家，这说明坎险的意义和作用是多么的重大。

【原文】

《象》曰：水洊至，习坎。君子以常德行，习教事。

【释义】

《象传》说：水流接连不断地来到，险而又险。君子要像不断的水流一样保持持久的德行，常常地熟习政教之事。

【卦解】

内忧外患，险难重重，可是卦辞中却没有凶险二字，这是怎么回事？ 原来，人类是不怕任何艰难险阻的，因为人类可以克服任何艰难险阻，人类就是在与险难的搏斗中成长起来，并逐渐走向成熟，走向文明与鼎盛的，因为人类拥有智慧。

那么人类是怎样冲破重重险难的呢？ 其实很简单，只是靠诚信。人类因为诚信，可以得到神的保佑；人类因为诚信，可以团结成坚不可摧的长城；人类因为诚信，可以感动天地万物。 所以卦辞中说："维心亨"，便是说，人类在险难中会因诚信而得到亨通。 可见诚信是人类的大智慧，靠小聪明是无法冲破重重险难的。 所以君子应当保持自己美好的德行，不断提高民众的思想修养。 只要这样，人类就能冲破任何险阻，走向辉煌。

【原文】

初六，习坎，入于坎窞①，凶。

【简注】

①窞：小穴。

【释义】

初六，在重重险陷中，又陷入坎中的坑中，这真是凶险啊！

【原文】

《象》曰："习坎入坎"，失道凶也。

【释义】

《象传》说："在重重险陷中，又陷入坎中的坑中"，这是因为初六违背了战胜险陷之难的道德和方法，所以必有凶险。

【爻解】

什么是入于坎窞？ 坎为耳，入于坎窞就是学习仅限于入于耳而未入于心，就不能亨通。 还可以理解为习坎就是重重险难，陷入深渊，会有凶险。 初六以阴柔居习坎之下，而且没有应援，已入于坎险之中，无力出险，故曰凶。 初六为什么会进入坎中之陷处，又为什么入了险而不能出险？ 因为它以阴柔居初，不正。 即不守正道，所以入了险便出不来。犹如小人遇险难,指望凭侥幸摆脱,而不依正道办事,结果只有越陷越深。

【原文】

九二,坎有险,求小得。

【释义】

九二,坎水之中有凶险,只能于险情中谋求小得。

【原文】

《象》曰:"求小得",未出中也。

【释义】

《象传》说:"于险情中谋求小得",这是因为九二没有足够的力量出于险难之中。

【爻解】

九二陷在二阴之中,进入了险地,肯定是有险的。但是九二与初六不同,九二毕竟是刚中之才,虽不能出险,求得一点小济,解决一点小问题还是可能的。九二要因为小而求。大是由小积累而来的。九二"求小得",是由于它未出乎中。君于处险而不为险所困,因为他能心安于险之中,不隶大得,亦即从实际出发,求其小得,做现在所能做到的事。

什么叫小得?《道德经》指出:"道常无名,朴虽小,天下莫不臣。"可见,求小得就是在运用道德方面求获得。这样理解,就和六四的精神一致了,实现了"二与四,同功而异位"。文王羑里演卦,方志敏在狱中写《可爱的中国》,是"坎有险,求小得"。

【原文】

六三,来之坎,坎险且枕。入于坎窞,勿用。

【释义】

六三,来去都会陷入坎险之中,凶险难安,因为他深陷入坎水的陷坑之中,处于这种境地,即使是有才能,也不能使用。

【原文】

《象》曰:"来之坎坎",终无功也。

【释义】

《象传》说:"来去都会陷入坎险之中",最终也不会有功效。

【爻解】

六三处在下坎之上,正是下坎之险已终,上坎之险将至的时候,上边是险,下边也是险。"来之坎坎",来也是坎,之也是坎,来之皆坎,进退皆险。 处于这种境况,应姑且伏枕以待不要有所作为,否则将陷险益深,"入于坎窞"了。 在"来之坎坎"的时候,不宜急躁求速出险,但六三以阴处阳,不中不正,必急求速出险,结果肯定达不到目的。

【原文】

六四,樽①酒,簋②贰,用缶,纳约③自牖④,终无咎。

【简注】

①樽:古代酒器。②簋:古代盛黍稷的竹器。③约:酌酒之勺。④牖:窗户。

【释义】

六四,一樽薄酒,两簋淡食,用朴拙的瓦缶盛物,从窗口递给受难的人,最终不会有过错。

【原文】

《象》曰:"樽酒簋贰",刚柔际也。

【释义】

《象传》说:"一樽薄酒,两簋淡食",这说明六四接近刚阳中正的九五之君。

【爻解】

"樽酒,簋贰,用缶",这说的是古代燕享之礼,古代燕享之礼最讲究礼节和排场,而今却"樽酒,簋贰,用缶",简单之至,质朴之至。 古人的居室一般是户在东，牖在西。 牖是室内唯一的采光的地方，亦即唯一的明处。 人的认识也有像牖一样的明处。 若想使人弄明白一个不易明白的问题，也要从他的"明"处开导，从他的蔽处说是说不通的。 "纳约自牖"就是说与人交结，使人信赖自己，要从他思想的明处，做他的思想工作。 六四这一爻取"樽酒，簋贰，用缶，纳约自牖"之象，是君臣关系问题。 六四近君，居大臣之位，处多惧之地，又当坎险之时，它应该像宴会时只用"樽酒簋贰用缶"，那样质实无华，并以"纳约自牖"的办法，取得君上的理解和信任。 这样做，终必无咎。 刚柔际指九五、六四，刚柔际相交接。 九五与六四之间的关系在爻位亦即君臣之间的关系。 小象意谓，爻辞所说的全部内容是讲刚柔际、君臣间的关系问题的。

【原文】

九五，坎不盈，祇既平，无咎。

【释义】

九五，陷坑尚未填满，小丘已经整平，没有灾祸。

【原文】

《象》曰："坎不盈"，中未大也。

【释义】

《象传》说："陷坑尚未填满"，这样说明"小丘"的中正之道尚不能光大。

【爻解】

九五阳刚中正，刚健有德，下有六四虔诚相承，虽高居尊位而不敢自满，故能履险有方而万事皆平。 九二坎有险，九五坎不盈。 坎有险，意在强调险的存在。 坎不盈，意在强调出险的途径。 出险的途径是不盈，不盈亦即未大。 九五阳刚居中得正，可谓大矣，但不敢自大。 不自大方可保持水流而不盈的状态。

【原文】

上六,系用徽纆①,寘②于丛棘,三岁不得,凶。

【简注】

①徽纆:古代捆绑罪人的黑色绳索。②寘:置。丛棘,古代在狱外种的荆棘,据说有"九棘",以防罪人逃跑,犹如现在的铁丝网。

【释义】

上六,被绳索捆缚后,又被投置于监狱中囚禁,三年不能释放,这真是一件凶险的事。

【原文】

《象》曰:上六失道,凶三岁也。

【释义】

《象传》说:上六因为失去正道,凶险之事将延续至三年后。

【爻解】

据《周礼》"上罪三年而舍,中罪二年而舍,下罪一年而舍,其不能改而出圜土者,杀。"的记载,犯人被囚禁三年后仍不得免,最后被处死这当然是凶了。三年,很多年,不必实指三年,上六为什么会有如此严重的凶象呢? 因为上六自身是阴柔之辈,又处在坎险之极,已经陷入深险,没有出险的可能了。上六所以致凶,推究其原因在于失道,此"失道"系指上六以阴居险之极,所处时位不济而言。

【卦义新解】

《彖传》说:"习坎,重险也,水流而不盈,"水流不满坎陷,象征其深危莫测。 人生有险,事出自然。 但是处坎之时,待险之道,因人而异,效果不同,这是"坎"卦一再谆谆告诫我们的道理。

那么,在遇到困难艰险的时候,就很有必要按照"坎"卦所指示的那种精神进行决断行事,因为他所面对的和所有的一举一动,并不仅仅代表着他。 自己,而是身负着对一定局势和群体有重要影响的责任。

因此，"有孚，维心亨，行有尚"，就是一种必需的选择了。有信心，有正气，有胆略和魄力，这样才能"行险而不失其信"，"往有功也"，而一旦"失道"，则"凶也"。

在历史上，刘邦与项羽是两位杰出的英雄。二人的成败原因，古来多有不同的说法，当我们从"习坎"的角度入手，也可以得出其或成或败的原因。

当年，在秦王朝被消灭之后，项羽自立为西楚霸王，把刘邦封在汉中、巴蜀的荒凉险阻地带，堵塞他返回关中的道路。刘邦被置于封闭的险境，却能安然处之，积蓄力量，站稳脚跟，徐图进取。此时的刘邦虽处于"未出中也"的处境，仍坎险重重，但他能够正确应对，因此，也就能够"求小得"，这样坚持下来，终于渐渐占了上风，并取得了最后的胜利。

而项羽的做法则与此相反，偏离了"坎"卦之道。在公元前202年，楚汉对决，项羽被汉军围困在垓下，此时的局势对于他来说，是"入于坎，凶。"但令人惋惜的是，项羽所采取的应对措施，仍是错误和消极的。当时项羽在垓下营帐中，晚上听到汉军四面都唱起楚歌，项羽于是大惊道："汉军都已经得到了楚地吗？为什么楚人这么多呢？"项王就连夜起来，在营帐饮酒，与美人虞姬大唱悲歌，歌罢虞姬自刎。

项羽带部下壮士侍从八百多人，乘夜色突破重围，往南飞马奔驰。天明，汉军才发觉，刘邦命令骑将灌婴率五千骑兵追赶。项羽渡过淮河，骑马跟随的只有一百多人。项羽到达阴陵，迷了路，问一个农夫，农夫骗他说"往左"。往左，就陷入大沼泽中。因此，汉军追了上来。项羽就领兵往东走，到东城时，只有二十八个人了。汉军有几千人骑马追赶。项羽自知不能逃脱。他对将士们说："我起兵至今八年了，身经七十多次战斗，阻挡的被击破，攻击的被降服，未曾失败过，才能称霸天下。 然而，今天却被困在这里，这是上天要灭我，并非我作战失利的过错。 今天固然非死不可，愿和各位痛快一战，让各位知道是上天要灭我，并非我作战失利的过错。"于是把他的将士分为四队，向四面出击。 汉军层层围住他们。 项羽对他的将士们说："我替你们拿下一员汉将。"于是命令骑士四面飞马急驰而下，约定在山的东面分三处集合。 项羽大声呼叫，驱马飞驰，随之汉军溃散，就斩杀一员汉将。 汉军不知道项羽在哪里，就分兵三路重新包围。 项羽又驰马冲杀，斩杀汉军一都尉，杀汉军上百人，再集合他的将士，仅仅丧失两名将士。项羽就问道："怎么样？"将士们都佩服地说："正像大王所言。"

这时，乌江亭长停船靠岸等待，对项羽说："江东虽小，但土地方圆千里，民众几十万，也足以称王了。 请大王急速渡江。 现在只有我有船，汉军到，无船渡江。"项羽笑道："上天要亡我，我渡江干什么？ 况且我和江东子弟八千人渡江西进，如今所剩无几，纵然江东父老兄弟怜我爱我，以我为王，但我有何面目见他们？ 纵然他们不说，难道我能问心无愧吗？"于是对亭长说："我知道您是一位忠厚长者。 我骑这匹马五年了，所向无敌，曾经一天走千里之远，不忍杀掉，把它送给您。"于是命令将士都下马步行，持短兵器接战，仅项羽一人就杀汉兵数百名。 项羽也受伤十多处。 回头看见汉司马吕马童，说道："你不是我的老熟人吗？"吕马童不敢正视项羽，指给王翳说："这就是项羽。"项羽就说："我听说汉王悬赏千金购我的人头，封邑万户，我给你们一点恩德吧。"说完自刎而死。 项羽这样一死，一切也就灰飞烟灭，刘邦顺利夺得了天下。

作为各自阵营的领导者，面对艰难危险的局势，刘邦和项羽因采取了不同的态度和措施，自然结果也就不同。 刘邦转败为胜，而项羽则转强为弱，直至灭亡，这虽然有各种复杂的原因，但首先那种面对坎险的态度,恐怕就已经为他们未来的方向定下了调子。

综合来看,"坎"卦阐述了身处陷险之境如何冲破艰险的原则。艰难陷险时期,也正是体现人性光辉的时候。陷险绝非好事,因而尽量不要陷入;若已经陷入,则不可操之太急,而应稳步涉险,徐图解脱。如果陷入既深,更不可轻举妄动,而应寻求自保之策,静以待变。

离卦第三十

离为火

(离下离上)

【题解】

"万物生长靠太阳",《说卦》曰:"离为日,为火。"太阳给大地带来了光明,也带来了温暖,使"百谷草木丽乎土"。这是因为她有内柔外刚品性,能以柔顺正。这样就有了《离》卦的"化成天下"之功,也有了《离》卦的"重明"、"两作"之德。圣人效法此德,就以"继明"之志,照耀四方之邦。但是,事物的发展和演变是有一个由盛及衰,由衰变盛的过程。《离》卦唯二"元吉",五次之,其他则"无咎"而已,而卦中正好二、五为阴、为柔,这充分说明以柔顺正的美德必然有一个美好、吉祥的结果。但是,同为居中,而且六五居君位,为什么"吉"不过六二呢?因为六二有当位之"正",六五则居"中"失"正",故吉而次之。

【原文】

离[①]:利贞,亨。畜牝牛,吉。

【简注】

①离：卦名。离通"丽"，有附着、经历、光明等意。

【释义】

《离》卦象征着附着于光明：有利于做大事，亨通。畜养母牛可获得吉祥。

【原文】

《彖》曰：离，丽也。日月丽乎天，百谷草木丽乎土。重明以丽乎正，乃化成天下。柔丽乎中正，故"亨"，是以"畜牝牛吉"也。

【释义】

《彖传》说：《离》，象征着附着。日月附着于天空，百谷和草木附着于土地。《离》有双重之明附着于正道，于是就化育成天下万物。因为她以柔美之性附着于中正之道，因此就"亨通"，母牛具有这样的品格，所以这个卦象也象征着"畜养母牛可获得吉祥"。

【原文】

《象》曰：明两作，离。大人以继明照于四方。

【释义】

《象传》说：光明接连不断地升起，象征着"附着"。大人仿效光明所具有的品德，以连续不断地光辉照耀天下四方。

【卦解】

"畜牝牛"，其实是一个比喻。通过人们驯养母牛得到启发，明白温顺地依附于正道的好处。离卦有母牛的卦象，所以在此用母牛来说明依附的道理。母牛性格温顺地依附于人而有很大的气力，比喻人依附于正道便会有大的作为。母牛可以生小牛犊，则比喻人的德智也应不断增长并且后续有人。象辞中说："大人以继明照于四方。"则是告诉人们要像太阳依附于天空而给世界带来光明一样，发扬自己的美德，有益于天下。

【原文】

初九，履错然敬之，无咎。

【释义】

初九，走路、做事都谨慎，慎重地对待自己的言行，就不会有过错。

【原文】

《象》曰："履错之敬"，以辟咎也。

【释义】

《象传》说："走路、做事恭敬谨慎"，就是为了避免灾害。

【爻解】

离卦下体二爻，初爻像早晨日出，二像日当中午，三像日过午后。"履错然"，开始了一天的工作。工作的开始很重要，事情的结果如何，往往在开始的时候就已经埋下了根子。这时候最需要谨慎小心，谨慎小心可无咎，否则便要得咎。初九居离卦下体，有如日之初出；又是以刚居刚，极易锐意躁进，故有"履错"之象。但初九以刚处明体，也有明智聪察的一面，可能谨慎以处之，果能如此，可无咎。履错然而欲动，却又谨慎不敢妄动，是为了避免得咎初九以刚居刚而处下，有急于上进的一面，以刚居刚而处明体，又有谨慎不敢妄进的一面。

【原文】

六二，黄离，元吉。

【释义】

六二，黄色附着于天空时，就会有大的吉利。

【原文】

《象》曰："黄离元吉"，得中道也。

【释义】

《象传》说："黄色附着于天空时，就会有大的吉利"，这说明六二秉持着中正之道。

【爻解】

黄为土色，土为中，所以黄指中，坤卦文言有"黄中通理"爻辞。"黄离"这里指六二爻，它以柔爻居阴位得正，又居于下体之中。处"离"之时，它能以柔顺中正之道依附于人，当然是至为吉祥的。《象传》所说"柔丽乎中正，故亨"，就是指此爻而言。当依附之时，初九过刚当然不可取，六二能柔并不难做到，难在一面柔顺依人，一面又不失其中正。"黄离"的可贵在于此。

【原文】

九三，日昃①之离，不鼓缶②而歌，则大耋③之嗟④，凶。

【简注】

①昃：日过中午。②缶：瓦盆，可作为乐器之用。鼓，敲打。③耋：老年人的通称。古人称老年人为"耋年"。④嗟：叹息。

【释义】

九三，西落的太阳附着于天空，此时若不敲打缶器、唱歌自乐，那么，垂暮之年就只能徒自哀叹，这本身就是一件凶险的事。

【原文】

《象》曰："日昃之离"，何可久也？

【释义】

《象传》说："西落的太阳附着于天空"，夕阳在天的时间怎么能够长久？

【爻解】

日昃，日落。九三为下卦之终，又在离火中，故言日昃，故象曰"何可长久"。二三四五爻为正反背向互兑互巽，兑为口为歌，巽为草木为击杵。中孚卦之上下卦为相向兑卦，其六三爻辞有"或鼓或歌"，此背向互兑为不鼓而歌。耋，年八十曰耋。嗟，叹息。鼓缶而歌或击杵为歌，皆古代居丧之礼。九三是暮气沉沉，是夕阳无限好，只是近黄昏，作日薄西山衰老之叹。日薄西山，精力渐衰，这时如不及时退休，颐养天年，等到年岁更加老迈时就该叹息后悔了。 九三已到了下体之终，却是以刚居刚，过而不中，以致不当依附而依附，不应进取而进取，本应以达生为乐，反兴垂老之叹，自取其辱是必然的。

【原文】

九四，突如其来如，焚如，死如，弃如。

【释义】

九四，太阳的起落仿佛突然之间来到，然后上升到高处，炎热得似燃烧一样，再如死一样的静寂，最终因背离了以柔顺正的"离道"而为众人所抛弃。

【原文】

《象》曰："突如其来如"，无所容也。

【释义】

《象传》说："太阳的起落仿佛突然之间来到"，最终为大家所不容。

【爻解】

九四处于上下两离之间的"多惧之地"，急欲向上逼近六五。但是九四以阳爻居阴位，失正而又不中，不能以中正之道行事，突然来"依附"居君位的六五，以阳刚进逼阴柔，如火焰之燎人，有强宾逼主之势。名为"依附"，实为逼迫，这必然会引起六五的戒备。六五处于尊位，在上面以柔乘刚，这显然是拒绝、抵制九四的态势。九四下无正应，上无正承，虽然咄咄逼人，毕竟失道寡助，贸然履险，凶多吉少，弄不好要丧失性命，或者被充军流放，弃于荒野。总之，这样"突如其来如"的"依附"是不会被人容纳的，所以《象传》说九四"无所容也"。

【原文】

六五，出涕沱若，戚嗟若，吉。

【释义】

六五，泪水涟涟，忧伤地哀叹着，但是结果是吉祥的。

【原文】

《象》曰：六五之吉，离王公也。

【释义】

《象传》说：六五之所以能得到吉祥，就是因为他附着于王公的尊位之上。

【爻解】

六五以阴居阳不得位，内柔弱而外躁动，所以有危象，以至流泪嗟叹。幸亏它居尊位而得中，居危而知惧，所以能够在强宾压主之时避凶得吉，当然及不上六二的"黄离元吉"。

流涕滂沱，忧戚悲伤的样子，之所以吉乃是附着于王公之故。在古代王公就代表国家、民族，现代我们只需将它置换一下就可以了，国家、民族的利益与你休戚相关就是大吉之兆。明智的核心是忧国忧民。

【原文】

上九，王用出征，有嘉折首，获匪其丑，无咎。

【释义】

上九，君王出师征伐，斩断敌人的首级，建立了丰功伟绩，又俘获与我方敌对的人，没有过错。

【原文】

《象》曰："王用出征"，以正邦也。

【释义】

《象传》说："君王出师征伐"，是为了安定邦国。其之所以讲出征这件事，就是要为民除害，以治理好国家。

【爻解】

上九以阳居上，承四五之后，在离卦之终，刚明已达到极点。唯其刚明至极，所以能够担当察邪恶行威刑的使命。王将派它征伐不义。它对它所征伐的对象一定会恰当处理，"有嘉折首，获匪其丑"。只惩治首恶分子，对胁从的人则不同罪、不伤害。这样做，必无咎。王者之师出征，是为了正邦，正邦时于王者来说，也就是正己。所以，王者之师一般是征而不战，迫不得已才战，虽战，不过折其首恶而已，绝不伤残民众。

【卦义新解】

《离卦》初九上说："履错然，敬之，无咎。"正是劝谏我们做人、做事一定要从容镇定、戒急躁，则不会失败。因此，稳中求胜的重要性就越发突出了。伟大人物在任何时候都显得那么从容不迫。因为他们懂得，"慌乱"对解决问题毫无意义。

惊慌失措不仅会使自己无法正常思考，而且会让周围的人慌作一团。我们经常会看到这样一个场面，面对突然变故，一些核心人物总会大喝一声："慌什么？"这句话一半是提醒别人，另一半则是在暗示自己。惊慌容易使人失去正常的思考能力，使人丢三落四、语无伦次。遭遇惊慌，要有意放慢你动作的节奏，越慢越好，并提醒自己说："不要慌！不要慌！"这样，你就会慢慢地变得镇静，从而恢复大脑正常的思维，以应付突变。

如果你从未在大场面露过面，那么，你一到人多的场所，尤其是在讲话或作报告时，就会浑身不自在。克服这种情况是要在心理上把所有的人都当作朋友，向他们点点头，大声地打招呼，他们也会向你致意，这无疑会拉近你们之间的距离，尽管他们可能永远也想不起曾经在哪儿见过你，但你却因此而摆脱了紧张的心理。只要有机会你就主动站出来当众讲话。这是一种简便易行的锻炼方法。自我锻炼，有意识地锻炼，你就会养成从容不迫的习惯。

下面用洛克菲勒的一件事情来说明控制好自己的情绪，让自己从容不迫是多么的重要。

当年，洛克菲勒在某案件中受审时，因为在面对对方激烈的质问时，保持了一种平和克制的态度，而且，在回答问题时也不动声色，从而赢得了那场官司。当时，对洛克菲勒提出质问的那个律师在态度上似乎明显地怀着某种恶意，如果按我们一般的想法，洛克菲勒即使发火、生气，甚至拍案而起、大发雷霆，都是情有可原的。但是，洛克菲勒没有这样做，他很好地控制了自己的情绪。

"洛克菲勒先生，我要你把某日我写给你的那封信拿出来！"那个律师用一种非常粗暴的口气说。

那封信是质问关于美孚石油公司的许多事情，而这些事情那个律师在法律上并没有权利去质问。

"洛克菲勒先生，这封信是你接的吗？"法官问洛克菲勒。

"我想是的，法官先生。"洛克菲勒平静地说。

"你回那封信了吗？"

"我想没有。"然后，那个律师又拿出了许多别的信来，也照样宣读了。

"洛克菲勒先生，你说这些信件都是你接的吗？"

"我想是的，先生。"

"你说你没有回复那些信吗？"

"我想我没有，法官先生。"

"你为什么不回复那些信件？你认识我，不是吗？"那个律师咄咄逼人。

"当然！我从前是认识你的！"

洛克菲勒所回答的这句话的用意是那么的明显，以至于那个律师气得快要发疯了。 法庭上一片寂静,大家都毫无声息地坐着,静听着法庭上的唇枪舌剑。 而洛克菲勒却坐在那里纹丝不动。

这就是从容不迫的力量! 这就是控制自己情绪的力量!

那些有过辉煌业绩的人物,那些天才的大人物,都曾经驾驭过别人,都有战胜一切阻碍其发展的力量。 但是,他们最先战胜的是自己的情绪,因为战胜了自己的情绪,才能在关键时刻显得从容不迫,接下来的一切都变得简单了。

要成为一个成功的人士,就必须先成为一个从容不迫的人。

咸卦第三十一

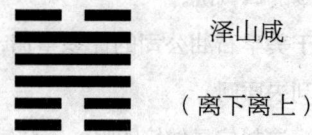

泽山咸

(离下离上)

【题解】

《咸》是一个解释阴阳相感,男女相亲的卦象,我们常常形容男女相合为"心心相印",这个"印"就是"感应"的一种反映方式。《说卦》曰"山泽通气",就是这种"感应"方式的生动体现。 少男少女有相感而亲的理由,而这种理由就蕴含在《咸》卦中。 李道平疏《集解》言:"士未用称处士,女未嫁称处女。"《序卦》曰:"有天地,然后有万物;有万物,然后有男女;有男女,然后有夫妇;有夫妇,然后有父子;有父子,然后有君臣。"男女之事在父子、君臣之前,所以它也就被先儒看做是"国之纲纪","人之大伦"。 故卦辞以"娶女吉"来鼓励男女感情。《咸》卦的卦爻辞和卦象描述了"娶女"的方法:"男下女","以虚受人",同时从下至上依次介绍了两情感应的六个步骤:即从初六的"拇指"开始到上六的"辅颊"。

【原文】

咸①：亨，利贞。取女，吉。

【简注】

①咸：卦名。有感应，交感之意，引申为夫妇之道。

【释义】

《咸》卦象征着感应：亨通。有利于做事。若娶女子为妻就吉祥如意。

【原文】

《彖》曰：咸，感也。柔上而刚下，二气感应以相与。止而说，男下女，是以"亨利贞，取女吉"也。天地感而万物化生，圣人感人心而天下和平。观其所感，而天地万物之情可见矣。

【释义】

《彖传》说："咸"，就是指感应。兑为少女，以阴柔之美居于有少男阳刚之强的艮之上，阴阳两种气相互感应，相互亲和。上卦有静止之性，下卦有喜悦之情，男子谦虚地处于女子之下求爱，所以卦辞说："亨通之时，有利于做事，娶女子为妻就会吉利"。天地相互感应就会生出万物，圣人与众人的心相互感应就会使天下和睦安定。观察那些所感应的事物，天地万物之性情也就能看得见了！

【原文】

《象》曰：山上有泽，咸。君子以虚受人。

【释义】

《象传》说：山上有聚水之泽，山气和泽水会相互感应，君子以虚心秉虚的美德容纳和感化众人。

【卦解】

淑女窈窕，君子好逑。在六十四卦中，爻爻相应的卦，只有二例，《咸》当居其一，卦象为一少男在下而一少女在上，有男求亲于女之象。《集解》引韩康伯曰:"夫妇之象,莫美乎斯。"这种令人感动的"美":不仅在于少男少女之间固有的阴阳感应之亲,更在于男子谦卑在下的求女之情。 男女之合。合之以礼则"美",这是求亲之礼。 故《仪礼·士昏礼》规定男子的求亲之礼,必须经过"纳采、问名、纳吉、纳征、请期、亲迎"的过程才能成亲,而这些都是以男子在下相求为礼、为情、为亲的。

【原文】

初六,咸其拇①。

【简注】

①拇:即大脚趾。

【释义】

初六,使大脚趾有所感应。

【原文】

《象》曰:"咸其拇",志在外也。

【释义】

《象传》说:"使大脚趾有所感应",这说明初六的志向是向外发展。

【爻解】

咸卦通篇喻示男女的感情交流。 六爻用人体的各部分打比方,表述感情交流的各种情况和得失长短。 初六是咸卦最下一爻,所以取象于大脚趾。 相感之始,所感尚浅。 初六与九四相应,相应则感,这是男女两相感应的开始,如同抬足的第一步,大脚趾有所感触罢了。虽然是最初的情感碰撞,但初六毕竟已经有感于心了。 所以这时初六已经萌生"志在外"之心了。 因为九四在外卦,初六心向往之,有感于九四,想与之亲近,不能在深闺独处了,正是"春色满园关不住,一枝红杏出墙来"。 在这春情萌发的将动之时,因为善恶未现、吉凶未卜,所以爻辞也不言吉凶,但是隐然含有慎重初始、趋吉避凶的告诫。

【原文】

六二，咸其腓①，凶。居吉。

【简注】

①腓：腿肚子。

【释义】

六二，当腿肚子有所感应时，就会有凶险。若居住在家，将获得吉利。

【原文】

《象》曰：虽"凶居吉"，顺不害也。

【释义】

《象传》说："虽然有凶险，但是，居住在家则会吉利"，这说明顺从"感应"之道就不会有害。

【爻解】

不宜操之过急，应该安居待时。初六位置最下，所以拿大脚趾为象；六二位居下体之中，就该以腿肚子为象了。"腓"是躁动的象征，因为走路时总是腿肚子的肌肉先动。六二处于下体，与上肢的九五相应，隐喻在男女感应之时，女子有急躁冒进之象。如果真的如此急于求成，未免有失女子的稳重端庄，预后必然不妙。不过六二毕竟具备柔顺中正之德，如能安居不动，等待九五来求，会得到吉祥的。安居不动，其实是以逸待劳，以守为攻。这是女子在男女关系中的策略。爻辞指出"居吉"，《象传》指出"顺不害"，这是耐人寻味的。如果两心相应，最好稍待以时，男子一定会紧追不舍的，此时再顺从好了。

【原文】

九三，咸其股①，执其随，往吝。

【简注】

①股：大腿。

【释义】

九三，使大腿有所感应，牢牢地掌握住跟随自己的人，若急于前往会遇到困难。

【原文】

《象》曰："咸其股"，亦不处也。志在随人，所执下也。

【释义】

《象传》说："使大腿有所感应"，九三上不能应于六，也不愿安然不动地处在自己的位置，心里想着在于己下的六二，这说明他所愿抓住的是低下于自己的人。

【爻解】

不宜随人盲动，应该持有主见。大腿自己不能走路，总是跟随着小腿和脚活动，这就叫"执其随"（执意于随从别人）。九三处在下体之上，正是"股"的位置；又是刚爻居阳位，性躁好动，看到初六、六二两爻有感而动，也要随之而动，不能安居独处了，前往与相应的上六亲近。这样，九三追求上六只是随从别人而行动，并无真情可言。上六当然不会以真情报之，仅用言语敷衍，使九三受到了羞辱。这就是爻辞所说的"往吝"。所以《象传》中批评说："志在随人，所执下也。"随人盲动，毫无主见，执意甚为卑下。

【原文】

九四，贞吉，悔亡。憧憧往来，朋从尔思。

【释义】

九四，做事吉利，悔恨的事也将会消失。心神不定地不断往来之时，朋友们会顺从你的意愿。

【原文】

《象》曰："贞吉悔亡"，未感害也。"憧憧往来"，未光大也。

【释义】

《象传》说:"做事吉利,悔恨的事也将会消失",因为九四并没有感到自己会有伤害。"心神不定地不断往来",这说明九四的"感应"之道并没有发扬光大。

【爻解】

以正道相感应则无悔。 九四在九三"股(大腿)"之上,到了身体的上半部。 从爻辞"憧憧"然的描写推测是以"心"为喻象。 所以这里是把九四隐喻为"心"的。 心灵的感应,以正为吉。 心正则感应也正,就不会有悔恨之事了。 九四以阳居阴,本来是不正的,不正则理当有悔。 爻辞"贞吉悔亡"是说,如果九四能够守正而行,是可以得吉而无悔的。 初六终于被感化而响应,顺从了九四,两人像朋友一样情意通感,倾心相从,这就是爻辞所说的"憧憧往来,朋从尔思"。 虽然地位不正而能守正,虽然有悔而悔亡,所以《象传》说:"未感害也。"因为这里说的毕竟只是男女间神牵魂绕的私情感应,还谈不上完全扩充发展了感应之道。 所以《象传》说:"憧憧往来,未光大也。"

【原文】

九五,咸其脢[①],无悔。

【简注】

①脢:脊背。

【释义】

九五,使脊背有所感应,就没有什么悔恨。

【原文】

《象》曰:"咸其脢",志末也。

【释义】

《象传》说:"使脊背有所感应",对九五而言,其感应如"末梢"

一样敏感。

【爻解】

九五以阳刚居尊位，态度高傲，对六二的主动追求反映冷漠，所以用最不敏感的脊背肉作为喻象。对于感情交流反应迟钝，漠然置之，虽然没有凶险，当然也说不上吉祥。仅仅可以"无悔"而已，不会闯祸罢了。居尊者，应该有"圣人感人心而天下和平"的大志才是。这样看来，本卦九五的志向无疑是浅而且小的，所以《象传》评判为"志末"。

【原文】

上六，咸其辅①颊②舌。

【简注】

①辅：牙床。②颊：面颊。

【释义】

上六，使面颊口舌有所感应。

【原文】

《象》曰："咸其辅颊舌"，滕口说也。

【释义】

《象传》说："使面颊口舌有所感应"，滋润口唇而感到快乐。

【爻解】

仅以口舌感人无益。上六以柔质居柔位，又居于咸卦之末，同时也是咸卦上体兑之末。咸为感应，兑为和悦，故有巧言令色之象。爻辞里连用"辅颊舌"三字，强调上六惯于摇唇鼓舌，腾扬空言，企图以花言巧语取悦于人，感动与之相应的九三。以言感人，未为全非，毕竟不如九四的以心感人，能够收到"朋从尔思"的效果。《象传》加以"滕口说"的评论，带有明显地贬义。从咸卦六爻看，都以人体感应设喻，展示感情交流的不同情况和长短得失。含义最好的一爻，正是以心灵感应为隐喻的九四爻。其他各爻，初六感于足指，吉凶未定；六二感于腿肚，躁动则凶；九三感于大腿，盲从则吝；九五感于脊背，冷漠迟钝；上六感于口舌，徒托空言。只有九四感于心灵，守正获吉。可见，无论男女相感，还是其他人际交情，都要相感以心，相感以正。

【卦义新解】

《咸卦》的卦辞上说："咸：亨，利贞"，其中的"咸"在这里作"感"讲，感应的"感"。上六上又说，"咸其辅颊舌"，认为，唇齿之间是相互感应的，它们之间有着一荣俱荣一损俱损的关系。因此，人们才有"唇亡齿寒"的论断。

人际关系的成功与你能否善待别人有很大的关系。一个乐于助人，愿意帮助别人的人，人们都愿意与之交往做朋友，自己也能从中受益。

可是天底下的人们绝大多数只注意自己的需要，不会善待他人，不知道给予别人什么，只提及自己不同的需求。这是多么幼稚、荒唐。不错，你注意的当然是自身的需要，但除了你自己，可能再也没有人对你感兴趣了。

善待他人就是善待自己。在没有这种觉悟的人看来，这明明是帮别人，自己并没有从中受到什么恩惠。其实，一个人在帮助别人时，无形之中就已经投资了感情，别人对于你的帮助会永记在心，只要一有机会，他们会主动报答的，这是你所希望的最好的人际互动。

在一个寒冬的夜晚，一对中年夫妇带着个受伤的小孩子到一个小客店来投宿。在这天寒地冻的夜晚，找房是相当困难的。这间小旅店早就客满了。"这已是我们寻找的第十六家旅社了，这鬼天气，到处客满，我们怎么办呢？"这对中年夫妇望着店外阴冷的夜晚发愁。

店里的小职员看在眼里急在心里，怕他们被冻坏，便建议说："如果你们不嫌弃的话，今晚就住在我的床铺上吧，我自己在店堂里打个地铺。"这对夫妇非常感激,第二天要照店价付客房费,小职员坚决拒绝了。 临走时,这对中年夫妇开玩笑地说:"你将来必能成大器。"

"那是我追求的梦想。 谢谢您。"他随口答应着,并坚持送他们一家三口出了店门走出很远。

三年后的一天,小职员的柜台上放着一封发自纽约的信件,信中夹有一张往返纽约的双程机票,信中邀请他去拜访当年那对睡他床铺的三口之家。 小伙计来到繁华的大都市纽约,那对中年夫妇把小伙计引到第五大街和三十四街交汇处,指着那儿的一幢摩天大楼说:"这是一座专门为你兴建的星级宾馆,现在我们正式邀请你来当总经理。"

年轻的小伙计因为一次友善的助人行为,实现了自己的梦想,这就是著名的奥斯多利亚大饭店经理乔治·波菲特和他的恩人威廉先生一家的真实故事。

能设身处地为他人着想、了解别人心里想些什么的人,永远不用担心未来。 任何一种真诚而博大的爱,都会在现实中得到应有的回报。 你铺就的良好人缘,将会给你以莫大的帮助,卡耐基曾在演讲中讲过这样一个动人的故事。

一个穷苦的小男孩,身着单薄的衣衫被冻得瑟瑟发抖。 他为了攒学费不得不每天上街推销商品。 劳累了一整天的他此时感到十分饥饿,但摸遍全身,却只有一角钱,怎么办呢? 他决定向下一户人家讨口饭吃,当一位美丽的女孩打开房门的时候,这个小男孩却有点不知所措了,他没有要饭,只乞求给他一口水喝。 这位女孩看到他很饥饿的样子,就拿了一大杯牛奶给他。 之后,小男孩问这需要多少钱,小女孩则回答说,妈妈教育我要对人施以爱,不必付一分钱。 小男孩十分感激地说:"请接受我由衷地祝福吧!"说完男孩离开了这户人家。此时,他不仅感到自己浑身是劲儿,也感到自己将有美好的未来。他放弃了本来要退学的念头,要把书继续念下去,一定要取得成绩。

转瞬间数年过去了,有一位美丽的女孩得了重病,她被转到大城市由专家们会诊。

当年的那个小男孩如今已是大名鼎鼎的霍华德·凯利医生了,他也参与了医治方案的制订。当看到病历上那女孩的来历,他若有所感,便转身去了病房。凯利医生一眼就认出床上躺着的病人就是那位曾帮助过他的恩人。他回到自己的办公室,决心一定要竭尽所能来治好恩人的病。经过他严格而精心地治疗,女孩奇迹般地康复了。

凯利医生要求把医药费通知单送到他那里,在通知单的旁边签了字。当医药费通知单送到这位特殊的病人手中时,她不敢看,因为她确信,治病的费用将会花去她的全部家当。最后,她还是鼓起勇气,翻开了医药费通知单,旁边的那行小字引起了她的注意。她还轻声读了出来:"医药费——满杯牛奶。霍华德·凯利医生"她叫起来,"原来是他——数年前的小男孩。"

在现实生活中这种所谓的"因果报应",只不过是心存感激的受惠者对施惠者的一种报恩而已。善待他人,就是善待自己,这会使别人和你更加幸福美满。

恒卦第三十二

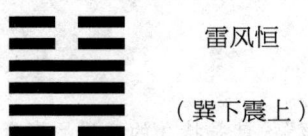

雷风恒

(巽下震上)

【题解】

从《恒》卦中,我们可知天地之道在"恒久",四时变化在

"恒久",圣人之"化成"也在"恒久"。具体就爻位而言:初六失位而陷于下,"无攸利"而"贞凶";九二居中,然中而失位则不正,不正则唯"无悔"而已;唯九三当位,惜其急进上应,"不恒其德",违背"恒"道,故"贞吝";九四虽能下应于初,但因其失位不正,故"田"而"无禽";六五虽"恒其德",却以阴居阳,失位不正,故于妇则吉,于"夫子"则"凶";上六以失位之极,不仅不守"恒"道,且"振"而失"恒"德,故"凶"。总此六爻,可知守持"恒"德的前提应该在于保持正确适当的位置,失去这种位置不仅不能"恒其德",也失去了自身。故《系辞》曰"圣人之宝曰位"。

【原文】

恒[①]:亨,无咎。利贞,利有攸往。

【简注】

①恒:卦名,长久的意思。

【释义】

《恒》卦象征着永恒持久:亨通,没有过错,利于做事,利于有所前往。

【原文】

《彖》曰:恒,久也。刚上而柔下。雷风相与,巽而动,刚柔皆应,恒。"恒亨无咎利贞",久于其道也。天地之道恒久而不已也。"利有攸往",终则有始也。日月得天而能久照,四时变化而能久成。圣人久于其道而天下化成。观其所恒,而天地万物之情可见矣。

【释义】

《彖传》说:"恒",就是持久的意思。震为阳刚处在卦上,巽为阴柔处在卦下。雷与风相互亲和,恭顺之后再震动,阳刚与阴柔皆有相应,这是"恒"之道。"永恒持久,亨通,没有过错,有利于做事",这说明"恒"道在于永久地保持正道。天地的规律在于持久永恒地周流不已。"有利于有所前往",这说明事物的发展是周而复始的。日月在天空运行能够长久地照亮人间大地,四季的变化也有着永恒的规律。圣人长久地保持正道与美德,就会使教化大有成就。观看"永恒持久"的正道,就会发现天地万物的发展规律。

【原文】

《象》曰:雷风,恒。君子以立不易方。

【释义】

《象传》说:雷在上,风在下,雷风相伴,这是大自然中长久不变的现象,所以就以此来命名卦名"恒"。君子应立身守节不改变正道。

【卦解】

讲到"恒"字,要从月讲起。月有圆缺,本无恒常,后人在"曰"字上下加两横象征月处于天地之间,这就是表示了天地之间万物的变化,它有它的连续性、永恒性;恒的另一层意思是指它的静态,静态有一种持守、永恒不变的状态。因为恒有两层意思,所以前面讲到"亨,无咎,利贞",就是指静态的。"利贞"就利于固守一种正固之态、正固之道,它能以不变应万变,所以它亨通,无咎害。

"利有攸往,终则有始也。"就是说,这一个终就是另一个的始,这个始又意味着另一个的终,说明恒久不已不是绝对的。无论什么东西,从道理上来说,它好像是无始无终恒久不已的,但是在事象上来说,它不是绝对的,是有始有终的。"日月得天而能久照,四时变化而能久成,圣人久于其道而天下化成。"就是说天地万物,为我所用,而且将天地万物的作用发挥到极致,无所不用。当然这个圣人不是狭义指某一个圣人,某几个圣人,真正说是指一代一代的智慧的结晶。"观其所恒,而天地万物之情可见矣。"观就是从它的恒常不变的道理中观察到的代代相传的智慧,就能看到天地万物的情状。

"君子以立不易方。"立什么呢？就是立于道中。君子之道以"恒"为原则，恒就表示不易，不变。因为道亦不变，原则亦不变，方正的处事原则，为人的原则，都是不变的。

【原文】

初六，浚恒，贞凶，无攸利。

【释义】

初六，深入地求取长久之道，占问结果却是"凶险"，无有所利。

【原文】

《象》曰："浚恒"之"凶"，始求深也。

【释义】

《象传》说："深入地求取长久之道"却出现了"凶险"，这是因为初六一开始就深求"恒"道。

【爻解】

"爻辞内三爻言妇道，外三爻言夫道。"六爻实际上是专从夫妇关系的各个层面来讲恒久之道，并以此推及人事的。初爻为夫妇恒久之道的开始。长男与长女刚结婚，长女就要求长男像相处多年的夫妻一样对她感情很深，所以爻辞说"浚深"。但相知不深而又相求太急，欲速则不达，反而不能得恒久之道。如果长女固守此道不变，以为这就是夫妇恒久之道，必然会招致凶险，没有任何好处。故《小象传》说，深求恒久之道之所以凶险，在于刚开始就遽求深入。从爻象来看，初六居恒之始，又是巽体的主爻，但以柔居刚不当位，质柔而志刚则性躁，干事总想一步到位。固守这条道走下去，自然是只有凶险，没有好处。

【原文】

九二，悔亡。

【释义】

九二，悔恨之事将要消失。

【原文】

《象》曰：九二"悔亡"，能久中也。

【释义】

《象传》说：九二的"悔恨之事将要消失"，这是因为他能持久地坚持中和之道。

【爻解】

从爻象看，九二以阳居阴位，不得正，本应有悔，但九二以刚居中（居下卦之中位），又与六五正应，是动静皆得中。而恒卦尤其贵中，因为能够恒久于中，正也就包含在内了。因此九二以恒久守中而消悔，故爻辞曰"悔亡"。《象传》进一步解释"悔亡"的原因是"能久中也"。按照一般的秩序，男子用刚不用柔，女子用柔不用刚。现在九二以刚居阴位，是女子以刚行妇道，有失正之"悔"，好在九二居中，又应六五之中，能够用中和之道对自己的行为加以节制，才得以"无悔"。

【原文】

九三，不恒其德，或承之羞，贞吝。

【释义】

九三，不能持久地保持自己的美德，时或受到别人的羞辱，做事会遇到困难。

【原文】

《象》曰："不恒其德"，无所容也。

【释义】

《象传》说："不能持久地保持自己的美德"，则为众人所不容。

【爻解】

九三以刚爻居阳位，得正，然而由于九三处下体之上，越过了中位，不能守中持恒；且应于上六，躁动不安，有守德不恒之象。以夫妻关系而论，如果女子质刚而又用刚，且朝三暮四、反复无常，当然会受到社会与家庭的指责，招来羞辱。 若与这样的女子继续保持夫妻关系，必然会发生不幸。 对于朝三暮四的人，别人因不信任而猜疑、因不欢迎而排斥，自己也感到无所逃于天地之间。 所以《象传》说这种人将"无所容也"，即无处容身。

【原文】

九四，田无禽。

【释义】

九四，打猎没有获得猎物。

【原文】

《象》曰：久非其位，安得禽也？

【释义】

《象传》说：久居不正之位，怎么能有所收获呢？

【爻解】

九四已离下体而入上体，上震为长男。 上体三爻是从"夫"这一方谈夫妇恒久之道的。 九四以阳居阴位，既不得正又不得中，因此纵然恒久，也不会有成就。 正如打猎的人跑到鸟兽稀少或根本没有鸟兽的地方，待得再久，也不可能有所收获。 九四一无所获，说明他不能尽夫职以养其妇，如此则夫妇间的恒久之道就难以为继了。

【原文】

六五，恒其德，贞妇人吉，夫子凶。

【释义】

六五，恒久地保持自己的美德，占问吉凶，对于妇人有吉祥，对于男人则有凶险。

【原文】

《象》曰：妇人贞吉，从一而终也。 夫子制义，从妇凶也。

【释义】

《象传》说：妇人吉祥，这说明一个女人应该终身只顺从一个丈夫。而男人则要因事制宜，若顺从女人则会有凶险。

【爻解】

六五居上体的中位，恒卦贵中，得中位即得恒久之道，也就有恒久之德，故爻辞说"六五，恒其德"。但六五以阴居阳、以柔居刚，所以这个德是柔顺之德，而且六五下应九二刚中，呈妇人恒久其德、守贞从夫之象，故将此种柔美的品德守持正固下去，对妇人来说是吉祥的。男子行夫妇恒久之道用刚不用柔，因此这种柔顺之德不适合男子，男子若守持此德必有凶险。因为妇人在操守上应从一夫而终其身，正符合柔顺之德，故"妇人贞吉"。夫子应以阳刚去决断、制裁事理，不应长久地去行柔顺之德，甚至听从妇人摆布，否则必然会坏事而致凶，故"夫子制义，从妇凶也"。六五的爻辞是要告诉人们恒是动态的、变化的。同样"恒其德"，妇人则吉，夫子则凶，这就启示我们用发展的眼光来看待恒，要因事制宜。

【原文】

上六，振恒，凶。

【释义】

上六，振动不安于恒久之道，有凶险。

【原文】

《象》曰：振恒在上，大无功也。

【释义】

《象传》说：上六在上振动不安于恒久之道，结果很不成功。

【爻解】

六五的"夫子"不知恒的动性，静止地去看待恒，结局是凶；上六又走到另一个极端，以动为恒，长久地躁动不安，结局当然也是凶。上六处在恒卦之极，居上位，象征一家之长，可是他长久地躁动不安，甚至以动为恒，夫妇间的恒久之道当然要被他败坏了。《象传》以"大无功"解释爻辞"凶"字，意为完全失败，无回旋余地。

【卦义新解】

人生在世,最怕没志向,没有坚强的毅力去努力实现自己的志向。一个人成就大小,往往受各种因素的影响,但如果有坚强的毅力,绝不会一事无成。

一个人要持之以恒地做一件事情是很难的。因此要坚持自己意志的磨炼,坚持自己思想的感悟,要克服一切困难,逐渐取得进步。

《易经》告诉我们,只要有恒,坚持自己的意志,就能亨通。

《论语》中关于学贵有恒的思想,先述"无倦",次说"一以贯之",再论日积月累,循序渐进,逐步提升,如琢如磨。子张问政时,孔子说:"居之无倦,行之以忠。"子路问政时,孔子说:"先之劳之,无倦",这是孔子对弟子问"政"的回答,即"无倦",也就是对自己要勤勉,不能懈怠,勤能补拙,恒成万事,学习更是如此。孔子反复强调为学育人贵在"不厌"与"不倦"的态度,意即:对己,学习而不知满足;对人,耐心教导而不知疲倦。其中,对求学者而言,学而有恒,学而不厌,这是很难做到的,"学如逆水行舟,不进则退",这需要有执着的精神,久之则学业成矣。

人贵有恒,用在学习上能学有所成,用在事业上仍然是成功的法宝。

每个人都有自己的理想。要想实现理想,就应该铺好垫脚石,多些坑洼,就会多一些挫折,多些平坦,就少一些困难。我们应该为实现理想而铺好垫脚石。多积累,多思考,多领悟,做到平时勤奋一点,工作认真一点、仔细一点,那么离成功就近一点。

理想确定后,为顺利到达理想的彼岸,让理想变为现实,最重要的还是要珍惜时间。所以我们要做时间的主人,为理想之路,开拓一条平坦大道。 为了理想，我们要永不停息地奋斗。 任何挫折、困难都不会动摇我们的意志，并让我们共同铭记：人贵有恒。 滴水穿石，非一日之功。 "只要功夫深，铁杵磨成针。"做任何事都要坚持到底。

"雷风，恒，君子以立不易方。"这里的意思是说：坚持下去，无论多么艰难，君子都不放弃。

弗兰克原本是一位受弗洛伊德心理学派影响颇深的决定论心理学家，但是，他在纳粹集中营里经历了一段凄惨的岁月后，开创独具一格的心理学流派。

弗兰克的父母、妻子、兄弟都死于纳粹魔掌，而他本人也在纳粹集中营里受到严刑拷打。 有一天，他赤身独处于囚室之中，突然意识到了一种全新的感受——也许，正是集中营里的恶劣环境让他猛然警醒："在任何极端的环境下，人们总会拥有一种最后的自由，那就是选择自己态度的自由。"

弗兰克的意思是说，在一个人极端痛苦无助的时候，他依然可以自行决定他的人生态度。 在最为艰苦的岁月里，弗兰克选择了积极向上的态度。 他没有悲观绝望，反而在脑海中设想，自己获释以后该如何站在讲台上，把这一段痛苦的经历讲述给自己的学生。 凭着这种积极、乐观的思维方式，他在狱中不断磨炼自己的意志，直到自己的心灵超越了牢笼的禁锢在自由的天地里任意驰骋时为止。

弗兰克在狱中发现的思维准则，正是我们每一个追求成功的人所必须具有的人生态度——积极主动。

消极被动的人和积极主动的人在很多方面都存在巨大差异。

消极被动的人总是认为自己受环境和他人的左右，如果别人不指点，环境不改变，自己就只有消极地生活下去。 碰到问题的时候，消极被动的人总会找人帮着决定，环境不好的时候，他们就会怨天尤人。他们总是在等待命运安排或贵人相助。对一件事情，他们总认为是事情找上他们，自己无法主导或推动事情的进展。

积极主动的人，无论在什么情况下，自己总有选择的权利。所以，他们对自己总是有一份责任感，因为命运操纵在自己的手里，而自己并不是环境或他人的附庸。对一件事情，他们总是认为，自己可以主导事情的发生、发展。

在现代化的企业中，大多数人的工作不再是机械式的重复劳动，而是需要独立思考、自主决策的复杂过程。著名的管理学家彼得·德鲁克曾指出："未来的历史学家会说，这个世纪最重要的事情不是技术或网络的革新，而是人类生存状况的重大改变。在这个世纪里，人们将拥有更多的选择，他们必须积极地管理自己。"所以，今天大多数优秀的企业对人才的期望是：积极主动、充满热情、灵活自信。

要想在现代化的企业中获得成功，就必须努力培养自己的主动意识：在工作中要勇于承担责任，主动为自己设定工作目标，并不断改进方式和方法；此外，还应当培养推销自己的能力，在领导或同事面前要善于表现自己的优点。

人们应该不再只是被动地等待别人告诉你应该做什么，而是应该主动去了解自己要做什么，并且规划它们，然后全力以赴地去完成。想想今天世界上取得成功的那些人，有几个是唯唯诺诺、被动消极的？对待自己的学业和研究项目，你需要以一个母亲对孩子那样的责任心全身心地投入、不断努力。只要有了积极主动的态度，没有什么目标是不能实现的。

遁卦第三十三

天山遁

(艮下乾上)

【题解】

乾为君子，艮为山林，《遁》有君子遁入山林之象，其所以要"遁"，就于阳消于阴，阴为小人，小人渐长而得势，于君子必不利。故《彖传》习"遁亨"。进而亡身，不如退而守正。此卦与他卦不同的是，上爻反而好于初爻，上九能飞遁而去，所以无有不利；九五能激流勇，退所以曰"嘉"；九四因好于"遁"而吉利君子；九三因不能速速遁去而有危险，然能守正其身也可以有"吉"；六二于"遁"不能解脱，故自固其志；初六最于"遁"，所以有危险。就整个卦象而言，内卦因艮而止，外卦以"健行"速遁而多吉。

【原文】

遁①：亨小，利贞。

【简注】

①遁：卦名。多解作逃避、隐退。

【释义】

《遁》卦象征着退隐和逃避：亨通。做事小有利益。

【原文】

《彖》曰："遁亨"，遁而亨也。刚当位而应，与时行也。"小利贞"，浸而长也。遁之时义大矣哉！

【释义】

《象传》说：所谓"遁亨"，是讲初六在"退隐和逃避后将会得到亨通"。阳刚居中正而应于下，顺应时势而行。"做小事有利益"，这是因为阴气将渐趋蔓延、生长。这说明遁隐的时间具有很大的意义。

【原文】

《象》曰：天下有山，遁。君子以远小人，不恶而严。

【释义】

《象传》说：高高的天空之下耸立着一座座大山，这种景象象征着遁隐。君子因此归隐山林，远避小人，没有凶恶的心，却以严厉的态度对待小人。

【卦解】

既然已经归隐，并且是小人开始得势，自然不会有大的作为，所以卦辞中说"小利贞"。象辞中说："遁之时义大矣哉！"是怎么个大法呢？我们观察尺蠖这一类的小虫子的爬行就会发现，它每当前进时，总是先要把身体缩起来，缩成像一个小桥一样，然后再将身子伸直，这样便前进了一步。人的前进也应当是这样的，先需要退隐静处积蓄自己的力量，等自己的能力达到一定程度时，再来到社会中发挥自己的能力。

象辞中说："君子以远小人，不恶而严。"是针对小人势力渐长的大背景下，对君子提出的忠告。卦中下卦为艮为停止，上卦为乾为刚健，外表刚健，而内心岿然不动，这样就不会为小人的甜言蜜语所迷惑。而又由于小人的势力开始增长，所以小人也得罪不得，君子在这种情况下，只能是从严要求自己，外表虽然不表现出对小人的厌恶，但内心应当明白不能与小人同流合污。古人常把这种品德以出污泥而不染的莲花来比喻，荷花的这种品德便是"远小人，不恶而严"。

【原文】

初六,遁尾,厉,勿用有攸往。

【释义】

初六,退避之时,落在末尾,这是有危险的,不宜有所前往。

【原文】

《象》曰:"遁尾"之"厉",不往何灾也?

【释义】

《象传》说:"退避之时落在末尾"就会有"危险",若不前往,又有什么灾祸呢?

【爻解】

卦象主全卦大义,从全卦来看,初六与六二两阴爻为小人,柔浸而长,说明小人渐盛,故君子要顺时而遁;而就卦中的六爻来说,则六爻都代表君子,代表君子在有关退避的六种不同情况下的处境。故遁卦的卦象与爻象当区别看待,两者有异。在一般的卦中,是以初爻为始的,遁卦的退避是往回退,故初爻在后面,当然就是落在末尾了。该爻辞是说在小人渐盛、时势决定君子该退避之时,初六以阴柔居下,优柔寡断,丧失遁退的最佳时机,落在末尾,处境当然危险;此时若不知轻重四处出击,危厉就更加严重,故爻辞说"遁尾,厉",并戒之以"勿用有攸往",不要有所前往;"不往何灾也",即哪儿都不去,不往而晦藏,这样哪里还有什么灾祸呢?

【原文】

六二,执之用黄牛之革,莫之胜说。

【释义】

六二,用黄牛皮制成的绳索捆绑,没有人能够解脱。

【原文】

《象》曰:"执用黄牛",固志也。

【释义】

《象传》说:"用黄牛皮制成的绳索捆绑",这说明六二有固守不退的意志。

【爻解】

六二的爻辞是比喻的说法。六二以柔居阴,得位处中,以中正上应九五之尊;九五以刚居阳,也是得位处中,以其中正亲合于六二。所以,虽然从卦形上看小人渐盛,君子当遁,但从爻象来看,六二上应贵主,志在辅时,与九五的关系合和亲密,其牢固的程度就像用黄牛皮制的带子来绑缚,没有谁能把它们拉开。《象传》更进一步讲"执用黄牛"的比喻,说明六二不退避的意志很坚定,即所谓"固志也"。

黄为中道,牛为厚德,必须执守道德观念,才没有人能解开和改变。就以范蠡遁离越王勾践的事例来说,下这么大的决心是很不容易的。因为遁是生命轨迹的重大改变,不是轻易可以实现的。

【原文】

九三,系遁,有疾厉;畜臣妾,吉。

【释义】

九三,心有所系,不能遁去,有疾患、危险;若是用于畜养臣仆侍妾,可获吉祥。

【原文】

《象》曰:"系遁"之"厉",有疾惫也。"畜臣妾吉",不可大事也。

【释义】

《象传》说:"心有所系,不能遁去",有"疾患、危险",这说明九三深受疾患和困惫之苦。"畜养臣仆侍妾可获吉祥",这说明九三不可胜任国政大事。

【爻解】

臣妾就是小人与女子，旧观念认为唯女子与小人为难养也，与之太接近则不知逊避；与之疏远则怨恨不已，因此畜养臣仆侍妾只有不恶而严。 九三与六二昵比不是正应，这就好比君子与小人的关系。在此当遁而由于心怀系恋未能遁的情况下，九三本会有危险的，但如能用畜臣妾的办法来对待小人，作为补救的手段，可得吉。 君子为了对付小人被搞得疲惫不堪，虽然采用"畜臣妾"之法来对待小人得吉，亦不可能有大的作为了。

【原文】

九四，好遁，君子吉，小人否。

【释义】

九四，喜欢遁隐，对于君子则吉，对于小人则不吉。

【原文】

《象》曰：君子好遁，小人否也。

【释义】

《象传》说：君子喜欢遁隐，小人则不能做到。

【爻解】

九四下应初六，与初六的关系很好，但九四是刚健的君子，当遁之时毅然割爱，毫不犹豫地退避而去，故吉。 小人遇到此种情况肯定是依恋不舍，当然也就做不到毅然退避之举。

脱离各种恶的诱惑的出路就是对于理性的信仰。 脱离虚伪的教训，就是对于真理的信仰。 不要接近那些竭力使人丧失信心的人，这是渺小的人所固有的特点。

【原文】

九五，嘉遁，贞吉。

【释义】

九五，嘉美的遁隐，是很吉利的。

【原文】

《象》曰:"嘉遁贞吉",以正志也。

【释义】

《象传》说:"嘉美的遁隐是很吉利的",这说明九五能端正自己退隐的心志。

【爻解】

九五,阳刚居中得正,且下应六二柔中。这说明九五高居尊位,且有六二相帮,看来不遁亦可,但九五识微虑远,正如《彖传》所言"刚当位而应,与时行也",及时顺随时势而退避,故爻辞赞之曰"嘉遁"。由此看来,九五以中正自处,处理遁退问题恰当得体,故守持正固可获吉祥。所以九五爻的爻辞是"贞吉"。《象传》说明九五能够"嘉遁贞吉",是因为其思想正,行动才能正。这与六二正相莫。六二也是得位处中,且与九五上应,应该说其处境与九五有相似之处,但六二认识糊涂,固守其不退之志。一个"正志也",一个"固志也",即见其高下之分。九五与九四也有区别,他们都是毅然选择退避的君子,但九四本身不居显要的地位,而九五高居尊位,却能不恋尊位,及时退避,令人钦佩。

【原文】

上九,肥遁,无不利。

【释义】

上九,高飞远举般地退隐而去,没有不利。

【原文】

《象》曰:"肥遁无不利",无所疑也。

【释义】

《象传》说:"高飞远举般地退隐而去,没有不利",这是因为上九心中无所疑虑。

【爻解】

"肥"是指宽松、余裕的意思。 有人讲衣服很肥,是指宽松,较大的意思。 肥与前面"疾惫"是对立的,这里很宽裕了,很轻松了,所以讲"无不利"当然是有利呀! 所以,象曰:"肥遁,无不利;无所疑也。"中疑,是指犹疑、迟疑。 无所疑,也就是不需要去犹疑了,不要去迟疑了。 所以这个时候还是与时行吧! 这里为什么讲到不能犹疑,不能迟疑呢? 正因为这一爻很重要,因为它一走,后面就会向前推。 它向上推一爻,那后面也要往上推一爻,如果它迟疑的话,那后面就无法向上推了。

【卦义新解】

《遁卦》初六曰:"遁尾,厉,勿用有攸往。"

看初六爻要关注两个字:"尾"、"厉"。 首先看"厉",文王说:"遁尾之厉,不往何灾也?"这是把"厉"当成灾祸来解释,即你不去又能有什么灾祸呢? 灾祸听起来非常可怕,但周文王的口气是轻描淡写的——因为破解这灾祸的方式非常简单,只要不去就可以了。

为什么一个如此沉重的"灾祸"用这么轻巧的方式就能化解? 这要回到第一个关键字"尾"上。 爻的推移是由下而上的,此卦柔爻上长,剥蚀刚爻,暗示小人进犯君子,而初六在《遁卦》的最上位,在《遁卦》中退到无路可退,处境不可谓不险,此即"灾祸"的由来。

人活着最怕的就是天灾人祸,生活在现代社会,科技越来越发达,天灾少了,人祸的势头却从来没有削减过。 无论是生活中还是职场中,都少不了小人的踪影。 "遁尾之厉,不往何灾也?"遁卦给出了对付小人的方法:你惹不起小人,就选择躲避!

清朝时太监李莲英倚仗慈禧的宠爱,权倾朝野,为非作歹。 李鸿章以军功晋升,起初很看不起李莲英,无意间得罪了他。于是,老谋深算的李莲英决定教训李鸿章一下,让他知道自己的厉害。

当时,慈禧太后有意静养,想把清漪园修缮一番,以颐养天年,但苦于筹款无术而焦虑不安。李莲英便对李鸿章说:"李伯爷是朝廷重臣,若能体仰上意,玉成此事,以慰太后,以宽圣心,当立下不世之功。"

李鸿章对此等溜须拍马之事岂肯轻易放过?当即满口应承,并接受李莲英的提议,以兴办新式海军、振兴国防的名目,责成各疆吏拨定款,从中提取六七成作为造园经费。

见李鸿章上钩后,李莲英窃喜,拍手称赞,笑容可掬地奉承了李鸿章一番。李莲英随后又对他说:"既然款子有着落了,就请李伯爷辛苦一趟,到园内察看一下,有哪里该拆该建。这样您心中有数,老佛爷要是查问起来,也好回话。"李鸿章想想是这个道理,十分感谢李莲英帮了他一个大忙,给了他一个这么好的机会伺候老佛爷,对自己的危险处境浑然不觉。

到了约定的日子,李莲英借口有事不能奉陪,派了个伶俐的太监领李鸿章把清漪园走了个遍,并记录下了哪里该修假山,哪里该建湖亭,整整逛了一天。李鸿章很高兴,只等太后召见,没想到却等来了光绪皇帝下诏"申饬"。

所谓"申饬",就是由皇帝、太后或皇后派一名亲信太监,捧着"圣旨"去指着某人的鼻子,当众臭骂一顿。被骂的人既不能申辩,也不能回骂,还要伏地谢恩。

原来,李莲英故意挑光绪皇帝肝火最旺的时候,诬陷李鸿章在清漪园里游山玩水。

光绪帝四岁进宫称帝,从小慑于慈禧太后的淫威,始终扮演傀儡皇帝角色,凡事都要看慈禧的脸色,自然有一肚子说不清道不明的委屈,他最忌讳的就是别人不尊重他的皇权帝位。听说权倾当朝的李鸿章敢大摇大摆地在他的御苑禁地游逛,顿时大怒,认为这是"大不敬",是对皇权皇位的公然藐视! 光绪帝一怒之下,不问青红皂白,立即下诏"申饬",将李鸿章"交部议处"。

李鸿章被御批"申饬",自然很快悟出了吃亏的原委,从此再也不敢对狐假虎威的"九千岁"有丝毫怠慢。

小人心胸狭窄,卑鄙阴险,常常因为一些鸡毛蒜皮的小事闹得鸡犬不宁。 俗话说:"宁得罪君子,勿得罪小人。"以李鸿章的权势都吃小人的亏、受小人的罪,不得不听周文王的教诲,用"不往何灾也"安慰自己,普通人更需使尽一切手段,与小人划清界限。

大壮卦第三十四

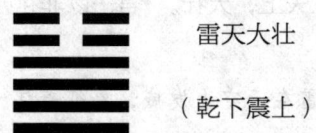

雷天大壮

(乾下震上)

【题解】

《大壮》的真义若用《老子》的话来说,就是"知雄守雌";用《彖传》的话来说,就是"非礼勿履";用孔子的话来说,就是要"泰而不骄","富而好礼"。 "大"而"正",方可谓堂堂正正。 卦中六爻,唯九二"贞吉",正合乎《彖传》所谓"大者正"的道理。 初九以壮用壮,故"征凶";九三也是以壮用壮,所以没有什么好处可言;九四因于壮大之时守正而无所悔恨;六五于"壮"有丧,也能"无悔";上六因不能进而于难中得"吉"。

【原文】

大壮①:利贞。

【简注】

①大壮：卦名，有盛大，上进之意，又有伤之意。

【释义】

《大壮》卦象征着大为强盛：有利于做事。

【原文】

《彖》曰：大壮，大者壮也。刚以动，故壮。"大壮利贞"，大者正也。正大而天地之情可见矣！

【释义】

《彖传》说：所谓"大壮"，事物发展到宏大就会强壮。刚健有力，震动强劲，所以被称作强壮。"大为强盛时有利于做事"，这说明刚健强大者，必然要守正不阿。保持正直强大，那么，就可以发现天地之性情了！

【原文】

《象》曰：雷在天上，大壮。君子以非礼弗履。

【释义】

《象传》说：震雷在天空上发威，象征着伟大而强壮。君子对于非礼之事，是不会实行的。

【卦解】

大壮即是阳之状，吉利亨通自不待言。但是大壮利于贞正，大壮而不贞正，君子做事而不循正理，便是一般的壮，而不是合乎君子之道的大壮了。大壮之时最怕的是自恃其壮，自恃其壮就不正。

"刚以动"是指上卦震卦，它的卦德是动，也是壮的意思。壮者，刚以动。利，因为大壮所以有利。"大壮利贞"有三层含义：一是壮的主体为大；二是主体之势大四个阳爻；三是大的静态为正，动态为壮。"正大而天地之情可见矣。"这里不仅讲到大者壮、大者正，同时又讲到天地之情。这个天地之情有两种情状：一种是静态的情状，是正，因为静中为体，体为正；一种是动态的情状,是"壮"。因为它是用,是有所为、有所用,也就是有所动,所以为壮。因为动起来就显示一种气势的雄壮,这就是天地之情状。

"君子以非礼弗履。"履是履行的履,实践的意思。《论语》里讲:"非礼勿视,非礼勿听,非礼勿言,非礼勿动。"凡是不合"礼"的都不要去做。"履"就是"做"。

【原文】

初九,壮于趾①,征凶,有孚。

【简注】

①趾:脚趾。

【释义】

初九,把刚猛强大的劲头用在足趾上,前行则会遇到凶险,走路的人应当心中怀有诚信之德。

【原文】

《象》曰:"壮于趾",其孚穷也。

【释义】

《象传》说:"把刚猛强大的劲头用在足趾上",这说明初九虽然满怀诚信地走路,却没有路可走了!

【爻解】

初九阳爻居于阳位,有阳刚者躁进之象。处大壮之时,当以阳刚者谦抑自守为佳,初九则躁进不已,所以肯定会面临凶险。因为初九处《大壮》卦之初,仿佛人身最下的部位,故爻辞用"壮于趾"作喻。关于爻辞中的"征凶有孚",有不少学者断为"征凶,有孚",意为出征有凶险,但有诚信或应以诚信自守,这样理解显得有些牵强。因为初九既然象征阳刚者躁进不已,则必有凶险,如果"有孚"作"有诚信"解,则成多余之蛇足。

【原文】

九二，贞吉。

【释义】

九二，做事吉利。

【原文】

《象》曰：九二"贞吉"，以中也。

【释义】

《象传》说：九二之所以"做事吉利"就因为其居于乾刚之正中。

【爻解】

九二阳爻居于阴位，与六五阴爻相应合，有阳刚者知雄守雌、刚柔相济之象；九二阳爻居下卦之中位，又象征阳刚者恪守中道，故九二预示吉祥。此与初九恰成鲜明对比：两者均为阳爻，初九"征凶"，九二则"贞吉"，就是因为初九以阳居阳，阳刚过盛；九二则以阳居阴，阴阳调和。

【原文】

九三，小人用壮，君子用罔①，贞厉。羝羊②触藩③，羸④其角。

【简注】

①罔：即"无"。无所作为，又有解作"纲"者。②羝羊：牡羊。③藩：篱。④羸：大绳索，又解为困。

【释义】

九三，小人妄用强壮之体，君子则不用其壮，占问结果有危险。就像羝羊顶触藩篱，结果角被纠结缠绕。

【原文】

《象》曰："小人用壮"，君子罔也。

【释义】

《象传》说："小人妄用强壮"，君子虽强不用。

【爻解】

九三阳爻居于阳位，有阳刚者躁进之象；但九三阳爻与上六阴爻相应合，又有以柔济刚之象。这就使九三面临抉择：或恃强而进，或知雄守雌，居而不进。爻辞中的"小人用壮，君子用罔"，正是反映九三的这种处境的。因九三面临抉择，故爻辞诫以"贞厉"即预示有危险，并进一步提醒九三："羝羊触藩，羸其角"，意即九三若行"小人用壮"之道，一味躁进，则会像公羊用角顶触藩篱，结果羊角被藩篱卡住一样，陷于进退不得的尴尬之境。

【原文】

九四，贞吉，悔亡。藩决不羸，壮于大舆之輹。

【释义】

九四，做事吉利，悔恨也会随之消亡。藩篱被冲裂开后，羊角也就会被纠缠住了。大车的辐条也变得强壮起来。

【原文】

《象》曰："藩决不羸"，尚往也。

【释义】

《象传》说："藩篱被冲裂开后，羊角也就不会被纠缠"，这说明九四要前行向上。

【爻解】

九四阳爻居于阴位，居位不当，故会有令人后悔之事。但九四处大壮之时，以阳居阴，象征刚柔相济，谦和得体，故最终不会有令人后悔之事，且占问得吉兆。正因为九四处置得体，所以能"藩决不羸"，即公羊以角顶触藩篱，不再像九三那样角被卡住，进退不得，而是一举冲破了藩篱。爻辞中的"壮于大舆之輹"，指大车车厢上面钩住车轴的木头极为粗壮；此木头粗壮，则大车不会损坏，有利于载物前往。因此，此句是用来说明九四有利于向前发展的。

【原文】

六五,丧羊于易,无悔。

【释义】

六五,在变化与交易中丢失了羊,这没有什么悔恨的。

【原文】

《象》曰:"丧羊于易",位不当也。

【释义】

《象传》说:"在变化与交易中丢失了羊",这是因为他所处的位置不当。

【爻解】

六五阴爻处于《大壮》卦由阳爻向阴爻转变之际,所以爻辞中有"易"即边界之说。爻辞中的"羊"当象征阳爻,正如九三"羝羊触藩"中的"羊",亦与阳爻有关;因六五有阴无阳,故说"丧羊"。六五阴爻居于阳位,居位不当,故会有丧羊之事发生。但六五丧羊并非易事,因为六五以阴居阳,且居上卦之中位,在《大壮》卦中,则有刚柔相济、持守中道之象,故爻辞中说"无悔"。

【原文】

上六,羝羊触藩,不能退,不能遂①,无攸利,艰则吉。

【简注】

①遂:前进。

【释义】

上六,羝羊冲触藩篱时被缠绕住,不能退出,也不能前进,无有所利,虽陷入艰难的困境中,却有一个吉利的结果。

【原文】

《象》曰:"不能退,不能遂",不详也严。"艰则吉",咎不长也。

【释义】

《象传》说:"不能退出,也不能前进",情况很不吉祥。"陷入困境却得到吉利的结果",这说明灾难是不会长久的。

【爻解】

上六阴爻处上卦之极,与九三阳爻处下卦之极一样,都位于物体的顶部,仿佛羊角的部位,故都有"羝羊触藩"之象。 不过,上六与九三虽都是"羝羊触藩",且其结果也十分相似:九三为"羸其角"即羊角被藩篱卡住,进退不得;上六亦为不能退,不能进,但造成这一结果的原因却颇为不同。 九三是因为阳爻居阳位,躁进不已;上六则是因为处《大壮》卦之终,且居上卦震之极,故躁动不已。 因上六以阴爻居阴位,阴柔有余而阳刚不足,所以其角会被藩篱卡住。 不过,上六虽被藩篱卡住,处境艰难,但因其与九三阳爻相应合,故最终会"艰则吉",即会在外力的帮助下摆脱困境,并获吉祥。

【卦义新解】

《大壮卦》初九云:"壮于趾,征凶,有孚。""趾"指脚趾,初九爻的字面意思是脚趾强壮,不要出行,出行会有灾祸。 这个爻非常有意思,所谓"趾"是从爻序取象的。 如果把卦比喻成人的身体,那么处最下位的初爻就相当于脚趾。 出现在艮初六的"艮其趾"、噬嗑初九的"屦校灭趾",都是这么来的。

脚趾强壮了,就会有利用优势出行的强烈欲望,可是一定要注意,这时强壮的是脚趾,也就是说,出去打拼的条件还不成熟。 干一番事业需要各种条件,在不成熟的时候贸然行动,一味瞎摸乱撞,必然会带来灾祸。

睿智的人做事之前会反复审时度势,若条件不具备,即使外面的世界诱惑再也不会轻易出手。

王猛本是汉族的才子,出生在青州北海郡剧县,年幼时因战乱随双亲逃到魏郡。苻坚是氐族在长安建立前秦的一位君王。当时，汉族人的东晋政权依然存在，王猛为什么要投奔到氐族苻坚旗下呢？这是因为王猛极认真地选择了人生道路。他明白一个人再有才能，如果没有一个聪明能干的君主，其才能也无法发挥出来。而正确地选择君主，正是一个人才能和智慧的体现。

王猛年轻时曾到过后赵的都城——邺城，这里的达官贵人没有一个瞧得起他，唯独有一个叫徐统的见了他以后非常惊奇，认为他是一个了不起的人物。徐统请他为功曹，可王猛不仅不答应，反而逃到西岳华山隐居起来。他认为自己的才能不应该干功曹之类的事，而是帮助一国的君王干大事，所以，他暂时隐居山中，静观社会风云变化，等候时机到来。

公元351年，氐族的苻健在长安建立前秦王朝，力量日渐强大。公元354年东晋大将军桓温带兵北伐，击败了苻健，把部队驻扎在灞上。王猛身穿麻短衣，径直到桓温的大堂求见。桓温请他谈谈对当时社会局势的看法。王猛在大庭广众之下，一边把手伸到衣襟里面去捉虱子，一边纵谈天下大事，滔滔不绝，旁若无人。

桓温心中暗暗称奇，便问王猛："我遵照皇帝的命令，率领十万精兵凭着正义来讨伐逆贼，为老百姓除害，可是，关中豪杰却没有人到我这里来效劳，这是什么缘故呢？"王猛直言不讳地回答道："您不远千里来讨伐敌寇，长安城近在眼前，而您却不渡过灞水去把它拿下，大家摸不透您的心思，所以不来。"桓温沉默良久，因为王猛的话正中他的要害。实际上他心里想的是：自己平定了关中只得个虚名，地盘却归于朝廷，与其消耗实力，为他人作嫁衣，还不如拥兵自重，为自己将来夺取朝廷大权保存力量。

桓温更加认识到面前这位穷书生非同凡响。他终于抬起头来，慢慢地说道："江东没有人能比得上你。"

后来，桓温退兵了，临行前，他送给王猛高级车子和优等马匹，又授予他高级官职"都护"，请他一起南下。王猛到华山征求师父的意见后，拒绝了桓温的邀请，继续隐居华山。

王猛这次拜见桓温，本想出山显露才华，干一番事业，但最后还是打消了这个念头。因为他考察桓温和分析东晋的形势之后，认为桓温不忠于朝廷，怀有篡权野心，未必能够成功，自己若投奔他，很难有所作为。这是他第二次拒绝邀请和提拔。

桓温退走的第二年，苻健去世，继位的是中国历史上有名的暴君苻生。他昏庸残暴，杀人如麻。苻健的侄儿苻坚想除掉他，于是广招贤才，以壮大实力。他听说王猛德才兼备，就派当时的尚书吕婆楼去请。

苻坚与王猛一见面就像知心的老朋友，他们谈论天下大事，双方意见不谋而合。苻坚觉得自己遇到王猛好像三国时刘备遇到了诸葛亮；王猛觉得眼前的苻坚才是值得自己一生效力的对象。于是，他十分乐意地留在苻坚身边，积极为他出谋划策。

公元357年，苻坚一举消灭暴君苻生，做了前秦君主，王猛则成了中书侍郎，掌管国家机密，参与朝廷大事。王猛36岁时，因才能突出、精明能干，一年之中连升五级，成了前秦的尚书左仆射辅国将军、司隶校尉，为苻坚治理天下出谋划策，干出了一番轰轰烈烈的大事业，成为中国古代杰出的政治家。

王猛不愧为一代奇才，在动荡不安的社会形势下，忍住对虚名的追求，正确选择了人生道路，所以才有了事业的成功及一生的辉煌。他克服了一般人急于求取功名富贵的浮躁心态，静待最佳时机，才投身仕途。这是他获得成功的重要经验，这种经验在我们的日常工作中也一样适用。我们应该懂得忍耐，学会忍耐，不要急于一时，要审时度势尽力去选择一个你认为最合适的起点，这样你的事业才能顺利进行下去。

晋卦第三十五

火地晋

（坤下离上）

【题解】

《晋》卦总是让人们想到一轮红日于大地上冉冉升起的情景，《彖传》谓此卦是"顺而丽乎大明，柔进而上行"，"大明"就是指太阳，"柔进"就是指冉冉升起的样子。于是《晋》卦中凡合乎"柔进"则能吉利。六爻之中，唯六二最为吉利，因其于象为"大明"，于义则为"柔进"，于位则当位于中正柔和之道，余则"无咎"而已。

【原文】

晋①：康侯用锡②马蕃庶③，昼日三接。

【简注】

①晋：卦名，有进意。②锡：赐。③蕃庶：繁育，在此有众多之义。

【释义】

《晋》卦象征着长进：尊贵的公侯接受天子赏赐的众多车马，一天之内被多次接见。

【原文】

《彖》曰：晋，进也，明出地上。顺而丽乎大明，柔进而上行，是以"康侯用锡马蕃庶，昼日三接"也。

【释义】

《彖传》说："晋"，就指长进，就如同光明的太阳从地平线上升起。大地上的万物都顺从地承受美丽盛大的太阳光辉，光明柔和地冉冉升起，一直向上行进。所以，就能使得"尊贵的公侯接受天子赏赐的众多车马，一天之内被多次接见"。

【原文】

《象》曰：明出地上，《晋》。君子以自昭明德。

【释义】

《象传》说：光明出现在大地之上，象征着"长进"。君子因此知道自己必须彰显光辉的美德。

【卦解】

康侯，有人认为，康侯是指某一个人，但引经据典的话，不足信。这康侯也是指广义的，是指当时周朝有这么一个规定，凡是哪一个诸侯国的封地，治理得好，那就叫"康明安邦"，这样他就能得新的赏赐。"锡马蕃庶"，"锡"是赐；"马"，当然有马就有车。赐给一些有功绩的诸侯，赐给那些封地治理得好的诸侯，并赐以"康明安邦"之誉。蕃庶，是指多，是赐给他们很多的车和马。昼日三接，不仅仅是赐他们这些，而且多次接待他们，非常高兴地给他们的这些奖赏。这就是一种晋升的意思，这个晋不仅是指个人得到了嘉奖，得到晋升，而是他所管的封地的百姓，都有晋的意思。

"顺而丽乎大明，柔进而上行。"顺是指下面坤卦，"丽乎大明"，大明当然是指上面的离卦，离卦是火，当然是大明。丽实际叫美丽。丽乎，就是说这个顺是顺从了天子国，所以他嘉奖你，你这个顺从得到了嘉奖，那当然也很光彩。顺而丽乎大明，就是各诸侯顺从并亲附于英明的天子，"柔进而上行"描述了各诸侯觐见时的情景。

"自昭明德。"这个"明德"是《大学》里的："大学之道，在明明德。""在明明德"，即"学大礼"、"履大节"。"古之欲明明德于天下者，先治其国；欲治其国者，先齐其家；欲齐其家者，先修其身；欲修其身者，先正其心；欲正其心者，先诚其意；欲诚其意者，先致其知；致知在格物"，格物就是去研究，去参透它。通过格物能够仰观天象，俯察地理，然后就得到了知识，得到知识就能诚其意，正其心，然后就可修其身，齐其家，治其国，然后就能平天下。这就是明德的道理，所以自昭明德，自昭就是自己昭示自己。

【原文】

初六，晋如摧①如，贞吉。罔②孚，裕无咎。

【简注】

①摧：挫折、受阻、毁坏，又说为忧愁。②罔：无。

【释义】

初六，无论是上进还是退却，都是吉利的。即使是尚未得到众人的信服，宽裕时日，也没有灾害。

【原文】

《象》曰："晋如摧如"，独行正也；"裕无咎"，未受命也。

【释义】

《象传》说："无论是上进还是退却"，初六都能独自实行正道；"宽裕待时则没有过错"，这说明初六尚未禀受君王之命。

【爻解】

初六阴爻处于阳位，与九四阳爻相应合，有积极进取之象。但初六以阴居阳，居位不当；与九四相应合时，前面又有六二、六三两个阴爻阻隔，因此其前进很不顺利，故爻辞中说"晋如摧如"，即既前进又后退。不过，初六之前进与后退，均是根据客观形势而定的，因其处置得当，不会引起麻烦，所以预示吉祥。但是，初六毕竟是进退无定，其行动无法取得他人的信任，故爻辞中又说"罔孚"。然而，面对此种局面，初六没有灰心丧气或急躁盲动，而是采取"裕"即静观待时的方法，所以不会有灾殃。至于《象传》中说的"未受命也"，是指初六处《晋》卦之初，仿佛一个人刚踏入社会，还未受到任何任命，故可进可退。

【原文】

六二，晋如愁如，贞吉。 受兹①介②福于其王母。

【简注】

①兹：此。②介：大。

【释义】

六二，无论是上进还是忧愁，都能获得吉利。将从尊贵的王母那里接受宏大的福气。

【原文】

《象》曰："受兹介福"，以中正也。

【释义】

《象传》说："接受宏大的福气"，这是因为六二身处中正之道。

【爻解】

六二阴爻上无阳爻与之相应合，当晋之时，象征前进的动力不足，故视前进为可忧愁之事。 但六二阴爻居下卦之中位，又有阴柔者居中得正之象，其行为不会有过或不及之虞，故预示吉祥。 爻辞中的"受兹介福，于其王母"是对六二之吉祥的补充说明：六二恪守中正之道，所以将从王母那里接受大的福泽。 这里的"王母"当指六五阴爻，因为六五与六二是同位之爻，虽不相应合，但同具守中之德，因此久必感通。 称六五为"王母"，是因为六五为阴爻，又居一卦之尊位。

【原文】

六三，众允，悔亡。

【释义】

六三，获得众人的信任，悔恨就会消失。

【原文】

《象》曰："众允"之志，上行也。

【释义】

《象传》说:"获得众人的信任"的六三的志向,这是因为他与大家同有上进之心。

【爻解】

六三阴爻处于阳位,居不当位,又不居中,故应有令人后悔之事。但六三阴爻与上九阳爻相应合,有向上前进之志,此与初六、六二之心志相同,故能受到大家的信任,并一起前进,所以爻辞中说"众允,悔亡"。

【原文】

九四,晋如鼫鼠①,贞厉。

【简注】

①鼫鼠:硕鼠,即大鼠。

【释义】

九四,上进之时犹如身无一技之长的鼫鼠,这种情况很危险。

【原文】

《象》曰:"鼫鼠贞厉",位不当也。

【释义】

《象传》说:"身无一技之长的鼫鼠遇到危险",这是因其所处的位置不当。

【爻解】

九四阳爻居上卦离之初,已脱离下卦坤,有太阳初升之象,因此,九四应毫不犹豫地向上升近。但是,九四阳爻居于阴位,居位不中不正,故其心无定见,行动时像鼫鼠般胆小犹豫,以致错失向上升近的大好时机,所以爻辞中说"贞厉"。关于"鼫鼠",一说指鼫鼠,一说指硕鼠,一说指一种身无专技的五技鼠。而《尔雅音图》中则说,鼫鼠"形大如鼠,头似兔,尾有毛,青黄色,好在田中食粟豆"。

【原文】

六五，悔亡，失得勿恤①，往吉，无不利。

【简注】

①恤：忧虑。

【释义】

六五，悔恨消失，不要为得到与失去忧虑。前往必得吉祥，无有不利。

【原文】

《象》曰："失得勿恤"，往有庆也。

【释义】

《象传》说："不要为得到与失去忧虑"，前往则必有福庆。

【爻解】

六五阴爻居于阳位，居位不当，故六五会患得患失，并会有令人后悔之事。但六五居上卦之中位，象征阴柔尊者持守中道；六五在上卦离之中，又仿佛日悬中天，故六五可放心大胆前进而无任何不利。至于前面所说的因为后悔、患得患失而导致笼罩在心头的阴霾，最终也会统统消失。

【原文】

上九，晋其角，维用伐邑，厉吉，无咎，贞吝。

【释义】

上九，上进至极，就像高居兽角尖端一样，宜于征伐邑国建立功绩，虽有危险，但最终还是吉祥的，没有什么灾难，只有一些困难而已。

【原文】

《象》曰："维用伐邑"，道未光也。

【释义】

《象传》说："唯有用征伐才能使人信服"，这说明上九的道德并没有光大。

【爻解】

上九阳爻居《晋》卦的最上位，仿佛动物向前伸出的角，所以爻辞中说"晋其角"。 上九居于上卦离之极，仿佛日已偏离中天。 正向西沉落，其影响力日渐减弱；以此比喻人事，则好比统治者的属邑中会发生抗命、叛乱之类的事。 但上九属于阳爻，其阳德尚在，故爻辞中说出兵讨伐属邑可获胜。 但依靠武力解决问题，毕竟说明其影响力已趋削弱。 故爻辞中又说"贞吝"。 《象传》中则明确指出，上九要通过武力来使其属邑顺从，是因为"道未光"即正道未能发扬光大。

【卦义新解】

《周易》指出：晋升之道，在于光明道德而柔顺。 常言道："勇猛的老鹰，通常都把它们尖刻的爪牙露在外面。"巧妙地推荐自己，是加快自我实现的不可忽视的手段。

《成功地推销自我》的作者 E·霍伊拉说："如果你具有优异的才能，而没有把它表现在外，这就如同把货物藏于仓库的商人，顾客不知道你的货色，如何叫他掏腰包？ 因此，积极的方法是自我推销，如此才能吸引他们的注意，从而判断你的能力。"

想做大事业，必须放弃"薄薄的面子"，更新观念，大胆地推销自己。 具体可参考以下几点建议：

（1）要学会表现自己

也许你会说："我数年埋头苦干，兢兢业业，却默默无闻。""现在是干的人不香，说的人飘香。"如果你尝到这种苦头的话，那么，证明你缺乏干的艺术和说的艺术。 请你自问一下，别人不愿意做的事情，是否领导都了解？ 靠别人发现，总归是被动的。 靠自己积极地表现，才是主动的。 成功者善于积极地表现自己最高的才能、德行，以及各种各样的处理问题的方式。这样不但表现自己，也便于吸收别人的经验，同时获得谦虚的美誉。学会表现自己吧——在适当的场合、适当的时候，以适当的方式向你的领导表现你的业绩，这是很有必要的。

(2) 将期望值降低一点

人有百种，各有所好。假如你投其所好仍然说服不了上司，没能为对方所接受，你应该重新考虑自己的选择。倘若期望值过高，目光盯着热门单位，就应该适时将期望值下降一点，目光盯一个单位；还可以到与自己专业技术相关相通的行业去自荐。美国咨询专家奥尼尔如是说："如果你有修理飞机引擎的技术，你可以把它变成修理小汽车或大卡车的技术。"

(3) 最大限度地表现自己的美德

人是复杂的，多面的，既有长处，也有短处；既有优点也有缺点。如何扬长避短，最大限度地表现自己的美德，这是现代人必备的素质。聪明人能够使自己的美德像金子一样闪闪发光，具有永恒的魅力。你是否最大限度地表现了自己的才能和美德呢？这可是成功的一大秘诀，它有利于丰富你的形象，有利于你事业的成功。

人们都想得到一个较高的位置，找到一个较大的机会，使自己有"用武之地"。但是，人们却往往容易轻视自己简单的工作，看不起自己平凡的位置与渺小的日常事务。而成功者即使在平凡的位置上工作都能做得十分出色，自然也就能更多地吸引上级的注意。成功者每做一事，都不满于"还可以"、"差不多"，而是力求尽善尽美、问心无愧。他们的任何工作都经得起"检查"。他们的美德，就是在一件件小事中闪闪发光的。

最大限度地表现自己的美德，这里还有一个度的问题。表现自己而又恰如其分，这既是一种能力也是一门艺术，它往往体现一个人的修养。

(4)独辟蹊径,与众不同

这是一种显示创造力,超人一等的自我推销方式。

款式新颖,造型独特的物体常常是市场上的畅销货;见解与众不同,构思新奇的著作往往供不应求。独特、新颖便是价值。物如此,人亦然。他人不修边幅,你则不妨稍加改变和修饰;他人好信口开河,你最好学会沉默,保持神秘感,时间越长,你的魅力越大;他人总是扬长避短,你可试着公开自己的某些弱点,以博得人们的谅解;他人自命清高、孤陋寡闻,你应该尽力地建立一个可以信赖的关系网;他人虚伪做作,你要光明磊落、待人坦诚;他人只求差强人意,你则应全力以赴,创第一流业绩;他人对上级阿谀奉承,你却不卑不亢。倘若你愿意试试以上方法来表现自己,就一定可以收到异乎寻常的效果。

《周易》中还强调,在前进中求发展时,必须以得到群众的信赖和支持为前提,善于筹划,谨慎实行,不可贪得无厌。

明夷卦第三十六

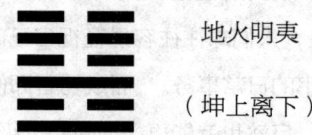

地火明夷

(坤上离下)

【题解】

"明"之于"夷",是光明殒灭的现象,而这一现象在《周易》中是以"明"入地下的形象化情景来表现的。离为日,离为火,离为雉,光明附着于雉,则有"于飞"之象。然而,这样的"于飞",在初九时只能"垂其翼",至六二则已"夷"于左股。但是,君子对于殒伤之痛并非一味地忍受,而是有所作为的,故九三的"南狩"就可以被看做是君子对光明被"夷"的反击。当然,正确而适当的"反击"集中表现为六五所列举的"箕子"对待"明夷"的态度和方法。

【原文】

明夷①:利艰贞。

【简注】

①明夷:卦名。夷,通痍,为伤。

【释义】

《明夷》卦象征着光明殒灭:有利于在艰难中守正的人。

【原文】

《彖》曰:明入地中,"明夷"。内文明而外柔顺,以蒙大难,文王以之。"利艰贞",晦其明也,内难而能正其志,箕子以之。

【释义】

《彖传》说:光明隐入地中,象征着"光明殒灭"。内具文明之美,外呈柔顺之德,就可以像周文王蒙受大难时那样躲过劫难。"有利于在艰难中守正的人",把自己光明磊落的品德隐蔽起来,即使是在朝廷内部蒙受艰难的折磨,也要使自己的思想正直无私,就像正直的箕子那样渡过难关。

【原文】

《象》曰:明入地中,"明夷"。君子以莅众,用晦而明。

【释义】

《象传》说:光明隐陷入地下,这种情况就是"明夷"。君子用这一卦象蕴含的道理来对待众人,就是以隐晦光明的方法使自己的美德更加光明正大。

【卦解】

这里看起来太阳已经西下,进入黑夜了,但是还是有利的,是正固的。但也有一定的危险。不过总体来说,是利的,是正固的,因为毕竟是昼夜,是一种自然现象。"内文明而外柔顺,以蒙大难,文王以之。"内文明指内卦为离卦,外柔顺指外卦是坤卦,坤卦是柔顺的,它的卦德就是顺。但是蒙上大难了,是周文王蒙上大难了。"内难而能正其志,箕子以之。"内难,火也有一种难的意思。能正其志,就是虽然有难,但还能正其志,坚持自己的原则,这是指箕子。一个人在逆境之中,要想求得生存,就要有一些非常手段,消极地等待那是不行的。当然这个非常手段不能违背了道德和法律,要顺乎时代潮流。

"君子以莅众,用晦而明。"以莅众,就是治理,面临天下大众,面临这些公务。"用晦而明",看起来有时是晦其明,箕子就是晦其明,本身他心里很明白,但表面看起来既疯又傻,这晦其实是一种非常手段,是明的,是光明正大的,他的志是明的,这是一种韬晦。

【原文】

初九,明夷于飞,垂其翼;君子于行,三日不食。有攸往,主人有言。

【释义】

初九,光明殒灭时,向外飞翔要低垂掩抑着翅膀。君子行走在路上,已多日没有吃饭了。要有所前往,因为主人有责难之言。

【原文】

《象》曰:"君子于行",义不食也。

【释义】

《象传》说:"君子行走在路上",这是因为君子以仁义为本,在光明殒灭时不食俸禄。

【爻解】

初九阳爻居于阳位,且处《明夷》卦之初,有阳刚君子在光明受到遮蔽、政治即将陷入黑暗前及早遁避之象。爻辞中的"明夷于飞，垂其翼"，借鸟在天色昏暗时垂翼而飞，小心翼翼，喻指君子遁避时小心谨慎、不事张扬。"君子于行，三日不食"，则说明君子急于遁避，行色匆匆，为了不耽误赶路，以至于三天不吃东西。"主人有言"中的"主人"，当指遁避者的上司或主人；因阳刚君子在遁避时，祸难还未显现，主人对阳刚君子的行为感到不解，故"有言"即出言责备。爻辞中无吉凶之断语，但从《象传》所说的"义不食"来看，初九的行为是值得赞许的。

【原文】

六二，明夷，夷于左股，用拯马壮，吉。

【释义】

六二，光明殒灭，使左边大腿遭受创伤，此时，若能借助良马来拯救伤者，就会使其恢复强壮，可得吉祥。

【原文】

《象》曰：六二之吉，顺以则也。

【释义】

《象传》说：六二的吉利，就在于他能柔顺地顺应事物发展的规律。

【爻解】

六二阴爻居下卦之中位，有阴柔者居中守正之象。居中守正之君子，在政治陷于黑暗之时，必会受到小人的中伤，故爻辞中以"夷于左股"即左腿受伤来比喻。但六二既具柔顺之德，又能坚持中正之道，故必能得到他人的帮助而顺利渡过难关，爻辞中的"用拯马壮"即指此而言。既然六二能化险为夷，故预示吉祥。

【原文】

九三，明夷于南狩，得其大首，不可疾贞。

【释义】

九三,于光明殒灭之时在南方狩猎并实行征伐,俘获元凶首恶,但不可以过急行事,应当守正持固。

【原文】

《象》曰:"南狩"之志,乃得大也。

【释义】

《象传》说:"南狩"的志向,是为了大有所得。

【爻解】

九三阳爻居于阳位,又处在下卦离的最上位,象征晦藏待时的阳刚明主即将昭显其光明之德。九三阳爻与上六阴爻相应合,上六阴爻处于上卦坤之最上位,象征压制光明的昏暗之主。因此,九三的任务,就是诛除上六,推翻其黑暗统治,以使天下政治恢复清明。但是,上六实行黑暗统治既久,要彻底推翻它,并非一朝一夕的事,需要付出长期艰苦的努力,所以爻辞中说"不可疾贞",意即不宜急于求成。商朝末年,纣王无道,周文王、周武王父子二人经过长期的准备和努力,才最终推翻了商朝统治,正合此爻之义。

【原文】

六四,入于左腹,获明夷之心,于出门庭。

【释义】

六四,退处于左腹,深刻领会光明殒灭的内涵,然后才跨出门远走高飞。

【原文】

《象》曰:"入于左腹",获心意也。

【释义】

《象传》说:"退处于左腹",这是为了获得明夷的真正意义。

【爻解】

六四阴爻居于阴位,有阴柔者得位守正之象。但六四已进入上卦坤体,当明夷之时,进入坤体,便意味着陷入黑暗之中。不过,六四系初陷入黑暗,故尚有脱离黑暗之机会。爻辞中的"入于左腹,获明夷之心"一句颇为难解,历来众说纷纭,朱熹则干脆说"此爻之义未详"。我认为,此句之所以难解,在于其存在双重比喻:第一重,以生理上的腹和心的关系作喻,心位于腹腔左侧,故如果处于左腹的部位,就能较好地了解心的情况;第二重,以腹和心的关系比喻空间上的关系,正如进入敌方的腹地,就能了解敌方核心位置的情况。六四以柔顺之道处事,故有机会进入腹地。从而摸清了光明受到遮蔽的真正原因;弄清原因后,发现此种情况已无力改变,于是毅然跨出门庭,远走高飞。微子是商纣王的庶兄,他看到纣王暴虐,数次劝谏,纣王均不予理睬。微子看到纣王灭亡在即,犹不知悔改,便离开朝廷出走。周武王灭商后,微子降周,被封于商丘,国号宋。此事颇合六四爻义。

【原文】

六五,箕子①之明夷,利贞。

【简注】

①箕子:商纣贤臣。

【释义】

六五,殷纣时的箕子处于光明殒灭时,其终得吉利就是因为他内蕴光明,坚守正道。

【原文】

《象》曰:箕子之贞,明不可息也。

【释义】

《象传》说:箕子在"明夷"时还守持着正直的品德,这说明六五内心的光明是不可熄灭的。

【爻解】

六五阴爻接近象征昏暗之君的上六阴爻,又处于上卦坤中,有陷入黑暗之中而无法摆脱之象。但六五居上卦之中位,有阴柔者持守中道之象,故六五虽陷入深深的黑暗,但内心仍保持高尚的情操,而不与黑恶势力同流合污。爻辞中以箕子掩藏自己的智慧作喻,可谓恰到好处。箕子被商纣王囚禁后,佯狂为奴。周武王灭商后,箕子获释,既保持了内心之德,又得以保全性命于乱世,所以爻辞中说"利贞"即有利之占问。

【原文】

上六,不明晦①,初登②于天,后入于地。

【简注】

①晦:不明。②登:升。

【释义】

上六,不发出光明却带来昏暗,起初登临于天上,最终却坠落于地下。

【原文】

《象》曰:"初登于天",照四国也;"后入于地",失则也。

【释义】

《象传》说:"起初登临于天上",其光可照耀四方之国;"最终却坠落于地下",这说明上六丧失了正确的法则。

【爻解】

上六阴爻处《明夷》卦之极,有极度黑暗之象,仿佛昏庸的君主因内心不明,造成天下政治漆黑一团,所以爻辞用"不明,晦"来强调这种黑暗之极的状况。爻辞中的"初登于天",是说明上六居于君位,处于最高的位置治理民众;"后入于地",是指上六因昏庸残暴而被推翻,陷于万劫不复之地。商纣王从继位为天子而到后来自焚而死,恰好反映了"初登于天,后入于地"的过程。

【卦义新解】

《明夷卦》中的《象》曰:"明入地中,'明夷';君子以莅众,用晦而明。"意思是:光明入于地下,象征着"光明被阻"。君子要能够遵循这个道理去管理民众,即有意不表露自己的才能和智慧,反而能在不知不觉中使民众得到治理。这和老子"无为而治"的管理思想非常接近。

"无为而治"是道家的政治哲学,主要是说统治者应尽量克制欲望,不要劳民伤财,对政事少干预,顺其自然,垂拱而治,这样做就会收到"无为而无不为"的效果,使社会得到大治。后来,他们进一步把这一原则用在君臣关系方面,发展成一套颇具特色的帝王权术学。

这一帝王权术的内容,首先是指君主不要亲自处理政务,而是指挥臣下干一切事情,使自己处在虚静无为的地位,垂拱而治。君主逞能恃才,事必躬亲,其实并不表明君主的聪明,反倒表现出君主的无本事和低能。法家认为,如果人君亲自处理一切政务,这是代臣下蒙劳负任,而臣下反而无所事事,享受安逸。这样,君主就把自己降到臣下的地位了。另外,君主处处争先逞能,容易把自己的一切长短优劣都暴露给臣下,而使君主失去主动权,处于被动的尴尬地位。君主的职责是用臣,而不是代臣下办事。君主如果能够像汉高祖那样善于用将,善于任用和指挥天下最有才智的人为其效力,这才是最高明的统治艺术。

韩非说:明君在上行无为之道,群臣在下则竦惧而不敢为非。明君之道,使智者尽其思虑,而君主因之以断事,故君之智慧无穷;使贤者贡献才能,君主因而任之,故君之才能无穷;办事有功则君主受贤名,有过则臣下承担罪责,故君之声誉无穷。如此,君主虽不贤,可为贤者之师;君主虽不智,可为智者之准则。能使臣任其劳,而君有其成功，此即君主之常法。为君之道在于使臣下无从观测，无从知晓。君主虚静无为，暗中观察臣下的过失，见若不见，闻若不闻，知若不知；知其言则验其言行是否一致，每一官职设一人，无令其相互通气，则万物之情尽显。君主要掩盖行迹，隐匿念头，使臣下无从推测；去掉智巧，不显才能，臣下就无从揣度。不泄露意图而考核臣下是否与我一致，谨慎而牢固地执掌权柄。杜绝臣下的欲望，破除臣下的意欲，无使其贪求我之权柄……为君之道，以静退为贵，不亲操事务而知臣下办事之巧拙，不亲自谋虑而知臣下之谋虑是祸是福。

韩非的这一段议论，把这种"无为而治"的要旨讲得非常明白。在法家眼里，无为之术是君主驾驭臣下的一种特殊手段。这一权术的特点就在于：君主在驾驭臣下时，要处在虚、静的地位，以虚制实，以静制动，大智若愚，以"无为"而达到"无不为"。这一权术的内容可以归纳为以下几个方面：

（1）君主要深居简出，神出鬼没，隐蔽自己的行踪，使自己在臣下的心目中充满着高深莫测的神秘感。这种神秘感会对臣下产生巨大的威慑力量。在这方面秦始皇最为典型。他经常变换居住的宫室，严禁侍从把他的言行透露给大臣。侍从违令，泄露了他的行踪，就要被处死。汉武帝经常潜游离馆，外朝官难以面见帝王，凡请奏机宜，多由宦官充任，这就增强了汉武帝的神秘性。明世宗十几年不见大臣，有一次，他在内廷召见大臣，几位大臣战战兢兢、诚惶诚恐。世宗听了汇报后，感到不满，哼了一声，一位大臣当即吓得屎尿失禁，秽气熏天，被内侍拖出了内廷。

（2）君主对任何事情都不要事先表态，不要流露出自己的意向。只要君主有任何意向性的表示，臣下都会钻空子，或乘机拨弄，这样一来，君主就难免受到迷惑。君主应该尽量让臣下发表意见，让他们尽力去做，自己则冷眼旁观，不露声色，不置可否，在暗中观察臣下的一举一动，伺机捕捉臣下的过失。这就是韩非所主张的"虚静无事，以暗观疵"之术。

（3）君主不要显示自己的欲望，不要随便表示自己的好恶。韩非说，君主不要显示自己的欲望，若君主显示出欲望，臣下将千方百计满足君主的欲望以献媚；君主不要暴露心意，若君主暴露心意，臣下将显示其异能以投其所好，所以君主能隐蔽好恶之情，臣下就能现出本质。臣下总是要千方百计地窥伺君主的欲望和好恶，然后投其所好，设诱饵以钓之。据说，燕昭侯爱说梦话，为了不把自己的心思泄露给侍从，经常独寝一室。

（4）用权术参验群臣，以察奸邪。韩非对君主参验臣下的权术列举得非常详细，其大意是：参听众人之言，以知其是否忠诚；改易臣下任职之地及其职位，以观其实际才能；根据现有的事实推测审查其隐私隐情，举其往事以知其现状；通过亲昵之人而探其内情；以诡谲之道而使之，以杜绝其渎慢行为；故意说错话、说反话、做错事，试探所怀疑的人，以得奸情；派间谍监督专任之臣；扬言欲做某事，以察众人动静；故意显示意欲好恶，以观察人臣的正直或谄谀；臣下结成朋党，则从中挑拨离间，制造事端，使其内部争斗，以散其党羽；详尽掌握一事的原委细节，以惊惧臣下之心，等等。隋文帝就曾派人向官吏行贿，凡接受贿赂者皆处以重刑。唐太宗为了考察官吏是否廉洁，也密使左右向掌管全国关卡通行以及赋税事务的司农令史行贿。该人受绢一匹，就以贿赂之罪杀之。

（5）君主驾驭臣下要诡诈多变，出其不意，使其防不胜防，因而不得不慑服于君主的威势。楚汉战争时，张耳、韩信统帅汉军救赵。一天早晨，刘邦带领侍从突然驰入军营。张耳、韩信尚在睡梦之中。刘邦直入其卧室收夺其印信符节，然后才召集众将听令。张耳、韩信从梦中醒来，方知汉王来临，不禁大惊失色。汉王遂命令张耳守赵地,同时拜韩信为相国,全权统兵进攻齐地。刘邦的诡诈之术,就连韩信也佩服之至,由衷地称颂他"善于将将"。

家人卦第三十七

风火家人
(巽上离下)

【题解】

《大学》曰:"修身,齐家,治国,平天下。"那么,如何才能"齐家"呢?《彖传》的答案是:"男女正。"男子要像《家人》卦中的上九一样"威严治家",而女子要像"六二"一样在家中主管饮食之事,男女各职其事,就是各守其正。从卦象而言,《家人》内卦为中女,外卦为长女,上下皆为阴卦,且二女皆得正位,故卦辞曰"利女贞"。就爻象而言,六二、六四居女正于内,上九、九五、九三皆居男正于外。当位居正于内的六二与当位居正于外的九五,形象地说明女正于内、男正于外的中国古代"家人"观。

【原文】

家人①:利女贞。

【简注】

①家人:卦名。一家之人。此卦是反映家庭关系的最古文献资料。

【释义】

《家人》卦象征着一家人:利于女子守持正道。

【原文】

《彖》曰:家人,女正位乎内,男正位乎外;男女正,天地之大义也。家人有严君焉,父母之谓也。父父,子子,兄兄,弟弟,夫夫,妇妇,而家道正;正家而天下定矣。

【释义】

《象传》说:一家人,女子在家应处正当之位置,男子在外应处正当之位置;男女得其正当之位,这是天经地义的大道理。一家人应当有严正的君长,这指的是父母。父亲要尽父亲的责任,儿子要尽儿子的责任,长兄要尽长兄的责任,弟弟要尽弟弟的责任,丈夫要尽丈夫的责任,妻子要尽妻子的责任,这样家道才能正当适宜;家道正了天下就会随之安定。

【原文】

《象》曰:风自火出,家人。君子以言有物而行有恒。

【释义】

《象传》说:风从火的燃烧中生出,这种情景就如同一家人一样。君子应当言之有物,行事有恒心。

【卦解】

"家人,女正位乎内,男正位乎外,男女正,天地之大义也。"这是指古代人延续下来的一种传统,就是女主内,男主外。男人必须勤劳,女人必须节俭。男人在外辛苦挣来的钱,女人必须珍惜,这就是:"男女正,天地之大义也。"这是天地的大道理,有很大的意义。所以"利女贞"。"家人有严君焉,父母之谓也。"这不仅仅是指父亲,也指父母。严君,也不是讲某一个人来当家,关键讲的是家必须有家规、有家风,使人一走进这个家庭就可看出是否温馨、是否和谐。"父父,子子,兄兄,弟弟,夫夫,妇妇,而家道正;家正而天下定矣。"这一系列主要是讲人伦,父就是父,子就是子,各尽本分,互相尊重,有一定次序。

象辞讲"君子以言有物,而行有恒"。言有物,就是讲说话必须言而有物。行有恒,"行"实际上还是讲离卦,因为离卦是光明,光明是指日月,日月就是行,这就是讲人要像日月那样"行之有恒",

那样"天行健"。

【原文】

初九,闲有家,悔亡。

【释义】

初九,防止邪恶才能保全家人,悔恨也因此消逝。

【原文】

《象》曰:"闲有家",志未变也。

【释义】

《象传》说:"防止邪恶才能保全家人",这说明初九的心志在未变时就采取防范措施。

【爻解】

初九阳爻处《家人》卦之初,象征家道始立。家道始立,则一切都要预先考虑,事先防范,以免发生令人后悔之事。因初九阳爻居于阳位,有阳刚者积极进取之象,能对一切影响家庭和睦和长远发展之事提前准备,故"悔亡"。

【原文】

六二,无攸遂[①],在中馈[②],贞吉。

【简注】

①遂:目的、愿望。②馈:做饮食以侍候人。中馈,内馈、家中馈。

【释义】

六二,无所成事,就在家中主管饮食之事,守持正道可获得吉祥。

【原文】

《象》曰:六二之吉,顺以巽也。

【释义】

《象传》说:六二的吉祥,就在于她有柔顺而谦逊的品德。

【爻解】

六二阴爻居下卦之中位,居中得正,又与九五阳爻相应合,象征阴柔女子持守中正之道,温顺地辅助阳刚男子。《彖传》中的"女正位乎内",就是针对六二而言的,因此六二是极好的一爻。爻辞中说六二不外出行动,而在家中主持饮食之事,正与六二的爻位特点相吻合,故预示吉祥。

【原文】

九三,家人嗃嗃①,悔厉,吉。妇子嘻嘻,终吝。

【简注】

①嗃嗃:严厉叱责声,喻治家严厉。

【释义】

九三,一家人相处,家主表现出严厉的样子以治其家,虽有悔恨、危险之事,而最终仍然会得到吉祥。妇人、子女在一起嘻嘻哈哈,最终则有灾难。

【原文】

《象》曰:"家人嗃嗃",未失也;"妇子嘻嘻",失家节也。

【释义】

《象传》说:"家人相处表现出严厉的样子",这样家人才不会有过失;"妇人、子女在一起嘻嘻哈哈",这说明九三失去了家人的礼节。

【爻解】

九三阳爻居于阳位,位不居中,又居下卦离之最上,有阳刚之家长治家苛严之象。治家苛严,则家中之人紧张危惧,不能轻松自在,故或会发生令人后悔之事,甚至会有危险。但治家苛严,使家中之人彬彬有礼,举止得体,无放纵邪僻之行,故最终预示吉祥。相反,如果治家时家教不严,家中的妇人孩子整天嘻嘻哈哈,不知上下尊卑之礼,则终将会有令人悔恨之事。

【原文】

六四，富家，大吉。

【释义】

六四，使家庭富裕，大为吉祥。

【原文】

《象》曰："富家大吉"，顺在位也。

【释义】

《象传》说："使家庭富裕，大为吉祥"，这是因为六四能顺从于在尊贵之位的九五。

【爻解】

六四阴爻居于阴位，居位得正；六四阴爻下与初九阳爻相应合，上承九五阳爻，又有得阳刚者相助之象。六四具备上述两个特点，故能够发家致富，并预示大吉。六四爻辞较为特殊，因为《周易》通常以阴为虚，为不富，此处却以阴为富，这与六四阴爻处于《家人》卦中，正好象征妻子有关。因为妻子的职责是在内主持家事，在内主持家事而居位得体，又得阳刚者之助，故能富裕。

【原文】

九五，王假有家，勿恤，吉。

【释义】

九五，君王以美德正于其家，故无须忧虑，吉祥。

【原文】

《象》曰："王假有家"，交相爱也。

【释义】

《象传》说："君王以美德正于其家"，这说明家人相互亲爱和睦。

【爻解】

九五阳爻居上卦之中位，与六二阴爻相应合，有阳刚中正的一家之主治家有方、又得贤惠的妻子相助之象。九五阳爻居于尊位，又象征其有很高的社会地位。 正因为九五有美好的名声和影响,君王才来到其家中看望。 君王来到臣子的家中,乃非同寻常之事。 必会引起一家人的恐慌。 但君王只是慕名前往,故不必担忧,且预示吉祥。 关于"王假有家"的"假"字,学者们或理解为感化,或理解为大,从而造成对句意的不同解读。 因为若把"假"理解为感化或大,则"王"指九五,意为君王以感化的手段治家或君王的家业很大,等等,但这样一来,与下面的"勿恤"在文义上就很难贯通。 我在此把"假"理解为到,则九五不是指"王",而是指治家有方的一家之主。

【原文】

上九,有孚威如,终吉。

【释义】

上九,心存诚信,威严治家,终得吉祥。

【原文】

《象》曰:威如之吉,反身之谓也。

【释义】

《象传》说:威严之所以能得吉利,这说明上九有反躬自省,严于律己的品格。

【爻解】

上九阳爻处《家人》卦之终,表示治家之道已经确立。 爻辞中为我们指出了治家的两个重要原则:一是要有诚信,二是家长要有威严。 这两条看似简单,但要真正做到,又实在不易。 因为,在中国古代的大家庭中,大家虽都是一家之人,但人与人之间仍有亲疏远近之别,家长要保持诚信,非有至大至公之心不可;而家长要保持威严,首先就必须以身作则,严格要求自己,靠自己的德行为家人所敬重,否则,仅靠以力服人,就只不过是假装威严而已。 所以,《象传》中说"反身之谓也","反身"二字,道出了治家之道的实质:

家长只有严格要求自己,才能为家庭成员树立榜样,从而培养出良好的家风,使家庭和睦,并在社会上享有美誉。

【卦义新解】

《家人卦》主旨在治家之道。家和万事兴。好的家庭是人生的幸事。家庭不幸,实为人生不幸,不幸的婚姻及不幸的家庭,会让几代人都生活在阴影中。家会伤人,家也会使人幸福。

人生是容器,身体是容器,家也是容器。家容纳人生,容纳我们的心灵。家,如果是好的容器,就会像一把好的茶壶,泡出一壶好茶,那些美好的茶叶,即我们的脚印,走出的道路散发出幽香。

家,不一定富有,但要和谐。

家,不一定豪华,但要有内涵。

家,温馨是它的诗意。

家,快乐是它的性格。

家,出发的地方,也是归宿。

人一生大部分的道路都围绕家走过,有时候外面走的路很长,但外面走的路全都是围绕一个家。

家,从人开始,以人为本。从爱情到婚姻,从成家立业到生儿育女,一生都与家有关。一个人没有家,没有一个可以依靠的处所,在世上就不可想象。人生赚钱,是为了养家糊口。家,是一生的安身之所。

婚姻建立家庭,婚姻可以决定人生成败。而组成婚姻的双方,对彼此一生的影响和作用都很大。

唐太宗李世民大治国家,盛极一时,除了依靠谋臣武将外,也与他贤淑的妻子长孙皇后这个优秀的内当家分不开。长孙皇后做人做事做得好,因而她可以做强者。对于太上皇李渊,她恭敬地侍奉,力尽孝道。对后宫妃嫔，她宽容和顺，常劝李世民要公平对待每一位妃嫔。正因为如此，李世民的后宫很少出现争风吃醋，这在历代后宫都极少见，使李世民不受后宫是非干扰，得以专心料理国事。长孙皇后出身显贵之家，却一直节俭简朴，不讲豪奢，饮食从不铺张，带动了后宫的朴实风尚，为唐太宗励精图治做出了榜样。她不但气度宽宏，而且机智过人。一次，唐太宗回宫见到她，愤怒地说："我一定要杀掉魏征这个老顽固，才解心头之恨。"长孙皇后问明缘由，悄悄回到内室穿戴礼服，然后面容庄重，来到唐太宗面前叩拜，口称："恭祝陛下！"唐太宗一头雾水，不知她干什么，好奇地问："为何这样庄重？"她严肃地回答："听说只有明主才会有直臣，魏征是个典型的直臣，可见陛下是明君，故臣妾恭祝。"唐太宗一听，觉得她说得有理，心里阴云随消，魏征也得以保命。

对于男人来说，好的贤内助，让自己在事业上可以放手一拼，不用考虑家庭种种琐碎的事情，像长孙皇后，就是男人事业最有利的助手。

松下幸之助也有贤妻。他因为下定决心要制造电气器具，辞掉了工作七年的大阪电灯公司的工作，在大阪一个叫"猪饲野"的地方设立一个小工厂，开始人生的创业，制造电气插座。开始的时候，十天的销售量只有一百个左右，销售额少得可怜。在这个小工厂工作的两个人开始失去信心而转行到其他地方工作。最后就只剩下其内弟，16岁的井植岁男和其妻子三个人。在艰难时刻，松下幸之助的妻子没有怨言，坚信丈夫一定会干成大事。她经常鼓励丈夫，为他加油，就这样咬紧牙关坚持下去。不久，幸运之神光顾可以成大业的人。他意外地接到了一家电气商行订制电风扇绝缘盘的订单。松下幸之助很珍惜这个机会，加倍努力，加快工作进度，一千个订货如期交货。这次获得的成绩，给了他很大的激励。这次的电风扇绝缘盘产品，也得到客户的好评,带来了新的机会,在新年度的开始,客户就再续订了两千个产品。 就这样,松下幸之助在妻子的支持下,开始了自己的财富之旅。

好的伴侣带来一生快乐,糟糕的伴侣会影响前程。 诸葛亮年轻时英俊、风流,可其妻子一头黄发,又黑又小,模样很丑。 不过她却是荆州名士黄承彦之女,极有才学、伶俐聪明。 诸葛亮第一次看到她写的诗时,便心生爱慕。 到了谈婚论嫁的时候,给诸葛亮介绍大家闺秀者很多,他都一一回绝。 他亲自去黄承彦家提亲,黄承彦满口答应,十分高兴。 后来,聪明的黄氏成为诸葛亮最好的助手,据说诸葛亮北出汉中时所造的木牛流马,都有她的功劳。

与诸葛亮相比,苏格拉底就很不幸。 "苏格拉底的妻子"成为了悍妇和糟糕老婆的代名词。 此女心胸非常狭窄,脾气暴躁,唠叨不休,动辄破口大骂。 苏格拉底当初是为了在她那烦人的唠叨声中净化自己的精神,才与之结婚。 有人曾问苏格拉底为什么娶这么一个女人,苏格拉底的回答成了经典:"擅长马术者总要挑烈马骑。一旦骑惯了烈马,驾驭其他的马就不在话下。 同样的道理,我如果能忍受得了这样的女人,那么天下就再没有难以相处的人了。"人们都知道他老婆的德行。 一次苏格拉底带一帮朋友回家,妻子突然发出雷霆之怒,居然把一桶水泼到了苏格拉底脑袋上。 朋友们瞠目结舌,满身是水的苏格拉底却自嘲:"我知道,雷鸣之后免不了一场大雨。"

家是疗伤的地方。 可以在家里休养,在家里修行,在家里养心,家是最好的养心殿。

睽卦第三十八

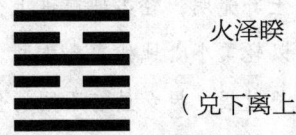

火泽睽

（兑下离上）

【题解】

《睽》蕴含着"求同存异"的世界观和方法论。六爻同形一卦，同居一室，此为"同"象，而动则乖离，"志不同行"，此为"异"理，如《彖传》所喻："女同居，其志不同行。"故《睽》卦除初爻外，相错而不当位，此其一"睽"；二女同室，其志不同，此其二"睽"；泽性润下，火性炎上，其质不同，此其三"睽"。睽则不和，故"不可大事"，而"小事吉"。也因此，卦中多无凶、无咎。然"睽"虽有异质、异志，却不失其求合之心，故六爻中以遇合之爻为吉，如上九能与六三遇合，所以就终得其"吉"。

【原文】

睽[①]：小事吉。

【简注】

①睽：卦名。原意为目不相视，引申为违背乖异、隔膜。

【释义】

《睽》卦象征着乖异背离：做小事还是可以吉利的。

【原文】

《彖》曰：睽，火动而上，泽动而下。二女同居，其志不同行。说而丽乎明，柔进而上行，得中而应乎刚，是以小事吉。天地睽而其事同也。男女睽而其志通也。万物睽而其事类也，睽之时用大矣哉！

【释义】

《象传》说:《睽》卦,火焰跳动向上燃烧,泽水流动向下润泽。譬如两个女人虽同居一室,但她们的心志不同,行事方法也不同。因为下卦兑能和悦地附丽上卦光明,轻柔地前进上行,上卦离以阴居中而下应九二之阳刚,所以轻柔小心地处事会吉利。天地万物皆乖异不同,但是却有相同的生长过程。男女虽有不同的生理特征,但是他们也有志气相投的时候。天下万物的形态和特性千差万别,但它们的生长过程却有着类似的地方。由此来看,乖异背离之时,其作用对于事物演变的作用还是很大的。

【原文】

《象》曰:上火下泽,睽。君子以同而异。

【释义】

《象传》说:上卦为火,下卦为泽,这种现象象征着"乖异背离"。君子则善于求大同存小异。

【卦解】

睽,睽乖、离散之意。 小事吉,为什么这样讲呢? 我们来看"彖辞"怎么讲的:"睽,火动而上,泽动而下,二女同居,其志不同行。"彖辞里也讲"上火下泽,睽。" 我们再往下看。

"说而丽乎明,柔进而上行,得中而应乎刚,是以小事吉。"这里把它说得明明白白,这里的说(悦)当然是下面的兑卦喜悦。 "丽乎明",当然指上卦离卦了。 "柔进而上行",这上下两个卦都是柔卦,柔卦虽然看起来是睽、是乖,有违、有离散之义,而且"志不同行",但是它还是要上行,还要柔进。 这是因为少女在下呀,少女是要求上进的,从年龄上说她也是要长的。 "得中而应乎刚",这是讲离卦里的这个阴爻。 它是得中的,应乎刚是它与九二相应。 它仅仅就凭这一点能做小事还得吉利。 为什么大事不吉呢? 因为它们正好相反,阳爻应在五爻,阴爻应在二爻,这样它就又正又中,可以大事吉。但这里正好相反，只不过相应而已，但不得正。所以只能是小事吉而大事不吉。

"天地睽而其事同也；男女睽而其志通也；万物睽而其事类也。"这里就讲到，天与地是相违的，但它们的事是相同的，因为天在运行，地也在运行。天道与地道是相应的，它们的规则都是一样的。"男女睽而其志通也"，看起来男人与女人是不同的，是异性，但又只有异性相吸，他们的意志是可以沟通的。所以这里讲到"睽"有一番大的道理，从天讲到地，从地讲到人，从人讲到物，说明背离是在异中有同。

【原文】

初九，悔亡。丧马勿逐，自复，见恶人，无咎。

【释义】

初九，悔恨消逝。马匹走失，不用追逐，它自己会回来。遇见恶人，也没有灾祸。

【原文】

《象》曰："见恶人"，以辟咎也。

【释义】

《象传》说："遇见恶人"，要善于避免其所带来的灾祸。

【爻解】

初九阳爻处于阳位，有阳刚者躁进之象，故会有令人后悔之事；但初九处于《睽》卦之初，象征与别人的矛盾冲突尚浅，故令人后悔之事会自然消失。爻辞中的"丧马"、"见恶人"都是象征性的说法，目的是告诫初九应采取正确的应对之策：处乖违之初，最好的办法就是静观待变，而不要盲目采取行动。正如马匹丢失了，不要去追逐，否则会越逐越远，你不去追逐，它反而自己会回来；恶人想来见你。你也不要拒绝，以免引起对方的报复和迫害之心，这样就不会有灾殃。据《论语·阳货》记载，阳货是鲁国的季氏的家臣，却把持着鲁国的政权，阳货想请孔子出来做官，孔子却不屑与阳货交往。一次，阳货给孔子送去了一头小猪。按当时的礼节，孔子必须亲自登门道谢。孔子不愿意与阳货相见，便先派人去打听，听说阳货不在家，他赶紧去阳货家拜访，谁知却在半道上碰到了阳货。阳货对孔子此举颇感不满，便盛气凌人地责备孔子；孔子因心中有愧，只好任其指责。此事与爻辞中的"见恶人，无咎"之旨颇为契合。

【原文】

九二，遇主于巷①，无咎。

【简注】

①巷：里中小道。

【释义】

九二，在巷道中不期而遇地碰到主人，必无灾害。

【原文】

《象》曰："遇主于巷"，未失道也。

【释义】

《象传》说："在巷道中不期而遇地碰到主人"，这说明九二并未迷失道路。

【爻解】

九二阳爻居于阴位，有阳刚者谦逊柔顺之象；九二居下卦之中位，又象征阳刚者持守中道。谦逊柔顺之阳刚者持守中道，故不会有灾殃。爻辞中的"遇主于巷"，是指九二与六五阴爻相遇，因为九二与六五相应合，且六五居上卦之中位，有阴柔者居于尊位之象，故有此说。至于为什么要说遇于"巷"，而不是别的地方，是因为九二和六五虽各居下、上卦之中位，但九二是以阳居阴，六五是以阴居阳，居位均属不正，故以二者在偏僻的小巷中相遇作喻。

【原文】

六三，见舆曳①，其牛掣②，其人天且劓③。无初，有终。

【简注】

①曳：牵引。②掣：两角竖起。③劓：割掉罪人的鼻子，称"劓刑"。

【释义】

六三，看见大车被吃力地拖曳着，拉车的牛被牵来拉去，难以前进，就如同一个人从上面受了"刺额涂墨"之刑后，又受到割鼻的酷刑，这是因为六三刚开始失位受困，而最终却有一个好的结果。

【原文】

《象》曰："见舆曳"，位不当也；"无初有终"，遇刚也。

【释义】

《象传》说："看见大车被吃力地拖曳着"，这是因为六三所处的位置不当所致；"没有好的开始，却有一个好的结果"，这说明六三因坚守心志，最终能得到上九阳刚的帮助。

【爻解】

六三阴爻居于阳位，居位不当，有阴柔者才力不足而强行前进之象；六三处下卦兑之最上，又有乖违渐深之象。对于六三这种不顺的处境，爻辞以用牛拉车时牛不听话、车子无法前行以及赶车的人受过刑罚来作喻。但六三阴爻与上九阳爻相应合，象征阴柔者得到阳刚者的帮助，从而最终能摆脱困境，故爻辞说"有终"即有好的结局。

【原文】

九四，睽孤遇元夫，交孚，厉，无咎。

【释义】

九四，乖异背离的时运使自己孑然孤立，这时遇到了刚强的大丈夫，二人秉持诚信，相互交流，虽然有危险也不会产生灾祸。

【原文】

《象》曰："交孚无咎"，志行也。

【释义】

《象传》说:"相互之间以诚信交流就没有过错",那么,异中求合的志向就能得以实行。

【爻解】

九四阳爻与初九阳爻不相应合,有孤立无援之象,故称"睽孤",即因与众人乖违而孤独。但九四阳爻居于阴位,刚而能柔,与初九"见恶人"之做法相类似,故处睽之时,九四与初九又因志同道合而走到一起,爻辞中的"遇元夫",指的就是遇到初九。因九四与初九能推心置腹,以诚相交,所以不会有灾殃。有的学者认为"元夫"指六五,因为六五居于尊位,乖违之时,尊者皆可称夫,似显得有些牵强。

【原文】

六五,悔亡。厥①宗噬肤②,往何咎?

【简注】

①厥:其。②肤:柔软的肉。

【释义】

六五,悔恨消失。与之相应的宗亲犹如噬柔咬脆一样容易亲近,就此前往有什么祸害呢?

【原文】

《象》曰:"厥宗噬肤",往有庆也。

【释义】

《象传》说:"与之相应的宗亲犹如噬柔咬脆一样容易亲合",这样前往则必有吉庆。

【爻解】

六五阴爻居于阳位,居不当位,故会有令人后悔之事。但六五阴爻居上卦之中位,又与九二阳爻相应合,象征阴柔尊者恪守中道,又能得阳刚者相助,故不会发生令人后悔之事。爻辞"厥宗噬肤"中的

"宗"当指九二。九二在那里吃肉，六五前去与九二相会，当然也能吃到肉，所以爻辞中说"往何咎"，《象传》则说"往有庆"。可见六五还是很吉利的。

【原文】

上九，睽孤见豕①负涂②，载鬼一车，先张之弧，后说之弧，匪寇婚媾。往遇雨则吉。

【简注】

①豕：猪。②涂：泥土。

【释义】

上九，乖异背离至极，孤独狐疑，恍惚看见猪背上沾着一身污泥，又仿佛看见一辆大车满载着鬼怪奔驰，先张开弓箭欲射，后来又放下了弓矢；原来那不是强寇，而是来与己婚配的人；若前往遇到雨天就会吉祥。

【原文】

《象》曰："遇雨之吉"，群疑亡也。

【释义】

《象传》说："前往遇到雨天就会吉祥"，这是因为上九所有疑团会因此消失。

【爻解】

上九阳爻居《睽》卦之极，说明事物之间的乖违已至极端，故上九怀疑一切，连对与自己相应合的六三阴爻都心存疑虑。从六三爻辞来看，六三是一位赶着大车的车夫，曾经受过刑罚，额上刺着字，鼻子被割去。然而在上九眼里，六三就像一头满身污泥的猪："见豕负涂"；坐在大车上的众人则变成了群鬼："载鬼一车"。以至于上九拿起弓箭，准备射向大车。好在后来看清楚了，才明白车上乘坐的既不是鬼，也不是盗寇，他们是为婚姻之事而来。爻辞中的"遇雨则吉"是一种象征性的说法，因下雨是阴阳和合的结果，故这里以"遇雨"表示上九已消除对六三的误会,而得以和睦相处。此正如《象传》中所说:"群疑亡也"。上九爻辞中有"睽孤"一词,九四爻辞中亦有,但九四之"睽孤",是因其与初九阳爻不相应合。上九与六三相应合,为什么还说"睽孤"呢? 这里有两个原因,一是上九处《睽》卦之极,有孤居高位之象;二是上九怀疑一切,把自己置于孤立无援的境地。

【卦义新解】

《睽卦》的"睽"有相违、矛盾、离分的意思,全卦记述旅人出行途中所见所闻,像一篇旅行日记。

《睽卦》在《家人》卦之后,意为分离,因为人生聚散是常事,合久必分、分久必合也是规律所在。睽卦主个人之事,也即"小事"吉,对于国家、社会整体而言,则要存异求同了。

火泽睽,火在上,而泽在下,不能交融,故为睽。那么,我们从《睽卦》中可以学习什么呢?

卦辞中说以同而异,就是求同存异,有团结就有背离,有和你意见相同的,就会有意见不同的,这是辩证统一的,如何面对,就是要以同而异,在异中求同。

多元化的世界里,存在许多矛盾与冲突,但《易经》告诉我们"一阴一阳之谓道",凡事都有两面性,有不同肯定也有相同,在不同里寻找相同之处是解决问题的必由之路。《易经》这个广大包容的思想体系可以解决这个问题,它用四个字就解决了——求同存异。也就是说,任何一方都有自己的特殊性,一方几乎不可能完全将另一方同化,只能采取求同存异的方式,寻找共同点,但是也还能接受对方的特殊点,这样既实现了最大的和平,又尊重了对方。

"求同存异"也是一个重要的治国方略。我国是一个包含五十六个民族的大国,各个民族间存在着历史背景、风俗习惯、宗教信仰等多方面的差异，我国正是采用了"求同存异"的治理策略，才实现了五十六个民族的和谐统一，为中国的繁荣发展奠定了有力的基础。面对今天世界上纷纷扰扰的争端，同样需要"求同存异"的策略，这样，世界人民才能实现团结统一，共同维护地球的和平与发展。

所谓"求同"，顾名思义就是谋求同样的出发点或者利益结果，而"存异"则是在大的环境下，包容彼此因种种客观原因导致的差别。所以，求同与存异从根本上是不冲突的。

自古以来，凡是采用这样的外交政策的朝代或国家，都取得了比较好的效果。唐朝时期的长安吸纳了众多国家的留学生，传播中国文化，唐朝以宽广的胸怀，让长安成了众多国家人民的天堂。明朝时期郑和作为友好的使者七下西洋，让中华文明闻名于世，众多商人趋之若鹜。这些都是大国的胸怀，以求同存异为出发点，赢得了国际威望。

一旦治家没治好，就会造成家人背离，故家人卦后为睽卦。那么，我们该如何应对睽境，即如何应对家庭矛盾的困境呢？

初九，悔亡。要学会与恶人相处，有小的损失不要在意。九二，遇主于巷。小心行事，保持正行。六三，见舆曳。把握度，知退知进，学会忍辱负重。九四，睽孤，遇元夫。相互信任，内心诚信。六五，悔亡。团结一致，同心同德。上九，睽孤，见豕负涂。处于矛盾转化之境，要判断形势，不能一味狐疑猜忌，调整好观念，积极求合。

印度诗人泰戈尔说："爱情是理解的别名。"新婚后的家庭生活中，夫妻双方都得开始对爱情作深刻地、全面地再理解。夫妻双方对问题的看法不一致而发生争论是正常的现象。但许多问题的争论要适可而止，不一定非要搞得一清二楚、水落石出不可。郑板桥说"难得糊涂"，在夫妻生活中，为了防止矛盾的产生，有时糊涂一点也是必要的。

"相爱容易相处难"，现实生活里的爱情的确如此。同甘共苦的生活更像是充满挑战的事业，等待夫妻共同去努力经营。这其中有条金科玉律，也是个婚姻锦囊——"求同存异"，它能帮助化解不少夫妻间的冲突与摩擦。但实践求同存异并不容易。

生活是充满变数的，随时随地都可能产生不同的意见，新奇的想法，但只要彼此能用心沟通，在寻求共识的同时接受对方的异见，那也就能共创一个更美好的家。

夫妻关系是阴阳和谐、利害相关的整体关系，只能搞好，不能搞坏。好了互利，坏了互伤。家庭是一个阴阳互补、阴阳共济的存在。阴阳既相生又相克，既统一又对立。所以夫妻双方要保持个性、求同存异、互相妥协。

若彼此能坦诚相待，在爱的基础上互相接受、宽容，通过恰当的沟通技巧，从互利的角度处理问题，并常能设身处地地为对方着想，那摩擦、矛盾必然减少。"家和万事兴"主要在夫妻的和。"和为贵"是中华古文明"天人合一"思想的具体表述。

蹇卦第三十九

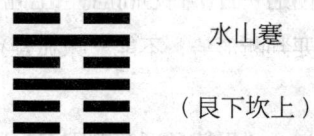

水山蹇

（艮下坎上）

【题解】

《蹇》之《彖传》曰："见险而能止，知矣哉！"理解了这一点，也就真正地理解了此卦的本义。其卦有"山上有水"之象，然坎水虽为"险"，艮山虽有"阻"，遇险而止，则何咎之有？对于《蹇》而言，险在艮，也止于艮，故"蹇"难之"难"并没有给卦中各爻带来的灾祸，相反，六爻皆无其咎，更无一凶，即使是唯一失位的初爻也因不往而"来"受到赞誉。其余则六二上应九五，虽有所往，然往为公事，非为自己，故能"无尤"；九三、六四皆知难而返；九五得友朋来归；上六因与九三相应，心志在内，所以能获得"吉利"。

【原文】

蹇①：利西南，不利东北。利见大人，贞吉。

【简注】

①蹇：卦名。蹇（jiǎn），原意为跛，引申为行动不便，有险难之意。

【释义】

《蹇》卦象征着征途艰难：有利于西南，不利于东北；有利于出现大人，做事吉利。

【原文】

《彖》曰：蹇，难也，险在前也。见险而能止，知矣哉！蹇，"利西南"，往得中也；"不利东北"，其道穷也；"利见大人"，往有功也；当位"贞吉"，以正邦也；蹇之时用大矣哉！

【释义】

《彖传》说：蹇，就是指行路艰难，因为坎险就在前面。遇见险难而能停下来，真可谓明智之举！蹇，"有利于往西南方向的平地走"，这是因为西南会得中适宜；"不利于往东北方向走"，这是因为山前有险，道路至于穷途不通；"有利于出现大人"，因为在危难之时出现"大人"就会建立功业；九五当位守正、吉祥，能够以正道治理邦国；这说明世道艰难时，"大人"的作用是多么重大啊！

【卦解】

蹇，彖辞说："难也，险在前也。"所以艰难，不能前进。但是它又讲了即使后退也无路，它止住了，这是另一层意思。"见险而能止"，这不是畏难不前，而是知难能止。是另外再想办法，而不是盲目冒进。这种"知矣哉"是一种明智的行为。

"蹇利西南，往得中也；不利东北，其道穷也。"坤卦里有"西南得朋，东北丧朋"。这里的坎卦是由坤卦演绎而来，所以利西南，不利东北。"其道穷也"，艮卦在东北，为什么是道穷了呢？因为止住了，当然道穷了。"利见大人，往有功也。"当国家处于"蹇难"时期，领导人能与大众共患难，再大的蹇难也能克服，故就"往有功"。"当位贞吉，以正邦也。"六二与九五都当位，所以吉祥，以正邦。

"君子以反身修德。"反身，就是反省、反思。只要能反省自己，碰上蹇也没问题，碰上难也没关系。

【原文】

《象》曰：山上有水，蹇。君子以反身修德。

【释义】

《象传》说：在险峻的高山有积水，这象征着行走艰难。君子因此而知要反躬自省，修养德行。

【原文】

初六，往蹇，来誉。

【释义】

初六，往前行走会遇到艰难，返身归来则会得到赞誉。

【原文】

《象》曰："往蹇来誉"，宜待也。

【释义】

《象传》说："往前行走会遇到艰难，返身归来则会得到赞誉"，这说明初六应当等待时机。

【爻解】

初六阴爻处《蹇》卦之初，与六四阴爻不相应合，有阴柔者面临险难而又无外援之象。在这种情况下，初六若贸然前往，必会遇到更大的险难；若能及时退回，因此时涉险尚浅，则不仅自身可以保全，还可得知几识时之美誉，故爻辞说"往蹇，来誉"。当然，初六之知几退回，不是就此止步不前，而是为了等待合适的前进机会，所以《象传》中说："宜待也"。

【原文】

六二，王臣蹇蹇，匪躬①之故。

【简注】

①躬：自身，自己。

【释义】

六二，君王的臣子往来艰难，但是，他不是为了自己，而是为了社稷。

【原文】

《象》曰："王臣蹇蹇"，终无尤也。

【释义】

《象传》说："君王的臣子往来艰难"，最终是不会有什么过错。

【爻解】

六二阴爻居于阴位，居位得体；六二居下卦之中位，与居上卦之中位的九五阳爻相应合，有阴柔者居中行正以辅助阳刚君主之象，故爻辞中称六二为"王臣"即君王的臣子。但从九五爻辞来看，九五正面临"大蹇"即极大的艰难，仿佛君王之大位行将被他人夺去。六二作为九五忠心耿耿的臣子，义无反顾地投入维护君王权力的行动，与九五共赴时艰。因六二所处之艰难不是为了自身的利益，而是为了维护王道，所以爻辞中说"匪躬之故"，《象传》

中也说最终不会有罪过。西周初年,天下初定,周武王突然去世,周成王年幼,周公代成王执政。被征服的殷族与一些反对周公的人联合发动叛乱,使周公的处境极为艰难。后来,周公经过三年的东征,才最终平定叛乱。周公当时的处境,真可谓"王臣蹇蹇,匪躬之故"。

【原文】

九三,往蹇,来反。

【释义】

九三,往前行进有艰难,就回到原处。

【原文】

《象》曰:"往蹇来反",内喜之也。

【释义】

《象传》说:"往前行进有艰难,就回到原处",这是内卦的二阴爻欢喜的事。

【爻解】

九三阳爻居于阳位,居位得体;九三又居下卦艮之最上应,前面即为坎险,因此,九三前往即进入险难,不如退而处于原来的位置,故爻辞说"往蹇来反"。因为九三的行为是其冷静地判断形势后做出的,故《象传》说"内喜之",即九三内心喜欢这么做。关于"内喜之"的"内",不少学者认为指内卦,尤指内卦中的初六和六二阴爻,因为内卦有两个阴爻服侍九三阳爻之象,仿佛妻妾服侍丈夫,九三退而回家,则妻妾皆觉喜悦。此亦能说通。

【原文】

六四,往蹇,来连。

【释义】

六四,往前走会遇到艰难,归来又遭遇艰难。

【原文】

《象》曰:"往蹇来连",当位实也。

【释义】

《象传》说:"往前走会遇到艰难,归来又遭遇艰难",若不往来,六四当位有实。

【爻解】

六四阴爻居于阴位,居位得当;但六四已入上卦坎险,下与初六又不相应合,故其前往必遇险难。不过六四柔顺得体,知难而返,并与九三阳爻相连接,从而获得应付险难的实力,故《象传》中说"当位实也"。关于爻辞中的"连"和《象传》中的"实",学者们有诸多不同的理解,因过于复杂,这里就不具体介绍了。

【原文】

九五,大蹇,朋来。

【释义】

九五,在遇到很大的艰难时,朋友们纷纷前来相助。

【原文】

《象》曰:"大蹇朋来",以中节也。

【释义】

《象传》说:"在遇到很大的艰难时,朋友们纷纷前来相助",这说明九五仍然保持着中正的气节。

【爻解】

九五阳爻位于上卦坎之中间,坎为险,九五有陷入重重险难之象,故爻辞中称"大蹇"。另外,九五居于君位,一国之君身陷险难,此为一国之大难,这也是称九五为"大蹇"的一个重要原因。但九五阳爻居于阳位,居位得正;九五又居上卦之中位,与六二阴爻相应合,有阳刚君主遵行中正之道而得臣子前来解救之象,故爻辞中说"朋来",这里的"朋",指的就是六二阴爻。

【原文】

上六,往蹇,来硕,吉,利见大人。

【释义】

上六,往前行会遇到艰难,归来则能建立大功,吉祥,有利于出现大人。

【原文】

《象》曰:"往蹇来硕",志在内也;"利见大人",以从贵也。

【释义】

《象传》说:"往前行会遇到艰难,归来则能建立大功",这说明上六的志向在于居于内卦的九三;"有利于出现大人",因为归来就可以顺从尊贵的九五之君。

【爻解】

上六阴爻居《蹇》卦之极,处蹇极将通之时;但上六以阴爻居阴位,说明其才德不足以克服险难。 不过,上六具备两个有利条件:一是与九三阳爻相应合,一是接近九五阳刚尊者。 在这种情况下,上六若孤身前往,不但不能克服险难,而且将面临新的险难。 但是,上六若把眼光向下看,果断地退回来,则既可有九三阳爻之助益,更可得九五阳刚尊者的大力协助。 在九三和九五的合力帮助下,上六必可一举摆脱困境,故爻辞中说"吉"。 这是《蹇》卦六爻爻辞中唯一的一个吉字,充分体现了物极必反、蹇极必通之理。

【卦义新解】

《蹇卦》是说,遇到困难,人会停滞不前,就要学会积蓄自己的力量。 人生无法避开困难,《易经》把困难当成恶老虎来打,因而有《蹇卦》《解卦》《困卦》《震卦》都是讲面对困难、解决困难,在灾难、艰难险阻面前要从容镇定。 在《易经》的其他卦里,战胜困难,化凶为吉的意思随处可见。

意志坚强，面对厄运总是激起自己更强的奋斗精神和超越常人的毅力，以积极的心态面对艰难险阻，从而取得更大的成绩。

我们来看一个打工妹是如何面对人生的艰难险阻的故事。她之所以成为一个经典榜样，很大程度上在于她战胜人生困境的勇气、能力、智慧、信心等感染了人们。打工妹阿香成为一家服饰公司的生产技术厂长，在薪金方面，她是拿到最高年薪的打工妹之一。

阿香之所以有成就，却是从一场车祸的灾难开始的。在那场车祸中，在乡办造纸厂工作的阿香，一条腿被车辆无情压扁。

在医院住院期间，她的一位朋友给她送过去几本裁剪书，让她看看，阿香便开始学习裁剪。她住院的几个月时间里，剪掉了一百多斤的旧报纸，用来做自己的服装剪纸模型。

出院后，她又回到原来的工厂上班，由于腿变成了畸形，厂领导特地关照，把她安置在活儿轻松的岗位上，但是收入很低，对于她来说，很难维持自己的生活。

就在这年冬天，一位裁缝开办缝纫培训班的消息让阿香知道后，她就借来了一些钱报了名。两个月的学习结束时，阿香做了一件中山装交给师傅，师傅看到衣服后评价很高，称赞她身残志坚，将来肯定有出息。

阿香辞了造纸厂工资很低的工作，自谋生路，开始自办裁缝店。只有几个月，她已成为小街所有裁缝店里名声最好的师傅。

由于经受婚变，痛苦的打击又一次光顾阿香，她带着受伤的心来到了浙江温州。她咬紧牙关挺了过来，找到了工作，在服装厂做车工。由于她手艺高超又脚踏实地，被厂长提升为技术主管，全权负责工厂的技术生产，工资也提高了。可惜一年后，这家服装厂关了门。

接下来，她在温州华士服饰公司找到了工作，开始了又一次奋斗。在华士几个星期的工作后，由于能力出色，她就被调到设计部工作。这个部门有七八名设计员,都是大学毕业生,有专业知识。她虚心求教,利用业余时间学习专业书籍,参加中国纺织大学的函授学习,攻下了全部课程。她所设计的欧式西服一在市场出现,就成为一种时尚,她因此受到了公司的嘉奖。

由于身体原因,阿香再次辞职回家养病。再次回到温州时,恰好一家名叫名绅的服饰企业在准备筹办。经圈子里的朋友介绍,她加盟了"名绅"。在筹建的过程里,她成了实际上的主管,从车间设备安装到员工培训,加上各项制度的完善,她努力工作,一一落实。其工作赢得了老板的肯定和好评,由于她的人品一流,老板放心地把企业交给她去管理。只有一年时间,"名绅"西服就赢得了国家质量技术监督局一等品的殊荣。

由于名声在外,一位青年企业家听到阿香的故事后,决定聘请阿香担任自己服饰有限公司的生产技术厂长。一位普通的女工,靠不懈努力,靠战胜了一次次困难和打击,为自己赢得了美好生活和锦绣前程。

在现实中,困难未必能够被人们克服。我们在关键的地方无法克服所遇到的困难,便会招致失败。一个困难克服了,另一个困难又会出现。胆怯者面对重重困难,不敢往前走。

积极的心态和控制自我的能力是战胜一切困难取得胜利的保证。信心是自己有了信仰从而被世界和人们所信任的心理。古往今来,成大事者都信心充足。信心是"永恒的特效药",是唯一已知的失败的解药,是力量和行动,是获得财富的出发点,是所有奇迹的基础。

信心使思想充满力量,是心智的催化剂。当信心与思想结合时,可以在强有力的自信心的驱策下,把自己提升到一个高峰。

有信心,就向困难说声"我能行"。不管世事如何艰辛,只要人对自己充满信心,不断进取,相信会有美好的一天。

每个人都渴望自己日子过得好一点,但最终只有对自己充满自信的人,才能有幸到达幸福的彼岸。

具备了足够的知识和实际能力,自信就会发自内心,不必强装。否则,越显得自信,就越不自信。 能微笑面对困难,需要有自信做后盾提醒自己,每一次的困难中往往隐藏着未来的机会。

有信心,躺着的道路都能站起来站成山,站成树,站成炊烟。

信心就是奇迹。

信心是战胜黑暗、疾病、困苦的特效药。

解卦第四十

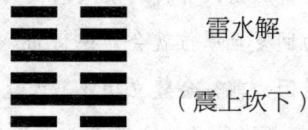

雷水解

(震上坎下)

【题解】

如果说《蹇》是以静止而免难,那么,《解》则以震动而免难。卦中六爻,除上六外,皆不当位,初六失位于坎险,以应于震而"无咎";九二失位居中,因应于震中而"贞吉";六三因失位于坎险而"致寇至";九四虽失位于震,然应而"得朋之佑";六五尊居中位,以君子之德信服众人,"维解"而"吉";唯上六当位于《解》,震而脱险,故曰"无不利"。 从整个卦象看,雷动于上,雨施于下,因而六爻之关键皆系于一个"动"字。

【原文】

解①:利西南。 无所往,其来复,夙,吉。 有攸往,夙②吉。

【简注】

①解:卦名。其原意为一神兽,此为解除,缓解之义。②夙:早。

【释义】

《解》卦象征着解脱：有利于西南众庶之地；没有危难就不必前往，回复到原来的住地就吉利；若有危难必须前往，早行会得到吉利。

【原文】

《彖》曰：解，险以动，动而免乎险，解。"解，利西南"，往得众也。"其来复吉"，乃得中也夕。"有攸往夙吉"，往有功也。 天地解而雷雨作，雷雨作而百果草木皆甲坼。 解之时大矣哉！

【释义】

《彖传》说：舒解危难，需要在危险中的英勇行动，因为英勇的行动而免除了危险，这就是"解"。"舒解危难，有利于前往西南众庶之地"，因为前往就会解放众人并得到众人的支持。"回复到原来的住地就吉利"，这是因为回复至原位就会处中得正。"若必须前往，则早行会得到吉利"，这是因为前往会建立功业。天地舒解于是就有雷雨兴起，雷雨兴起时百果草木的种子就会萌芽生长，破土而出。舒解时的功效是多么的伟大啊！

【原文】

《象》曰：雷雨作，解。 君子以赦过宥罪。

【释义】

《象传》说：雷雨兴起，百果草木就会从土地中"舒解"出来。君子因此赦免别人的过失，宽宥他人的罪恶。

【卦解】

解卦大的形象指的是惊蛰时的雷阵雨，一声春雷惊醒了大地上的万物，使动物们从沉睡中清醒过来，植物也从沉睡中醒来，开始抽枝生长。 由于我国西南方土层最厚，这里更需要雨水的滋润，所以"利西南"。 如果惊蛰这一天没有出现春雷和下雨，那么整个春天就会出现倒春寒的现象，所以说"其来复"。 由于出现倒春寒的现象是正常的，所以"吉"。如果惊蛰这一天出现了春雷并且下起了春雨，那么最好是在惊蛰这一时辰之前出现好，这样整个春天雨水充足，会使一年的收成大丰收，所以"夙吉"。

彖辞对卦辞的解释则是根据变卦。指的是解卦是由小过卦变化而来，即小过卦的九三与六二互换位置便是解卦。九三爻没有向上发展，而是返回到了二爻的位置上，所以"其来复吉，乃得中也。"

象辞中说"君子以赦过宥罪。"则是君王效法天降恩泽于大地，赦免有过失的人，宽恕犯人。古代有"皇恩大赦"、"天解日"、"地解日"等说法。当天子逢喜庆的日子，往往要大赦犯人，这便是"皇恩大赦"。而"天解日"与"地解日"则是在周易预测中，逢此日则官事易散。象辞中告诫君子要适时地赦免有过失的人，这其实是一种统治手段，即所谓的怀柔之策。

【原文】

初六，无咎。

【释义】

初六，没有什么罪过。

【原文】

《象》曰：刚柔之际，义无咎也。

【释义】

《象传》说：阳刚与阴柔相交之际，其中的道理是没有什么过错的。

【爻解】

初六阴爻居《解》卦之初，象征险难刚刚解除；初六与九四阳爻相应合，又象征刚柔相济，处置得体。初六在险难初解时能采取适当的应对措施，所以不会有灾殃。关于《象传》中所说的"刚"，学者们或认为指九四阳爻，或认为指九二阳爻。认为指九四阳爻，是因为九四与初六相应合；认为指九二阳爻，是因为九二与初六相邻。二说均有一定道理，但似应以指九四阳爻为佳。

【原文】

九二，田①获三狐，得黄矢②，贞吉。

【简注】

①田：田猎。②黄矢：金色箭头的箭。

【释义】

九二，打猎时捕获了好几只狐狸，并获得金黄色的箭，做事很吉利。

【原文】

《象》曰：九二贞吉，得中道也。

【释义】

《象传》说：九二之所以做事吉利，就在于他能居中而上应于五，因而能得其中道。

【爻解】

九二阳爻居下卦之中位，有阳刚者恪守中道之象；九二阳爻与六五阴爻相应合，又象征阳刚者得到阴柔尊者的信任。在险难刚刚解除的时候，百废待举，还有许多隐患需要清除，爻辞中的"田获三狐"，即有清除隐患的意思。爻辞中的"黄矢"在此也有特殊的象征意义，因为黄色是中央之色，九二居下卦之中位，故以黄作喻；矢直而不曲，象征人刚直不阿，故爻辞以"得黄矢"喻九二具有中直之德。九二具有中直之德，又得到六五尊者的信任，故预示吉祥。

【原文】

六三，负①且乘，致寇至，贞吝。

【简注】

①负：肩负。

【释义】

六三,身负财物而乘坐大车,这样就会招致强寇来劫掠,做事会遇到困难。

【原文】

《象》曰:"负且乘",亦可丑也;自我致戎,又谁咎也?

【释义】

《象传》说:"身负财物而乘坐大车",这种行为本身也很丑恶;由于自己的错误而招致兵戎之难,这又能归咎于谁呢?

【爻解】

六三阴爻居于阳位,有阴柔小人窃据尊位之象,故《系辞传上》第八章在分析该爻爻辞"负且乘,致寇至"时说:"'负'也者,小人之事也;'乘'也者,君子之器也。小人而乘君子之器,盗思夺之矣。"意即背负东西,这是小人应干的事;车辆,是君子所用的器具。小人坐着本该由君子坐的车辆,盗寇就会谋算着来夺取了。此说可谓深得六三爻辞之旨。另外,一个人坐在大车上,却又把东西背在肩上,这就表明自己所背的东西十分贵重,这样当然会招来盗寇的谋夺。再则,从六三所处的爻位看,六三下为九二阳爻,上为九四阳爻,又有阴柔小人"负且乘"即奉承一个阳刚者而凌乘另一个阳刚者以谋得利益之象,这样得来的利益,亦会招来盗寇抢夺。因此,六三的处境极为不利,故爻辞中说"贞吝"。

【原文】

九四,解而拇①,朋至斯②孚。

【简注】

①拇:古人指手与脚的大拇指。②斯:此。

【释义】

九四,解除依附在你足上拇指,你的朋友就会来到你身边,并相信你。

【原文】

《象》曰:"解而拇",未当位也。

【释义】

《象传》说:"解除依附在你足上拇指",这是因为你所处的位置不当。

【爻解】

九四阳爻居于阴位,不中不正,处于《解》卦之中,象征行为未合解脱之道,故爻辞中说必须先解开其大脚趾上的束缚,朋友才会前来,并彼此信任。但爻辞"解而拇"的"拇"究竟指的是谁,学者们有不同的理解。有的学者认为,因九四阳爻居上卦之最下,故称"拇";九四之所以要"解而拇",是因为九四已入上卦震,震为动,必须有所前往,但九四阳爻居于阴位,不欲有所前往,故要解除其脚上的束缚。有的学者认为,"拇"指六三阴爻,因九四与初六阴爻相应合,但却下比六三阴爻,仿佛被小人纠缠,只有解除六三的纠缠,才能真正实现与初六相应合,并相互显示诚信。两种说法均有一定道理,但亦存在牵强之处,可并作参考。

【原文】

六五,君子维①有解,吉,有孚于小人。

【简注】

①维:指捆缚。

【释义】

六五,君子能够舒解危难,就是吉利的,以君子之道舒解危难,小人也会信服。

【原文】

《象》曰:君子有解,小人退也。

【释义】

《象传》说:君子舒解危难,小人则退缩不前。

【爻解】

六五阴爻居上卦之中位，与九二阳爻相应合，有阴柔尊者持守中道而得阳刚君子相助之象，故有能力解除危难。六五解除危难的具体做法是解掉君子身上的系缚，并对小人显示诚信。这样做，既能使君子放开手脚，展其抱负；也能使小人心悦诚服，知难而退，所以预示吉祥。据史载，西周初年，管叔和蔡叔用流言中伤周公，并发动武装叛乱。周成王开始也听信流言，对周公充满猜忌。后来在事实面前，周成王消除了对周公的猜忌，并说服朝中众臣，让周公率军平叛。此事与六五爻义颇为吻合。

【原文】

上六，公①用射隼②于高墉③之上，获之，无不利。

【简注】

①公：职称，古代分公、候、伯、子、男五等。②隼：鸷鸟，苍鹰之属。③墉：城墙。

【释义】

上六，王公用箭射下了栖落在高城墙上的恶隼，猎获它，没有什么不利。

【原文】

《象》曰："公用射隼"，以解悖也。

【释义】

《象传》说："王公用箭射下了栖落在高城墙上的恶隼"，这说明上六是在舒解悖逆者造成的危难。

【爻解】

上六阴爻处于《解》卦之极，又居上卦震之最上。有居于上位的阴柔者积极行动以彻底解除险难之象，故爻辞中用王公射隼作喻。隼是一种猛禽，古人也视之为恶鸟，恶鸟被射落，象征晦气除去，吉事到来，故没有任何不利。爻辞中之所以用"高墉"二字，是因为上六位于《解》卦的最上位。

【卦义新解】

《解卦》爻辞"初六：无咎。"其"《象》曰：刚柔之际，义无咎也。"《序卦》说："物不可以终难，故受之以解，解者还也。"《爻辞》和《象传》是说当遇到困难时，就要采取刚与柔的方法，迅速解决困难，以摆脱危机。

《解卦》的"解"字通释为舒缓，即是缓解矛盾之义。"解"的本义是"用刀解牛"，即分判、离析。要想克服困难，只用缓解的办法显然是不够的，还要迎难而上，采用武力，不断克服困难，壮大自己。在实现宏大目标的过程中，尤其要如此。

一个人要想干成一番事业，不但会遭遇挫折，而且还会遭遇困难和艰辛。

困难只能吓住那些性格软弱的人。对于真正坚强的人来说，任何困难都难以迫使他就范。相反，困难越多，对手越强，他们就越感到拼搏有味道。黑格尔说："人格的伟大和刚强只有借矛盾对立的伟大和刚强才能衡量出来。"

在困难面前能否有迎难而上的勇气有赖于和困难拼搏的心理准备，也有赖于依靠自己的力量克服困难的坚强决心。许多人在困境中之所以变得沮丧，是因为他们原先并没有与困难作战的心理准备，当进展受挫、陷入困境时便张皇失措，或怨天尤人，或到处求援，或借酒消愁。这些做法只能徒然瓦解自己的意志和毅力，客观上是帮助困难打倒自己，结果一切可以征服困难的可行计划便都被停止执行，本来能够克服的困难也变得不可克服了。还有的人面对很强的困难不愿竭尽全力，当攻不动困难时，便心安理得地寻找理由："不是我不努力，而是困难太强大了。"这种"天亡我，非战之罪也"的归因所保护下来的不是征服困难的勇气和决心，而是怯弱和灰心。不言而喻，这种人永远也找不到克服困难的方法。

真正坚强的人,不但在碰到困难时不害怕困难,而且在没有碰到困难时,还积极主动地寻找困难,这是具有更强的成就欲的人,是希望冒险的开拓者,才更有希望获得成功。阿拉伯民间故事集《一千零一夜》里,有一个勇敢的航海家辛伯达,他每次总是去寻求那种与大自然抗争、与海盗搏斗的惊险航行,而恰恰是这些经历使他应付危机的能力大大增强,使他一次次大难不死,安全抵达目的地。在生活和事业中,千千万万的强者,不正是从克服他们自己找来的困难中,取得了一个又一个引人注目的成就吗?

《解》卦告诉我们:没有克服不了的困难。只要我们不怕困难,困难就会成为磨炼我们坚强性格的磨刀石。中国有句老话:"艰难困苦,玉汝于成。"困难的环境,最能磨炼人的意志,增强人的才干,对人的性格有着特殊的锻炼价值。对于困难,我们不必害怕也不必回避,而应以积极的态度迎难而上,在征服困难的过程中,把我们锻炼得更加坚强。

损卦第四十一

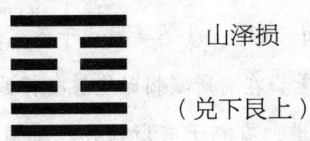

山泽损

(兑下艮上)

【题解】

《系辞下》曰:"损,德之修也。"损必有所失,然君子"损"不乱其志而"修其德",故《损》卦虽名"损",卦中六爻不仅无"凶"言,而且六五得以"元吉"。因为《损》卦之"损",并非一损俱损,而是通过"损下益上"方式,一方面培养坚贞利人的品德,另一方面,也是通过"损而益之"的方式实现一种上下有别的秩序。换言之,臣侍君要损身,人祀上要损食,子事父母须损力,上之所益,即下之所损。概言之,因损而得益。

【原文】

损①:有孚,元吉,无咎,可贞,利有攸往。曷②之用?二簋③可用享④。

【简注】

①损:卦名。有减损之义。②曷:何。③簋,古代盛黍稷的方形器具。④享:祭祀鬼神。

【释义】

《损》卦象征着减损:心存诚信,大为吉祥,没有灾难,有利于有所前往。减损之道用什么来体现呢?内心真诚,二簋淡食就可以用来祭祀。

【原文】

《彖》曰:损,损下益上,其道上行。损而有孚,元吉,无咎,可贞,利有攸往。曷之用?二簋可用享。二簋应有时,损刚益柔有时:损益盈虚,与时偕行。

【释义】

《彖传》说:所谓"损",就是要损减于下,增益其上,其道理就是处于下者要奉献于上。在有所减损时能够心怀诚信,就会大为吉祥,没有过错,可守持正道,有利于有所前往。减损之道将何以用之呢?二簋淡薄的食物就可以用于祭祀,但是,奉献二簋淡薄之食物应有合适的时间,减损阳刚以增益阴柔也应有一个合适的时间:世上的减损、增益、盈满、亏虚要符合事物发展的规律,必须在适宜时间进行。

【原文】

《象》曰:山下有泽,损。君子以惩忿窒欲。

【释义】

《象传》说：高山之下有水泽，象征着减损。君子因此而抑止愤怒，堵塞邪恶的欲望。

【卦解】

这个损是互相交换的，一方损了便增益了另一方。那么另一方也要损，而来增益这一方，双方都互惠互利，得到双赢，"有孚"是这个意思。"元吉"，这样互相有承诺，当然一开始就吉了。"可贞"，这种承诺是正固的。"利有攸往"，这里有所为、有所往、有所行，都是有利的。"曷之用？二簋可用享。"曷，是"何"的意思。"二簋可用享"，这个"享"是指祭祀，是指祭祀的时候献上贡品。簋是装供品的，一般大型的祭祀仪式是用八簋、六簋、四簋。那到二簋就是很少了。看起来这供品是损了，只有二簋。但同时有另外一种增益，就是心里的虔诚增益了。

"曷之用？二簋可用享；二簋应有时。损刚益柔有时。"这里有两个"有时"，上文都讲了。这里要讲用二簋，也要分时候，不是无论什么时候都认为越简单就越好，办事还是因时、因人、因事而异。损刚益柔正好是因时、适时，时机把握得很好。"山下有泽，损；君子以惩忿窒欲。"忿，不仅仅是指愤怒，也指一种过激行为。这种过激的行为必须抑制，惩是指抑制。窒欲，窒是窒息；欲是各种贪欲、欲望。当然正常的欲望是应该有的，但对于有些欲望也要把握度。这里是讲到君子修身养性一定要严于律己。

【原文】

初九，已事遄往，无咎；酌损之。

【释义】

初九，减轻疾病的事要速办，那样才不会有过失。损下益上时应当酌情所损之多少并考虑到时间因素。

【原文】

《象》曰:"巳事遄往",尚合志也。

【释义】

《象传》说:"减轻疾病的事要速办",这是因为初阳上合于"益四"之志。

【爻解】

初九阳爻居于阳位,处《损》卦之初,又与六四阴爻相应合,有迅速行动以损己益上之象。爻辞以祭祀之事应迅速前往来比喻初九行动之迅速,以"酌损之"来体现《损》卦损下益上之原则。《象传》中说"尚合志",这里的"尚",意为"上",指六四阴爻,意为初九之迅速前往,是为了体现与六四志向相合。

【原文】

九二,利贞,征凶,弗损,益之。

【释义】

九二,利于做事,出征则会有凶险,不用减损自己就能达到益上之目的。

【原文】

《象》曰:九二利贞,中以为志也。

【释义】

《象传》说:九二之所以利于做事,就在于他以居中处正作为自己的志向。

【爻解】

九二阳爻居于阴位,有阳刚者谦柔自守之象;九二阳爻居下卦之中位,与居上卦之中位的六五阴爻相应合;六五阴爻居于阳位,亦有阴柔尊者刚柔相济之象。这样,九二与六五均有自满自足之象,即九二用不着减损自己去增益六五,六五也用不着九二来增益自己,只要九二安于所守,不随意妄动,就是最佳状态,故爻辞中说"征凶",

即九二妄行征伐或擅自行动就会有凶险。关于爻辞"勿损益之",有的学者理解为不自我减损,即是对他人(指六五)的增益;有的理解为不要减损,而要增益;有的理解为不要减损也不要增益。若从九二与六五的爻位关系来看,似以第一种理解为妥。

【原文】

六三,三人行则损一人,一人行则得其友。

【释义】

六三,三人出行,损失了一人,一人出行,得到了朋友。

【原文】

《象》曰:一人行,三则疑也。

【释义】

《象传》说:一人独自出行能专心致志,而三人同行会因意见不一致而疑惑。

【爻解】

关于六三爻辞,我们可以从两个角度展开理解。一是以爻位为依据。六三阴爻居于阳位,有阴柔者果于行动之象;六三阴爻与上九阳爻相应合,又有减损自己而补益阳刚者之象。由此来理解爻辞中的"一人行,则得其友","一人"指六三,"友"指上九。那么,"三人行,则损一人"中的"三人"、"一人"又指谁呢?王弼等学者认为,"三人"指六三及居于其上的两个阴爻,"一人"指上九,因此,"三人行,则损一人"是指若三个阴爻同时与上九相应合,则会给上九带来损害。这种解释多少有些牵强,但除此之外,似乎也很难找到更合理的解释。二是从字面意思去理解。三人同行,则往往会因意见不一致而造成一人离去;一个人独行,能自我做主,就容易找到志同道合的朋友,这似乎是生活中一种常见的现象。

【原文】

六四,损其疾,使遄有喜,无咎。

【释义】

六四,减损其疾病,迅速地接纳上行的阳刚之气以使其病愈是一件可喜的事,没有什么灾祸。

【原文】

《象》曰:"损其疾",亦可喜也。

【释义】

《象传》说:"减损其疾病",说明六四接纳初九的阳刚之气有了十分可喜的结果。

【爻解】

六四阴爻居于阴位,有阴柔太过之象,故爻辞中称之为"疾";但六四阴爻居位得正,又与初九阳爻相应合,有阴柔者自损阴柔以接纳阳刚之象,故爻辞中说"损其疾"。初九爻辞说"遄往",六四爻辞说"遄有喜",充分体现了两者迅速应合的关系。正因为初九自损其阳以益六四之阴,才使六四迅速"有喜",病体很快痊愈,故没有灾殃。

【原文】

六五,或益之十朋之龟①,弗克违,元吉。

【简注】

①十朋之龟:价值十朋的宝龟。朋,贝币两枚,即两贝为朋,也有说十贝为"朋"的。古代龟甲也可作为货币,又可用于占卜。

【释义】

六五,有人献上价值"十朋"的大宝龟,不能拒绝他,大为吉祥。

【原文】

《象》曰:六五元吉,自上佑也。

【释义】

《象传》说:六五之所以能大为吉祥,是因为他承受了上天的佑助。

【爻解】

六五阴爻居上卦之中位，象征阴柔者居于尊位。由《损》卦损下益上的宗旨来看，六五作为《损》卦之至尊，应该是得到极多增益之人，故爻辞用"益之十朋之龟"作喻。"十朋之龟"即价值十朋的大龟，"朋"是古代的货币单位，一朋为十个贝，十朋即一百个贝，价值一百个贝的龟，就是价值极为昂贵的龟，由此可见六五所受的补益之大。虽然如此，为了遵行自损以益人之道，六五仍不欲接受，爻辞"弗克违"正是反映了六五欲加以拒绝的美德，故预示大吉。

【原文】

上九，弗损益之，无咎，贞吉，利有攸往。得臣无家。

【释义】

上九，不用自我减损就能使他人受益，没有灾祸，做事会获得吉祥，有利于有所前往，因为得到广大臣民的拥护就不再是一己之家了。

【原文】

《象》曰："弗损益之"，大得志也。

【释义】

《象传》说："不用自我减损就能使他人受益"，这说明上九使自己的志向大获成功。

【爻解】

上九阳爻居《损》卦之极，损下益上之道即将转变为损上益下，故爻辞中说"弗损益之"，即不要减损在下位者，而要补益他们。九二爻辞中亦有"弗损益之"，其意思是"不自我减损，即是增益他人"，因为上九与九二所处的爻位不同，故同一句话包含的意思也有区别。上九能以己之所得补益天下之人，故没有灾殃，并能"得臣无家"即得到众多无家可归的臣民的拥护。

【卦义新解】

《彖》曰："损，损下益上，其道上行。"《损》卦爻辞"上九：弗损益之，无咎，贞吉，利有攸往，得臣无家。"其"《象》曰：弗损益之，大得志也。"

《易经》指出：损之为道，重在以诚正之心适度地损下益上，损小益大，损有余以益不足。如何在不得已的情况下适当减损或放弃一部分利益，而去追求更大更多的利益，正是《损》卦所要重点研究的问题之一，这也是历代仁人志士曾经苦苦探寻的问题之一。秉持正道，不贪财，注重个人品德的修炼就是"损小益大"的一种成功经验。

孟子说："吾善养吾浩然之气。"公孙丑问："敢问何谓浩然之气？"孟子说："难言也。其为气也，至大至刚，以直养而无害，则塞于天地之间。其为气也，配义与道；无是，馁也。"孟子说得比较抽象，无非是说，浩然之气衔育着"直、义、道"等内容。曾国藩发挥孟子的学说，认为"凡事非气不举，不刚不济"。他于江西抚、藩为粮饷事而争执不休，自己郁郁不爽时，对"气"作了一个比较具体的说明：

欲求养气，不外"自反而缩，行谦于心"两句。欲求行谦于心，不外"清、慎、勤"三字。因将此三字各缀数语，为之疏解。"清"字曰：名利两淡，寡欲清心，一介不苟，鬼伏神钦。"慎"字曰：战战兢兢，死而后已，行有不得，反求诸己。"勤"字曰：手眼俱到，心力交瘁，困知勉行，夜以继日。

此十二语者，吾当守之终身，遇大忧患、大拂逆之时，庶几免于无悔耳。

后来，他将"清"字改为"廉"字，"慎"字改为"谦"字，"勤"字改为"劳"字，成为"廉、谦、劳"他认为，这样十分明显浅易。

曾国藩初出办团练，便标榜"不要钱、不怕死"，为时人所称许。 他写信给湖南各州县公正绅耆说：自己感到才能不大，不足以谋划大事，只有以"不要钱，不怕死"六个字时时警醒自己，见以鬼神，无愧于君父，才借此来号召乡土的豪杰人才。

正因为他不爱钱，所以他谆谆以"勤俭"二字训诫后代，也孜孜以"勤俭"二字严格约束自己。 他终身自奉寒素，过着清淡的生活。他对儿子纪泽说："我做官二十年，不敢沾染官宦习气，吃饭住宿，一向恪守朴素的家风，俭约可以，略略丰盛也可以，过多的丰盛我是不敢也是不愿的。"他早起晚睡，布衣粗食。吃饭，每餐仅一荤，非客至，不增一荤。 他当了大学士后仍然如此，故时人诙谐地称他为"一品宰相"。 "一品"者，"一荤"也。 他三十岁生日时，缝了一件青缎马褂，平时不穿，只遇庆贺或过新年时才穿上，这件衣藏到他死的时候，还跟新的一样。 他规定家中妇女纺纱绩麻，他穿的布鞋布袜，都是家人做的。 他曾幽默地说："古人云：'衣不如新，人不如故。'然以吾视之，衣亦不如故也。 试观今日之衣料，有如当年之精者乎？"全家五兄弟各娶妻室后，人口增多，加上兄长做官，弟弟们经手在乡间新建了不少房子，他对此很不高兴，驰书谴责九弟说："新屋搬进容易搬出难，吾此生誓不住新屋。"他果真没有踏进新屋一步，卒于任所。 曾国藩写道："余在京四十年从未得人二百金之赠，余亦未尝以此数赠人。"他规定，嫁女压箱银为二百两。 同治五年，欧阳夫人嫁第四女时，仍然遵循这个规定。 曾国荃听到此事，觉得奇怪，说："真有这事？"打开箱子一看，果然如此，不由得再三感叹，以为不能满足费用，所以又赠予四百两金子。 嫁女如此，娶媳也如此。 咸丰九年七月二十四日的日记写道："是日巳刻，派潘文质带长夫二人送家信，并银二百两，以一百为纪泽婚事之用，以一百为侄女嫁事之用。"

同治年间，曾国藩出将入相了，且年近垂暮，却依然在"俭"字上常常针砭自己。

　　曾国藩当然不是苦行僧,"不要钱",指的是不贪,不要非分之钱。他说:"不贪财、不失信、不自是,有此三者,自然鬼伏神钦,到处受人敬重。"又说:"一般的人,都不免稍稍贪钱以肥私囊。我不能禁止他人的贪取,只要求自己不贪取。我凭此示范下属,也以此报答皇上厚恩。""不贪财、不苟取",这就是曾国藩的信条。他一生行事也确乎如此。

　　"不贪财、不苟取",表面上看起来暂时可能受损失,但是,从长远来看,由于中正,能使人民心悦诚服,因而是有益的。

益卦第四十二

风雷益

（震下巽上）

【题解】

　　《损》卦以"损下益上",而《益》卦则"损上益下"。范仲淹认为"损上则益下,益下则固其本也"(《范文正集·易义》),所以卦中上三爻以损而得益,下三爻以守正而受益。由此来看,人处益道必须有一颗善心,故《象传》要求君子能"见善则迁,有过则改"。卦中六爻:初九以阳德居《益》之卑下之位,居中而为受益之爻,故能大有作为;六二以柔中为美,所以能获"十朋之龟";六三虽不当位,然若在受益之时,有救济之心,也可"无咎";六四柔怀善志,处益下之始,有尊上而益下之德,所以"有喜"而"无咎";九五能广施恩惠于天下,所以得"元吉"之喜;唯上九处《益》上,其位不正,所以不能自损而益下,故被"击"而有"凶"。由此看来,唯损于彼,才能益于此。

【原文】

益①:利有攸往,利涉大川。

【简注】

益:卦名。有增益,收获,富裕之义。

【释义】

《益》卦象征着增益:有利于有所前往,有利于涉越大河。

【原文】

《彖》曰:"益"损上益下,民说无疆;自上下下,其道大光;"利有攸往",中正有庆;"利涉大川",木道乃行;益动而巽,日进无疆;天施地生,其益无方。凡益之道,与时偕行。

【释义】

《彖传》说:"增益",就是要减损于上,增益于下,这样民众就会有无边无际的欢悦;从上面将恩惠降到下面的臣民,这样为君之道也就发扬光大了;"有利于有所前往",这说明位居中正的九五必有大的喜庆;"有利于涉越大河",这说明乘舟之木已在水面行驶;增益是以雷震动而巽风入的方式进行的,所以每日都会增进无限的疆域;上天广施恩惠,大地才能生出万物,而来自上天的恩惠是遍布万方的。凡是增益的道理和方法,是顺应于合适的时间而共同进行的。

【原文】

《象》曰:风雷,益。君子以见善则迁,有过则改。

【释义】

《象传》说:风吹雷动,象征着"增益"。君子看见美好的行为就心向往之,有过错就迅速改正。

【卦解】

看起来是很普通的两句卦辞,却有很丰富的内容。我们先看彖辞:"益,损上益下,民说无疆。"这里就讲到益,一层为"损上益下，民说无疆"，万民都很喜悦。这里损上益下有人解释为：是从下面收取税收，是取之于民，用之于民，万民当然喜悦。所以说"自上下下，其道大光"。大光是光大，发扬。道就是天道。

"利有攸往，中正有庆。""中正有庆"，又中又正，这个"庆"在卦画上又表现出来了，这个"悦"是倒过来取悦于民，下面就欢声雷动，这当然有庆了。"益动而巽，日进无疆。"日进是指日益，益是动而巽，巽是顺、逊的意思，同时还有一个无孔不入、风行天下之意，有个行在这里。"动"与"进"都是行，这行是"天行健"。这里的意思既深远，又广大。"君子以见善则迁，有过则改。"这里又将自然现象引申于人生修养。"君子以见"，君子以天道为准则。见了善就来学。则迁，就是向善靠近学习，就像孟母三迁那样。

【原文】

初九，利用为大作，元吉，无咎。

【释义】

初九，有利于做出大事业，大为吉祥，没有灾祸。

【原文】

《象》曰："元吉无咎"，下不厚事也。

【释义】

《象传》说："大为吉祥，没有灾祸"，这说明处在下位的初九没有承担过分沉重的劳役，所以能够"为大作"。

【爻解】

初九阳爻处于阳位，又居下卦震之初，震为动，因此，初九从本性上来说，是想有所作为的。初九与六四阴爻相应合，根据《益》卦损上益下之原则，象征其得六四之助益。初九既想有所作为，又有六四之助，故利于做大事，而且预示大为吉祥。然而，有意思的是，爻辞在"大吉"后又加了"无咎"两字。这又是为什么呢？《象传》对此作了恰当的解释："下不厚事也"，即初九处于一卦之下位，本来是不适合做大事的，现在虽得六四之助，做起了大事情，而且预示大为吉祥，但最终只是得"无咎"而已。 关于"下不厚事也"，因其似乎与爻辞中说的"利用为大作"相矛盾，学者们有种种不同的解释，如有的释"厚"为"后"，指民众争先恐后地去做事情；有的释"厚"为丰厚，指民众不厚事居于上位者：有的认为初九本不应做大事，因有六四之助，故做起了大事等等。 上述理解均未能恰当地把握"元吉"与"无咎"之间的关系，故均偏颇。

【原文】

六二，或益之十朋之龟，弗克违，永贞吉。 王用享于帝，吉。

【释义】

六二，有人赠予价值"十朋"的大宝龟，不能拒绝，可以得到长久的吉祥。君王祭祀天地，祈求降福，吉祥。

【原文】

《象》曰："或益之"，自外来也。

【释义】

《象传》说："有人赠予价值'十朋'的大宝龟"，这说明六二所得的增益是从外而来的。

【爻解】

六二阴爻居于阴位，又居下卦之中位，且与九五阳爻相应合，象征阴柔者居中得正，并得到阳刚尊者的极大助益。对此，爻辞用有人送给他价值十朋的大龟作喻。 爻辞"或益之十朋之龟，弗克违"，与《损》卦六互爻辞相同，因《损》卦的六五爻居上卦之中位，《损》卦的卦旨是"损下益上"，而《益》卦的卦旨是"损上益下"，《损》之六五与《益》之六二均是受益之爻，故其爻辞相同。 但《损》卦的六五爻预示"元吉"，《益》卦的六二爻则是"永贞吉"，两者为什么会有这种差异呢？这是因为：损下益上，为通行之则，而损上益下，做起来则颇为不易，故一为"元吉"，一为"永贞吉"。"王用享于帝"，似指君王用此"十朋之龟"来祭祀天帝，有祭品丰厚之义，故预示吉祥。关于六二爻辞的内容，有学者认为疑即周公奉命东征或武王克商祭天受命的故事，因为《尚书·大诰》中有这样的记载："予不敢闭于天降威，用宁王遗我大宝龟，绍天明"。可作参考。

【原文】

六三，益之用凶事①，无咎。有孚中行告公用圭②。

【简注】

①凶事：古人指饥馑、战乱、灾疫等事。②圭，用玉制成，方正有棱角。古代国家发生凶事时，求援的使者带着玉圭前往告急。

【释义】

六三，所得之增益应用于拯凶救难，就没有灾祸。心怀诚信，保持中正平和的行为，然后手持玉圭致意王公以求得信任。

【原文】

《象》曰："益用凶事"，固有之也。

【释义】

《象传》说："所得之增益应用于拯凶救难"，这样才能牢固地保持住已得到的益处。

【爻解】

六三阴爻居于阳位，居位不中不正；六三与上九阳爻相应合，当益之时，有得到阳刚者助益之象。阴柔者不中不正，又能得到他人的诸多助益，若因此而沉溺于享受，必会带来灾祸。好在六三以阴居阳，又得阳刚者之助，有刚柔相济之象，故能把得到的财物用于救灾之事，从而不会有灾殃。但六三之位毕竟不中不正，故爻辞中诫之以"有孚，中行，告公用圭"，即有诚信，行中道，手持玉圭向王公报告。圭是古代朝聘、祭祀等时手持的一种玉器，目的是用来表示诚信。关于爻辞中的"中行"，学者们多释为行中道。有学者认为，《周易》中通常以二、五爻为中，六三不居中，因此这里的"中行"不宜释为行中道，而应视作人名。更多学者认为，此"中行"即周朝初年的中行氏。此说可备参考。

【原文】

六四，中行告公从，利用为依迁国。

【释义】

六四，以中正平和的心态向王公致意自己有顺从之心，就会有利于依附君王做出迁都这样的大事。

【原文】

《象》曰："告公从"，以益志也。

【释义】

《象传》说："向王公致意自己有顺从之心"，以增益其定国安邦之志。

【爻解】

六四阴爻居于阴位，居位得正，又居上卦之初位，根据《益》卦损上益下之旨，有阴柔者欲益下民之象。但六四属于臣位，其力量有限，故须依靠居于其上的九五来实施其益下之志。爻辞中的"告公"，正是据此而言的；而公能听从，也是因为六四有益下之志，故《象传》中说："告公从，以益志也。"爻辞中的"迁国"，指迁移国都，这是用来说明六四的益下之举的。在中国古代，常有迁都之事，著名的有盘庚迁都、平王东迁等。古代迁都的重要目的，就是避害就利，以益国人。迁移国都，在古代是极其重大之事，需要诸侯的大力协助，正如《左传·隐公六年》中所说："我周之东迁，晋郑焉依"，即周平王迁都时，就曾依靠晋国和郑国之助。因此，爻辞中的"依"，应是依附、依靠的意思。不过，对于六四爻辞的理解，尚存在诸多争议,如"中行"是指行中道还是指人,"依"指依靠还是依顺,《象传》中"益志"的"益"指益下、增益还是使坚定等等,迄今未能统一。

【原文】

九五,有孚惠①心,勿问元吉,有孚惠我德。

【简注】

①惠:仁爱、恩赐、和顺。

【释义】

九五,真诚地怀着一颗施惠于民的心,就无须疑问是否会大为吉祥。天下人将会真诚地感念我的恩德:

【原文】

《象》曰:"有孚惠心",勿问之矣;"惠我德",大得志也。

【释义】

《象传》说:"真诚地怀着一颗施惠于民的心",就无须疑问是否"元吉";"臣民感念我的恩德",我的志愿就会大为成功。

【爻解】

九五阳爻居上卦之中位,与居下卦之中位的六二阴爻相应合,犹如阳刚中正的君主施惠于天下之人,此种行为,必会九五受到天下民众的真诚爱戴与拥护,故预示大吉。从爻辞来看,"有孚惠我德"即他人真诚地对我感恩戴德,应是对"元吉"的补充说明。有的学者释爻辞中的"惠"为顺,意即九五顺从他人之心,他人则顺从九五之德,这样似乎也能说通。

【原文】

上九,莫益之,或击之,立心勿恒,凶。

【释义】

上九,没有人增益他,有人攻击他;居心无常,有凶险。

【原文】

《象》曰:"莫益之",偏辞也;"或击之",自外来也。

【释义】

《象传》说:"没有人增益他",这是因为上九独自发出求益之辞;"有人攻击他",这是从外而来的攻击。

【爻解】

上九阳爻居《益》卦之极,物极必反,从而变《益》卦的损上益下之道为《损》卦的损下益上之道。但上九居位不正,有阳刚者贪求躁进之象,故没有人愿意增益之;而且,不光无人愿意增益之,有人甚至对之施以攻击,故上九预示凶险。爻辞中的"立心勿恒",指上九不能像处于其下的诸爻那样继续持守损上益下之道。

【卦义新解】

《益》卦中的《象》曰:"风雷,益。君子以见善则迁,有过则改。"这就警示我们,犯了错误,要采取正确的态度,承认错误,从错误中吸取教训,获得智慧。

生活是最严厉的老师。与学校书本教育的方式完全不同,生活的教育方式是,你得首先遭受挫折,然后从中吸取教训。大多数人由于不知道为什么会犯错误和从错误中悟出道理,所以只是一味地逃避错误。他们却不知道,这种行为本身已铸成大错;还有一些人犯了错误却没能从中吸取教训。这些都是为什么有如此多的人总是循环往复地犯着自己以前曾经犯过的错误。他们会一而再、再而三地犯错,就是因为他们不知道如何从错误中吸取教训。在学校,你可能会因为没犯错误而被认为是聪明的学生;而在生活中,你的智慧恰恰是因为你犯过错误,并且能从中吸取教训。如果一个人真正从所犯的错误中吸取了教训,那么他的生活就会发生改变,其获得的就不是经验,而是智慧了。

在犯了错误之后,绝对不要采取下面的行动:

(1) 说谎或否认、掩饰自己的行为

说谎的人总是说:"我没做那件事,"或者"不,不,不,那不是我干的",或者"我不知道这是怎么一回事",还有"我发誓……"之类的话。 还有一类人犯了错误后,习惯于说:"噢,这没什么大不了的,情况会好起来的。"或者"出错了吗? 哪里出错了?"或"不要着急,事情会如你所愿的。"

(2) 指责别人,开脱自己的责任

有类人犯错后往往会说:"这是你的错,不是我的错",或者"如果我妻子花钱不大手大脚的话,我就不会落到如此的地步",或者"如果没有孩子拖累的话,我早就很富裕了";他们也会说:"顾客只是没有注意到我的产品",或者"我的雇员对我不忠实","他们说得不清楚",还有"这是老板的错"等。 还有些人会说:"因为我没受过良好的教育,所以我的事业不如意","如果再给我点时间的话,我会做好的",或者"噢,我再不想变富了",或者"人人都这样,我为何不可……"

(3) 半途而废

半途而废的人经常说的话是:"我早就告诉过你那样做不管用。"或者"这件事太难了,不值得我投入这么多的精力,还是换个简单一点的吧!"或者"瞧,我都做了些什么啊,我不想自找麻烦了。"假如一个人说:"我所得到的教训就是再也不那样做了",那么,这个人也许还没有领悟到犯错误的重要性。 如此多的人活在一个贫穷的世界里,是因为他们不断地对自己说:"我再也不那样做了",而不是说:"我很庆幸自己犯了错误,因为我从这次经历中受益匪浅。"避免犯错误或浪费犯错误机会的人,不能算具备较高的智慧,在事业上的成就也会受到限制。 只有正确地对待错误,善于改正错误.并且从中获得教益、不断进步的人,才称得上是聪明人。

夬卦第四十三

泽天夬

（乾下兑上）

【题解】

《夬卦》象本义在于"果决"，但是，五阳的"果决"并没有为他们赢得吉利，因此，卦中的五阳爻无一"吉"，这实在是说明了"小人难养"的困苦与无奈。当然，将要被铲除的"小人"也定然是在劫难逃。在五阳与一阴的决斗中，双方均不得安宁，故《夬卦》实在是一个杀气腾腾的卦。具体就各爻而言：初九壮于乾刚，却"往不胜"；九二失位无应而"惕号"、"有戎"；九三"夬夬独行"而"有凶"；九四失位于兑而受刑；九五"中行"君位，仅得"无咎"而已；上六当位而应下，虽侥幸"无号"却"终有凶"。一个小人使五个君子如此受难。可悲的是，这种情况并非仅存于《夬卦》中，现实生活中更是不乏其例。

【原文】

夬①：扬②于王庭，孚号有厉，告自邑，不利即戎，利有攸往。

【简注】

①夬：卦名。有决断之意。②扬：宣扬、张扬。

【释义】

《夬》卦象征着决断：在王庭上发挥阳刚之德与小人决断，怀着诚信号令众人戒备危险，从城邑号令告知即可，不利于发兵作战，有利于有所前往。

【原文】

《彖》曰:"夬",决也,刚决柔也。健而说,决而和;"扬于王庭",柔乘五刚也;"孚号有厉",其危乃光也;"告自邑,不利即戎",所尚乃穷也;"利有攸往",刚长乃终也。

【释义】

《彖传》说:"夬",就是决断,以五阳刚与一阴爻决断。刚健而又和悦,刚健能断,兑说(悦)能和;"在王庭上发挥阳刚之德与小人决断",这是因为有一阴柔小人凌驾于五位阳刚之爻上;"怀着诚信号令众人戒备危险",那么,君子消除危险的道德就会光大;"从城邑号令告知即可,不利于发兵作战",这是因为动武用兵就会使君子决断小人的道德穷尽;"有利于有所前往",这说明以阳刚决断小人的"夬"道终有所成。

【原文】

《象》曰:泽上于天,夬。君子以施禄及下,居德则忌。

【释义】

《象传》说:泽水化气上达于天,象征着决断。君子观此卦象,知道要像泽水下降于天一样广施恩禄于下,使有德者居家而不食君禄,这是君子所忌讳的事。

【卦解】

"扬于王庭,孚号,有厉",这个扬,金文字形是双手捧玉上举,像一种祝颂的样子,这里的"扬"就是一种宣扬、宣布、宣讲、公开的意思。这里就是说有一个势利小人,它有势,高居五爻之上,因为是阴爻,是小人,所以称为势利小人。在这种情况下不得不将他的所作所为,在王廷里当着文武大臣的面公开揭露出来。孚号,不仅仅是对文武大臣,在王宫里要这样宣布,同时号令天下都要认清这种人。"有厉",这就是小人在顽抗。"告自邑,不利即戎,利有攸往",这就是更进一步的揭露,让这个国家的国民知道。但是"不利即戎",就是不利于用兵,不利于动用武力,不仅仅是不利,而且也不必要,没有这个必要。 像这样做的话,那"有所往"都有利的。

象曰:"泽上于天,夬,君子以施禄及下,居德则忌。"泽上于天,泽在天上,这是好事,泽是恩泽,是决断,这上决断是恩泽,为什么呢? 因为对广大百姓是有利的。 "以施禄",禄是衣禄、福禄。 这是施福禄给万民。 居德则忌,忌是忌讳,是不应该做的事。 这里决除了小人本来是一得,但自己却居德,是据为己有了。 这就不能将这个变为福禄和恩泽布施给天下百姓,那就是最不应该做的事,是最忌讳的事。

【原文】

初九,壮于前趾,往不胜,为咎。

【释义】

初九,足趾的前端受伤,贸然前往则不能得胜,反而会导致灾祸。

【原文】

《象》曰:不胜而往,咎也。

【释义】

《象传》说:不能胜利而有所前往,这样做是错误的。

【爻解】

初九阳爻处于阳位,又处下卦乾之最下,有阳刚者急进躁动之象,故爻辞中以"壮于前趾"作喻。 但初九处《夬》卦之始,其力卑弱,又无应爻,尚不足以裁决上六阴爻,故前往不可取胜。 往而不胜,则会造成灾殃。 可见,爻辞的主旨在于审慎行事,切忌盲动躁进。 1898年,为了改变中国积贫积弱的局面,光绪帝重用康有为、梁启超、谭嗣同等人,实行变法,史称"戊戌变法"。 但是,变法遭到以慈禧太后为首的保守势力的反对。 为了阻止变法,慈禧太后决定废除光绪帝。 光绪帝在无奈之下,请康有为等人设法挽救。 当时,谭嗣同认为,只有彻底制服慈禧太后,才能挽救危局。 为此,他冒险去找手握重兵的袁世凯,请他帮助光绪帝逮捕慈禧太后等人。谁知袁世凯当面答应,却转身向慈禧太后告了密。于是,慈禧太后先发制人,把光绪帝囚禁于瀛台,谭嗣同等人则被残酷杀害。谭嗣同的遭遇,与初九爻辞颇为相合。初九爻辞与《大壮》卦初九爻辞颇为相似,可相互参阅。

【原文】

九二,惕①号,莫②夜有戎③,勿恤。

【简注】

①惕:警惕。②莫:即幕。③戎:兵戎,战事。

【释义】

九二,发出警惕的号令,尽管暮夜时分将有战事发生,也不必忧虑。

【原文】

《象》曰:"有戎勿恤",得中道也。

【释义】

不要担心有兵戎之事,因为九二得中正之道。

【爻解】

九二阳爻居于阴位,又居下卦之中位,有阳刚者刚而能柔、持守中道之象,故九二能审慎行事,不会出现什么令人担忧之事。爻辞中以"莫夜有戎"作喻,说明因为九二时刻保持警惕,因此即使出现敌人深夜来袭的突发事件,也能轻松应付,并化解。

【原文】

九三,壮于頄①,有凶。君子夬夬,独行遇雨若②濡③,有愠④无咎。

【简注】

①頄:颧骨。②若:而。③濡:沾湿。④愠:怒,恨。

【释义】

九三，颧骨受了伤，有凶险。君子坚决果断地独自出行，遇到雨天淋湿了衣服，心中有气，但不归罪于别人。

【原文】

《象》曰："君子夬夬"，终无咎也。

【释义】

《象传》说："君子坚决果断地独自出行"，但是最终没有什么灾祸。

【爻解】

九三阳爻居于阳位，又处下卦乾之极，处夬之时，有过于果决之象，故爻辞以"壮于頄"作喻。"頄"指颧骨，位于头部，此与九三居下卦乾之最上位有关。"壮于頄"指颧骨强壮，这实际上也是一种形象化的说法，因为九三的任务是裁决上六阴爻，九三把自己的这种决心表现在脸上，故说"壮于頄"。但是，《夬》卦裁决小人的宗旨是审慎行事，九三这种怒形于色的做法，不合这一宗旨，故预示有凶险。另外，在《夬》卦五个阳爻中，唯有九三阳爻与上六阴爻相应合，仿佛阳刚君子与阴柔小人间存在某种私情，爻辞中之"独行"、"遇雨"、"濡"、"有愠"，均是据此而言的：因唯有九三与上六相应合，故称九三为"独行"；因上六为阴爻，九三与之相应合，故称"遇雨"、"濡"（即沾湿）；九三与上六相应合，引起众阳刚君子的猜疑和不快，故称"有愠"。但九三乃"夬夬独行"，即虽与上六应合，然而其裁决上六之决心没有丝毫改变，所以不会有什么灾难。

【原文】

九四，臀无肤，其行次且①。牵羊悔亡，闻言不信。

【简注】

①次且：即赼趄，行动不便状。

【释义】

九四,因失位不正,臀部被杖笞皮开肉绽,趑趄难行;若牵着一只羊献给当权者,则悔恨就会消逝,但是,他没有听从此言。

【原文】

《象》曰:"其行次且",位不当也;"闻言不信",聪不明也。

【释义】

《象传》说:"趑趄难行",这是因为九四居位不当;"没有听从智者的话",这说明他的耳朵失聪。

【爻解】

九四阳爻居于阴位,不中不正,当夬之时,有行动失据之象。行动失据,则左右碰壁,处境艰难,故爻辞中说"臀无肤,其行次且",又说其"闻言不信",即不光肉体上受到摧折,心智上也失去了正确的判断力。爻辞中的"牵羊"两字较为令人费解。有的学者认为九四以阳居阴,象征阳刚受到阴柔的节制;羊性刚狠,因此以"牵羊"比喻九四受到节制。有的学者认为,羊指九五,牵有牵附的意思,九四牵附于九五阳刚,故得以没有悔恨。究竟该作何解,目前尚无定论。

【原文】

九五,苋陆①夬夬。中行无咎。

【简注】

①苋陆:为草名者。

【释义】

九五,如斩断柔脆的苋陆草一样,刚毅果断地清除小人,居中行正,则没有过错。

【原文】

《象》曰:"中行无咎",中未光也。

【释义】

《象传》说："居中行正,则没有过错",这说明九五的中正之道尚未光大。

【爻解】

九五阳爻居上卦之中位,象征阳刚尊者持守中正之道。九五与上六相邻,其以至尊之势,清除上六小人,当是轻而易举之事,故爻辞中以"苋陆夬夬"作喻。"苋陆"即商陆,是一种多年生草本植物,茎肉质,柔脆易折,在此比喻九五裁决上六之容易。但九五以至尊之位,行清除小人之事,似有未足,故爻辞不言"吉"而言"无咎",《象传》则明确说:"道未光也。"据史载,赵简子是春秋末晋国的大夫,他积极有为,为赵国的建立奠定了基础。赵简子当政时,他身边有一位名叫栾激的佞臣,当赵简子想要享乐时,他很快就为赵简子安排好了;但当赵简子想求贤才时,在长达六年的时间里,栾激却一个都找不来。赵简子最终把栾激投入河中淹死。这是阳刚尊者清除小人的典型事例。关于"苋陆",有诸多不同的解释,其中以认为"苋"应作"莧"的说法较具代表性。"莧"指细角的山羊,其字形与"苋"极像,且以细角山羊果决地行于道中来释"莧陆夬夬",亦颇为顺畅。但以"莧"替"苋",毕竟只是一种猜测。

【原文】

上六,无号①,终有凶。

【简注】

①号:号啕痛哭。

【释义】

上六,不必号啕痛哭,因为小人最终也是难逃凶险。

【原文】

《象》曰:"无号之凶",终不可长也。

【释义】

《象传》说:"不必号啕痛哭,小人最终也是难逃凶险",这说明居于上六的小人势力是不可能再延长的。

【爻解】

上六阴爻居《夬卦》之极,说明众阳爻最终裁决上六的时机已经到来。 上六居于《夬卦》的最上位,仿佛阴柔小人窃据高位,但此时随着阳刚势力的进一步强盛,上六已势单力孤,无法再向众人发号施令,因此,上六的凶险之时已经来临! 关于爻辞中的"无号",学者们或释作不用痛哭号啕,或释作不用号叫,或释作不警惕呼号,等等。 因其文字过于简洁,我们确实无法对它的意思作准确界定,但是,它表示上六已处于穷途末路,这一点则是十分明确的。

【卦义新解】

《夬卦》:"夬:扬于王庭,孚号,有厉,告自邑,不利即戎,利有攸往。"《彖》曰:"夬,决也,刚决柔也。……"《序卦》指出:"益而不已,必决;故受之以夬。 夬者决也。"也就是说,该作决定的时候,就要采取行动,否则就会错失良机。

在生活中不论要干什么,都要把握住适当的分寸和尺度,所谓"该出手时就出手"。 一旦错过了最好的时机,你可能一无所得。因此,《夬卦》一方面强调要重视机会,另一方面,更是强调要学会果断,善于把握机会。

一位富翁家的狗跑丢了,于是富翁就在当地报纸上发了一则启事:有狗丢失,归还者,付酬金一万元,并有小狗的一张彩照占了大半个栏目。

启事刊出后,送狗者络绎不绝,但都不是富翁家的。 富翁的太太说,肯定是真正捡狗的人嫌给的钱少,那可是一只纯正的爱尔兰名犬。 于是富翁就把电话打到报社,把酬金改为两万元。

一位沿街流浪的乞丐在报摊看到了这则启事，他立即跑回他住的窑洞，因为前天他在公园的躺椅上打盹时捡到了一只狗，现在这只狗就在他住的那个窑洞里拴着，可能是富翁家的狗。乞丐第二天一大早就抱着狗出了门，准备去领两万元酬金。当他经过一个小报摊的时候，无意中又看到了那则启事，不过赏金已变成三万元。

乞丐又折回他的窑洞，把狗重新拴在那儿。第四天，悬赏额果然又涨了。

在接下来的几天时间里，乞丐天天浏览当地报纸的广告栏，当酬金涨到使全城的市民都感到惊讶时，乞丐返回他的窑洞。可是那只狗已经死了，因为这只狗在富翁家吃的都是鲜牛奶和烧牛肉，对这位乞丐从垃圾桶里拣来的东西根本受不了。

"机不可失"是中国古代人生智慧高度重视人的主体性实践作用的经验之谈。就一个人的人生而言，生命属于个人也仅有一次，也是一个机不可失的过程。如何将这有限的生命化为无限的创造前景，这是一代又一代中国人锲而不舍的人生课题。

机遇总是有的，问题在于你能不能发现它，抓住它。机遇是稍纵即逝的，若不及时抓住它，就会失之交臂，后悔莫及。古人说："难得而易失者时也，时至而不旋踵者机也。"说明时机难得而易失，机不可失，时不再来。

三国时袁绍因为"自己的儿子有病"而丧失了时机，就是典型的例子。袁尚、袁熙兄弟在其父袁绍被曹操在官渡打败后，逃往辽东，那时他们还有几千人马。最初，辽东太守公孙康依仗他的地盘远离京城而不服从朝廷命令、擅自收留袁氏兄弟。有人劝曹操征讨辽东，同时擒拿袁氏兄弟。曹操说："我正要使公孙康斩二袁的头送来，不需要用兵。"过了些日子，公孙康果然斩了袁尚、袁熙，将首级送了来。众将问曹操这是什么原因，曹操说："公孙康素来害怕袁尚、袁熙兄弟，我如果急于征讨他，他就会同袁尚等联合起来抵抗我们，缓一段时间，他们会自相矛盾，这种矛盾会使公孙康杀了袁示兄弟。"

曹操东征刘备时，人们议论纷纷，担心出师后，袁绍从后方袭来，使得曹军进不能战，退无处走。曹操说："袁绍的习性迟钝而又多疑，不会迅速来袭击我们。刘备是新起来的，人心还未完全归附他，我们抓紧攻打他，他必败。这是生死存亡的关键时刻，不可丧失时机。"于是，曹操决心出师东征刘备。

田丰果然劝袁绍说："虎正在捕鹿，熊进入了虎窝而扑虎子。老虎进得不到鹿，退得不到虎子。现在曹操征伐刘备，国内空了。将军有长戟百万，骑兵千群，率军直指许昌，捣毁曹操的老窝，百万雄师，自天而降，好像举烈火去烧茅草，又如倾沧海之水浇漂浮的炭火，能消灭不了他吗？兵机的变化在须臾之间，战鼓一响，胜利在望，曹操听到我们攻下许昌，必然会丢掉刘备而返回许昌。我们占据了城内，刘备在外面攻打，反贼曹操的脑袋，一定会悬挂在将军的战旗杆上。如果失去了这个机会，曹操归国之后，休养生息，积存粮食，招揽人才，就会是另一种情况。现在大汉国运衰败，纲纪松弛，曹操以他凶狠的本性，用他飞扬跋扈的势力，放纵他虎狼的欲望，酿成篡逆的阴谋，那时，即使有百万大兵攻打他，也不会成功。"袁绍听后，以儿子有病，推辞此事，不肯发兵。田丰用拐杖敲着地叹道："遇到这样好的机会，却因为婴儿的缘故而失去了，可惜呀可惜！"

而袁绍当时占据北方广大地区，势力最大，足以与曹操抗衡。但他外宽内忌，有勇无谋，坐失良机，最后被曹操打败。如果袁绍善于把握时机，听取正确意见，"三国"的历史也许是另外的样子。

每个人都是这样，把握机遇还是坐失良机，会写出不同的人生历史。 在人生的某个阶段，可能遇上特别有利的机遇，抓住这种机遇就可以改变自己的处境，赢得美好的前程；如果错过有利的机遇，时过境迁以后再干，就要付出成倍的代价，甚至要抱憾终生。

姤卦第四十四

天风姤

（巽下乾上）

【题解】

"天下有风"谓之《姤卦》，其卦辞、《彖》《象》之义有所不同，卦辞曰"勿用取女"；《彖》则以"不可长也"言其女壮之失，同时，又能从天地相遇中看出"品物咸章"、"天下大行"的好处；而《象》则从圣人以风行天下、无物不遇的作用中，看到大行教化和诰命四方的政治力量。 由此可见，《易》用之于大则义大，用之于小则义小。 具体而言，《姤》一阴在下，众阳在上，用之于人，则一阴遇众阳，有女壮淫盛之过；用之于自然，则众类兴旺；用之于政，则政令通行天下。 然而，因象有阴消剥阳之势，故爻辞唯九五"含章"，余则或"凶"，或"吝"。

【原文】

姤①：女壮，勿用取女。

【简注】

①姤：卦名。有相遇之义。卦象一阴五阳，一女而遇五男，故名为《姤》。

【释义】

《姤卦》象征着邂逅相遇：女子过分强壮，则不宜娶之为妻。

【原文】

《彖》曰：姤，遇也，柔遇刚也。"勿用取女"，不可与长也。 天地相遇，品物咸章也。 刚遇中正，天下大行也。 姤之时义大矣哉！

【释义】

《彖传》说："姤"，就是指相遇，譬如一个阴柔女子对付五位阳刚大男子。"不宜娶此女为妻"，这是因为不能与失位不正的女子长久相处。天地阴阳之气相遇在一起，万物都会昭彰显明地表现出来。阳刚应当遇合中正之位，天下的人伦教化就会大为畅行。如此来看，相遇之时的意义是多么的伟大啊！

【原文】

《象》曰：天下有风，姤。 后以施命诰四方。

【释义】

《象传》说：天下刮着大风，风吹遍大地，无所不遇，这种情况就象征着"相遇"。君王因此而知发号施令，通告四方邦国。

【卦解】

在卦辞中，对人们提出的忠告是："女壮，勿用取女。"这里的女壮指的不是女人身体强壮，因为在上古及中古时代，女人身体强壮是一种美。 这里的强壮指的是性欲强烈。 古人将性欲强烈的女人称为"淫妇"，认为谁娶了这样的女人便会倒霉。 所以卦辞中才会说，不要娶这个性欲强烈的女人为妻。

彖辞中虽然也不赞同娶这个强壮的女人为妻，但却将姤卦的内涵进行了引申，赞扬了阴阳的交合的伟大，说明了阴阳交合才能产生万物这一道理。 由此可见《周易》中可以通过卦画与卦象引申出许多道理，并不拘泥于一事一物。

象辞中则是从卦象中进行引申与发挥，对君王提出关于治理天下的忠告。 也就是说要让自己的命令像风一样传遍四方，不能将自己的命令只局限于自己的都城内。这按今天的话来说就是要加强全民的普法教育,让百姓知法守法。如果法律只有律师才知道,那么便对民众无法起到束缚的作用了。

【原文】

初六,系①于金柅②,贞吉。有攸往,见凶,羸豕孚蹢躅③。

【简注】

①系,有牵引之义。②"柅"字古人多解,有说"织绩之器"者,有说车闸者,有说碍止之意者等。由《象传》称"'系于金柅'柔道牵也"、及帛《易》作"击"思之,当以解"柅"为车闸为是。③蹢躅,挣扎跃动之状。

【释义】

初六,系缚于刚强灵敏的制动器上,守持正道则吉。有所前往,则会有凶,像捆绑的牝猪一样躁动不安。

【原文】

《象》曰:"系于金柅",柔道牵也。

【释义】

《象传》说:"系缚于刚强灵敏的制动器上",这是因为阴柔之道应有所牵系。

【爻解】

卦辞"勿用取女"是从整个卦形来说的,由于一女而遇五男,不合礼不守正,为"女壮",故"勿取"。爻辞是就初六这一个爻位而言的,初六为阴爻,又处卦之初,象征一柔弱女子,此时若能专一系应于九四,长守正固,就可获得吉祥。"金柅"是车上的制动器。把九四比作金柅,说明九四是制动之主,能够牵制阴柔之道。《象传》"系于金柅,柔道牵也",正是讲解这一道理的。但是如果初六不系于九四而另有所往,如同一头瘦弱的母猪浮躁地来回走动,发展下去,必凶无疑。爻辞这里是告诫世人要见微知著,防患于未然。

羸弱之时如不能有效地控制，一旦壮大起来就无法控制了，元人胡炳文在《周易本义通释》中说："壮，可畏也。'羸'不可忽也。"很有道理。

【原文】

九二，包有鱼，无咎。不利宾。

【释义】

九二，厨房里只有一条鱼，没有什么过错，只不过不利于宴请宾客。

【原文】

《象》曰："包有鱼"，义不及宾也。

【释义】

《象传》说："厨房里只有一条鱼"，按其礼义不能食及于宾客。

【爻解】

鱼是水中之物，这里喻指处姤卦下体的阴爻初六。初六本与九四为正应，可是现在充当九二庖厨中的佳肴，此为"遇"不守正。但从九二的角度来看，则另当别论。九二阳刚居中，初六以阴在九二之下近承，有"庖"中"有鱼"之象，但这个"鱼"并不是九二主动搞到手的，而是不期而至，因此对九二来说应该是没有什么咎害的。爻辞的"包有鱼，无咎"。正是就此而言的。九二有刚中之德，能严守正道，深谙事物"遇合"之理，他虽遇于初六，但初六并不与己正应，所以并不据之以为己有，也不使之外遇宾客，正如《象传》所说"包有鱼，义不及宾也"。

【原文】

九三，臀无肤，其行次且，厉，无大咎。

【释义】

九三，臀部被杖笞皮开肉绽，趑趄难行，有危险，但是并没有大的灾祸。

【原文】

《象》曰:"其行次且",行未牵也。

【释义】

《象传》说:"赿趄难行",这是因为九三的行为未受到牵制。

【爻解】

"臀无肤"与"包有鱼"一样,都是比喻的说法。九三过刚不中,上无应,下无遇,本应安分守己,但九三却存有求遇于初六的想法;尽管这一想法只是一闪念,却造成了九三进退失据的危险局面,就如同臀部没有皮肤,坐也难,走也难。不过九三毕竟居位得正(阳爻居阳位),经过犹豫不决,终于能知危而改,免遭阴邪之伤,故虽危"厉"而"无大咎"。《象传》说"其行次且,行未牵也",正是强调九三虽动过求遇于初六的念头,但由于居位得正,知其与初六无应,故犹豫不决,进而知危能改,终未去牵制初六,避免了不正当的遇合,这样一来,自然也就没有大的咎害了。

【原文】

九四,包无鱼,起凶。

【释义】

九四,厨房里没有鱼,就会因兴起争端而有凶险。

【原文】

《象》曰:"无鱼之凶",远民也。

【释义】

《象传》说:"没有鱼而引起了凶险",这是九四远离民众造成的后果。

【爻解】

初六不遇于所应的九四,固然是不遵守遇合之正道,但九四自身也有问题,这就是其爻位不中不正,失去了制阴的能力,所以与己相应的初六才背己承二,犹如己"鱼"亡失,形成"包无鱼"的局面。

《象传》说得好，"无鱼之凶，远民也。"所谓"包无鱼"只是比喻，这仅是表面现象，其实质是由于九四不中不正而疏远了下民，失去了民心。男女之遇合是关系到繁衍的大事，姤卦正是以此为契机展开对遇合之道的论述的。但天下遇合之事是多方面的，从大自然与社会政治方面来看，宇宙阴阳两极的遇合与君民上下的遇合均是遇合之大端，在姤卦中也有多方面的反映，九四爻辞正是谈的君与民的遇合，这个问题并没有逸出姤卦卦旨。九四爻强调君如果不善待于民而失去民心，则凶险起矣，至于君如何与民相处，该《象传》已有论述，可综合观之。

【原文】

九五，以杞①包瓜，含章②，有陨③自天。

【简注】

①杞：杞柳。②章：章美，亦可能作光明。③陨：降落。

【释义】

九五，用高大的杞树叶庇护树下的甜瓜，这就像内心含藏有华彩彰美的品德，必然有可喜的遇合从天而降。

【原文】

《象》曰：九五含章，中正也；有陨自天，志不舍命也。

【释义】

《象传》说：九五内含彰美之质，这是因为他具有中正之德；有可喜的遇合从天而降，所以他矢志不违背天命。

【爻解】

九五的爻位非常好，以阳刚中正居尊位，与九四不中不正完全相反，所以不是远离下民，失去民心，而是必有理想的遇合从天而降。两爻的比喻之辞也大不一样。九四是"包无鱼"，九五是"以杞包瓜"。"杞"，唐代孔颖达《周易正义》引马融曰："大木也"，这里喻为君上；"瓜"，宋代程颐《周易程氏传》曰"美实（果实）

之在下者也",这里喻为在下的贤者。 九五尊居君位而下求贤者,以至高而求至下,犹如高大的杞树以绿叶庇护树下的甜瓜。 九五能做到屈己求贤,贤者当然会群集其麾下。 屈己谦下以求遇贤者,只是贤者毕至的条件之一,更重要的是九五内含彰显之美德,若其德不正,贤者必不屑至也。 《象传》先根据爻位解释九五为什么能内含彰美,那就是九五的爻位居中守正。 人君能做到"中正",能以中正之德充实内心,说明他存志合于天理,必然不愿与"不正"者苟遇,而是屈己谦下,等待理想的遇合从天而降。 故《象传》又言"有陨自天,志不舍命也"。

【原文】

上九,姤其角,吝,无咎。

【释义】

上九,遇到的只是空荡荡的一角,心有悔吝,但终究是没有灾祸。

【原文】

《象》曰:"姤其角",上穷吝也。

【释义】

《象传》说:"遇到的只是空荡荡的一角",这是因为上九居于遇合极偏远处,故有悔吝。

【爻解】

上九居姤卦之终,处穷高极上之地,既无失鱼之凶,也无甜瓜自天而降,犹如立于荒远空荡的一个角落,处遇之时,却一无所遇,难免产生遗憾;但也应该看到,上九因所遇无人而与世无争,从而免遭阴邪之伤,故虽"吝"而亦"无咎"。

【卦义新解】

《姤卦》,卦象是风行天下,风遇到所有相遇的事物。 说的是人在相遇之后所形成的人际关系。 人际关系可以用善缘与恶缘来概括。《易经》是一部关于人的学问之书,对人如何在人间生存,如何面对人脉,如何创建自己的生存网络,有最深刻的指导。

善缘与恶缘,通俗言之就是好朋友成就自己,坏朋友害苦自己。人生遇到好人是幸运,遇到坏人是不幸。

善缘与恶缘都是缘,命运有许多也是注定的,有许多是可以改变的。 避开小人,向善人靠近。 首先要考虑自己的人品。 自己本身是一个小人,好人就不会接纳,也可能被坏人吃掉。 因为一个人坏,别人可能比他更坏。 坏人向好人靠拢,要么被好人收拾,要么吃掉好人。

与能对自己人生有益的人交往,就能对自己有益。 学会结善缘,才能获得好的生存空间。 在善缘中,人是快乐的。 结善缘,要让人家感到自己可靠,人家才会接纳我们。

在商业竞争中,李嘉诚擅长结善缘,与比自己实力强的人合作,他让对方有利可图,又在合作中壮大自身。 有人问李嘉诚,经商多年,引以为荣的是什么? 他回答:"我有很多合作伙伴,在合作前他们大多比我强大,合作后,我们还有往来。"

跟李嘉诚合作最多的是包玉刚、李兆基等人。 在合作过程中,李嘉诚一方面使朋友得到实际利益,另一方面也逐渐在合作中占主导,逐步壮大自己的实力。

与包玉刚合作收购九龙港,包玉刚得到李嘉诚的帮助,而夺得九龙港的控制权,李嘉诚却在收购中兵不血刃,大赚一笔。 既赢得了声誉,又得到了实际的好处。 双赢是结善缘的最好答案。 只顾自己捞好处,就会变成恶缘。

所谓人往高处走,经常跟高水平、高层次的人交往结缘,会开阔视野,增长见识,带来机会与人结缘,要对对方有所认识,人品是结缘的基础。 人品不是一天两天就能够看得出来的。 开始打交道的时候,很多人善于伪装,以获得别人的好感,到关键的时候,就会害人,甚至置人于死地。

王安石变法时,把吕惠卿视为最得力助手和最知心的朋友,拼命向宋神宗推荐他,朝中大大小小的事情,都要跟吕惠卿商量,之后才作出决定。变法的一切内容,都安排吕惠卿写成文件,交付朝廷颁发推行。

可是王安石万万没有想到,自己根本没有看清楚吕惠卿的面目,他的目的是借变法之机捞取个人好处。很多有眼光、有远见的大臣早就看出此人人品恶劣。司马光就曾当着宋神宗的面说过:"吕惠卿算不上什么人才,将来使王安石遭到天下反对的,就是吕惠卿。"

司马光还说过:"王安石的确是人才,但他不应该信任人品不好的吕惠卿。吕惠卿是投机、奸邪之流。他给王安石所做的一切,王安石出面执行,就会得罪人,他对朋友没有安什么好心。"

这些话传到吕惠卿那里,他立刻把司马光排挤出朝廷。

司马光离京前,给王安石写信说:吕惠卿这样的小人,与你打得火热,想借变法向上爬,爬到高处后,一旦你失势,他必然会出卖你,出卖朋友,他会以此作为再次获取利益的条件。

对于善意的提醒,王安石一句也听不进去。

果然到了后来,就像司马光预言的一样,王安石被迫辞去宰相职务,他觉得这几年来吕惠卿对待自己就像儿子对父亲一样忠诚孝顺,为了坚持变法,便大力推荐吕惠卿为副宰相。吕惠卿在王安石失势后,立刻过河拆桥,背叛了他。他怕王安石会卷土重来,便对王安石进行打击陷害。

他先对王安石的两个弟弟下手,将他们罗织进讼案中,假以罪名,贬至偏远之地,接着就开始对王安石进行打击,其手段歹毒出人意料。

当年王安石对他无话不谈。一次,在讨论时,因为还没有打定主意,王安石便写信给吕惠卿,告诉他这件事先不要让皇上知道。

吕惠卿将这封信保留下来,将信交给皇上。结果王安石犯下了欺君之罪。

宋神宗很生气,王安石的政治生命就此完了。

王安石这么优秀的人,毁在自己亲手提拔的小人身上。这怪不得别人,怪他识人不淑,结下恶缘。

生意找合作伙伴或谈恋爱找对象,要擦亮眼睛看人。结恶缘,轻易中便毁掉了自己。

善缘是好药,一生健康;恶缘是毒药,吃了就会得大病,甚至会死亡。如果面对不善之人,宁愿没有朋友,宁愿孤单,宁愿没有事业,也比最终害得自己很惨要强。

萃卦第四十五

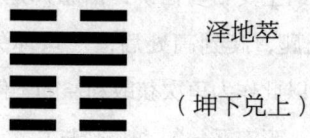

泽地萃

(坤下兑上)

【题解】

《系辞》曰:"方以类聚,人以群分。"《萃》卦说的是会聚之道。然能以类聚只是自然法则,能因"情"而会聚在一起的才是愉快的事,正如《彖传》所言:"顺以说,刚中而应,故聚也。"卦中六爻:初六因不当位而有"乱"之嫌,若有"孚"而无"乱",则可以"无咎";六二柔中居正,能得九五牵引,所以"无咎";六三因上无所应,不能会聚而无利;九四虽不当位,却能以上近尊五,下应初六而得"大吉";九五因尚未取信于民,所以自修其德以致"悔亡";上六求聚无得,故以诚信感人而求"无咎"。

【原文】

萃①：亨，王假有庙，利见大人，亨，利贞。用大牲②吉，利有攸往。

【简注】

①萃：卦名。有聚集之意。②大牲：指祭祀用牛羊等。

【释义】

《萃》卦象征着会聚：祭祀时人物大聚集，此时君王至于太庙祭祀祖宗、天地，所以有利于见大人，亨通而利于做事。用牛来做大的祭祀品，有利于有所前往。

【原文】

《彖》曰："萃"，聚也。顺以说，刚中而应，故聚也；"王假有庙"，致孝享也；"利见大人亨"，聚以正也；"用大牲吉，利有攸往"，顺天命也；观其所聚，而天地万物之情可见矣。

【释义】

《彖传》说："萃"，就是指聚集。下坤顺于上悦，九五以阳刚居中处正下应于六二之阴柔，故能使人物有聚集之象；"君王至于太庙"，向天地之神灵和祖宗致上孝敬的祭祀物品；"有利于见大人，亨通"，人们会聚在一起是因为九五主持正道；"用大牲来做祭祀品会有吉祥，有利于有所前往"，这是因为处在下面的民众能顺应天道；君子观看万物聚集的道理，看到天地万物的本质。

【原文】

《象》曰：泽上于地，萃。君子以除戎器，戒不虞。

【释义】

《象传》说：泽水聚于地上，象征着"聚集"。君子观此象而修理兵器，以武力戒备不测之事。

【卦解】

萃，为卦名，有人才荟萃之意，上兑为悦，下坤为顺，上和悦而施恩泽，下则顺从聚集，人心所向，天下归顺，所以亨通。"王假有庙"，假是格、至的意思。 王是指周文王。 这里指周文王亲自到宗庙，宗庙是指西周的祖庙。 "利见大人，亨，利贞。"实际上是周文王见到众人，在这个地方最有利，在这里不仅仅是人聚集在这个地方，大家的心与德也聚集在这个地方。 用大牲吉，牲是大牲，指牛、羊，实际是指以羊、牛为供品。 致孝享也，享就是指祭祀，祭祀重要的就是要有一份孝心。

"观其所聚，而天地万物之情可见矣。" "天地之情"，是指阳气与阴气荟萃、相遇，这就能生万物；再一个是指有孝心的人都聚集在一起，这就是仁心；顺从天命，天命就是天行健，因泽而荟萃，因顺而会聚，因孝而以正。 万物萃则悦，阴阳二气相聚，如是天地聚而能表现万物之情。 "君子以除戎器，戒不虞。"除，是指整治、修整。 戎器就是兵器。 戒就是提防、防备、警惕。 不虞是指料想不到的事、意外的事。 大家都聚集在一起，同心同德，一种团结的景象。但这象辞又提出另外一种思想，愈是这种景象，这种盛世，愈是需要有警惕性，要不忘备战，还要修理好兵器，以防料想不到的事情发生。

【原文】

初六，有孚不终，乃乱乃萃。 若号，一握①为笑。 勿恤，往无咎。

【简注】

①一握：是古人演算的术语，指在此不吉情况下，占卦时得"一握"乃吉卦之数。

【释义】

初六，心有诚信之德却不能持之以终，于是就心生疑乱；于是就与他人妄聚；若向自己的所应之爻六四呼号，则能与之握手欢笑，所以不必忧虑，前往没有灾祸。

【原文】

《象》曰:"乃乱乃萃",其志乱也。

【释义】

《象传》说:"心生疑乱而与他人妄聚",这说明初六的心志已乱。

【爻解】

初六与九四正应,本该与九四会聚,但初六对九四的诚信之心不能保持至终,以至行动失控,产生紊乱,甚至要与不相干的人妄聚,所以爻辞说初六"有孚不终,乃乱乃萃"。初六之上有九四、九五两阳爻,初六的正应之爻本为九四,但他看到九五居至尊之位,又想去聚于九五,舍其所当聚而求其所不当聚,是有孚而不终,行乱而妄聚。初六这样做的根本原因就在于其思想混乱。正如《象传》所说"乃乱乃萃",是由于"其志乱也"。初六"有孚不终,乃乱乃萃",发展下去必然有咎。但是如果初六能回心转意,以至诚迫切之心向与之相应的九四呼号,九四一定会愉快地与之会聚,两者将握手言欢,变呼号而为笑乐。如此,则初六不必忧虑,放心前往而没有咎害。

【原文】

六二,引吉,无咎。孚乃利用禴①。

【简注】

①禴:殷代的春祭与周代夏祭都称"禴"。

【释义】

六二,被牵引到聚集之道中,这是吉祥的,没有什么过错,心怀诚信则有利于祭祀。

【原文】

《象》曰:"引吉无咎",中未变也。

【释义】

《象传》说:"被牵引到聚集中,这是吉祥的,没有什么过错",

这是因为六二处中守正的意志没有改变。

【爻解】

六二以柔中应九五的刚中，正是处于《彖传》所说的"刚中而应，故聚"的爻位。六二作为柔中守正之臣完全忠实于九五刚中之君，但无事见君有谄媚求宠之嫌，故六二不主动求聚，而等待九五的招引。六二这样做正是他柔中美德的体现，所以爻辞说"引吉，无咎"，意为受人招引而相聚可获吉祥，没有咎害。《象传》怕读者对六二不主动求聚的行为产生误解，故解释说"引吉无咎，中未变也"。指明六二居中守正的心志没有改变，并没有像初六那样变其心而乱其志。六二不主动求聚，当九五有招引而去晋见的时候也不献厚礼，而是带着一颗赤诚之心，这就如同祭祀，只要心怀诚信，即使礼节不是很隆重，祭品不是很丰厚，也是可以的。

【原文】

六三，萃如嗟如。无攸利。往无咎，小吝。

【释义】

六三，相聚而朋无应，故嗟叹连连，没有利益。但是，有所前往则不会有过错，唯有小的困难而已。

【原文】

《象》曰："往无咎"，上巽也。

【释义】

《象传》说："有所前往则不会有过错"，这是因为《萃》之上卦巽有谦逊、恭顺之德。

【爻解】

六三处萃聚之时却上无应爻，求聚而不得，只能空白嗟叹，形势非常不利。所以爻辞说："萃如嗟如，无攸利。"不过出路还是有的，六三与九四亲比，若前往求聚于九四，九四肯定乐于接受。这一点《象传》说得很清楚："往无咎，上巽也。""巽"就是顺的意思，"上巽"就是上顺九四阳刚。

【原文】

九四，大吉，无咎。

【释义】

九四，大为吉祥，无所咎害。

【原文】

《象》曰："大吉无咎"，位不当也。

【释义】

《象传》说："大为吉祥而却只是无所咎害"，这是因为九四失位"不当"所致。

【爻解】

九四的爻辞与象辞似有矛盾。既然爻辞说九四"大吉，无咎"，《象传》为什么说是"位不当也"？既然"位不当也"，又怎么能"大吉，无咎"？九四阳刚失正，爻位确有不当；而且九四不居尊位，只是近君之臣，却有初六之应，又有六三之比，在下之民为其所得，故有专权越分、欺君夺民之嫌，本应有咎。爻辞实为告诫之语，是说九四只有得"大吉"，才能"无咎"。"大"是周遍的意思，做事无所不周，无所不正，达到至善至美的程度，是为"大吉"。对于九四爻来说，九四不当君位则不应该聚民，既聚民，如果能率领群民归顺于九五，并且鞠躬尽瘁，始终团结在君王的周围，成为王室的贤臣，则为得"大吉"，可以免去专民之咎了。

【原文】

九五，萃有位，无咎。匪孚，元永贞，悔亡。

【释义】

九五，聚集之时处尊当位，没有过错，但是尚未能取信于民。作为德之元首，应当永远守持正道，那么，悔恨就会消逝。

【原文】

《象》曰:"萃有位",志未光也。

【释义】

《象传》说:"聚集之时处尊当位",这说明九五仅得其位而聚集天下民众的意志并没有光大。

【爻解】

九四是位的问题,九五则是德的问题。若有其位而无其德,仍然不能使人信孚。看来挽救的办法就是爻辞所说的"元永贞"。"元"是元首、君王的意思,作为君王,要反身修己,长久不渝地守持正固,这样才能功德彰显,光披四海,天下无思不服,自然可以悔恨消失。否则其会聚天下之人的王者之志怎么能够全面实现、发扬光大呢?所以《象传》指出:"萃有位,志未光也。"仅仅是"萃有位",而不能做到"元永贞",那是不行的。一臣一民不正,那只关系到个人或少数人一个君王不正那就会影响到整个国家。

【原文】

上六,赍咨①涕洟②,无咎。

【简注】

①赍咨:钱财丧失。②涕洟:眼泪、鼻涕。

【释义】

上六,带着咨嗟哀叹的声音痛哭流涕,可以免于灾祸。

【原文】

《象》曰:"赍咨涕洟",未安上也。

【释义】

《象传》说:"带着咨嗟哀叹的声音痛哭流涕",这因为上六不能安于《萃》上穷极之位。

【爻解】

《象传》说"赍咨涕洟,未安上也",就是说明上六对处于萃卦穷上之位的不安心情。上六嗟叹哭泣，心不安宁，说明他认识到不能萃聚、孤苦无助的危险；而能知危惧祸，不敢自安，自然行事谨慎，不会被邪恶所害。另一方面，上六既然嗟叹哭泣，也就从反面说明了他有坚定不移的求聚的心志，最终还是能得以会聚的。因此爻辞说上六"无咎"。

【卦义新解】

《萃卦》，湖泽在地上，聚集涓涓细流。湖泽与大海之所以能够汇聚，是因为自己的容量，是因为自己的低洼。水往低处流，因为低处的吸引力大，因为低处方便了它。湖泽与大海的胸怀有多大，便有多大的凝聚力。

此卦告诉我们：要凝聚人心，才能成事，有所谓人心齐泰山移之说。要汇集自己的一帮朋友，有自己的团队，有自己的人脉网络。爱因斯坦说：世间最美好的东西，莫过于有几个头脑和心地都很正直的严厉的朋友。汇聚一圈朋友，就会有自己的容身之所。

《易经》说到了同人卦的团队，说到了随卦的随和众人，这里说到了凝聚人心。这说明了人的社会属性。

人脉从交朋友开始。大度集群朋。宽宏大量者身边便会集结起一大群的知心朋友。西汉的韩信，在年轻潦倒之时，有人逼他从胯下钻过去，后来韩信被刘邦拜为大将，不但没有杀那个人，反而赏以重金，委以大官，使其感动，消除了私怨，最后还成了舍命保护韩信的勇士。豁达的度量，来自宽广的胸怀，心底无私天地宽。

物以类聚，人以群分，人都愿意和自己性格相近的人相处，要和所有的人都成为亲密朋友，不实际也不可能。学会和各种不同性格的人打交道，就能和更多的人相处得好。

保持平静的、持续的接触，这样才值得信赖。向人有所请求，应由小到大、由微至著、由浅及深、由轻到重才是。一开始就有太大的请求，会被对方断然拒绝。

身体的血脉不通会导致疾病，社会上的人脉不通就会导致失败。

从小到大认识的每一个人，都跟我们保持着良好的关系，那么我们现在一定是个不平凡的人物，做任何事情一定会顺利很多。 人的成长速度决定于我们认识多少人和多少人认识我们。

假如我们有最强的能力和最好的产品，可是我们却不认识一个人，会赚钱吗？ 大部分人的收入不够高的主要原因在于人际关系不够广。 因此现实收入和理想收入的差别就在于人脉的差别。

君子坦荡荡，小人常戚戚。 真心对待朋友，以君子的胸怀与朋友相处，那么自己汇聚的朋友就会长久而稳定。 千金易得，知己难求。 要想交到真正的朋友确实很难，但一分耕耘一分收获，只有对朋友真心，才会得到朋友的真心。

东汉时的荀巨伯，有一次，收到一封急信，说一位朋友病重。 朋友远在千里之外，他赶了好几天路程，当他到了友人住地时，此地已被胡人包围。 他潜入城中去看望朋友，朋友对他很感谢，说自己是一个快要死的人，劝他赶快走。 荀巨伯就说有难同当，现在大难临头，扔下朋友不管，自己逃命，他怎么能做这等不义之事。 胡人攻破城后，打进来，见家家户户凌乱不堪，人全逃走，却有一个院子井然有序，进去见到安坐的荀巨伯，说："大军到处所向披靡。 你是何人，不望风而逃，莫非想以卵击石？"荀巨伯对他们说："我并不是这里的人，现在朋友病重，我不能因为你们来了就丢下他不管。 你们如果要杀的话，请杀我，不要杀我这位已无法救治的朋友。"胡人听了，深受感动，就解围而去，一郡得以保全。 像这样对待朋友，不愁没有自己的人脉。

唐代孟郊说：有钱有势即相识，无财无势同路人。 在现在，越来越多的人因为利益结合而成为朋友，这样的友谊不会牢固。 遇到利益分歧，友情会随之出现裂痕。所以，对待朋友时切不可以利益论亲疏。

一对小狗相互爱抚嬉戏，似乎世上没有比它们更友好的了。只要在它们的友谊之间丢一块肉，你马上就可以明白它们之间的友谊究竟是什么了。在没有看到肉之前，它们俨然一对相当要好的朋友，当它们看到自己喜欢的肉之后，朋友马上就成了竞争对手、敌人。这种友谊经不起考验，这不是真正的友谊。真正的友谊不会为利益而反目，而能够共同分享。这就是《庄子》中名言"以利合者，迫穷祸患者相弃也"之意。

纪伯伦说："和你一同笑过的人，你可能把他忘掉了；但是和你一同哭过的人，你却永远不会忘掉。"朋友圈里多几个一起哭过的朋友，就增加了自身的力量。

升卦第四十六

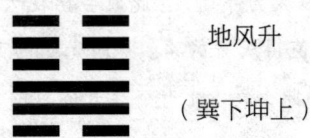

地风升

（巽下坤上）

【题解】

《升》蕴含着地中生木的情境，卦辞以"南征吉"来喻指生命需要阳光的温暖。《彖传》以"柔以时升"来说明"升"因时来，不能强求。从梦象上看，生长是一个持续不断的过程，也是一个积小成大的过程，所以卦中六爻皆有向上演进的情境：初六能顺着阳气上升，所以"大吉"；九二以阳居中，"孚"而"有喜"；九三上升得很顺利；六四若以诚心等待上升，就可以"吉"而"无咎"；六五能节节上升，守正则"吉"；上六于"冥"中上升，也无大碍。总体而言,"升"因符合天道自然,所以基本没有不好的爻象,其中以初六最吉,因为初六处在顺利上升之位。

【原文】

升①:元亨,用见大人,勿恤。 南征吉。

【简注】

①升:卦名。有上升,登高之意。

【释义】

《升》卦象征着上升:大为亨通,宜出现大人,无须担忧,向光明的南方行进就能获得吉祥。

【原文】

《彖》曰:柔以时升,巽而顺,刚中而应,是以大亨,"用见大人勿恤",有庆也。"南征吉",志行也。

【释义】

《彖传》说:柔顺的草木按照时节生长、上升,这是因为《升》卦的卦象是以谦和的巽卦在下而柔顺的坤卦在上组成的,而且,上升时会刚中而应,所以大为亨通,"此时会出现大人无须担忧",因为出现"大人"是一件值得庆贺的事。"向光明的南方行进就能获得吉祥",这是因为只有如此,巽木上升、生长的目的才能成功。

【原文】

《象》曰:地中生木,升。 君子以顺德,积小以高大。

【释义】

《象传》说:地中生长出草木,这种情境象征着"上升"。君子以"顺"为美德,积累小善以成就崇高伟大的事业。

【卦解】

有万物始生之生就有"升",所以从一开始就是亨通的。"用见大人",不能将"大人"理解为大人物,也不能单纯理解为众人、大众,如果没有大的事业,那也得不到众人的认可。"用"就是实践、创造，必须开创一番事业，立下一定的功劳，这样才能见到大人，才能成为大人。"勿恤"就是没有忧虑，本来升应该是有忧虑的。这里讲"勿恤"，一是讲不需要过多的忧虑；另外升是事物变化的规律，它本来就亨通。"南征吉"什么意思呢？从后天八卦的方位来看，坤卦是西南，巽卦是东南，这中间共同的方位是南，这说明南方为升卦的有利空间。征可以理解为开拓、发展。

"用见大人，勿恤，有庆也。"这里如果不讲事业，哪谈得上什么庆呢？这"庆"与"用"的意义要联起来看，用是用什么？就是前面讲的"柔以时升，巽而顺，刚中而应，是以大亨"。这都是"用"的范围，指如何去利用发挥。"志行也"，志是指发展计划与谋略，怎么去实行，这里讲到它的方向向南。象辞里面讲，"君子以顺德，积小以高大。"因为顺德之德必须要积，要积小而致高大。"故聚而上升者，升也"，所以这里讲到"积小以高大"，升的意义，升的形式，是从小往大处升，从低处往高处升。这是聚集起来的，这个聚集的过程是非常漫长、艰难的。

【原文】

初六，允①升，大吉。

【简注】

①允：宜于。

【释义】

初六，宜于上升，大为吉祥。

【原文】

《象》曰："允升大吉"，上合志也。

【释义】

《象传》说："宜于上升，大为吉祥"，这说明初六上升符合二、三的心志。

【爻解】

如果说升卦卦体有地中升木之象，那么初六就是木之根。《象传》说"柔以时升"，其起点就是初六。树根吸收了地中的养料和水分，自然要向上生长，这是事物发展的必然规律。初六有此喻象，说明他正处于上升的良好时机，所以爻辞说初六"允升，大吉"。这一点《象传》已作了解释："允升大吉，上合志也。"初六虽与六四无应，但与九二、九三两阳爻则皆有应，初六本身得地气之滋养，有蓬勃的生长力，又上承二阳，与其合志俱升，哪里还会有什么阻碍？

【原文】

九二，孚乃利用禴，无咎。

【释义】

九二，若心存诚信，即使是祭品微薄也能达到祭祀的目的，没有灾祸。

【原文】

《象》曰：九二之孚，有喜也。

【释义】

《象传》说：九二的诚信，会给他带来喜庆。

【爻解】

萃卦六二有孚于上，是表示自己与九五"聚以正"，是以诚信为本，而不是为私利拉帮结派，所以彼此信任，免去厚礼虚文。升卦的九二有孚于上则是为了求升。本来九二刚中而应六五柔中，上升已是没有问题，《彖传》也说"巽而顺，刚中而应，是以大亨"，但九二极有修养，考虑到以阳刚之臣事柔弱之君，要避免六五柔君的疑虑，因此特别注意用至诚之心感通六五而不用文饰，如同祭祀。"孚乃利用禴"。九二能做到这些当然可得"无咎"。这主要是因为九二居中，刚居柔位，刚柔相济，所以能把事情办好。九二心存诚信，以此而升，必能遂愿，故《象传》言"九二之孚，有喜也"。这里的

"有喜"，就是《象传》所说的"用见大人，勿恤，有庆也"之"有庆"。 九二以至诚之心求升于上，必被六五这位君王大人所任用，如此则不必再有担忧，可以放手去干一番大事业了，故去"有喜"、"有庆"。

【原文】

九三，升虚邑。

【释义】

九三，上升顺利如处空虚之城邑。

【原文】

《象》曰："升虚邑"，无所疑也。

【释义】

《象传》说："上升顺利如处空虚之城邑"，没有什么可疑惑的。

【爻解】

阳为实，阴为虚，九三以阳刚之才应于上六，升进于坤，故以"升虚邑"为喻，言九三迅速上升，如入无人之邑。 九三勇于前进，无所畏惧，比九二要爽快得多，所以上升之时畅通无阻，如"升虚邑"，连《象传》也说九三"无所疑也"。 九三与九二的时位不同。九三刚居刚位，有果断行事的素质，又应于上六，而上六对九三并无猜忌，有果敢前进的客观条件。 但九三的优势同时也成了其不利因素，以刚居刚，刚过头了，所以其前途吉凶如何难以断定，全看他今后能否把握住自己了。

【原文】

六四，王用亨于岐山①，吉，无咎。

【简注】

①岐山：地名。位置在陕西岐山县东北方向。

【释义】

六四，君王来到岐山祭祀神灵、祖宗，吉祥，没有过错。

【原文】

《象》曰:"王用亨于岐山",顺事也。

【释义】

《象传》说:"君王来到岐山祭祀神灵、祖宗",这说明六四要顺从天道,建功立业。

【爻解】

六四有自己的苦衷。升卦六五为至尊之君位,六四身为六五之近臣,不能再有官职和地位的升进,若再升就有逼上的嫌疑,但处在上升之时,六四不能无所作为,这就有了矛盾。好在六四柔顺得正,能妥善处理自己的地位与升进之间的矛盾。六四之升全在于一个"顺"字,一切行事皆顺应事物的发展规律,下顺民之进,上顺君之升,将自己的赤诚之心上达于六五,这就是升了。能做到这一点,就可以获得吉祥,而必无咎害。爻辞正是此意。岐山在西周境内,殷末"三分天下有其二,以服事殷"的周文王,为了表示自己顺服于殷的心意,只祭享境内的岐山而不敢称王去祭天。

【原文】

六五,贞吉,升阶。

【释义】

六五,做事吉祥,如沿着阶梯步步上升一样。

【原文】

《象》曰:"贞吉升阶",大得志也。

【释义】

《象传》说:"做事吉祥,如沿着阶梯步步上升一样",这说明六四大得其上升的心愿。

【爻解】

"升阶"意为登上台阶就天子之位。升卦由初六始升,到六五升至尊位,大遂其上升之志,故《象传》亦言六五"大得志也"。但六五乃阴柔之质，必须守持正固才可得"吉"，才可"升阶"，所以爻辞先诫之以"贞吉"。"贞吉"之诫语真是用心良苦。六五作为柔君，须得九二阳刚辅助才可刚柔相济，创立"升阶"之大业。但六五须坚守此道，不可犹疑，若对九二这样的贤臣信而不笃，用而不终，则不会得"吉"，"升阶"之志也不可能实现。

【原文】

上六，冥升，利于不息之贞。

【释义】

上六，在昏暗中上升，有利于永不停息地生长。

【原文】

《象》曰：冥升在上，消不富也。

【释义】

《象传》说：在昏暗中仍继续上升，就会消除虚而不富的情况。

【爻解】

上六以阴柔上升于穷极之地，不懂得升极必降的道理，是昏昧不明者，所以上六之升是"冥升"。既是"冥升"，应有凶咎，但爻辞不言"凶"，却说"利于不息之贞"，看来上六若能固守于此，不再生息上升，还是可以免咎的。所以《象传》说："冥升在上，消不富也。"要求上六不以势位满盛自居，而是要自我消损，使之不"富"、不满盛。否则，若继续生息，就要由升而转向其反面。

【卦义新解】

《升》卦中，升的意思是上升，发展，上进。全卦的内容大致是讲周朝不断上升、强盛的历史。此卦以巽风在坤地之下，为运气渐进，达到目的之卦。然而登高必自低处起，行远必从近处进，不可先其时，又不可后其时，宜静待而渐进。此卦表现的运势为诸事向上发展，开运之象，南方有吉庆，可名利双收。

《升》是六十四卦的第四十六卦，阐明事物顺势上升的道理。萃卦是"利见大人",升卦是"用见大人",一字之差,其义不同。"利见"是说有了利于出现的机会,"用现"是有了出现的可能。"用"什么呢? 用"升"。 在升之时即将出现有德的君王,这是没有什么可怀疑的。 君王之位是坐北朝南,"南征吉"是说将有新的君王登基,当然是大吉大利。

周文王称王,史书上鲜有记载,只知是武王时谥封为周文王。《史记·周本纪》载:西伯"盖受命之年称王而断虞芮之讼",说的是文王自羑里放出后而称的王,又不确切,故用了一个"盖"字。 甲骨文记载了周文王受封西伯之事,这片甲骨文是商朝时期的,册封时称文王为"王",可见在册封前文王就已经称王。 升卦说的就是他称王时的情况。 卦辞"用见大人",而爻辞却紧紧扣住这个"南征"的大人出现,步步设辞:允升—利用禴—升虚邑—亨于岐山——升阶,层次分明。《象传》把上面的内容依次释为:志行也—有喜也—无所疑也—顺事也——大得志也,由此可见,这是一个事物发展的全过程。

《萃卦》和《升卦》"孚乃利用禴"是周文王祭祀自己的祖先。文王为什么反复祭祖呢? 一是求先祖保佑,二是要继承先祖遗志。保佑什么,遗志又是什么? ——灭商!

灭商是周王朝的既定方针,在解卦我们已经提及。《诗经·鲁颂·宓宫》:"后稷之孙,实维大王,居岐之阳,实始翦商",看来文王祖父迁岐之时就定下了灭商的大计。 文王之父季历因不断开拓土地,使商王朝感到威胁而被杀。 文王被册封西伯后,借此机会扩张自己的势力,初步完成了灭商的准备,最后由武王完成了灭商大业。 可见灭商是经历了几代的不懈努力。 这正是爻辞所说的"利于不息之贞"。

让我们回顾一下这四十六卦。 自坤卦"西南得朋,东北丧朋"

始，就立下了灭商的纲领。商易以坤为首卦，周易以乾为首卦，取其坤顺于乾、阴顺于阳之义，鲜明地表明要灭商！蹇卦"利西南，不利东北"和解卦"利西南"，都是说在极其困难的情况下，文王开辟西南根据地，为灭商做战略上的准备。萃卦说的是做人才上的准备。蹇卦和萃卦辞都是"利见大人"，至升卦则是"用见大人"，看来至此灭商的准备已经就绪，这才有了以下革、鼎、丰等记录灭商的卦。因此可见整个卦象就是顺着这个规律发展的。

我们能够从《易经》中看出来，所谓"顺我者昌，逆我者亡"这个"我"指的就是客观规律。顺应事物发展规律是说理解规律、按规律办事，是积极的。

世间万事万物，都有其内在的规律性。遵循了这些规律性，就会产生和谐的音符。这也符合中国先哲们所说的此消彼长、相互制衡的中庸之道。

"流水不腐，户枢不蠹"这是千古不易的真理。无论哪个时代、哪个社会，没有发展和进步，都只有死路一条。

发展和进步不应当是单一直线式的，而应是开放式的，放射式的，全方位的，需要有博大的胸襟和高瞻远瞩的见识。只要于我有利的，就广采博纳，而不要分什么中、外，更不应死守什么"中体西用"的教条。

人是属于自然的一分子，人的生命运行轨迹如同大千世界一样，也有其千万年所传承的智慧形成的内在运行规律，人应顺应客观的规律，凡事当为而为，不当为而不为，则身体与精神俱通畅和适，如果凡事当为而不为，不当为而硬去为之，必然是自寻烦恼。

违背自然发展规律的人生最终必然是自取灭亡。任何事物的发展都是有规律的，也就是说，任何事物的结果都是按部就班形成的，这是一个永不改变的定律，是任何人都不可违背的。因此光想好，这只是美丽的憧憬,要想把它化为现实,关键是在于人平时的言语、行为是否符合"好"的要求。

我们没有办法改变事情的最终结果,但我们有能力改变自己前进的方向,如果我们曾经背离了实现美好愿望的正路,致使自己品尝到了苦涩的果实,那么今天,我们就应悬崖勒马,使自己能重归正路,努力去顺应事物的发展规律,朝着正确的方向前进。

明知是错偏要一意孤行,是对自己人生的极端不负责任。人生痛苦的由来莫过于凡事太过固执。太过固执,思维往往就会陷入见木不见林的境地,行动起来还怎么能遵循事物客观的发展规律呢?其结果自然因固执而衍生烦恼,损害自己的身心健康。君子自强不息,应循事物的发展规律顺势而动,而不能刻意为之,更不能妄动邪念。

困卦第四十七

泽水困

(兑上坎下)

【题解】

"刚掩"而困,"尚口乃穷",这是《困》象的主要内容,也是它的主要特征及君子所以遭困受穷的根本原因。因为,一则阳刚被阴柔所掩蔽,二则"兑"有口才而遭忌。因九二与九五均为阴气所困,所以,整个卦象少有吉相,唯上六当位于《困》境之极,故可以于悔中"征吉",余则或困而有凶,或困而有穷。六三既失位无应,又乘刚受困,是六爻中最凶的一爻。人皆有受困之时,然圣人以《困》卦来警诫世人,如孔子对子路说:"君子固穷,小人穷斯滥矣。"因此，越是困穷就越能考验人的意志与品格，"沧海横流，方显英雄之志"。

【原文】

困①：亨，贞，大人吉，无咎。有言不信②。

【简注】

①困：卦名。在此有穷困，窘迫之意。②信：相信，信任。

【释义】

《困》卦象征着困穷：亨通。对于有德的大人而言将是吉祥的，没有灾祸。在困难的时候有所言未必能受到人的信任。

【原文】

《彖》曰："困"，刚掩也。险以说，困而不失其所亨，其唯君子乎！"贞大人吉"，以刚中也；"有言不信"，尚口乃穷也。

【释义】

《彖传》说：所谓"困穷"，就是指阳刚为阴暗所遮掩。面临着险境而心中愉悦，因而不会失去亨通的前景，这样的胸襟和气度大概只有君子才能做到！"对于有德的大人将是吉祥的"，因为作为大人的九五以阳刚居于中正之位；"在困难的时候有所言未必能受到人的信任"，这说明崇尚言辞会导致困穷。

【原文】

《象》曰：泽无水，困。君子以致命遂志。

【释义】

《象传》说：泽上无水，象征着困穷。君子在此时应当以不惜牺牲生命的坚强意志去实现自己崇高的志向。

【卦解】

虽然穷困，但却能够亨通。这是怎么回事呢？其实这就是孔子所说的"穷通"。当然，孔子所提倡的"穷通"也不是孔子发明的理论，而是文王的卦辞中就有了。在《庄子·让王篇》中精彩地描述了孔子的穷通。

一次,孔子带着他的弟子们途经陈、蔡两国之间,结果被陈、蔡两国派兵围困在那里,孔子一行人等走投无路。就这样,孔子及门徒们渐渐没有粮食吃了。在一连七天没有吃饭的情况下,孔子却依然在室内弹琴唱歌,悠然自得。孔子对他们说:"君子明于道谓之通,昧于道谓之穷。我们在这里只是吃不上饭了,怎么能说穷呢?君子每天应当反省自己是不是失去了道德,临难是不是失去了节操。大寒至,霜雪降,因此才显出松柏的坚强。过去,齐桓公在莒国受辱,才树立起王霸之心;晋文公在曹国受欺,才产生称霸的决心;越王在会稽受耻,才使他卧薪尝胆,坚定了复国的志愿;我们这次受的这些磨难,不也应该是件好事吗?"

【原文】

初六,臀困于株①木,入于幽谷,三岁不觌②。

【简注】

①株:先儒有解为枯木者,或为根者,或为树干者。由爻意观之,似树干为胜。②觌:见。

【释义】

初六,臀部困于株木之中,陷入幽谷之中,三年不见露出面目。

【原文】

《象》曰:"入于幽谷",幽不明也。

【释义】

《象传》说:"陷入幽谷之中",这说明初六困于幽暗不明的深谷中。

【爻解】

初六是阴爻,处困卦之始。其素质本来就柔弱卑下,缺乏阳刚气质,而又陷入困境之中,真是雪上加霜。由于进又进不得,退又退不了,被一困到底,不能自拔。人行走时脚在最下,而坐则臀在最下,臀部被困,正说明人已行动不得。穷厄而不能自拔。只能如爻辞所说"入于幽谷,三岁不觌"了,即退入幽深的山谷,从此隐姓埋名,多年不露面目与行踪。九四是心有余而力不足。九四确和初六相应,但是九四本身居位就不中不正,以阳刚之质居阴柔之位,自己还受到阴的掩蔽,正是泥菩萨过河——自身难保的时候,哪里还有什么力量来支援初六脱离困境啊!

【原文】

九二,困于酒食,朱绂①方来,利用享祀,征凶。无咎。

【简注】

①朱绂:一曰宗庙祭服;一曰君王之服,古时天子三公九卿"朱绂",诸侯"赤绂"。

【释义】

九二,困于酒食之中,此时因受命于君王主持祭祀,祭祀时穿的大红祭服已送到,有利于主持宗庙的祭祀大典。若用兵出征则有凶险,但是没有大的灾祸。

【原文】

《象》曰:"困于酒食",中有庆也。

【释义】

《象传》说:"困于酒食之中",这是因为九二以阳刚居中而得到的福庆。

【爻解】

困有身之困与道之困的不同。九二的生计成为问题,这确是事实,但是九二身为阳刚君子,根本不在乎"困于酒食"的身之困。相反,"酒食之困"却成为九二荣禄来临的先兆。周公居东的史实就说明了这一点。周公秉政时,由于管、蔡到处散布流言,导致周成王的怀疑。周公于是弃官隐居,不再过问政事,以刚明之躯居柔暗之地,虽有艰难坎坷,酒食之困,但在管、蔡死后,天子来迎,得以复出,终于重又得到荣华富贵。这就要求君子处困之时,能做到刚中自守,安贫乐道。九二正好居中,有中德,所以会有福庆。刚刚有荣禄降临到九二身上,此时行事千万要小心谨慎,最好是做些祭祀上帝鬼神的事,以求得神明的理解与保佑,不要搞什么大动作;否则就会失去已得的荣禄,重新走进困境。故爻辞诫之曰"征凶"。九二困中求进,确实颇多凶险,但没有咎害,这主要归功于九二具备了刚中的美德。

【原文】

六三,困于石,据于蒺藜,入于其宫,不见其妻,凶。

【释义】

六三,困在巨石下,手攀附在刺多的蒺藜上,回到自己的家后,妻子不见了,有凶险。

【原文】

《象》曰:"据于蒺藜",乘刚也。"入于其宫,不见其妻",不祥也。

【释义】

《象传》说:"手攀附在刺多的蒺藜上",这是因为六三以柔乘刚的缘故。"回到自己的家后,妻子不见了",这说明六三有不吉祥的事发生了。

【爻解】

爻辞中"石"是指九四,"蒺藜"是指九二。九四是刚爻,像块坚硬难移的石头一样,居于六三之前,阻挡着六三,使六三寸步难移;九二也是刚爻,以阳刚之质居中,如同带刺的蒺藜,更非六三所能据坐。六三处于两难之中,陷入困境。六三确可退居其室,伤于外者必反其家嘛!但这又能怎样呢?连妻子也见不到,茕茕孑立,形影相吊,陪伴自己的只有那份难耐的寂寞与孤独,这样纵使退居家中又有什么效果?首先,六三不当位,处困之时,以阴柔之质居阳刚之位，无才无德，偏又不甘寂寞；其次，《周易》一贯认为乘凌阳刚是很严重的事，这里的六三以阴柔乘凌于九二阳刚之上，等于是坐在棘刺上，是不能坐安稳的。六三这样如果还能吉祥，那才是咄咄怪事。

【原文】

九四，来徐徐，困于金车，吝，有终。

【释义】

九四，缓缓前来，受困于一辆金车之中，有困难，但是，最终还是会有一个好的结果。

【原文】

《象》曰："来徐徐"，志在下也。虽不当位，有与也。

【释义】

《象传》说："缓缓前来"，这说明九四的志向是在于下应于初；虽然九四以阳居阴，其位不当，却能够得到与自己亲和友好的人。

【爻解】

《周易》的"往"是自下向上，而"来"是自上而下。九四处上卦之初，是刚爻，初六居下卦之初，是柔爻，九四与初六正好形成正应。为了得到初六的配合与帮助，九四当然要自上向下去。《象传》说得很清楚，"来徐徐，志在下也"。实际上这"来徐徐"是对九四的告诫之词。九四还处在金车之困中，这里的"金车"就是指横亘在九四与初六之间的阳爻九二。九四欲得到初六的配合与帮助，但因隔山取水，势必不能性急，所以爻辞诫之曰"来徐徐"。不过九四与初六之间虽有金车九二阻困，但这是暂时的困难。阴阳相应，终难阻隔，只要坚持住，自然能渡过这个难关，获得一个好的结果，故爻辞最后说："吝，有终。"虽然九四不当位，但是"有与"弥补了九四不当位的弱点。九四与九五同为刚爻，相邻成比，它们都被阴爻上六之所掩蔽，处境相同，利害一致，古语说"兄弟阋于墙，外御其侮"，联合起来，一致对外，这也就弥补了九四自身不当位的不足，赢来了好的结果。

【原文】

九五，劓刖①，困于赤绂。乃徐有说，利用祭祀。

【简注】

①劓刖：是古代割鼻断足之刑。割鼻称"劓"，断足称"刖"。

【释义】

九五，虽贵为君王遭受削鼻断足的刑罚，受困于赤绂之中，渐渐地摆脱困境，有利于举行祭祀。

【原文】

《象》曰："劓刖"，志未得也；"乃徐有说"，以中直也；"利用祭祀"，受福也。

【释义】

《象传》说："遭受削鼻断足的刑罚"，这说明九五的志向没有得到响应；"渐渐地摆脱困境"，这说明九五还是可以守持中和正直之德；"有利于举行祭祀"，这是因为祭祀可以承受上天赐予的福庆。

【爻解】

正所谓"高处不胜寒"，九五因其尊而益困。九五邻近上六，被上六阴爻所掩蔽。九五开始之时为阴柔小人所困，但由于其刚中居正，有中和之德，慢慢地就会得以摆脱，走出困境。正如《象传》所说"乃徐有说，以中直也。"九五刚猛有力，受困于人，如同笼中虎狮，思想上恐怕难以接受这种残酷的现实。为了寻求心理平衡与一定的精神支柱，就要举行祭祀，求感于神，以获得神灵的保佑与赐福。爻辞最后劝九五"利用祭祀"，正是此意。

【原文】

上六，困于葛藟①；于臲卼②。曰动悔，有悔，征吉。

【简注】

①葛藟：葛藤缠绕之草。②臲卼：惶惑不安之貌。

【释义】

上六，受困于藤葛蔓藟之间；受困于摇动不安之中。若乱动则悔而又悔，若出征敌寇则获吉利。

【原文】

《象》曰："困于葛藟"，未当也；"动悔有悔"，吉行也。

【释义】

《象传》说："受困于藤葛蔓藟之间"，这是因为与自己相应的六三爻失位不当所致；在这种情况下，"若乱动则悔而又悔"，但是，如果前行征伐之事还是吉利的。

【爻解】

这就是困卦中困极必反的道理，困到极点，势必就会走向困的反面。但是上六得吉，并不是一帆风顺的，而是在克服了重重困难之后获得的。怪不得上六被缠绕的藤蔓所困，而又濒临于危坠之地，这样一来，上六根本就不能有任何动作，不知上六是靠什么方法解困获吉的。上六动则有悔，受困已到了极致，反倒能使他十分冷静地分析自己为什么"动悔"，这个分析过程就是爻辞所说的"有悔"，即有所觉悟。通过闭门思过，吸取教训，重新制定行动方案，并认真地实施，即爻辞所说的"征"，则可转危为安，获"吉"。

【卦义新解】

《困卦》"《象》曰：泽无水，困；君子以致命遂志。""致命遂志"是说在身处困境，面临巨大挑战时，要有不惜牺牲生命的气概，才能实现人生的理想。孔子就曾说过"士见危致命"，所以，《困卦》深刻地指出君子应当善于从《困卦》中吸取教训，在困境中洁德自守，或敢于不惜牺牲某些利益，甚至生命，来达到自己的理想。

在现实生活中,人人都追求理想,大家都渴望成功。然而,挫折却像凛冽的寒风一样,摧枯拉朽,残酷无情。若想使春天的幼苗不被寒风刮折、吹死,就得采取抵御寒风的措施。相对于干事业而言,要想在无数次挫折中取得成功,唯一有效的办法就是通过努力,提高自己抵御挫折的能力。

困难与事业并存,烦恼与成功同在。在逆境中苦斗的人,既要冒着失败的危险,又要面对无尽的烦恼;取得成功的人,固然带来喜悦,但事实证明,他们往往比那些正在奋斗的人有更多的不如意。人人都有烦恼。企求过没有烦恼的生活,其实是一种幻想和幼稚的思维。追求虚幻,等于与世隔绝。

只要我们不怕困难,困难就会成为一块磨炼我们坚强性格的磨刀石。慎重地对待失败和鲁莽地对待失败是有区别的。慎重的人一方面不怕困难,另一方面他们又高度重视困难,冷静地、深刻地研究和解剖困难,分析它的原因,理智地寻找征服它的途径。这种明智的态度可以大大地提高克服困难的能力。有一种人面对困难,虽然具有勇气,但只是莽撞行事,横冲直撞,看起来很坚强,实际上不但无济于事,有时还会导致再一次失败,最终造成无可挽回的局面,这是不可取的。

失败并不可怕,可怕的是你根本不知道自己败在哪里?不知道败在哪里,以后就可能继续在同一个地方失败。知道自己败在哪里,就可以搞清楚在导致失败的因素中,哪些是主观的,哪些是客观的,哪些是可以自我控制的,哪些是需要依靠他人的,进而改变那些可以改变的。接受那些不能改变的,或者在根本不能改变的情况下干脆放弃,另谋新的出路。因此,必须搞清楚自己究竟败在哪里。

一个人在追求成功的过程中,总要制定一定的目标。一般说来,这种目标应当从实际情况出发,结合个人的特点和条件,从而为成功奠定基础。 目标明确,成功就有望;目标模糊,成功就无从谈起。很多人的失败就在于目标脱离实际,实现目标缺乏足够的条件,或者目标是基于幻想和贪欲制定的。 这样的目标是很难实现的,目标没有实现,就给人造成挫折感和失败感。

每个人都会面临困难。 挣扎奋斗的人,面临失败的危险,努力拼搏,有烦恼;取得成功的人,固然带来喜悦,但事实证明,抵达终点的人,往往比那些正在奋斗的人有更多的烦恼。 一种没有烦恼的生活,根本是一种幻想和自欺欺人的说法,追求这种没有烦恼的生活,只是徒耗生命而已。

井卦第四十八

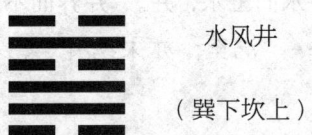

水风井

(巽下坎上)

【题解】

古人穿地得水,以水养人,故"井"象成为古人比喻修德的卦象。《井》有修德养民之功,且终始无改,养物不穷,如卦辞所言"改邑不改井"。 换言之,就是说城邑可改,而德不能改,故《正义》曰:"养物无穷,莫过乎井。"卦中六爻:初六在下以淤泥为喻,说明若不修治就有被废弃的结局;九二因居位不正,有"敝漏"之错;九三以"井渫不食"为喻,期待明君来临;六四以修井为喻,来比君子修德,故能"无咎";九五以井水清寒可用为喻,来比君子有中正之美德;上六为卦中最为吉利的一爻,因为修井与修德皆获"大成"。

【原文】

井①：改②邑不改井，无丧无得。往来井井，汔③至，亦未繘井，羸其瓶④，凶。

【简注】

①井：卦名。指水井。古时掘地为井。井又是社会组织单位，古时八家为一井。四井为一邑。②改：变动。③汔：水干涸。④瓶：古代汲水的器具。

【释义】

《井》卦象征着水井：城邑可以改移，但是水井则不能改移到其他地方，每日汲取也不见其枯竭，时时流注其中也未见其盈满。来来往往的人不断地从井中汲水。汲水时水瓶升到井口尚未引出井时，若使水瓶倾覆毁坏，必有凶险。

【原文】

《彖》曰：巽乎水而上水，井。井养而不穷也。"改邑不改井"，乃以刚中也；"汔至，亦未绣井"，未有功也；"羸其瓶"，是以凶也。

【释义】

《彖传》说：用木桶深入水中汲水而上，这种情境就是"井"。井水不竭其用，故其养人滋生的功德也是无穷的。"城邑可以改移而水井则不能改移到其他地方"，这就好比君子有刚中不移的美德；"汲水时水瓶升到井口尚未引出井"，这说明此时未实现井水养人之功；"水瓶倾覆毁坏"，所以会有凶险。

【原文】

《象》曰：木上有水，井。君子以劳民劝相。

【释义】

《象传》说：木桶汲水而上则有水之用，这种情境可谓之井。君子效法井水养人之德，使人民劳有所得，劝勉并帮助他们。

【卦解】

邑，即城镇、村落。邑改了，但井改不了。古时邑的改变非常频繁，以前一个国都也会经常迁徙的，何况是邑呢？那时虽是以农立国，但那时的生活稳定性还是没有现在好。这改邑不改井有它的历史条件。无丧无得，就是说无论改什么邑，这里没有失去什么，但也没得到什么。"往来井井"，不论怎么往来，这个井还是这个井，井还是发挥井的作用，所以有"井养而不穷也"，这井还是养着这一方百姓，这个井水一直没有枯竭。所以彖辞里："巽乎水而上水，井；井养而不穷也，改邑不改井"，还有"往来井井"，这都是赞美。"汔至，亦未繘井，羸其瓶，是以凶也。"这汔是指"几"，几乎的意思。繘即绠，汲水用的绳。这就是"几乎到了"的意思。羸是损坏，但还没有离开井口，那汲水的桶就被损坏了，就有凶。这里当然是一种喻义，那个水瓶还没离开井口，就被损坏了，那不就是劳而无功吗？

"君子以劳民劝相。"象辞一般都是联系到人生与社会。这"劝"是鼓励，是鼓励民众，鼓励老百姓，要效仿井德。这里讲到几种井德呢？"改邑不改井"，这是一德；"无丧无得"，就是讲不计较失与得，这是二德；"往来井井"，就是谁来了都一样的提供井水，同样的"井养而不穷"，同样一方水土，养一方百姓，这是三德。就是教我们平时为人处世，要以德为主，不要只讲究那些外在的。

【原文】

初六，井泥不食，旧井无禽。

【释义】

初六，井下淤泥沉滞，不堪食用。水井破旧不堪，就连禽鸟也不愿光顾。

【原文】

《象》曰:"井泥不食",下也;"旧井无禽",时舍也。

【释义】

《象传》说:"井下淤泥沉滞,不堪食用",这是因为初六处在井水之下;"水井破旧不堪,就连禽鸟也不愿光顾",这是因为井中有泥,暂时为人舍弃不用。

【爻解】

井是供人饮水用的。如果井里积满了沉滞的污泥。久不修治,井水变成污水、浊水,人们也就不会再来汲水了。这正是初六的爻象。初六以柔爻居于井卦之初,地位卑下,身处阴暗之中,说明正是在井底,有井泥之象。井水可以养人;而井泥却是地道的无用之物,甚至连鸟雀都不来光顾。水井一旦长期不能修治,必定会见弃于人。喻示井德之中一旦渗入污垢而变浑浊;必定要被所有的人舍弃。

【原文】

九二,井谷射鲋①,瓮②敝漏。

【简注】

①鲋:小鱼。②瓮:古代汲水的罐子。

【释义】

九二,在井中容水处射击小鱼,结果射穿了汲水用的瓮。

【原文】

《象》曰:"井谷射鲋",无与也。

【释义】

《象传》说:"在井中容水处射击小鱼",这是因为九二没有可以亲附之人。

【爻解】

井卦总的倾向是向上好,向下不好。因为水井的功用就是井水上出以养人。九二虽为阳刚之才,但是居位不当,而且离初六阴爻最近,在下而不能上出,是极不好的处境。 真是近朱者赤,近墨者黑了。 九二身为刚阳,本来是可以经世致用、惠养百姓的,但是由于居位不妥当,而又"亲小人,远贤臣",岂不更遭殃? 不过,九二可以求得外在援应嘛! 与九二相应的位置是九五,两者都为阳爻,不能形成正应,所以九二无法寻到九五的外援。 "井谷射鲋"这句话的意思是说,井底的穴窍已有井水汩汩而出,说明不是泥井,但水不多,仅够"射鲋"。 射是注的意思,意为注入的水仅能养活小鱼。 不是不想把井水汲出来,而是实在无法汲出。 因为水本来就少,而汲水用的瓮又破又漏,已经无法用了,没有工具怎能汲水呢? 九二身为阳刚之质,本来应该能够拯济万物,惠养百姓,大展宏图干一番事业的,然而事到如今,未立任何功业,却落得个"井谷射鲋,瓮敝漏"的结果。 其失败的教训就是因为没有争取到外援之故吧? 如果九二有援应,他一定能够成就井德之功了。

【原文】

九三,井渫①不食,为我心恻,可用汲,王明,并受其福。

【简注】

①渫:治,治污秽称"渫"。

【释义】

九三,水井中的淤泥被掏干净,但还是没有人食用,这使我心中深感凄恻。可汲取饮用,只有遇到圣明君王,才能使贤能之士同受其福禄。

【原文】

《象》曰:"井渫不食",行恻也;求"王明",受福也。

【释义】

《象传》说:"水井中的淤泥被掏干净,但还是没有人食用",行道之人也为之生恻隐之心;想寻求君王的圣明之德,期望得到福庆。

【爻解】

在这一爻中，水井经过清理，变得干干净净，可以饮用了，但是却没有人去汲用。喻示九三虽为阳刚之质，有用之才，却未得其用。自古以来，千里马必须有伯乐的赏识才行，有才之人不遇圣明君王也就不能发挥其用。"井渫之食"，九三的行为不被人理解，才能不被明君赏识，这使多少人为之扼腕而叹啊！井水清洁而人不饮用，这是人之不明；有才之人不被任用，因而不能发挥作用，这是王之不明。实际上有才之人一旦被任用，所发挥出的功用岂止是一人之幸？正如井水之养人、惠物无穷一样，君臣百姓都是可以受到有才之人的功益的啊！所以九三爻辞与象辞以充满希冀的笔调，展示出井水已清，应该赶快汲用的急切心情。实际上这段话是盼求圣明君主能够思贤若渴，举贤授能，让有才能的人都能像水井那样，发挥效用，惠养百姓。

【原文】

六四，井甃①，无咎。

【简注】

①甃：其意为修治，又说为以砖瓦垒井壁。

【释义】

六四，用砖砌好井壁，就没有过错和灾祸。

【原文】

《象》曰："井甃无咎"，修井也。

【释义】

《象传》说："用砖砌好井壁，就没有过错和灾祸"，因为井修好了。

【爻解】

从六四的爻象来看，情况仍然不容乐观。六四以柔爻居柔位，可谓居得其正，可以免咎，但六四阴柔才弱，且下无所应，这就决定了他不可急于进取，成就大的事业。所以爻辞说"井甃，无咎"，做修井这样的工作是可以的，没有咎害，但还不能养人无穷。《象传》强调"修井也"，也是提醒六四此时宜于修养自己的品德，以弥补素质的不足和行为上的过失，而不可急于去惠养万物；因为自身存有弊端而养人，恰是以其弊端来害人。

【原文】

九五，井冽，寒泉食。

【释义】

九五，井水清澈，寒冷的泉水可以食用。

【原文】

《象》曰："寒泉之食"，中正也。

【释义】

《象传》说："寒冷的泉水可以食用"，这是因为九五居中处正，有正直之德。

【爻解】

九五以阳刚中正居于尊位，既有阳刚之才，又有中正之德，才德兼有，完美无缺。就水井来说，是一口清凉之甘泉，就人才来说，是鲲鹏展翅，可以大展宏图，发挥作用的时候。水井中既然有甘美清洁之水，人们都喜饮用，说明这口井能施养于人，且养人无穷。养人无穷，这是"井德"至美的境界，象征贤君高居尊位，惠人无穷。

【原文】

上六，井收①勿幕②，有孚元吉。

【简注】

①收：谓以辘提取井水。②幕：盖。

【释义】

上六，水井之功完成后，不要将水井口覆盖上，此时心怀诚信，就会大为吉祥。

【原文】

《象》曰:"元吉"在上,大成也。

【释义】

《象传》说:"大吉"处于上位,这说明井水的养人之功已经大为成功。

【爻解】

上六正居于井卦之巅,表明井水已经汲上来了,正是大功告成之时,因此理所当然为"元吉"了。 水井是供汲水饮用的,如果自己汲出水饮用后,马上就把井口盖死,那别人怎么用水呢? 一口水井如果只为个人独用而不养大家,这是水井的悲哀。 汲用井水的人越多,水井施泽的范围就越广,卦辞的"往来井井"就是这个意思。 下文的"有孚",即有信,就是要我们相信井水是源出不穷的,是永远流不完的,与卦辞的"无丧无得"相互呼应。 也只有这样,水井养人的功用,即水井之德,才可以永远得到发扬光大。

【卦义新解】

《井卦》爻辞"九三:井渫不食,为我心恻,可用汲,王明,并受其福。"其《象》曰:"井渫不食,行恻也。 求王明,受福也。"

《井卦》讲的是用人的原则和方法,仔细思考《井卦》,可以让我们得到多方面的启示。 在古人看来,村落可能有变迁,但井不会变动,人们来来往往汲水,而井水则依然洁净不变。 当汲水的桶,几乎到达水面时,因为吊绳没有完全伸开,以致阻挠,使桶翻覆破裂,所以凶险。 即是说,用贤的道理永远不变,用贤无功也不会有过,人事管道,应畅通无阻。

《井卦》中提出了"改邑不改井"的观点,也就是说,作为一时一事的外在生活状态的"邑"可以变革,但是作为民族的深刻文化源泉的"井"则必须保留。 变革是为了更长远地流通井水,而不是为了废除老井。变革的原因只在于井泥的淤塞,革的目的只在于疏通水源。

那么,在用人方面,哪些基本原则是应该保留不变的呢?

(1)要有重才之心

要招揽人才,首先要爱护人才,绝对不能今日用得着就另眼相看,明日用不着就弃之如敝屣。现实的情景常常是:人才的重要无人不晓;但真正要做到尊重人才,量才录用,却不是一件容易的事情。在尊重人才方面,类似"叶公好龙"者有之,他们招揽名士,但是为了沽名钓誉,备而不用,埋没人才;嫉贤妒能者有之,他们对才高者妒火中烧,怕这怕那,弃之不用,重才实为重己,武大郎开店,容不得强己者出现;眼睛向外者有之,他们只见别人营垒中人才济济,不见自己也兵强马壮,总以为外来的和尚好念经,不给自己的人才创造应有的条件;以我画线者有之,他们以个人好恶和恩怨取人,亲者予以重用,疏者加以排斥。凡此种种,都不是真正尊重人才。

(2)要有识才之眼

用人应先会识人,庸人手下无人才,人如果自身庸俗浅陋,识才用才便无从谈起,倒可能使那些成事不足、败事有余的无能之辈云集到身边。善于识别人才者,自身必定也是个人才。

识人要识别不同类型的人才,要具备从良莠不齐的人群中识别人才的本领,做到观察敏锐,眼力深邃,看人看本质、看主流、看发展,不计较一时过错,不纠缠历史旧账,不苛求于人。人各有长,只不过有专业之别,大小之分,有的人富于管理才能,若要他从事科研,势必一事无成;有的人工作勤恳,堪称劳动模范,但所见不多,所知甚少,若委以重任必然难以担当。

(3)要有容才之量

完美无缺的人是根本不存在的。特别是一个有某方面特长的人，可能在另一方面就存在着缺点和不足。人各有其长，也各有其短。大才者常不拘小节，异才者常有怪癖，恃才傲物往往是个通病。人才常常优点越突出，缺点也就越明显。用人不易，容才更难。有的领导者身边虽有人才，但矛盾重重，关系紧张。在许多情况下，一个心胸狭窄的领导者，所耿耿于怀的往往不是人才的缺点，而是人才的特点。既是人才，必有他自己的独到见解，对自己的才能充满信心，因而不会轻易附和领导的意见。既是人才，由于忙于求知做事，自然没时间和精力去拉关系，走后门，有的甚至不懂人情世故，有的不知社交礼仪，有时会不顾领导情面，不分场合地点直言不讳，这些恰恰容易被人称为"狂妄"、"傲气"。

（4）要有育才之术

人的成长与进步，除了主观努力之外，处在良好的环境中，并得到领导及组织的正确培养，不能不说是个重要因素。因此，领导的职责之一，是在用人的同时，不忘有意识地进行培养教育。只培养不使用，这种培养毫无意义可言。相反，只使用不培养，则是领导的一种失职。

领导者不仅要有育才之心，还要掌握育才之术，即有效的育人方法，并能自觉地在工作中循循善诱，启发引导，言传身教，潜移默化；注意为下属施展才能、成长进步提供必要的条件及环境；在下属遇到困惑与挫折时，及时给予必要的支持与帮助；不断给下属工作压力，以防止他们骄傲自满，故步自封；允许下属犯"合理错误"，让他们在磕磕碰碰中成长进步。

革卦第四十九

泽火革

（离下兑上）

【题解】

《周易》的根本哲学观在于"变通"，而《革》卦无疑是"变通"的典型。所以《彖传》以"文明以说，大亨以正"来形容《革》卦的气象。但是，"革"必须有两个前提：一是"革而当"，如《彖传》列举的"汤武革命"；二是因时而"革"，如《彖传》提出的"顺乎天而应乎人"。具体就六爻而言：初九卑而受缚，其力不足以革；六二柔中当位，上应九五之君，故革之"无咎"；九三革见初效而心怀诚信；九四已有"改命"之得，所以吉利；九五"孚"于威信；上六居革之极，守正吉利。《革》之六爻基本是无"咎"有"吉"，由此可见，圣人赞成变革的意志是明确而坚定的。

【原文】

革①：巳日②乃孚，元亨，利贞，悔亡。

【简注】

①革：卦名。既有去故更新、改革变化之意，又有改朝换代之意，故《彖传》称"汤武革命，顺乎天而应乎人"。②巳日：乃天干中的第六干，因"巳日"在天干十日中已过半，盛极而衰，正是革命变革的时刻。

【释义】

《革》卦象征着变革：至"巳日"变革取得民众的信服，大为亨通,有利于做事,悔恨也会消失。

【原文】

《彖》曰:革,水火相息,二女同居,其志不相得曰革。"巳日乃孚",革而信之。文明以说,大亨以正。革而当,其悔乃亡。天地革而四时成,汤武革命,顺乎天而应乎人。革之时大矣哉!

【释义】

《彖传》说:变革,譬如水火相灭,又如两个女子同居一室,因为其志趣不投合,所以终将发生变化,这就叫做"变革"。"'巳日'变革取得民众的信服",这说明这种变革是令人信服的;内含文明之德,外示和悦之色,因守持正直之道而大为亨通。变革合乎正当之理,其悔恨将消逝。天地变革导致四季形成,商汤、周武王变革了夏桀、殷纣的王命,这是顺乎天道又合乎民心的大变革,所以说变革之时的意义是多么巨大啊!

【原文】

《象》曰:泽中有火,革。君子以治历明时。

【释义】

《象传》说:泽水中有烈火,这其中蕴含着"变革"。君子因此而制定历法以辨明四季的更替。

【卦解】

巳日,是有利于改革转变的最佳时机。"巳日乃孚",乃孚是讲有诚信。"元亨利贞,悔亡",这里又有四德。当然就"悔亡"了。"革,水火相息",这是解释革的。在象辞中也有解释革的,是"泽中有火,革"。这革正好是一"息"的阶段。泽中有火就是水也干了,火也熄了,双方都保持了一种平衡,但是这种平衡是暂时的,马上不是火上炎就是水浇下来,不是火将水烧干,就是水将火浇灭。"革而信之",利用这个时机,抓住这个时间——巳日变革,那就能得到拥护,这"孚"是得到拥护与信任。 在必须变革的时刻而变革,会取得天下人的信赖与支持。 "天地革而四时成,汤武革命,顺乎天而应乎人。"天地也会有变革,一年四季都在变,天天变,时时变,分分秒秒都在变。 汤武革命,他们的革命是顺乎天意的,也是顺乎民意的。 所以是"革之时大矣哉",革命的时机大矣哉,也就是"巳日大矣哉"。 后世"革命"一词就出自这里。

"君子以治历明时。"所以君子要研究一种历法,二十四节气就是历法,天干、地支都是历法。 "明时",以此来明确时间季节,这个不是一般的时间,实际上是指时序、时令、时气、时节、时机。 农民种庄稼如果不懂时节的话那就会乱套,一个国家也要根据这些来计划安排大事。

【原文】

初九,巩用黄牛之革。

【释义】

初九,用黄牛革牢牢地束缚其身。

【原文】

《象》曰:"巩用黄牛",不可以有为也。

【释义】

《象传》说:"用黄牛革牢牢地束缚其身",这说明初六还不可以有所作为。

【爻解】

变革是除旧布新的大事,切不可轻率为之。 论时,初九居革卦之初,如何变革形势还不明朗;论位,初九卑居于革卦之最下,不是居于可以变革的地位;论才,初九是阳刚之才但又处于离卦之中,躁动有余,而沉稳不足,没有适应变革的能力。 仅这三点,就决定了初九不可能有所作为,更不能轻举妄动。 所以初九只好取用坚韧的牛皮把自己紧紧地包裹起来。 不过初九用黄牛的皮革来包裹自己,并不是仅仅由于黄牛的皮革相当坚韧之故。这里的"黄牛之革"是含有深刻喻义的。黄为中色，比喻持中驯顺，牛革为坚韧之物，喻示着守常不变，这就暗示初九当革之初始，只应以持中驯顺之道巩固自守，还不应该有所作为。如果这时初九轻举妄动，我想不但不会获得益处，还会适得其反。

【原文】

六二，巳日乃革之，征吉，无咎。

【释义】

六二，巳日发动变革，出征则有吉祥，没有什么过错和灾害。

【原文】

《象》曰："巳日革之"，行有嘉也。

【释义】

《象传》说："巳日发动变革"，这说明六二努力前行必有嘉美之功。

【爻解】

六二阴柔得正，又居中位，柔顺而有中正之德，可以说已经具备了变革的主观条件。首先要把握变革的时机。经过前面一段时间的发展，旧的东西非革除不可。已经到了亟须转变的"巳日"，六二应该抓住这个时机，否则将遗恨终生。此外，六二还需要获得一定的外援。六二处下卦之中，居中得正，九五处上卦之中，也是居中得正，正好与六二形成正应关系，可给六二以有力的帮助。六二凭着这些优越的条件，实行变革，一定可以获得成功。所以《象传》才说"巳日革之，行有嘉也"。

【原文】

九三，征凶，贞厉。革言三就，有孚。

【释义】

九三，出征远行则有凶，有危险。变革多次，已初见成效，就应当心怀诚信。

【原文】

《象》曰:"革言三就",又何之矣。

【释义】

《象传》说:"变革多次,已初见成效",又往而征之到哪里去呢?

【爻解】

从爻辞来看,九三似乎没有六二好。九三以阳刚之才居阳位,并不居中得正,说明九三只是个躁动之才,像个愣头儿青。这样的过刚不中之才如果躁动而往。结果必然是极为危险的。所以爻辞极力告诫说"征凶"。爻辞要求九三"贞厉",即坚守正道来防备危险。既然采取行动会有凶险,说明此时宜审慎稳进,不宜贸然行动。爻辞已经点明:"革言三就,有孚。"对变革的舆论,必须要经过反复多次的研究探讨,进行审慎周密的考虑安排,证明变革确实合理可行,没有什么问题,同时,还要能够得到人们的理解与信任,只有到了这个时候,九三才可以大刀阔斧地进行变革。如果事情已做到这样的至审至当,自然哪儿也不要去。其他的路都不要考虑,可以放心大胆地走变革这条路了。故《象传》说:"革言三就,又何之矣。"九三爻辞其实我们,做任何事情,都要经过审慎考虑,三思而后行,否则一着不慎,满盘皆输。

【原文】

九四,悔亡,有孚改命,吉。

【释义】

九四,悔恨消失,心存诚信革除旧命,吉祥。

【原文】

《象》曰:"改命之吉",信志也。

【释义】

《象传》说:"变革更改旧的命运有吉祥",这说明九四的变革之志得以伸展。

【爻解】

九四已进入上体，革道将成，变革的行为已经得到人民的理解与信任，不再有任何怨恨，变革后的美好蓝图也已经清晰可见，前景一片光明，所以爻辞说："'悔亡有孚改命，吉。"九四以阳刚之质居阴柔之位，处位不当，应该有悔。但是九四是刚阳君子，有"革"之才，而且又有柔相济，不偏不过，何况卦已过中，正当水火相灭相息的变革之时，九四具备了这样一些优越条件，革之必当，纵使人们有怨恨也当消失，所以说是"悔亡"。改命实际上就是变革天命。

【原文】

九五，大人虎①变。未占有孚。

【简注】

①虎变：像老虎换毛一样。

【释义】

九五，大人像猛虎一样推行变革，不用占问吉凶而要保持诚信之德。

【原文】

《象》曰："大人虎变"，其文炳也。

【释义】

《象传》说："大人像猛虎一样推行变革"，其文采彪炳焕然。

【爻解】

九五是革卦之主。九五为阳爻，居中得正，又处尊位，所以称为大人。大人是变革的主体。大人实行的变革，其事理非常显明，天下人知道大人推行的变革是顺天应人、大公至正的，没有什么阴谋可疑之事，就像是老虎身上的斑纹一样昭然可见，天下人看得清清楚楚，无不信从。《象传》解释说："大人虎变，其文炳也。""文"表面上是指虎纹，实际上是喻指九五中和之德。正如《周易集解》中引马融的话所说的"虎变威德,折冲万里,望风而信"。可见"德"是多么重要,任何人在推行变革之时,能够做到德行天下,革道显明,天下人自然会云集响应,这样的变革前景当然美好。难怪司马迁说:"其身正,不令而行;其身不正,虽令不从。"九五爻辞要求领导者要以德治人,以德行事,这对今人仍有很大的启发。

【原文】

上六,君子豹变①,小人革面,征凶。居贞吉。

【简注】

①豹变:如豹之变化。此"君子"比"大人"次一等。故大人被喻为虎,君子被喻为豹。豹比老虎次一等。

【释义】

上六,君子的变革像豹子的斑纹一样,而小人的变革则只是改变其颜面;此时若继续前行则有凶险,居以正位不动则吉祥。

【原文】

《象》曰:"君子豹变",其文蔚也;"小人革面",顺以从君也。

【释义】

《象传》说:"君子的变革像豹子的斑纹一样",这是因为其文采华美;"小人的变革则只是改变其颜面",这说明小人的变革只是从表面上顺从君王而已。

【爻解】

九五正是全面变革之时,上六则是变革成功后的继世守成之时。以周朝建国为例,大人虎变是文王、武王变革创制,事理显明昭著;君子豹变则是成王、康王继业守成,润色大业。天下之事,变革之前,主要的问题是变革;一旦变革成功之后,主要的问题就不在于变革而在于守成了。上六这时如果还要继续采取变革行动,结果会适得其反。所以上六变革既成,重要的事情当然不在"征"而在于居贞守成。 虎之斑纹昭然可见，豹之斑纹细密蔚溽。根据这个特点，将全面变革的九五喻之为虎变，意为大人的全面变革事理昭著，文明可见；将继业守成之上六喻之为豹变，意为君子润色鸿业，使变革之事理更加细密，以各项法律制度的形式将变革的成果及每一个细节固定下来，继续下去。 孔子认为，小人们因为处在治于人的地位，未必对变革有自己真正的认识与理解，往往是革面不革心，只是在表面上赞成变革而已，所以上六当此大局已定之时，要好好地巩固变革的胜利成果，持守正道，以使老百姓逐渐享受到变革的利益，使他们由革面而发展到革心。 如果此时不安守既有成果，又思变革，势必会过犹不及，导致凶险。

【卦义新解】

革故鼎新是现在用来说明改革或者变化的一个成语，这个成语就来源于《易经》。 它与两个卦有关，也就是革卦和鼎卦，革卦，强调的是对过去的、旧的事物进行的改变。 把兽皮加工成皮革，就是对过去的事物充分利用，朝有利于自己的一方转化。 兽皮在兽的身上，就是最大的价值，就是它们的生命，变为皮革，是对它们生命的剥夺。它们失去生命，才带来人的拥有。 生命的本质是残酷。 新陈代谢，就要消耗旧的生命，推陈出新。

亚历山大征服波斯人后，目睹了这个民族的生活十分腐朽，他们厌恶劳动，只图享受。 这位巨人不禁感慨道："没有什么东西比贪图享受更容易使一个民族形成奴颜婢膝的恶习的了，也没有什么比辛勤劳动的人们更高尚的了。"恶习，陋规，就要抛弃。 不合理，就要革除。 顺势而变，顺时而变，朝有利的方向挺进。

旧的东西是过去形成的。 人不可能生活在过去之中，虽然过去的事情是美好的或者是让人不快的，不要老停留在过去的时光，不能自拔。 抛弃旧事物的不合理的一面，继承旧的有益的真理或者经验，才是明智之举。

"君子豹变，其文蔚也。 小人革面，顺以从君也。"君子像豹子的皮毛随着四季的变化而改变颜色和纹路。 而小人也懂得在大人物身边伪装自己，讨好别人。 变化，就是要抛弃过去对自己不利的因素。不合理，就要革除。 顺势而变，顺时而变，朝有利的方向挺进。

很多时候能使人疲惫的不是庞大的事物，而是眼睛里的沙子。 沙子就是坏毛病、旧恶习，一旦沙子长成石头，再改变就迟了。 将人击败的往往是一些不起眼的小东西，是那些没有去掉的旧恶习、毛病。小事物蕴藏巨大能量，因此不能忽视它们。

时间不断流逝，因而世界不断变化。 生命的一切变化都用时间作为参照。 《易经》强调变化，这就抓住了事物的本来面目。 随着变化，旧有的东西不适应新的环境和情形，那么改变旧有的存在势在必行。

在生命途中，一切都在变化，符合变化者就能走得更远。 旧有的事物不变化，就不会符合新的审美观念。 观念变化往往停留在外在的形式上，而真正的本质从来没有变化过。 就像水，就像空气，就像绿色，是从来不会变化的。 变化符合灵魂的希求，就会存在生命力，显示其力量。 不变的是身体，变化的是衣服。 当年皮尔·卡丹就是革新了衣服，因而成为服装界著名的变革者，自然也财源滚滚。 我们审视他的成长之路，他的成长就是在求变中壮大自己。

1945 年，只有 23 岁的皮尔·卡丹来到巴黎，在三家著名的时装店当了五年的学徒，这期间形成了自己独特的关于时装的见解。

在他成名之前，巴黎时装界认为高档服装只在贵族里才能流行。他认为高档时装只有面对更多的消费者才会产生影响力。

在 1953 年，皮尔·卡丹主办了自己的时装作品展示会，造成巨大的影响，其设计的时装千姿百态，经生产后，受到消费者青睐。 在

1959年,他打破了时装设计师只设计女装的传统,着手设计男装,美化了男人的形象。衣服是皮肤不可缺少的保护物,让皮肤人性化、自然化,就自然而然把人体变为了最美好的建筑。

他在创新的变化中成就了自己。至今,皮尔·卡丹仍是法兰西民族的骄傲。

再来看一个靠变化创新成就自己的经典。1914年,十五岁的高福顺来到天津的包子铺当学徒,他在买猪骨头的时候,发现人吃馒头就着骨头汤或者把馒头泡在骨头汤里,特别好吃,人们吃得津津有味,就把熬得发白的骨头汤拌进包子的馅里,这样,包子就特别鲜美。不要小看这一个小小的创新,他简直创造了一个奇迹。这就是著名的"狗不理包子"品牌的来历。其后,狗不理包子还把五花肉等等各种各样的美味作为包子馅,更受到人们的青睐。不用说,高福顺的狗不理包子赚了很多钱,那是水到渠成的事情。

新的事物要壮大,才会有魅力和力量存在下去。很多秘方的发现者只是在原有的药方上添加新的药方或者把原来药剂的分量进行调整,从而创造出神奇的药效。

一切变化都是心的变化。心是最大的因。智者重视心灵的变化,重视发现的眼睛,也就知道生命的一切变化,都在心的范畴里的道理。

鼎卦第五十

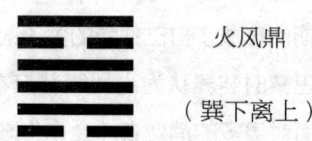

火风鼎

(巽下离上)

【题解】

《诗·大雅·文王》曰:"周虽旧邦,其命维新。"《序卦》

曰："革物者莫若鼎，故受之以《鼎》。"革旧而必要纳新，这是"鼎"器的作用和功能。故《杂卦》曰："《革》去故也，《鼎》取新也。"《尚书·盘庚》曰："人惟求旧，器非求旧，惟新。"然而，《鼎》卦之"鼎"非只是调味之器，而实以象喻事，故《九家易》曰："鼎者，三足一体，犹三公承天子也。"卦中六爻：初六有利于吐故纳新；九二"鼎实"有"吉"；九三悔过有"吉"；九四折断了鼎耳，所以有"凶"；六五利于守持正道；上九鼎得玉饰，故而大吉而无所不利。

【原文】

鼎①：元吉，亨。

【简注】

①卦名。鼎是古代烹饪之器，一般三足两耳，青铜制成，盛行于商周时代，象征王权。此卦卦画像"鼎"：初爻像鼎的足，五爻象鼎之耳，上爻象鼎之铉。下卦巽为木，上卦离为火，以象燃木煮物的"鼎"。

【释义】

《鼎》卦象征着"鼎器取新"：大为吉祥，亨通。

【原文】

《彖》曰：鼎，象也。以木巽火，亨饪也。圣人亨以享上帝，而大亨以养圣贤。巽而耳目聪明，柔进而上行，得中而应乎刚，是以元亨。

【释义】

《彖传》说：鼎器，是烹饪养人的物象。鼎器之下有木柴燃烧，就是烹饪之象。圣人烹饪食物以祭祀上帝，又大量地烹饪食物以养活圣贤。谦逊恭顺耳聪目明，柔道前进而向上行，于是得居六五之中位而应于九二阳刚之爻，所以大为亨通。

【原文】

《象》曰：木上有火，鼎。君子以正位凝命。

【释义】

《象传》说：木上燃烧着火焰，象征着"鼎器"在烹煮食物。君子因为居正位而成就"大烹以养贤"的使命。

【卦解】

圣人烹鼎中之食，是干什么？是祭祀上帝。上帝，应该是指先帝和先祖，也指上苍。大亨，是指大的祭祀。天子烹饪是作什么？是滋养圣贤的。两个柔爻，初位和五位。初位是柔爻，然后，它又上升到五位，为柔进而上行。中，指六五，它上升到五位这个上卦的中位。初爻不得正，五爻虽不得正，但得中，同时它与九二相应，九二是刚，应乎刚，所以元亨。

凝，是凝聚；实际上有一种静的意思。凝字与鼎字是相应的。鼎，是鼎立，它是一个静止的状态，立嘛，三足的力量凝聚起来后就能立。这里"凝命"，讲的是天命，也是命运。"凝命"所讲的就是立命，回到鼎立这一层意思上。这里还要注意"正位"二字，前面讲的"得中而应乎刚"，中，得中位，也就是回答了一个柔为什么要上行到五位。它就是为了得中，这个位置很重要。

【原文】

初六，鼎颠趾，利出否，得妾以其子，无咎。

【释义】

初六，鼎器从脚跟颠倒，有利于倒出废物。为了生个儿子而娶得小妾，没有过错。

【原文】

《象》曰："鼎颠趾"，未悖也。"利出否"，以从贵也。

【释义】

《象传》说："鼎器从脚跟颠倒"，这不违背人情。"有利于倒出废物"，这是吐故纳新，弃卑从贵。

【爻解】

初六处鼎卦之下，是鼎之趾，鼎之趾在下是正常的。现在初六上应九四，有颠趾之象，即鼎脚朝天，这是不正常的。但是我们要看到鼎脚朝天，鼎口朝下，可以"利出否"，鼎内陈积的废物可以一股脑儿倾倒出来，有利于鼎器吐故纳新，泻恶受善，这又变成正常的了。其实初六爻辞说的也是用鼎的实际情况。做饭之前要先清洗器皿，所以要"鼎颠趾"，以此喻示从事一项新事业之前，要先调整思想，摒弃旧观念。"得妾以其子"是用来比拟"鼎颠趾，利出否"的。两种说法虽然不同。但含义却完全一样。妾俗称为小老婆，娶妾如纳新，妾所生之子可以为君子传宗接代，承继家业，当然不会有什么咎罟。

【原文】

九二，鼎有实，我仇有疾，不我能即，吉。

【释义】

九二，鼎中装满食物，我的仇敌身患疾病，暂时不来找我，吉利。

【原文】

《象》曰："鼎有实"，慎所之也。"我仇有疾"，终无尤也。

【释义】

《象传》说："鼎中装满食物"，要谨慎地选择所去的方向。"我的仇敌身患疾病"，这说明九二最终并没有过错。

【爻解】

爻辞中的"我"指九二，"仇"，即配偶，指与"我"正应的六五。九二本身是刚质，有刚阳充实之象，故说"鼎而实"。但"有实之物，不可复加，益之刚溢，反伤其实。"因此九二此时最讨厌有人来帮忙了。令九二庆幸的是，六五来不了，因为六五自身就已乘九四之刚,阳刚之体岂容阴柔居于其上? 所以六五时时对自己的命运有所忧患,根本已无暇他顾了,更不可能靠近九二有所伤害。 因此九二虽提心吊胆、如履薄冰,但终究吉人自有天相,六五不能来顾,仍然可以获得吉祥。 爻辞说的"我仇有疾,不我能即,吉"就是这个意思。 这又是一个辩证法的实例。 "我仇有疾",看起来是坏事,但由于在这特定的时刻,无需配偶来帮忙,因而"我仇有疾"并没有什么不好的。 最重要的是要谨慎前行,特别是要选择好行动的方向。 就是说在"鼎有实"之时,容易犯错误,要"慎所之"。

【原文】

九三,鼎耳革,其行塞,雉膏①不食,方②雨亏悔,终吉。

【简注】

①雉膏:用雉肉做的美味的食品。②方:一会儿、刚刚、正在。

【释义】

九三,鼎耳变异,鼎器暂时不能移动,途径为之阻塞,吃不上美味可口的雉膏,天正下着雨,鼎中之美味亏毁,此可谓悔恨之事,然最终是吉利的。

【原文】

《象》曰:"鼎耳革",失其义也。

【释义】

《象传》说:"鼎耳变异",这说明九三的行动不当。

【爻解】

九三身为阳爻,又居阳位,最然居正,不过显得阳刚亢进过甚。也正因为九三过阳,导致鼎耳发生变异,以至鼎中虽有精美食物也没有人来享用,预示出九三纵然具有阳刚之才,也没有派上用场。 九三没有六五之应,所以未得六五虚中之德,而对于九三这样猛烈过激者来说,这种虚中之德恰恰是极为重要的。 "方雨,亏悔,终吉"这句话是从正面来诫勉九三的。 九三阳刚过甚，已有"耳革"、"行塞"、"雉膏不食"之悔了，这是客观事实；但问题的另一方面是，如果阳爻九三能够耐心等待阴阳调合成雨之时，以阴调阳，也就是说九三以己阳刚之才又兼有虚中之德时，终究还可以获得吉祥。 六五是鼎卦文明之主，九三上承文明之体，经过九三一段时间的刚正自守，六五终究会来邀请九三。 这样六五为阴，九三为阳，阴阳相合成雨也属必然。 就是说九三开始有不遇之悔，假以时日，最终可以获得相遇之吉。

【原文】

九四，鼎折足，覆公𫗧①，其形渥②，凶。

【简注】

①𫗧：是一种糁与笋做成的八珍菜粥。②形渥：沾濡之貌。

【释义】

九四，鼎器折断了鼎足，王公的美食被倾覆于地，地上和鼎器也被濡湿，有凶险。

【原文】

《象》曰：覆公𫗧，信如何也。

【释义】

《象传》说："王公的美食被倾覆于地"，这说明九四如何让人信任呢！

【爻解】

关于这一爻的意思，孔子在《系辞传》中早就明确指出："德薄而位尊，知小而谋大，力少丽任重，鲜不及矣。"《易》曰："'鼎折足，覆公𫗧，其形渥，凶。'言不胜其任也。"从爻象上看，九四身为阳刚之才，居上体之下，上承六五所承负的责任已相当繁重，而九四还与初六相应，又要将己德施于下，这是它力所不能及的，况且初六早已发生颠趾，鼎脚朝天，九四怎么能不折足覆铼呢？喻之以人事，九四居大臣之位。 却谋求君主之事。 所谓不在其位，不谋其政，这种凶险与自己不自量力很有关系。 不称职也不胜任，这样的大臣，谁还会信任他呢？ 难怪《象传》说"覆公铼，信如何也"。

【原文】

六五，鼎黄耳，金铉①，利贞。

【简注】

①金铉：用青铜做的铉。

【释义】

六五，鼎器配上金黄色的鼎耳和用青铜做的铉，这是有利的。

【原文】

《象》曰："鼎黄耳"，中以为实也。

【释义】

《象传》说："鼎器配上金黄色的鼎耳"，这说明六五因居离中而获得中实之美。

【爻解】

鼎的功用要想发挥出来以利天下之人，其中最关键的问题就在于鼎器要能够移动。 如果只停留于一处，怎么能够奉养大量的圣贤呢？ 而移动鼎器的必备条件是要有虚中之耳和可贯之铉。 黄色是中色，黄耳就是虚中之耳，喻示六五以柔居中；金铉是刚坚之铉，喻示六五居阳位又获九二阳刚之应。 耳不虚中，不能入铉。 铉不刚强，不能举鼎。 这只是说明六五已有了移鼎的客观条件，六五毕竟是阴柔之质，要想使移鼎成为现实，六五还要努力守正，遵循正道，故爻辞诫之曰"利贞"。 六五没有刚实之德，但借用他山之石，以中为实。 他之所以可以成为鼎卦之主，得鼎之道，获鼎之用，就是因为他能够守持正道，居中得应之故。

【原文】

上九，鼎玉铉①，大吉，无不利。

【简注】

①玉铉：用玉石做成的铉。

【释义】

上九，鼎器配有玉质的铉，大为吉祥，无有不利。

【原文】

《象》曰：玉铉在上，刚柔节也。

【释义】

《象传》说：玉质的铉在上，这说明上九能调和刚柔之节。

【爻解】

井卦崇尚上出为佳，故井卦之极没有走向反面成凶象，鼎卦看来也是如此。 玉是刚坚温润之物，上九以阳刚之躯居于阴位（第六位），处鼎卦之终，这就好像移鼎用的是刚坚而又温润的美玉所制的铉一样。 上九此时确实不系应于九三，而是广应于下者，铉所举起的不是鼎的某一部分，而是整个鼎。 这样宏观一考察，上九之具玉铉是极尽举鼎之用，为鼎功获得大成之象，所以爻辞才说是"大吉，无不利"。

【卦义新解】

《鼎卦》，鼎，通俗地说，就是煮饭做菜的锅，为什么在古代鼎代表和象征的力量很大呢？ 常说的一言九鼎，是指一个人说话有分量。 古中国禹的时代，铸九鼎，在九鼎上分别刻画九州的风物和地理状态，像地图一样，九鼎就代表九州，为中国地盘的国家象征。 三足鼎立，即三个国家的对峙，鼎是国家的符号标志。 新的鼎，意味着新生的巨大力量。 革故鼎新，鼎的着重点落脚于新生事物带来的勃勃生机。

新生的事物有一个成熟的过程，这与给鼎生火，在鼎里烹调食物，食物的成熟有一个过程同理。 不要随便把锅里没有做好的食物倒出来，如果锅里的食物还没有到火候，就会功亏一篑。

吃饭，首先要有吃饭的工具，就算把米赚回来了，没有锅，没有柴火，生米也做不成香喷喷的熟饭。 锅出了问题，就会有麻烦，一顿饭就做不好。 鼎就这样，鼎的足断了，好像人的脚断了一样，就成了残废，就不能做出很好的饭菜。 锅有了漏洞或者碎裂，更谈不上用来做饭、炒菜、烧水。

鼎或者说今天的锅，首先要质量过硬，因为它是看得见的硬件，就像人的健康身体是看得见摸得着的。

锅容纳，接受，也付出，它接受水煮火烤，最终给人以香气四溢的饭菜。 作为水火不相容的第三者，把水火聚于一身而情景交融。通过锅，水火做到互不伤害而能合作。

锅将加工和原创的能力系于一身，把一切食物的原材料经过加工创造而成为成果，奉献出精美的饭菜。 锅子的能力体现在过程，重在结果。 结果要有新意，所有的食物原材料经过加工后，就呈现崭新的面貌。

厨师应该很懂得锅的运用。 其实每一个人都在烹调自己的人生。过日子，酸甜苦辣咸样样都有，好日子有好滋味。

人不仅要有铁锅，还要有金锅、银锅、砂锅，要有自己的一系列锅子，不同的锅有不同的因果。 自己有很多锅，就像狡兔三窟有很多的窝一样。 不同的锅用来做不同的饭菜，在不同的状态下使用，达到恰到好处的效果。

在常规方法中寻求突破，那么就会掌握制胜的技巧，技巧上升为智慧，也就进入了大道的境界。

震卦第五十一

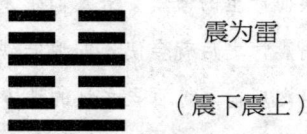

震为雷

（震下震上）

【题解】

《震》具有"震惊百里"的威力，所以六爻皆有恐惧之象。但是，恐惧的结果并不是坏事，所以圣人从《震》卦中归纳出"恐惧修省"的道理来。整个卦象多以象声的叠音词"虩虩"、"苏苏"、"索索"来形容震惊恐惧的样子。六爻中唯六二有失而复得之吉，余则均处于恐惧之中。

【原文】

震①：亨。震来虩虩②，笑言哑哑，震惊百里，不丧匕鬯③。

【简注】

①震：卦名。为霹雳雷电，引申为震动。②虩虩：恐惧貌。③匕：匙，以棘木为柄，祭礼时主祭人用它从鼎中将烹好的牛羊肉入俎中，以供大典之用。鬯，一种用黑黍酒和郁金草合成的香酒，专供宗庙祭礼之用。"匕鬯"即指盛在棘匙中的香酒。

【释义】

《震》卦象征着震动：雷声的震动可以使得万物亨通。震雷会使有些人恐惧发抖，同时，也能使人因恐惧而强化修身后无畏无惧地又说又笑，雷声的威力能震惊方圆百里不断的宗庙祭祀使社稷安稳。

【原文】

《彖》曰：震，亨。"震来虩虩"，恐致福也；"笑言哑哑"；"震惊百里"，惊远而惧迩也；"不丧匕鬯"，出可以守宗庙社稷，以为祭主也。

【释义】

《象传》说：雷声震动，使万物亨通。"震雷会使有些人恐惧发抖"，这说明因为恐惧而产生的谨慎会给人们带来福祉；"雷声使有些人又说又笑"，这说明震惊之后就会使人们遵守法则；"雷声的威力能震惊方圆百里"，雷声之威能震惊百里之远的地方，也能使近处的人惧怕它；"宗庙的祭祀不断"，这是因为作为像震雷一样的长子对外可以守卫宗庙社稷，对内可以主持祭祀。

【原文】

《象》曰：洊雷，震。君子以恐惧修省。

【释义】

《象传》说：雷声接着雷声，这就是雷声震动的样子。君子因此而恐惧天威，修身以德，反省过失。

【卦解】

"震，亨"，因为震而动，动而通畅，所以是亨通。"震来虩虩，笑言哑哑。"这是前后两种不同的心态与神态的写照。这一卦主要是讲心态的、讲心境的，两种心境，一个对照。说明这一卦后面就少不了一惊、一吓、一笑。"震惊百里，不丧匕鬯。"过去天子封侯是以百里为一封。"不丧匕鬯"，匕，一种祭祀器具。鬯，祭祀时用的一种香米酒。"不丧"，是指百里以内虽然受到震惊，但祭祀活动还没有停止，还是照常。

"震来，恐致福也。"恐怖来了，造成的后果，是后福。"笑言哑哑，后有则也；震惊百里，惊远而惧迩也。"这个恐惧虽然是偶然的，震动虽然是巨大的，但它是正常的。马上就会恢复平常心态，就会使自己明白这是自然规律。同时"惊远而惧迩"，远近都被震动了。这个迩一下拉近到了自己身上，是指你在受惊吓之后会诚惶诚恐。这诚惶诚恐是一种为人处世的、谨慎心态。所以"恐致福"，这样当然就有后福了。"出，可以守宗庙社稷，以为祭主也。"这"出"是指谁出？震卦是长子，当然继位的不一定就是长子，不过长子继位是具有代表性的。就是说使天下震惊的是天子驾崩了，就是这位长子要担当守宗庙社稷的重任了。象曰："君子以恐惧修省。"君子在恐惧中得到了反省，得到了修行，所以能够在恐惧中修行反省的人，就可以出任祭主，能够担负重任。这里我们可以联系为人处世的实践，联系工作中的事来慢慢体会。

【原文】

初九，震来虩虩，后笑言哑哑，吉。

【释义】

初九，震雷会使有些人恐惧发抖，因为恐惧而使人强化修身，然后无畏无惧地又说又笑，吉祥。

【原文】

《象》曰："震来虩虩"，恐致福也；"笑言哑哑"，后有则也。

【释义】

《象传》说："震雷会使有些人恐惧发抖"，这说明因为恐惧而产生的谨慎会给人们以带来福祉；"雷声使有些人又说又笑"，这说明震惊之后就会使人们遵守法则。

【爻解】

卦辞说的是两种人：一种是平日松懈自己，没有恐惧的人，当震雷炸响时却恐惧不已，无所适从；一种是平日不敢自宁，谨慎戒惧的人，当震雷炸响时反倒安之若素、谈笑风生。而初九的爻辞，说的是第一种人，是希望这种人由于对震雷的恐惧而能修己省过，从此不敢自宁，谨慎戒惧，做到这一点就能如同第二种人，当危难到来之时能够安之若素、谈笑风生，获得吉祥。卦辞的"震来虩虩，笑言哑哑"是并列关系，说了两种人，"震惊百里，不丧匕鬯"只是补充说明

"笑言哑哑"的'也是说的第二种人。而爻辞的"震来虩虩"与"笑言哑哑"是承接关系，说的是一种人前后的发展。"震来虩虩"与"笑言哑哑"间的关系就一目了然了。一般的大众即第一类人听到雷声震动之后才知戒惧自己，修身自省，所幸犹未晚也，仍可达到"笑言哑哑"获得吉祥的境界。平日戒惧自己，做事不掉以轻心，当危难来临之时，则能镇定自若，这种涵养应该平时就有。如果等到出了什么大事，才想起要恐惧修身，省察己过，这是无济于事的。所以作者才把体现震卦卦义的爻辞全部系诸初九。

【原文】

六二，震来厉，亿①丧贝。跻②于九陵③，勿逐，七日得。

【简注】

①亿：意，即想到、估计。②跻：登上。③九陵：九重山陵。

【释义】

六二，雷声骤然响起，有危险，啊呀！财宝丢失了，这时正登于险峻的九陵之上，无须追逐，过不了七日必失而复得。

【原文】

《象》曰："震来厉"，乘刚也。

【释义】

《象传》说："雷声骤然响起，有危险"，这是因为六二以阴柔卑贱乘于阳刚之上的缘故。

【爻解】

《周易》中向来讨厌阴凌驾于阳之上，恐怕六二的处境很不利。六二以阴居阴，居中得正，本应该大吉大利，但初九是刚阳卦主，六二乘其上，这意味着六二以臣下凌乘君主，以下级凌乘上级，故前途危险。只是六二能够充分认识到自己的问题，所以心中具有一种恐惧感。爻辞说"震来厉"，这个"厉"不是外在的危险，而是指内心认识到有危险而产生的恐惧。好在六二有中德，能够恰当地处理好所面临的问题。实际上六二也正是这样去做的。他"跻于九陵",即升到高离的九陵之上,意思是说六二飘然远去,不去追逐丢失的东西,但真正属于自己的东西,很快还会失而复得的。爻辞的"七日得",不可拘泥于字面来理解,这里的"七日"意谓时间相隔很短。

【原文】

六三,震苏苏①,震行无眚。

【简注】

①苏苏:惧貌;有说不安躁动。

【释义】

六三,雷声震动时令六三恐慌不安,在这样的震动声中惊惧而行,就不会有什么灾祸。

【原文】

《象》曰:"震苏苏",位不当也。

【释义】

《象传》说:"雷声震动时令六三恐慌不安",这时因为他所处的位置不当。

【爻解】

六三以阴柔之质居于阳刚之位,不中不正,想到自己居位不当,故而整日忧惧不安。所以《象传》说:"震苏苏,位不当也。"不过六三无乘刚之咎使他有了自救之路。他怀着惊惧之心谨慎前行,终日修身省己,终于免除了灾患。王弼在《周易注》中也这样说:"不当其位,位非其处,故惧苏苏也;而无乘刚之逆,故可以慎行而无眚也。"

【原文】

九四,震遂泥。

【释义】

九四,在雷声的震动中陷坠泥中。

【原文】

《象》曰:"震遂泥",未光也。

【释义】

《象传》说:"在雷声的震动中陷坠泥中",这说明九四因失位而道德未有光大。

【爻解】

这是因为初九是以一阳动于二阴之下,得震之本象,所以初九的爻辞得以与卦辞之旨相合,获得吉祥当在情理之中。 而九四却以阳刚之躯居阴柔之位,失去了它应具有的刚健之道,况且陷于四阴之中,向前行进不妥,向后自守也难通,所以九四的爻辞与卦辞完全相悖。九四的才能为环境所削弱,可见纵使是阳刚君子也要选择适当的环境和处位才是。 九四因处境不好而痛失刚健之道,又陷入阴柔小人的包围之中。 空有冲天志气,也无法得到施展。 其本来具有的刚阳之德更是无法得到发扬光大。 如李元霸擂锤打天,自碎天灵,项羽进入十面埋伏,四面是敌,这是多么令人痛心的悲剧!

【原文】

六五,震往来厉,意无丧,有事:

【释义】

六五,在雷声震动时上下往来皆有危险,唉!虽然不会有所失,但是还应该保存祭祀之事。

【原文】

《象》曰:"震往来,厉",危行也;其事在中,大无丧也。

【释义】

《象传》说:"雷声震动时上下往来皆有危险",这说明六五在危险中行进;因为他居尊处中,所以主祭祀之事,位尊且主持大事,所以无所丧失。

【爻解】

从爻位来看，六五以阴居阳，是为失位，而且处震之时，下不得六二之应，乘九四之刚，上则遇阴得敌，往来都有危险，故爻辞说："震往来，厉。"一是六五能坚持心存危惧，谨慎前行，一是能慎守中道，有中和之德。故当危厉来临时，能够万无一失，还能长保祭祀之权，即爻辞所说的"亿无丧，有事"。其实这两个方面，《象传》已经指出了，一是"危行也"，一是"其事在中"。由于能够"震来虩虩"，所以才能"笑言哑哑"。"亿无丧"，由于能够"不丧匕鬯"，所以才能"守宗庙社稷"而"有事"。六五的经验值得借鉴，面对危难，既要小心谨慎，又要积极进取，保持一种良好的心态。

【原文】

上六，震索索①，视矍矍②，征凶。震不于其躬，于其邻，无咎。婚媾有言。

【简注】

①索索：恐惧不安。②矍矍：不敢正眼看。

【释义】

上六，雷声的震动使人恐慌得脚下哆嗦畏缩，眼睛也显出惊恐不安的样子，此时出征远行，则必有凶险。但是，只要守正不"征"，那么，其震动将不会降到自己身上，而是会降至邻居六五的身上，所以对自己而言，只要守正则无灾祸。而若有婚媾之约则会导致言语之争。

【原文】

《象》曰："震索索"，中未得也；虽凶无咎，畏邻戒也。

【释义】

《象传》说："雷声的震动使人恐慌得脚下哆嗦畏缩"，这是因为六五虽居中而没有得居正位；虽然有凶险，自己却没有过错，这是因为雷声之威使其邻居六五恐惧而产生戒备心理。

【爻解】

上六面对震动之雷，极为恐惧，以至于两腿筛糠，不能前行半步，左顾右盼，进退两难，而心神不定，所以爻辞说"震索索，视矍矍"，在这种情况下如果贸然前进，不顾现实，必定凶险无疑。爻辞说"震不于其躬于其邻，无咎"，说的就是这种情况。上六如果能在震动尚未震及其身而仅仅降临到邻居身上时，提前予以戒备，自然就可以免除灾祸，不会招致什么咎害。上六以阴柔之质居震卦之极，势必会困难重重，凶险环生，所以上六才会这般地寸步难移，当然不适宜有何动作。"婚媾有言"中的"婚媾"说的是阴阳相合，处在震卦之极，这种阴阳相合的行动肯定不适宜，故导致言语争执而议论纷纷。"婚媾有言"就是"征凶"之意，告诫不宜妄动。

【卦义新解】

《震卦》，指雷霆的震怒，意为面对灾难要镇静。一点小事，就乱了方寸，就干不成大事。不要畏惧，要镇定。不要怯懦，要抬起头来。不要胆小，要勇敢而从容。

遇到灾难，采取这种态度大有帮助。重新开始，便拥有了新生。但并不一定要等到灾难降临，才有个崭新的开始。发生了的、以前的并不等同于未来，自己随时可以创造崭新的未来。

灾难大不过死，要豪迈一些，要积极一些，要冷静一些，要智慧一些，不要让打击毁了身心。有的灾难，的确对人是致命的，使人身心受到重创。既然已经发生了，就不能绕开，那么就面对，就接受，就处理，就遗忘，就微笑着面对生活。再苦也要笑一笑。最重要的是，要吸取教训，因为避免灾难发生比事后补救与痛苦重要得多。疾病的预防也如此，等疾病发生后，人不舒服，人痛苦，去坚强地抗争，还不如锻炼养神、养生、养心。

要镇静，要有大将风范，一点风吹草动就惊慌失措，什么事情都办不好。泰山崩于眼前而不变色，就是镇静。镇静的人思维清晰。

面对棘手的问题，面对灾难，面对麻烦，不镇定就丧失了根基，就会输掉自己。 镇定，坦然自若，就像关羽要华佗把中的箭取出来不使用麻药一样，把痛苦扔掉，用意志打压悲伤。

遇事镇静的人，从不慌乱，总是从容不迫。 镇静的气质从深处散发出来，像美酒一样散发清香。

艮卦第五十二

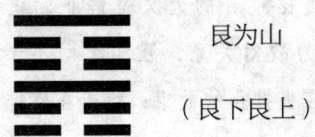

艮为山

（艮下艮上）

【题解】

《老子》曰："不见可欲，使心不乱也。"《艮》卦的意义全在于抑止其乱，故卦中皆以"艮"止，止而无凶。《彖传》言："时止则止，时行则行，动静不失其时。"观全卦并无"行"象，故《彖传》所谓的"动静"，也只是在二者的相对中强调静止。 卦中六爻以人体上富有特征的几个部位揭示出抑止的得与失：初止于足，故"无咎"；六二止于腿，只是心中不快而已，三止于腰际，"熏心"有危；六四止于身，故"无咎"；六四止于"辅"，使言之有序，悔恨消失；上九最吉，因其止之以敦厚之德。

【原文】

艮①：艮其背，不获其身，行其庭，不见其人。 无咎。

【简注】

①艮：卦名。有止之意。

【释义】

艮卦象征着抑止：止于其背，则不能使其全身面向应当抑止的欲望；行走在庭院中，背对着背未见其人，没有灾害。

【原文】

《彖》曰：艮，止也。 时止则止，时行则行，动静不失其时，其道光明。艮其止，止其所也。 上下敌应，不相与也。 是以"不获其身，行其庭，不见其人，无咎"也。

【释义】

《彖传》说："艮"，就是指静止。时机应当静止就静止，时机应当行动就行动，静止与行动都不要丧失合适的时机，如此则抑止的道理就会光明灿烂。《艮》卦的大义是静止，止于其所应当的地方。《艮》之卦爻上下皆为敌对关系，互相之间不亲和相附。既然如此，"不能使其全身面向应当抑止的欲望；行走在庭院中，背对着背未见其人，没有灾害"。

【原文】

《象》曰：兼山，艮。 君子以思不出其位。

【释义】

《象传》说：山上有山，这种卦象就象征着"艮"。君子观此象而知自己所思想的事情应当不超出自己所处的社会地位。

【卦解】

既然你已经停在它的背后，怎么会看不到它的前身呢？ 你不会是遇到武打小说中的高手了吧？ 其实，这个"艮其背"指的不是人，而是山。 连绵起伏的山如同龙伏在那里，孤山如同老虎卧在那里，你无论走到山的哪一面，都好似走在"龙"或"虎"的脊背上，怎么能来到它的身前呢？ "艮其背，不获其身"是一句古老的歌谣，描写的是山的静止状态。

"行其庭，不见其人"也是一句古歌谣，描写的是院落中的静止状态。 院落的两重大门都关着，院落的主人藏于屋中，自然在院子里不会发现有人了。

【原文】

初六，艮其趾，无咎，利永贞。

【释义】

初六，抑制于脚趾迈出之前，就没有过错，有利于长久之事。

【原文】

《象》曰："艮其趾"，未失正也。

【释义】

《象传》说："抑制于脚趾迈出之前"，说明初六动而不失其正。

【爻解】

艮卦的下互卦为坎为险，可是初六处于坎卦之外，所以不会有危险。当行进中，脚趾开始碰到阻碍时，因为能体会到困难所生而停止行动，并观察阻碍原因所在，不但不会有灾咎，还能够帮助你调整贯彻目标的效果。一碰到阻碍就要停止并观察，不可贸然前进。经过思考而后再进行，既不失原则，也不会陷入险境。聪明的人不浪费时间和精力在没有效益的事情上，不会花大力气去尝试别人失败过的事情。遇到困难要想办法解决，才能有好效益。

【原文】

六二，艮其腓，不拯其随，其心不快。

【释义】

六二，抑制其小腿肚的运行，不举步上承本应随从的君子，所以心中感到不快。

【原文】

《象》曰："不拯其随"，未退听也。

【释义】

《象传》说："不举步上承本应随从的君子"，又不甘心退止原位听从抑制之命。

【爻解】

六二处于艮卦下互卦坎的下爻，所以有陷入险境的形象。但是六二柔爻居于偶位为得位，并且又居于下卦之中，所以具有中正之德。他的这种品德使他在危险中能够自我约束，所以不会有大的灾难。只是由于必须对自己严格约束才能脱离危险，所以自己的内心会感到有些压抑。等到胫部陷入了困难才知道停止，对先前已陷入的伤害已无法补救时，连带整个心境都会受到影响。无法拯救先前已陷入的部分，是因为过去一意孤行，而失去客观审视的缘故。主事者如果缺乏机智，遇到小难不知评估而硬闯，就会陷于较大的困难中，前面的损失就很难挽回了。

【原文】

九三，艮其限①；列②其夤③，厉④熏⑤心。

【简注】

①限：腰胯，腰带处。②列：裂。③夤：指夹脊肉。④厉：危急，危险。⑤熏：烧灼。

【释义】

九三，抑制其腰部的运动，撕裂了背部的脊肉；危险像烈火一样熏灼着人心。

【原文】

《象》曰："艮其限"，危熏心也。

【释义】

《象传》说："抑制其腰部的运动"，说明九三的危险就如同烈火一样熏灼其心。

【爻解】

九三爻的静止，不是自觉的静止，而是被动的静止。一直陷入到人身危险界线的腰部位置，才知道停止，全身的安危已经很严重了。这时心性必乱，危厉的感觉充满其心思。陷入到了安危的极限，危厉的感受充满心思，所有的心志思维都会受到影响，要想理智做决定就很困难了。

　　陷入极度危急的地步时，多数人很容易心慌意乱，很容易丧失思考平衡能力而采取错误的行动，加速败亡。 只有冷静思考，才能找出脱离危险的方法。 有智慧的人，要做好事先防备，不可懈怠。

【原文】

　　六四，艮其身，无咎。

【释义】

　　六四，抑制上身的运动，没有过错。

【原文】

　　《象》曰："艮其身"，止诸躬也。

【释义】

　　《象传》说："抑制上身的运动"，这说明六四能自己制其上身。

【爻解】

　　六四发现自己处于危险的境地，便开始严格要求自己，不乱说、不乱动，具有柔顺之德，所以不会有灾难。

　　从卦象来说，六四爻与九三爻阴阳相合，所以他可以受到九三的帮助而免于灾难，并且也能从九三身上吸取教训，从而严格约束自己，所以他的格外谨慎使他"无咎"。 由自己本身所表现的知所进退决定，而不是因环境逼迫才这样做，则不会有什么灾咎发生。 由自身所发出的知所进退的决定，是实现自我意志的主动表现，当然不会有灾难。

　　行为掌控在自己意志中，则所有的行止都不受外来因素所影响。成功者掌握环境趋势，而不是受环境趋势所掌控。 顺势而为，发展自己的理想作为，自然没有什么阻碍。

【原文】

　　六五，艮其辅，言有序，悔亡。

【释义】

六五,抑制其口不使妄语,言则有序,悔恨就消失了。

【原文】

《象》曰:"艮其辅",以中正也。

【释义】

《象传》说:"抑制其口不使妄语",这是因为六五守中持正。

【爻解】

六五是一卦中最重要的位置,所以也把人最应该静止的部位放在了这里。人最应该静止的部位便是嘴。据说上帝造人的时候,给人造了两只耳朵,一个嘴巴,便是让人少说多听。俗话说"病从口入,祸从口出",人如果管不住自己的嘴巴,信口胡说,最终会给自己带来灾难。《三国演义》中的杨修便是一例。在我国古代,贤明的君王一般是不会提拔恃才傲物的人为重臣的。一次,汉文帝到上林苑游玩。他问上林尉说:"这苑中有多少禽兽?"上林尉听后张口结舌,支吾半晌回答不上来。汉文帝又问了他一些其他问题,上林尉全答不上来,急得抓耳挠腮,左顾右盼,浑身冒汗。这时,有一个小吏站了出来,十分详细地回答了汉文帝的提问,口齿伶俐,表达流畅。汉文帝大喜,便与身边的大臣商议提拔这个小吏。可是大臣张释却说:"有道德和真才实学的人不会夸夸其谈。越是有德的人,越是器宇深沉,言语简当。"汉文帝认为张释说的有道理,便打消了提拔小吏的念头。

止在口辅,即在言语上有所行止。谨慎言语,合时合理,合义合序,则悔象即可消失。言语有所行止,是说所有的话语都要经过心中判断,才敢说出来。

【原文】

上九,敦艮,吉。

【释义】

上九，以敦厚的品德自我静止，吉祥。

【原文】

《象》曰："敦艮之吉"，以厚终也。

【释义】

《象传》说："以敦厚的品德自我静止而获吉祥"，这是因为上九能以敦厚之德得"止"之所成。

【爻解】

六五爻的爻辞，便是告诫人们要懂得说话前要经过周密思考，理清次序，该说的说，不该说的不说。这样才不会"祸从口出"。有一个成语叫"大智若愚"，其实，这是一种智的最高境界。而上九的"敦艮"，便是这种境界。以敦厚的态度停止，这是表面上最大的停止。这种停止不是什么都不做的意思。而是类似于老庄的清静无为。这就是无为而无不为，表面上没有做什么，但实际上已经成就了一切。能达到这种境界，怎么会不吉祥呢？以敦厚之心所产生的任何行为举止、做的决定，必然有很好的结果。厚道的行为举止能得到大家尊重，任何时候遇到困难，最终都能克服而得到圆满的结局。

【卦义新解】

《艮卦》卦辞的"艮其背，不获其身。行其庭，不见其人，无咎"，是说作为抑制自己行动的艮卦，及时地、恰到好处地抑制自己，那将不会有什么灾祸。此卦辞颇有立即停止，化险为夷之义。

艮代表山，有停止、退守之意。凡事应当知进退、量力而行。有如登山越岭般，须充分审视自己的体能和山上的情势，绝不可强行逞能，适时地休息，方能平安。得此卦时预示有大事或障碍、不顺阻挡在前，若能保守、修身养性则安，反则为凶。

《艮卦》要告诉我们的是应当洁身自爱，利欲心不要太重，否则不利。凡事不可轻举妄动，诸事宜守，相辅得吉。儒家有言"静亦定，动亦定"，说的是宜中正德行，固守贞常之道。

从艮卦来看，古人对于自己生存状态的理解，包括了三重含义——静、观、止。

静，乃是情状的描述。无论是从认识的角度讲，荀子强调"虚而静"的大清明，还是从生存的角度讲"人生而静"，都直接指向人的生存状态，其目的在于"探颐索隐，钩深致远"。

观，必须削去日常用语中的主体色彩。老子"以身观身，以家观家，以乡观乡，以国观国，以天下观天下"，没有强调主体与客体的对立，而是主客合一的"观"。

这里的"止"，有其当然止之意味。这种"当然"，就是"时"，于时所止。而"观"的意义一定是在"止"中建立的。在儒家看来所谓"恒常"，就是"中庸之道"，"礼"由之而生。但这种守护"恒常"却是在追寻和期待中，而不是在把持与使用中。因此，"礼"便可以而且必须随时损益。

艮卦为后人所乐道的"不获其身"、"不见其人"的境界，如果仅理解为虚静空寂，并不足以表明其深刻内涵。积极地描述应该强调在"静"中得以敞开的"止"的境地。

艮卦同样教给了我们养生之道。

养生无非是要求我们顺应自然的规律而生活，其中最重要的一点，正如本卦所言，就是要能够控制自己。这不仅是欲望的控制，更是情绪的控制。我们都知道情绪可以影响人的身体机能，要想拥有健康体魄，首先要保证情绪的健康。

我们常说"笑一笑，十年少"，在愉悦的心情之下，做什么都能够很顺利。养生之道，在于顺应规律，这个规律也有人心的意思，就是人的思想感情。很多疾病都与心情有关，例如中医常说的"肝郁气滞"，就是气结导致了肝部不适，影响身体的新陈代谢，造成肝部无法履行排毒的任务。

当然，我们无法控制不良情绪的发生，但我们却有可能在不良情绪发生以后，控制它不向恶性方向发展，促使它向良性方向转化。 我们可以利用机体和精神彼此交互影响，使机体和精神两方面同时达到松弛，使我们的心理处于一个平静、舒适的状态。

在情绪不稳定的时候，找人谈一谈，也有缓和、抚慰、稳定情绪的作用。 因此，在心情烦躁的时候，要向家人或好友倾诉，这是很有效的方法。

我们也可以借助饮食调节情绪。 比如人在焦虑之时，肝脏的排毒功能会受到抑制，而饮养生茶可以改善肝脏的排毒功能。 这时，我们不妨适当饮用一些有排毒功效的养生茶，在茶香中舒缓情绪。

渐卦第五十三

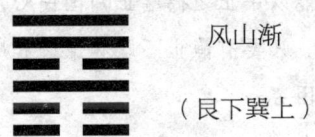

风山渐

（艮下巽上）

【题解】

《渐》以"鸿渐"为喻，又以复沓回环式的句式描绘着六种"鸿渐"的景象，渲染烘托出"大雁"渐至吉祥佳地的感人情节。 因其旁通《归妹》，有嫁女之象，又互有离、坎，有女进男之象，象征着夫妇之道。 就整个卦象上讲，《渐》以解婚姻为主，故卦辞曰"女归吉"。 《渐》象是上男以静止居上，女以"入"象居下。 男不动，女来入，故曰女归。 女无自进之道，而有外成之理，故入于夫家，才有吉祥。 初六失位于艮下，上无所应，"厉"而"有言"。 六二中正应上而吉祥。 九三位居艮上，止而无应，故"不复"、"不育"。 六四当位于巽木之下，"顺"而"无咎"。 九五身居巽中"互离"，终得所愿。 上九"羽仪"整齐，为《渐》吉之最。

【原文】

渐①：女归，吉，利贞。

【简注】

①渐：卦名，有进之义。《咸》为娶女之占，《渐》是嫁女之卦。

【释义】

《渐》卦象征着渐进：譬如女子渐进而归于夫家就会吉祥，有利。

【原文】

《彖》曰：渐之进也，女归吉也。 进得位，往有功也。 进以正，可以正邦也，其位刚得中也。 止而巽，动不穷也。

【释义】

《彖传》说：所谓"渐"，就是指渐渐地行进，譬如女子的出嫁要循礼渐进才能获得吉祥。渐进就会各得其位而正，前往就会建立功绩。渐进而得其正道，就能以中正之德端正邦国民心，这是因为渐进至刚健中正的九五之尊位。只要有静止不躁和谦逊和顺的美德，以渐进的方式行动就不会导致困穷。

【原文】

《象》曰：山上有木，渐。 君子以居贤德善俗。

【释义】

《象传》说：山上生长着树木，象征着"渐进"。君子因此知道只有具备贤明的道德才能使风俗淳美。

【卦解】

卦辞中说，女子出嫁吉祥，但必须守持正道。 俗话说男大当婚、女大当嫁，女人出嫁是天经地义的事情，没有什么是吉祥的。 但是女子出嫁与男子结为夫妇，是要组建一个新的家庭，而不是结合之后各自分手。所以，需要守持正道。从卦上看巽为长女，代表女性的成熟，由于女大当嫁，所以"女归吉"。

象辞对女子出嫁这件事进行引申发挥，以说明君子应当怎样修身养德。女子出嫁后，在新的家庭成为夫人，生子后成为母亲，于是成为新家庭的主人。而君子不断地学习，不断增加自己的知识与修养，最后被朝廷任用，成为国家的栋梁。所以说，不断提高学识与道德的君子就好比待嫁的新娘。君子要像待嫁的新娘一样，内心刚强，外表柔顺，怀有中正之德。出嫁的新娘怎么会有这么多品质呢？这得从卦象上看。渐卦、上卦为巽，代表待嫁的新娘，巽代表随顺，并且渐卦的九五爻居中得正，所以有中正之德，并且外柔内刚。

由于这一卦是以待嫁的新娘比喻君子，所以象辞中对君子提出的忠告是："君子以居贤德，善俗。"也就是说，君子要不断积蓄自己的美德，移风易俗，改掉自己的缺点。因为只有这样，才能得到君王的重用。而君王做到这些，就可以得民心。

【原文】

初六，鸿①渐于干②，小子厉，有言③，无咎。

【简注】

①鸿：大雁。②干：河岸。③言：口舌非难。

【释义】

初六，大雁渐渐地飞到河水的岸边。就像一个儿童跑到水边一样，有危险，受到大人的斥责离开了岸边，所以最终还是没有什么灾祸。

【原文】

《象》曰："小子之厉"，义无咎也。

【释义】

《象传》说："儿童跑到水边会有危险"，宜改变其错误则没有灾祸。

【爻解】

卦辞中讲的是待嫁的新娘,而爻辞却讲的全是大雁。这是怎么回事呢? 原来,古代大雁与婚嫁有着极为密切的关系。相传在伏羲治世的时代,伏羲取消了群婚制,改为对偶婚,并规定男方与女方确定关系时必须要给女方送一只大雁。这种习俗被沿袭下来,一直到单偶婚时代,改为男方向女方求婚时必须送的礼物。这不是聘礼,在古代称之为纳采。为什么要送只大雁呢? 因为大雁总是成双成对地生活在一起,中间死掉一只,另一只终身不再成双。另外大雁飞行时总是排成一行,大家在一起非常有秩序。所以,大雁象征爱情的忠贞,也象征遵守秩序。

【原文】

六二,鸿渐于磐①,饮食衎衎②,吉。

【简注】

①磐:古文作"般"。指大石。②衎衎:和乐、高兴。

【释义】

六二,鸿飞渐进于磐石之上,正在安逸地、愉快地享用着饮食,吉祥。

【原文】

《象》曰:"饮食衎衎",不素饱也。

【释义】

《象传》说:"大雁安逸地、愉快地享用着饮食",这说明六二尽职尽责地任臣下之事,而不是吃饭。

【爻解】

到了六二爻,大雁又飞高了一层,不在水边了,来到了石头上。它经过选择而后停留在稳固的石头上,可以舒泰地饮食或活动,无须受干扰顾虑,是安全无恙的。这象征君子渐渐长大。君子长大了,与家人一起欢乐地享受饮食之乐,饮食营养可以使君子的身体更茁壮地成长，怎么会不吉祥呢？ 当然，这里的饮食也包括道德与知识的吸取。 象辞对爻辞进一步发挥，提出"不素饱也"的观点。 也就是说君子不是白吃饭，他也为家庭的收入做出了贡献，比如曾子小时候，到深山打柴，与母亲相依为命。 这就像雁群中的小雁一样，已经不需要大雁喂食了，可以自己找食物吃。

阶段性地发展人生事业前程，就是不断地分阶段地站稳、充实、向前冲，循序发展而达长远的目标，并不一定是一鸣惊人、一飞冲天才有大成就。 一个人成功的过程可能很艰辛，可能要受很多次挫折，但是要在经受每次挫折之后都学习到新的知识与智慧，经受每次挫折之后都取得新的进步。 步步为营的人，一定可以获得成功的果实。

【原文】
九三，鸿渐于陆①。 夫征不复，妇孕不育，凶。 利御寇。

【简注】
①陆：高平之地叫陆。

【释义】
九三，大雁渐进于高平之地。就如同丈夫出征远行不回来，女人怀孕而没能生养下来，有凶险。有利于防御强寇。

【原文】
《象》曰："夫征不复"，离群丑也；"妇孕不育"，失其道也；"利用御寇"，顺相保也。

【释义】
《象传》说："丈夫远行不回来"，这样是因为他离开了属于自己的群体；"女人怀孕而没能生养下来"，这是因为这个女人有失贞节之妇道；"有利于防御强寇"，这说明若九三顺从自己的群体静止不动则夫妇俱能相互保全。

【爻解】
大雁应振翅高飞，但它逐渐低落下来频频接近地面，此象征人事或能力的不利状况，有如丈夫出征不能胜利回来，或妻子怀孕不能顺利产子，此等都是很不好的预兆。此时要加紧做好防备，才能克服外患，挽回局势，平安渡过难关。丈夫出征不能得胜而回，必然有一大堆不利因素所导致而成；妇女怀孕而不能顺利生产子女，必有其生理疾病或外来的伤害原因。

要懂得树立危机意识和做好防御外来侵犯的准备，只有这样才能够保平安。有体验危局之能力者才有求胜的希望。虽然自然界的一切事物发展都有循序渐进的规则，顺势而为必有好的结果。但是超过一个人的能力限度时，必然会感到力不从心。如果衡量误差而陷入困境时，必须利用环境中的有利因素来扭转局面。

【原文】

六四，鸿渐于木，或得其桷①，无咎。

【简注】

①桷：椽。秦曰："榱"，周谓"椽"，齐鲁谓"桷"。

【释义】

六四，大雁渐进至树木之中，或可得其平直之树枝以栖身，没有灾祸。

【原文】

《象》曰："或得其桷"，顺以巽也。

【释义】

《象传》说："或可得其平直之树枝以栖身"，这说明六四以巽之柔顺承五。

【爻解】

从卦象上看，六四处于下互卦坎的上爻，有身临险境的形象。但六四与九五、九三阴阳相合，所以遇难有助也。大雁飞近林木，能够栖息于森林边缘的安全位置，则不会有危险。栖息在林木边缘，占据灵活有利的位置，方便栖息与遇变时飞离。制定策略要注意到推行的效益，但也要顾及避险的机动性。有此双重考虑，可攻可守是成功者应有的智慧。

【原文】

九五，鸿渐于陵，妇三岁不孕，终莫之胜，吉。

【释义】

九五，大雁渐进于丘陵，有妇女三年还不能怀孕，但是九五最终不是外来的侵犯可以胜过的，所以结果是吉祥的。

【原文】

《象》曰："终莫之胜吉"，得所愿也。

【释义】

《象传》说："最终不是外来的侵犯可以胜过的，所以结果是吉祥的"，这说明九五与六二的相亲相应是得其所愿。

【爻解】

大雁飞近山陵，受到山岗的阻隔必须高飞才能超越。妇人结婚后，经过三年仍不怀孕，再接下去很可能没有生子希望了。如果了解这个道理，认清事实，最后就能圆满解决。即使最后仍得不到满意结果，但了解过程中的事实，也可减少一些困难，接受并不完美的现实，就不会觉得有什么遗憾。

在人生事业发展的过程中，必须预先想到会有许多困难。每个人都有欲望成功的，但也要理解人生并不是一帆风顺的。心里有这种准备，患得患失的心理就会少一些。

【原文】

上九，鸿渐于陆，其羽可用为仪①，吉。

【简注】

①仪：美化，装饰。

【释义】

上九，大雁渐进于高平之地，其洁白美丽的羽毛可以用来美化仪表，吉祥。

【原文】

《象》曰："其羽可用为仪，吉"，不可乱也。

【释义】

《象传》说："洁白美丽的羽毛可以用来美化仪表，吉祥"，这是因为上九高洁的志向是不可以淆乱的。

【爻解】

大雁翱翔天空之后，安然返回于陆地，其羽翼舒张安详自在。此安详之状可作为礼仪行止的参考，代表一切平安无恙。羽翼舒展安详的仪态可作礼仪的参考，是取其自然有序，没有杂乱之象。

人生事业要求真、求善、求美，但也要知所进退、知足常乐，如果恋栈名位，结果可能失得其反。另外，切不可在人生得意时耀武扬威、自夸其德，要懂得更谦逊待人，否则难得善终。

【卦义新解】

渐，像女子出嫁，按照礼仪的一步步过程进行，就会获得吉祥。渐，即渐渐、积累、慢慢来，一步一步走下去，循序渐进，水滴石穿。《易经》里多处都讲到积累的重要性，量变引起质变，小蓄大蓄就是渐渐地积累。

小燕子筑巢把一粒粒泥巴衔在嘴里，把自己的家筑好。那就是一种积累，一种渐进的精神。堆积如山的粮食，也是由一粒粒汗水累积起来的。

一位著名的推销员，在一个很大的体育馆，给人们讲课。那天，大幕拉开，舞台的正中央有一个巨大的铁球，用高大的铁架支撑，吊起来。推销员站在铁架一边，穿红色运动服，白胶鞋。两位工作人员抬着一个大铁锤，放在推销员的面前。主持人请两位身强力壮的人到台上来。推销员说明规则，请他们用大铁锤去敲打吊着的铁球，直到把它荡起来。其中一个人抢着拿起铁锤，全力向吊着的铁球砸去，震耳的响声过后，吊球动也没动。 接二连三用大铁锤砸向吊球，他很快就气喘吁吁。 另一个人接过大铁锤敲打吊球，铁球仍旧一动不动。 会场平静，推销员用一个小铁锤，认真面对铁球敲打起来，对着铁球敲一下停顿一下，再一次敲一下停顿一下，就这样持续做着。 10 分钟，20 分钟过去，会场早已骚动，有人叫骂，发泄不满。 推销员仍然敲一小锤停一下地坚持，不在乎人们喊叫什么。 很多人愤然离去，会场出现大片空缺座位。 敲打了 40 分钟时，坐在前面的一个女人突然尖叫：" 球动了!" 会场顿时鸦雀无声，大家聚精会神地看着铁球。 球轻轻动了起来。 推销员仍旧一小锤一小锤继续敲，吊球在一锤一锤敲打中越荡越高，它拉动铁架子哐哐作响，震撼人心。 场上最后爆发出热烈的掌声。 推销员只说了一句："一个人没有耐心，不循序渐进，不积累，只好用一生去面对失败。"

　　每一分钟，都是人生的积累，在每一分钟里我们进步一点点，就会刷新自己的成绩。 活好每一分钟很重要。 存钱也一样，想一下子就存大钱，容易有挫折感。 应该每天存一点点，一个月一百元、两百元、一千元、慢慢存下去，不久之后就会大有收益。 珍惜每一刻而去努力，累积下去，就会产生好结果。

　　只有日积月累，常年准备，才会有成就。 下面这个故事最具有说服力。 有一个将军偶然经过一个小村庄，他发现村庄里的许多墙壁、树干、门板上，都有命中红心的箭靶，箭靶到处都是，每支箭都准确射中靶心，无一例外。 将军就寻找这名射手，在一个茅屋里找到了他，射手的屋子里摆满了箭，就连床上也有箭。 射手对将军说明了自己练箭的经过，将军听后惊讶不已。 射手从 7 岁开始就练箭，起初箭法很差，但不气馁，一天天坚持不懈，射出的箭再捡回来再射，二十年后，射手射箭百发百中。 将军听完射手的话后立即下令重用这名射手。

有些人看似一夜成名，仔细看看他们的过去，就知道他们早已投入无数心血，靠一点一滴积累而获得成就。一个著名的医生在谈到自己的医术之所以精湛时说，这是很多手术的结果积累的，每一个手术都是由一个个动作连接而成，做好每一个动作，手术才会成功，做好每一个手术，才会成为名医。

进步是一点一滴不断努力而来的，就像房屋由一砖一瓦堆砌而成，比赛的最后胜利由一次一次得分累积而成，超市的繁荣靠一个个顾客累积而成，因而每一个重大的成就都是由一系列的小成就发展而来。一步步走完下一里路，对任何人都很有用。想要实现目标，都必须按部就班、循序渐进。

《渐卦》与《小畜卦》《大畜卦》都谈到了积累，在《易经》其他卦里也涉及了积的重要性。《易经》中很重视积累的力量，由小到大积累，这就是真理。

归妹卦第五十四

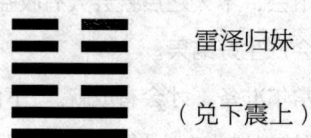

雷泽归妹

（兑下震上）

【题解】

《归妹》以象征性的情景抒发、描绘着婚姻之美。雷在上而动，兑在下而悦，长子震动而少女喜悦，这是《归妹》所蕴含的"天地之大义"。这个大义在百姓的日常生活中被阐释为"男大当婚，女大当嫁"的生活准则。《归妹》之初九，当位而正，妹娣而归，虽有"跛履"之憾，却得"征吉"之实。九二失位不正，利于"幽人之贞"。六三失位反复，归而不当。九四愆期迟归。六五应"月望"

之美,归而有"吉"。 上六因归之太迟,"无实"无利。 在六十四卦中,讲述"女归"与"男婚"之事的非止《归妹》,而专述其事的则唯有《归妹》。 《易》有《归妹》如《诗》有《关雎》一样,孔子删定《诗》时,苦心定"四始"之篇,而《关雎》则为"四始"之首。 此足以体现圣人关怀"女归"与"男婚"的深切情怀。

【原文】

归妹①:征凶,无攸利。

【简注】

①归妹:卦名。古人称女嫁人曰"归",少女谓"妹",《归妹》为婚姻卦。

【释义】

《归妹》卦象征着少女出嫁:前行有凶险,没有利益。

【原文】

《彖》曰:归妹,天地之大义也。 天地不交而万物不兴。 归妹,人之终始也。 说以动,所归妹也。 "征凶",位不当也。"无攸利",柔乘刚也。

【释义】

《彖传》说:少女出嫁,这是天地之间以阴顺阳的大道理。天地阴阳不相交合,万物就不会兴旺。少女出嫁,人类就可以终而复始地繁衍生息。内心愉悦而外表欢快跳动,这就是少女出嫁的象征。"前行有凶险",这是他们所处的位置不当所致;"没有利益",这是因为阴柔凌乘于阳刚之上。

【原文】

《象》曰:泽上有雷,归妹。 君子以永终知敝。

【释义】

《象传》说:泽水之上有雷声震动,这种情境象征着"少女出嫁"。君子以此知永恒地保持正当的夫妇和睦,也必须知道不正当的婚姻所带来的敝坏之处。

【卦解】

这里讲归妹这个卦，如果有所行动，就会有凶险，而且无利可图，一点利都没有。

"归妹，天地之大义也。"难道说这个妹妹出嫁是天经地义的吗？实际上这里揭示的是那种夫权时代的社会制度。这是天地之大义吗？如果赞美词太夸张了，太过了，可能变成为一种讽刺。"天地不交，而万物不兴。"天地要交合，阴阳也要交合，男女也要相交。天地不相交那万物不能繁殖呀！这个道理不错，但是违背了这个大义的话，那这种"兴"也要打一个问号了。"归妹，人之终始也。"好像这是劝人的话，这归妹是生下来就注定了，最后也就是这么一个结果。这么一个终始的过程，也不能违背，这就是当时的"人之常情"。"征凶，位不当也。"这里是直接说的，是讲位不当，是二爻、三爻、四爻、五爻不当，"征"是中间的都不当，只有初爻、上爻当位。"无攸利，柔乘刚也"，为什么无攸利？是因为柔爻乘刚爻。这柔乘刚按《周易》的规则那是不吉利的，所以也就无利可图。"泽上有雷"，就是说天上一旦打雷，肯定下雨。"君子以永终知敝。"这是讲君子永远保持夫妇之道，而不使其受到破坏。

【原文】

初九，归妹以娣①。跛能履，征吉。

【简注】

①"娣"：指出嫁者的陪嫁，古时一夫多妻，妹妹可随姐姐同嫁一夫，侄女也可随姑姑同嫁一夫。妹妹从姐姐出嫁称"娣"。春秋时仍然保留了这种风俗。

【释义】

初九，少女出嫁时以陪嫁者的身份共嫁一夫。这就像跛脚还能坚持行路一样，前行会有吉利。

【原文】

《象》曰:"归妹以娣",以恒也;"跛能履吉",相承也。

【释义】

《象传》说:"少女出嫁时以陪嫁者的身份共嫁一夫",因为这是诸侯婚嫁的常理;"跛脚还能坚持行路则前行会有吉利",这说明初六的吉祥就在于帮助其姊侍奉夫君。

【爻解】

现在结婚仪式中有伴娘与伴郎,结婚仪式举行完毕后,伴娘与伴郎各回各家。可古代则不是这样,这伴娘也成为新郎的妻子,得跟着一块过日子。古代诸侯娶一个妻子,一共可以得到九个女子。因为还有陪嫁过来的女子。一般是正室夫人一名,随嫁娣侄二人为媵,也称介妇;正室与媵又各有二侄娣陪嫁,所以一共是九个人。杜牧有"铜雀春深锁二乔"的诗句,后人认为曹操想把孙策与周瑜的妻子据为己有,有些太过分了。可是在周朝,一个诸侯结一次婚就要娶九个女子。

嫁妹时以其妹陪嫁作妾,就像长短脚的人用鞋子垫平一样,用以补其不足,这种做法对满足对方身心平衡做法是有益的。合于恒常之道,又能相助匡扶的做法是智慧者明智永恒之善行,可预防可能失误损伤。跛脚者用衬垫将两脚予以垫平,使两脚可平衡相承,就可稳定站立与前行。

【原文】

九二,眇能视,利幽人之贞。

【释义】

九二,目盲却能观看事物,有利于深思明哲之人。

【原文】

《象》曰:"利幽人之贞",未变常也。

【释义】

《象传》说:"有利于深思明哲之人",这是因为居内处中的常理没有改变。

【爻解】

从卦象上分析,六三为出嫁的妹妹、初九与九二为从嫁的娣。九四为新郎,六五为帝乙主婚,上六为宗唐受祭。初九与九二的作用便是"跛能履,眇能视",可以帮助六三这个出嫁的新娘。可以帮助新娘不受欺负是对的,如果帮助新娘夺夫权就不对了。所以利于守正遭。弱视之人也可以看到部分东西,有些是靠感应而来。抱守自己道理自守的隐居之士,则可坚守自己的观点与原则。坚守自己的观点与原则,就不会偏离改变的安常之道。

一个人要做到顾全大局是很不容易的。大部分的人仅能以微观看法来估量自身利益,这是很正常的现象。人要面对现实,对别人及自己都不能期望过高,否则会作茧自缚、寸步难行。

【原文】

六三,归妹以须①,反②归以娣。

【简注】

①须,楚人谓姊曰"须"。②"反":自夫家回娘家曰"反"。又叫"来归"。

【释义】

六三,少女出嫁应等待其时,未当其时则以妹妹的身份返回陪嫁夫家。

【原文】

《象》曰:"归妹以须",未当也。

【释义】

《象传》说:"少女出嫁应等待其时",因为其所居之位不当。

【爻解】

新郎看中了妹妹，可是姐姐却还没出嫁，由于姐姐也觉得这家人不错，所以便作为陪嫁的女子与妹妹一起嫁过去。可是嫁过去以后，由于妹妹是正室，所以姐姐的身份要比妹妹低。这种婚姻方式是不可取的。因为这样姐妹俩便不会很好相处，并且也与当时的等级制度相违背。比如陈世美已经有原配夫人，后来他又娶了皇帝的女儿，可是如果陈世美想逃过包公的铡刀，就得认自己的原配妻子，并且以原配妻子为正室，公主为妾。这又是皇帝及公主都不会答应的。

时机及程序对事情的发展是很重要的，要有大小、先后、缓急的安排，尤其是关键性的小事如不及时处理，可能波及全局。

【原文】

九四，归妹愆①期，迟②归有时。

【简注】

①愆：延误。②迟：晚。

【释义】

九四，出嫁少女却拖延日期，稍迟出嫁会有合适的时机。

【原文】

象曰："愆期"之志，有待而行也。

【释义】

《象传》说："拖延日期"的心志，在于待至合适的时机再前行。

【爻解】

双方已经订好了迎亲的日子，可是由于某些原因（比如女方还想找个更好的配偶）女方推迟了婚期，这种情况也是允许的，因为女子迟早会出嫁的，只是早晚的问题。这就好比刘备三顾茅庐请诸葛亮，虽然诸葛亮一再推迟见刘备的日子，但最终还是跟随了刘备。按现在的话来说，这种做法有些扭捏作态，可是在古代却是一种权术。说白了，含有吊胃口的成分。 嫁妹延误后要设法及时补救，不可任其延误下去。

如果造成延期是为了选择好对象是可理解的，但若延期过久，误了青春，反而失掉原来的意义了。 人生的过程很短，要创造时机、掌握时机，而不要只等待时机。

【原文】

六五，帝乙归妹，其君之袂①不如其娣之袂良。 月几望，吉。

【简注】

①袂：衣袖。此说指衣饰。

【释义】

六五，帝乙出嫁自己的妹妹，其君后的衣饰之美不如其妹的衣饰之美。她就像将近圆满时的月亮既美丽又谦逊，吉祥。

【原文】

《象》曰："帝乙归妹，不如其娣之袂良"也，其位在中，以贵行也。

【释义】

《象传》说："帝乙出嫁自己的妹妹，其君后的衣饰之美不如其妹的衣饰之美"，这说明六五以阴居中有谦虚中和之德，以其尊贵的身份行事。

【爻解】

商朝的天子将自己的表妹下嫁于周文王，这是周人念念不忘的一件盛事。 尤其是帝乙的妹妹有节俭的美德，她所穿的衣服比陪嫁的娣穿的还要差，这说明帝乙的妹妹是一位贤惠的女子。"月几望"则是表示穿着简朴的新娘就像圆月一样引人注目，同时也喻示着新娘与新郎能够幸福美满地生活在一起。 所以爻辞中说"吉"。 帝乙君虽然自己崇尚节俭，但嫁妹之妆仍丰厚，显示其在位有德，待人宽厚。 领导者自己虽然崇尚俭用，但对下属必须厚给，才能使人感德，也才能使人尽心效力。

【原文】

上六，女承筐无实；士①刲②羊无血。无攸利。

【简注】

①士：指青年男子。②刲：割、刺。

【释义】

上六，女子手捧着竹筐，筐内却空空如也；男子用刀宰割羊，却见不到一滴血。没有所利。

【原文】

《象》曰：上六无实，承虚筐也。

【释义】

《象传》说：上六阴虚无实，就如同手持着空空的筐子一样。

【爻解】

古代新郎与新娘结为夫妇后，要举行祭祀祖先的活动，以求祖先保佑夫妻平安和多生子息。可是这里描述的祭祀场面，却是暗示着婚姻关系的不和谐。"女承筐无实"，则喻示女子没有怀孕；"士刲羊无血"，则喻示女方既不是处女，又不能生育，还有什么利益呢？当然，现在人们是不会有这种思想的。可是在封建社会，这可是让男人感到很吃亏、很没面子的一件事。女人背负箩筐采果，但没有果实可采，筐亦无用。男人宰杀肥羊，却见不到一滴血。这种现象，显然徒劳无功。

【卦义新解】

《彖》曰："归妹，天地之大义也。天地不交，而万物不兴，归妹人之终始也。说以动，所归妹也。征凶，位不当也。无攸利，柔乘刚也。"婚嫁是天地间人伦的开始，天地交合，万物生发，男女婚嫁，传宗接代。《归妹》卦，阐释婚姻的道理。归妹，即嫁出少女之意。本卦主要强调"男婚女嫁"乃天经地义之事，应当依礼谨慎处之。婚姻是人伦的开始，为人生天经地义的大事，不可不认真对待。

许多人都有过这样的体验，人若长期接触同一事物或从事同一工作，就会产生疲劳感。即使是一幅很美的画、一首很动听的乐曲，如果反复看、反复听，原先的美感也会逐渐消失，而代之以单调乏味的感觉。同样，对于毫无变化、索然无味的婚姻生活也会产生这样的心理反应，这就是"爱情厌倦"心理。

婚姻问题专家加里斯莫里指出：孤独感、生活单调、缺乏情感交流和吸引力的消失是产生"爱情厌倦"心理的主要因素。

孤独感常是产生"爱情厌倦"心理的主要原因。一个人如果没有人与他分享生活中的乐趣与感受，就会产生孤独感。由孤独感又转而成为对婚姻的失望乃至愤怒，原先的情感也就随之消失。

长期单调贫乏的生活是促成"爱情厌倦"心理的第二个重要原因。家庭生活如果总是在同样的时间以同样的方式进行，就会失去乐趣。而外遇却能提供新鲜感和刺激性，并带有许多吸引人的冒险因素，这对于不甘单调的一方自然构成了巨大的诱惑，继而对原有的婚姻更为不满和厌倦。

夫妻间长期地缺乏感情交流是滋长"爱情厌倦"心理的第三个因素。事实上，夫妻间的和谐关系是靠思想的交流而产生并巩固的，它包括互相的尊重与欣赏。夫妻若缺乏情感交流，其隔阂便会浸渗到生活的各个方面，使双方渐渐疏远，由相互看不惯直到相互厌倦，"爱情厌倦"心理便由此而生。

至于吸引力，这是夫妻双方保持相互爱慕所不可缺少的重要因素。而不少妻子却认为，自己同丈夫一起生活多年，互相熟悉也无什么秘密可言，就无需保持端庄的仪态，因而失去了女性特有的魅力，使丈夫逐渐产生厌倦心理。

若要防止产生"爱情厌倦"心理，可从以下几个方面来努力：

(1)尽量使家庭生活丰富多彩;

(2)经常赞美对方;

(3)努力提高自己的修养。

一位心理学家说:可以确保妻子忠心的最好方法,就是设法满足她的任何需求和欲望。

大多数妻子都是主妇,整天在家里搞卫生、洗衣、做饭,但却从未受到丈夫任何形式的赞美和承认。把你送上离婚法庭最快捷的方法,就是忽视妻子的需求和欲望,对她想当然。《易经》强调,夫唱妇随才能吉祥,做丈夫的还应让妻子明了这一点。

丰卦第五十五

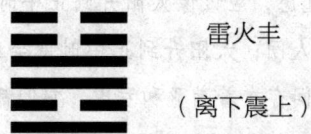

雷火丰

(离下震上)

【题解】

从卦象上看,《丰》有"明以动"、"宜日中"、"雷电皆至"三种情境,而这三种情境都象征着"盛大",就其盛大的气势而言,只有王者才能当此气象。《老子》:"道大,天大,地大,王亦大,域中有四大,而王居其一焉。"王者有"如日中天"的大气象,才能将他的道德像阳光一样洒遍人间。但是,古代圣贤并没有陶醉在盛大的境界中,而是将其应用到"折狱致刑"实用功能中。卦中六爻,唯上六因"丰大"过极而导致凶险,初、三爻"无咎",二、四、五三爻皆吉。

【原文】

丰[①]:亨,王假之,勿忧,宜日中[②]。

【简注】

①丰：卦名。有丰厚光大之意。②日中：中午。

【释义】

《丰》卦象征着盛大：亨通，君王可以达到盛大的境界；无须忧虑，应该像太阳升上天空正中那样光照人间。

【原文】

《彖》曰：丰，大也。明以动，故丰；"王假之"，尚大也；"勿忧宜日中"，宜照天下也；日中则昃，月盈则食；天地盈虚，与时消息，而况于人乎？况于鬼神乎？

【释义】

《彖传》说：所谓丰，象征着盛大。譬如道德光明的人有所行动，所以有盛大的收获；"君王可以达到盛大的境界"，这是因为君王崇尚盛大的美德；"无须忧虑，应该像太阳升到正午时那样"，因为这样才能把太阳的光辉洒遍人间；太阳升到正中时就会逐渐西斜，月亮满盈时就会亏损；天地之间存在着满盈和亏虚，它们都将随着时间而消亡、生息，又何况人呢？又何况鬼神呢？

【原文】

《象》曰：雷电皆至，丰。君子以折狱致刑。

【释义】

《象传》说：雷声与闪电一齐到来，这种情境就象征着盛大。君子因此而知如何判决讼狱、动用刑罚。

【卦解】

古代易学家认为，家有妻妾则丰，国有贤士则丰，所以归妹卦后面是丰卦。可是丰卦所要表现却不是丰盛而是大，一种最震撼地大——日食。

日食出现了，天地一片黑暗，怎么会亨通呢？这与古人对日食的理解有关。古人认为日食的出现是月亮吞食了太阳造成的，这件事天上的神肯定要出面干涉,所以"王假之",既然天上的"王"来了,当然会亨通了。 人类应该在很早便见过日食了,所以虽然恐惧,但明白对人类不会造成伤害。 所以卦辞说"勿忧,宜日中"。也就是说,不必为此忧虑,就像太阳还处在中午的位置上一样安心过日子。

现在出现日食我们都不害怕了,可是远古人类则还是很害怕的。所以卦辞中针对这件事告诉人们不要惊慌。 而其寓意则是在大的运动中要镇静。 象辞对卦辞做进一步发挥,用阴消阳长的变化规律来说明日食的原因。 而象辞则通过日食这个现象,告诫君王治乱世必须用严法。

【原文】

初九,遇其配主①。 虽旬②无咎,往有尚。

【简注】

①配主:相匹配的配偶。②旬:十日为旬。

【释义】

初九,遇见与自己相匹配的配偶,即使是等十天的时间也没有过错,前往必得嘉赏。

【原文】

《象》曰:"虽旬无咎",过旬灾也。

【释义】

《象传》说:"即使是等十天的时间也没有过错",这是因为超过十日则有灾难。

【爻解】

初九爻前行可遇到匹配的人,这个与初九匹配的人就是六二。 六二与初九阴阳相合,可以建立良好的关系。 可是一定要早去,如果晚去十天,就该有灾难了。 这灾难是什么呢? 就是日食来了。 并且九三也在追求六二,所以去晚了对自己不利。 处于丰卦兆象之中,常能遇到色、利等来引诱而影响主事者，虽然有短时间会受其腐化心理，但并无大碍，时间一过自然就会醒悟。如果沉迷不悟就有害了。短时间的色利迷心并不会产生大影响，但如果时间一长，就会带来灾害。

美食美色与金钱名位是人之欲求，对人生事业处顺境的人，这些也是激励其奋斗前进的因素，符合人性的表现。但是这些人性表现容易使人沉醉而失去平衡，造成很大的障碍，有智慧的人要懂得取舍。

【原文】

六二，丰其蔀①，日中见斗。往得疑疾，有孚发若。吉。

【简注】

①蔀：遮光物。

【释义】

六二，张大其覆盖物，犹如在阳光下看见斗星。前往则会身患多疑之疾病，若心怀诚信拨开这些覆盖物，则会吉祥。

【原文】

《象》曰："有孚发若"，信以发志也。

【释义】

《象传》说："若心怀诚信拨开这些覆盖物"，说明六二是以诚信来发扬光大其志向。

【爻解】

六二爻得位而居中，所以吉祥。可是日食出现了，在大白天可以看到北斗星，可见天地之黑暗，在黑暗中行动肯定会受到别的猜疑。可是六二具有中正之德，能够以诚取信于人，所以他没有灾难，反而吉祥。这就是身正不怕影子斜的道理。居处于丰卦之时，正如日之中央，突有黑幕遮蔽明日，此时有如黑夜可见星斗。时间若维持稍长一些，人们就会迟疑恐惧。如果能使信心存之于内，且能在行为上表现出来，也才能去伪存真，建立自信而取信于人。诚信建立于自己内心，并可发扬于对外处世，就能求得真实的信任、得到大众的肯定。

【原文】

九三，丰其沛，日中见沫，折其右肱①，无咎。

【简注】

①肱：臂。

【释义】

九三，张大其布幔，犹如在太阳中看小星星，折断了右手臂，但是，最终不会有灾祸。

【原文】

《象》曰："丰其沛"，不可大事也；"折其右肱"，终不可用也。

【释义】

《象传》说："张大其布幔"，这说明九三之光仍被覆盖着，故不能干大事；"折断了右手臂"，这说明九三终不为所用。

【爻解】

九三的处境有些不妙，因为在日食中，突然雷鸣电闪，下起了大雨，行走中的九三结果摔断右臂。不过没有生命危险，所以"无咎"。

从卦象上看，九三处于离卦与震卦的交界处，所以会有雷鸣闪电出现，而九三与上六相应，阴阳相应而合，所以有下雨之象。雷电交加之时，有云层堆积遮住太阳，而从云缝间可见到小星星，这种不协调的现象，象征有如折断右肱的伤害。不过，虽然折断右肱还不致有丧命之险。雷电交加之时，不可做大事的决断；右臂折断者，终究使不上力气。

故突发状况造成迟疑恐惧之时，不要做重大的决定。只有充满自信并能取信于人的时候，才有明智的主张及判断。

【原文】

九四，丰其蔀，日中见斗，遇其夷主，吉。

【释义】

九四，张大其覆盖物，犹如在太阳中看小星星，遇见了东方的君主，吉祥。

【原文】

《象》曰："丰其蔀"，位不当也。"日中见斗"，幽不明也。"遇其夷主"，吉行也。

【释义】

《象传》说："张大其覆盖物"，这是因为九四居位不当的缘故；"犹如在太阳中看小星星"，这是因为张大了覆盖物后就变得幽暗不明了；"遇见了东方的君主"，这说明九四前行是吉利的。

【爻解】

九四也是处于日食的黑暗中，在中午看不到太阳，只能看到北斗星，可是他却在黑暗中遇到了自己的主人，有主人的帮助，使他在黑暗中不会迷失方向。这就好比在一场运动或战乱中，一个流浪的贤臣遇到了自己的君王。君王又把他召到自己身边，所以他又有了官职，这肯定是吉祥了。

雷雨交加，乌云蔽日，在白天有如黑夜可见星斗之时，如遇昔日伙伴，可获相助而得到吉祥无事。乌云蔽日，雷雨交加是局势之发展的剧变现象。白天可见星斗是日光被遮蔽，有是非不明的征象。

突然变故时往往得依赖昔日伙伴而得其相助，表明过去善于为人处世，才能获得朋友有情义的相助。平时要多建立个人信用，危急时才能为人所信任。平时多帮助人，急难时才能得道多助。

【原文】

六五，来章，有庆誉，吉。

【释义】

六五,以阴柔之质居五之尊而彰显君王光明之德,能得到福庆、赞誉和吉祥。

【原文】

《象》曰:六五之吉,有庆也。

【释义】

《象传》说:六五之所以能获得吉祥,这是因为他居尊而有福。

【爻解】

六五是一位贤明的君王,身逢乱世却喜遇贤臣,这确实是一件值得庆贺的事情。其实这位贤臣就是他下面的九四。明君有贤臣辅佑,自然会有更好的业绩。这怎么会不吉祥呢?本爻所说的吉祥现象,就是因为获得大众的肯定而产生的。

【原文】

上六,丰其屋,蔀其家,窥其户,闃①其无人,三岁不觌,凶。

【简注】

①闃:有静、空之意。

【释义】

上六,丰大其房屋,覆盖好居室,窥探其门户,寂静得没有人影,三年都不见人来,有凶险。

【原文】

《象》曰:"丰其屋",天际翔也;"窥其户,闃其无人",自藏也。

【释义】

《象传》说:"丰大其房屋",如巨大的鸟飞翔在天际之间不见踪影;"窥探其门户,寂静得没有人影",这说明上六自己深藏不露。

【爻解】

上六拥有高大的房屋,说明他曾经极其富贵,按现在的话说他实现了财物自由，可以自由地支配自己的时间，所以他生活得像鸟一样自由快乐。可是在这次日食中，他却是受害者。从另一个方面来说，政治的黑暗是他造成的，因为正是他的房屋高大，所以才遮蔽了其他的人家，使其他人过着暗无天日的日子。也就是说他是一个腐败的统治者，使朝政黑暗而不清明。运动来了，六五与九四齐心协力清理腐败分子，所以上六只能留下空宅，躲了起来。他的下场肯定是凶险了。

尽其豪华地美化其住屋，但经过历次阴霾事件之后，从其门户看寂静而无人走动的迹象，等待很久也没有人往来，就是不祥的征象。尽其豪华地美化其住屋，是得意非凡，如翱翔于天际。寂静而无人是形秽，失意之极，一则不愿见人，二则无人愿见。人生荣枯最容易体会世态之炎凉，得意之时门庭若市，失意之时门可罗雀。富贵如游龙，可腾越五湖四海；贫贱如同恶虎，亦将惊散五族六亲。

【卦义新解】

《丰卦》中丰的意思是大，盛大。此卦象意为凡事光明正大者可趋于吉，否则就凶。盛衰是自然之道，不可为保其长盛不衰而逞能，要顺应时势而知进退。

《丰卦》主吉中带小凶之象。凡事积极奋发可成，有高昂士气、一时天雷勾动地火、闪电迅速形成之意。此卦最利于短期投资理财，感情则可情投意合而速成。

这一卦写商人长期在外经商漂泊。从根本上说，谁都不愿漂泊，都愿意待在家中过舒适日子，但是为了生活，不得不外出，四处游走，实际上那时候的商人是不由自主地选择了漂泊。

漂泊的滋味可以说是酸甜苦辣样样都有，唯有亲身体验的感受才会真切。卦中的记述算得上丰富细致：行旅中得了怪病；买到残废了的奴隶；折断了右臂；途中遇到了老房东；获得美玉，大家庆贺称赞。那些在外可能遇到的好事和坏事在卦中都提到了。

漂泊中的苦肯定多于乐，忧愁多于舒适。日晒雨淋、风霜雷电、山高路远、水深流急、忍饥挨饿、遭劫失财、亏本受骗、生病受伤等，这一切都可能遇到。最大的快乐莫过于赚了大钱，满载而归，为此似乎可以忘却一切辛苦，尤其是看到家人期许的眼光，感到所有的辛苦都值得。

现代人也经常要面对漂泊。身在他乡，孤单一人，无亲无故，无论发生什么事情都要自己面对，在外生活的人总是会有很多心酸。但是在这种情况下我们也可以过得很快乐。

（1）把陌生的城市当作自己的家

也许这个城市交通太过拥挤，空气没有家乡的新鲜，饭菜没有妈妈做的可口。但是这些都不要紧，再不好的地方也有它的优点。不要过早地给这个地方下结论，这会蒙住你发现它的美的眼睛。

家乡也有很多不好的地方，但是因为它是你的家，所以你总是愿意看到它好的一面，回避不好的一面。陌生的城市也是一样，要把这当作自己的家，就要学会看到它好的一面，适当地忽略那些不好的问题。从心理上接受了它，慢慢你就会喜欢上这个地方，把它当作家。

（2）在这个城市里结交更多的好朋友

亲人没有办法到你身边陪伴照顾你，那么你可以在这个城市中寻找一些志同道合的朋友，所谓在家靠父母，出门靠朋友。有一两个知心朋友在你烦恼的时候可以听你抱怨一下，在你难过的时候可以为你递上纸巾，在你需要快乐的时候可以陪你大笑。这样的漂泊生活似乎就变得不那么悲凉了。

（3）发掘兴趣，丰富生活

忙的时候，人总不会感到太多的悲凉，等到闲下来，就会发现自己是那么脆弱,悲伤自然涌上心头。 那么就要让自己忙一些,试着找一些自己很喜欢的事情去做一做,分散注意力,而且还可以享受这些兴趣带来的快乐,一举两得。

(4)多和家人联系,告诉自己他们始终在你身边

辛苦工作的时候总是希望回家有做好的饭菜,有家人的问候。 可是自己漂泊在外,这些都变成了奢侈的想法,但总是会有办法来缓解你的想念。 没有家人做好的饭菜就自己动手,自己犒劳一下自己,没有家人的问候,你可以主动打个电话回家,听听家人的声音。 就算只是一两句话,无论对你还是对他们来说都是幸福的。 多和家人联系,告诉他们也告诉自己,你们永远在一起。

其实,每一个地方都可以成为我们的家,只要心在,家就无处不在。 放开胸怀,感受每一个家给你带来的不同感受,这是你人生的一大财富。

旅卦第五十六

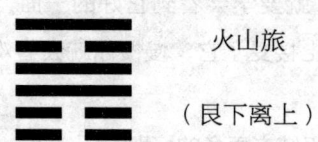

火山旅

(艮下离上)

【题解】

李白在《春夜宴桃李园序》曰:"天地者,万物之逆旅。"其实在历史的长河中,人人皆如过客一样暂时寄寓于一时一地,所以《旅》卦至上九就有"鸟焚其巢"之象,其象喻小则为旅行之所失,喻大则实为人生之终极。 范仲淹对此卦有很好的论述:"夫旅人之志,卑则自辱,高则见嫉;能执其中,可谓智矣。 是故初'琐琐'而四'不快'者,以其据二体之下,卑以自辱者也;三'焚次'而上

'焚巢'者，以其据二体之上，高而见嫉者也；二'怀资'而五'誉命'，柔而不失其中者也。"

【原文】

旅①：小亨，旅，贞吉。

【简注】

①旅：卦名。其意古人有二解，一曰旅行，二曰军旅。

【释义】

《旅》象征着行旅：稍有亨通，行旅吉祥。

【原文】

《彖》曰："旅小亨"，柔得中乎外，而顺乎刚，止而丽乎明，是以"小亨旅贞吉"也。 旅之时义大矣哉！

【释义】

《彖传》说："行旅而稍得亨通"，这是因为柔爻六五居中于外卦离，顺从于阳刚，以静止之性附丽于光明，所以能"稍有亨通，行旅吉祥"。这说明行旅之时的意义有多么的宏大啊！

【原文】

《象》曰：山上有火，旅。 君子以明慎用刑而不留狱。

【释义】

《象传》说：山上燃烧着火光，象征着"行旅"。君子因此知道要明察、慎重地动用刑罚而不要滞留人于狱中。

【卦解】

这旅是寄旅。 不过小有亨通，行旅之时固守正道，可获吉祥。 "柔得中乎外，而顺乎刚。"从卦画上看，外卦是柔卦，而且柔爻也在中位，所以是"柔得中乎外"。 "顺乎刚"，上卦为离卦，离的卦德是依附，依附也就有一种顺从的意思。 "止而丽乎明。"止，是指艮。 "丽乎明"是指离卦，这是一种解释。 止是一种自我抑制，也就是一种修养。 实际上是一种损益的关系。 掌握了这个规律当然就能"止而丽乎明"，这"明"当然就是一种智慧了。"是以小亨"，所以就能得到小的亨通。 从"柔得中乎外而顺乎刚，止而丽乎明，是以小亨"，这样看来也只是小亨，那可见这是"旅"的特点，如果换一个其他卦可能不仅仅是小亨，这就是旅卦的一种限制。

"山上有火，旅；君子以明慎用刑，而不留狱。"作为执法者来说，必须谨慎执法，而且对案件也不要拖延。 这个"不留狱"就是不能延误，不要故意拖延，要及时处理，这就是旅的卦意。 寄旅就是停留，而这里反过来强调不能停留，不能延误时机，这又讲到社会现象。

【原文】

初六，旅琐琐①，斯其所取灾。

【简注】

①琐琐：猥琐卑贱。

【释义】

初六，行旅时行为卑贱猥琐，这等于是自取其灾祸。

【原文】

《象》曰："旅琐琐"，志穷灾也。

【释义】

《象传》说："行旅时行为卑劣"，这是因为初六志穷所以招致了灾祸。

【爻解】

琐琐，是玉器相击发出的细碎声音。 人在旅途，走路时身上不断发出玉器相击的声响。 这说明这个旅人很有钱。因为古代玉是有钱人的饰品，很值钱。 可是身处异地，这种行为就危险了。 因为一些穷人会想办法抢夺他的财物。 在抢夺财物的同时，很有可能会给初六造成生命威胁，所以初六的这种行为会招来贼寇，是自取灭亡。

看了这句爻辞，我想一些经常外出的人士就会明白怎样使自己安全了。 其实很简单，就是不显富，不招摇。 出门旅行时，细屑猥琐的样子，不论走到那里，都可能会招惹灾殃，要特别谨慎。 出外人言行举止应检点庄重，展现不亢不卑的待人处世态度，才能赢得别人的尊重与真诚合作。 如果表现傲慢，则别人不愿理会；表现得卑贱，则会受人鄙视欺凌。

【原文】

六二，旅即次，怀其资，得童仆贞。

【释义】

六二，行旅中住进客舍，怀中藏着资财，随身带着僮仆，就当守持正道。

【原文】

《象》曰："得童仆贞"，终无尤也。

【释义】

《象传》说："随身带着僮仆，就当守持正道"，所以最终也会没有什么过错。

【爻解】

六二有一定的身份，可以住在朝廷设置的旅馆里。 在古代各诸侯之间通有国道，道上十里有庐，这个庐就相当于饭店；三十里有宿，这个宿就相当于旅馆；五十里有市，也就是城市了。 政府的官员外出，在这些地方都可以停下来吃饭或住宿。 因为这些机构属于国家单位，所以住在这里是安全的。 六二有钱有势，带着忠诚的奴仆住在国营旅馆里，自然不会有什么灾难了。 出门旅行之行程中，带着充足的钱财则可获得奴仆认真的伺候。 能够得到奴仆认真的伺候，终究可过上舒适满意的生活。

社会生活之中，群己关系多以利益为最优先被考虑的现实问题。所谓"皇帝难遣饿兵"，也就是你要派遣别人为你工作，必先付出等值的代价。 义务性及情感性的帮忙只有短期的人情作用。 想组织一群人推展任何事业，先要有充足的资金作后盾。无钱不要出门，没有资金很难创业，这是必须要理解的现实问题。

【原文】

九三，旅焚其次，丧其童仆贞，厉。

【释义】

九三，行旅途中被火烧毁了客舍，丧失其奴仆；贞问的结果是有危险。

【原文】

《象》曰："旅焚其次"，亦以伤矣；以旅与下，其义丧也。

【释义】

《象传》说："行旅途中被火烧毁了客舍"，这说明九三在旅途中受到了损失和伤害；因为与下人僮仆同行于旅途中，故丧失僮仆也在情理之中。

【爻解】

九三爻也是一位权贵，他下面的两个柔爻就相当于他的奴仆，他高高地居于两位奴仆之上，所以是一位欺凌奴仆的主人。可是它处于离卦与艮卦的交界处，离旅行之行程中，遇到火灾烧毁了馆舍行李，甚至把奴仆也烧死了，是很悲惨，也是很严重的事。为火，所以有火灾之象。九三似乎运气不太好，住在国营旅馆里，虽说安全，但是发生了一场大火，结果自己虽然从火中逃了出来，却丢失了奴仆。其实这里是告诫人们，主人外出时要善待自己的随从，只有这样奴仆才会更忠于职守，很好地保护主人。

广义而言，人生就是一个旅程，人生中的财富事业就如旅程中的馆舍物品，事业失败、财富损失都是很严重的事。因此经营管理不可不慎，千万不可百密一疏，酿成灾祸，而且可能牵连亲人部属均蒙其害，不可不慎。

【原文】

九四,旅于处,得其资斧,我心不快。

【释义】

九四,于旅途中暂时得到栖身之处,又得到斩除荆棘的利斧,但是我心中还是深感忧虑。

【原文】

《象》曰:"旅于处",未得位也;"得其资斧",心未快也。

【释义】

《象传》说:"于旅途中暂时得到栖身之处",这是因为九四未得其当位之正的缘故;"得到斩除荆棘的利斧",因只是用于斩除暂时栖身地的荆棘,我心中感到不快。

【爻解】

九四爻羁旅于外得到了六五君王的赏识所以住处较为固定,并且有一些钱财。可是他却心里不高兴,为什么呢?因为九四的心愿不是这些。从卦象来说,他与初六相应,可是中间被艮所隔断。下卦为内为家,所以九四十分想念家人。并且阳爻处于偶位为不得位所以他还想有进一步的发展。也就是说,九四的愿望是家人团聚,成王为侯,眼前的利益他是看不上的。旅行至荒野空旷之处,是所处之地位已不对了。钱财之获得对解决其处境并无意义,所以不会称心如意。

所以,人要在适合自己发展的环境下,才能发展才能。土地要适当耕耘才能产生利益,物品要适用才有功效,货物要交流才能平衡需求。

【原文】

六五,射雉,一矢亡,终以誉命。

【释义】

六五,用箭射雉,一箭就射了下来,结果受到赞誉、爵命。

【原文】

《象》曰:"终以誉命",上逮也。

【释义】

《象传》说:"结果受到赞誉、爵命",这是因为居上而有所获。

【爻解】

六五以柔顺之德居于上卦中位,相当于一位性格柔顺的君王。他用箭射野鸡,结果不但没有射到野鸡,反而失去了一支箭。这说的便是他给予九四一定的优惠想笼络住九四,可是九四不买他的账。这就像射雉而丢箭一样,按现在的话来说就是"偷鸡不成蚀把米"。可是他最终会有荣誉的命。为什么呢?因为有上九相帮,并且他能够优待臣子,可以使更多的贤臣来辅佐他。

燕昭王筑黄金台便是很好的例子。现在燕昭王的黄金台遗址还在北京的金台路,成为燕昭王求贤若渴的历史见证。它也是燕京八景之一,乾隆御笔所题的"金台夕照"四个字依稀可见。

【原文】

上九,鸟焚其巢,旅人先笑后号啕。丧牛于易,凶。

【释义】

上九,高树枝上的鸟巢被焚烧,行旅之人先是欢笑,后来又号啕大哭;丢失了牛,有凶险。

【原文】

《象》曰:以旅在上,其义焚也;"丧牛于易",终莫之闻也。

【释义】

《象传》说:在树枝的高处旅行,所以就容易被焚烧;"丢失了牛",最终也没有听到牛的消息。

【爻解】

看到鸟巢被野火焚烧,外出的人觉得很有趣。但后来发现火烧了自己的旅舍和财物，才又伤心痛哭。 只知道把牛赶到市集，而不将其妥善看守而遗失，都是很大的错误。 旅途上不知谨慎而疏忽，旅行的意义就已经丧失了。 不知道自己赶牛去市集看好出售，而任其遗失，是不寻常的愚昧行为。 这里讲的便是殷人的先祖王亥到河北进行贸易被杀的历史事件。 王亥的典故在《周易》中出现，说明他是一个重要的历史人物，那么他做了什么贡献呢？ 他的贡献便是开创了经商，现在的"商人"一词，其原意指的是殷商部落的人。 王亥带着自己的部落到处贸易，所以当时人们称他们为"商人"。

【卦义新解】

《旅卦》，主要说明出门在外，漂泊。

人生，有人说它是河流，有人说它是一趟旅行。

人生的本质是漂泊。 人生是不断变化的。 不变的是生命深处的核心，而核心常常被世道淹没。

任何人都在自己的人生过程里漂泊。 年轻时，出门闯荡，想实现梦想。 到年迈的时候，人大都想回到自己出发的故乡。

故乡是痛的地方，是爱的源头，而这样的爱，其实就是痛，只是忘记了痛，就说是爱吧。

年轻的时候，是漂得动的时候，老了，就漂不动了。

年轻的时候，是脚印，是树叶，是船，是车票，是风，是水，是梦。

老了的时候，变为根，变为大地，变为回忆，而回忆的内容依旧是漂。 回忆飘荡在一切过去的道路上。 回忆是复活，是死灰复燃。

相对漂而言，稳定，根基，扎根，安居乐业都是与之相反的，在很多人的心里，它们似乎给人带来的是幸福。

人生之旅是单行道，没有打转与回身的空间和机会。 人只有一条道走下去，就算回头看看，也看不到过去的自己。

一路上，人生有同行者，有时候，那些同行者就是我们自己。

一个旅人和他的旅伴在东北的大兴安岭冰天雪地的世界里行走着。忽然，其中一人看到前面雪地里有一个人躺在那里，那人看样子像是被冻僵了。他想停下来帮助那个人，但他的同伴说："我们现在要想通过这里都已经很困难，如果我们再带上他，就是一个累赘，我们就会丢掉自己的命。"听到这话以后，他觉得有点失望，觉得自己的同伴比冰雪更冷酷。他想自己不能丢下那个人，不能让他死在冰天雪地之中，于是他决定带那个人一起走。

当他的旅伴为了自己活命，跟他告别时，他把那个人抱起来，放在自己背上。他使尽力气背着那个人一步一步往前走。渐渐地，他的体温使这个冻僵的身躯温暖起来，那人活了过来。

过了一段时间，那个人恢复了行动的能力，他感谢自己的救命恩人，两个人就并肩前进。当二人赶上前面的那个旅伴时，却发现他倒在雪地上，死了，是冻死的。而救人者背着人走路，加大了运动量，保持了体温，和被救者一起抵御了寒冷。

温暖别人者，自己也被温暖。但是，人们为什么不愿意温暖别人呢？是因为其心的黑暗。

人生的孤独建立在人性的本质之上。人的个体性导致了孤独的存在。人与人之间的距离要靠修养来缩短，而修养体现在人身上又是参差不齐的。

爱默生被称为美国文明之父，他有句名言："靠自己成功。"这句话影响了代代美国人，一代代美国人在自己的努力下，把自己置身于法制的统一里，统一为一种共同的力量，而不同的人在共同的力量之外又有相对独立的个体人生。西方文明建立在个体的独立世界基础上，这样的文明秩序是以人性的独立个体为依据建立的。美国是西方文明的杰出代表，人虽然在孤独中，但尊重个体的价值，人生的旅程因而有自己独立的脚印。 生之旅途,牢记这句话:"只有自己才是最靠得住的。"成大事的秘诀,就在于自身的奋斗。 除此以外,别无他法。 一生中最能让人依靠的正是自己,能拯救自己的人,也只能是自己。

巽卦第五十七

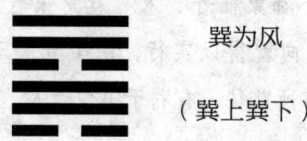

巽为风

(巽上巽下)

【题解】

《说卦》曰:"巽为入。"两两相重的《巽》卦,以阴在下而顺于上阳为特征。 因此《彖传》以"刚巽乎中正而志行"来解释"顺"而"入"的过程:初六柔而无应,所以有利于以刚健之行来改变,故曰"利武人之贞";九二以阳居阴,失位无应,然只要屈居床下,也能"吉"而"无咎";九三本是阳刚之爻,因其不甘于顺从,故而有"吝";六四猎获"三品",所以有功;九五因居于《巽》中正之位而获"吉";唯上九不正,有"丧"有"凶"。 观乎以上诸爻概况,我们可以看到《巽》具有两方面的特征:一是君子"巽乎中正"而职"申命行事"之任;二是"柔皆顺乎刚",故有利于刚健之行。

【原文】

巽[①]:小亨,利有攸往,利见大人。

【简注】

①巽:卦名,其意众说不一。依传统注解,一说号令、命令,一说、入、顺等。

【释义】

《巽》卦象征着"入":稍有亨通,有利于有所前往,有利于出现大人。

【原文】

《彖》曰:重巽以申命。 刚巽乎中正而志行,柔皆顺乎刚,是以"小亨,利有攸往,利见大人"。

【释义】

《彖传》说:上下都象征着"入"就意味着重申命令。阳刚者入于中正之位后他的志向就得以实行,阴柔者顺承阳刚,所以卦辞说"稍有亨通,有利于有所前往,有利于出现大人"。

【原文】

《象》曰:随风,巽。 君子以申命行事。

【释义】

《象传》说:风与风相随,就象征着顺从而入。君子因此知道要像风与风相随那样,反复地宣布政令来推行政事。

【原文】

初六,进退,利武人[①]之贞。

【简注】

①武人:勇猛的军人。

【卦解】

这里为什么是小有亨通呢? 因为凡是这样谦逊,而且能够在每一个角落,每一条缝隙里穿行,压根儿它不是讲大亨通,而是讲小亨通,这是风的一种德行。 从巽的卦德来看,是逊、顺。 凡是谦逊的人,当然他的人缘肯定好,能够得到大多数人的尊敬,这样也"利见大人"。

"重巽以申命",这里似乎是上下两个巽卦重合,重申一种命令,这是从巽卦两个重上来看的。 巽重起来就为尊,所以尊就能发布命令。"刚巽乎中正而志行,柔皆顺乎刚。"本来这是阴卦,是柔卦,它谈不上刚。但这里讲"刚巽乎中正",这刚是从哪里来的呢?本卦中,"九五"是阴爻居阳位,中正之位,是刚。"柔皆顺乎刚",本来巽卦为柔卦,但它还是要顺九五之刚,还是以九五为主。所以"利有攸往,利见大人"。这就是说这一个卦还要服从于一个爻,所以这也就是一种小亨。

"随风,巽;君子以申命行事。"这里为什么讲随呢?巽卦卦德为谦逊、为顺,顺就是从,从就是随,它随的是风。"申命",这里似乎有一个尊者在此施布命令,但实际上这是一个比喻。比喻这个君子非常谦逊,他能使人尊敬,他越谦逊人家也越是尊敬。这里两个巽卦重起来,两逊相重,就是尊者,这个尊者,实际上就是指"巽"本身。"君子以申命行事",申命就是谦逊之德,这种谦逊是将命立在逊德上。这种人的成功是离不开这一德的,所以他立命就立在谦逊之德上。

【释义】

初六,处于进退之中时,有利于勇武刚健的人。

【原文】

《象》曰:"进退",志疑也;"利武人之贞",志治也。

【释义】

《象传》说:"处于进退之中时",这说明初六心中有疑虑;"有利于勇武刚健的人",这是因为勇武刚健的人有志于治国安邦。

【爻解】

初六是巽的主爻,所以它具有风的性质。风除了随顺之外还有什么性质呢?我们都知道有东风、有西风、有南风、北风,风一会儿吹来,一会儿停止,一会儿大,一会儿小,一会儿向东,一会儿向西,所以有犹疑不定的形象。这就是风的缺点了。按现在的话说是没有主心骨,做事情进退不决,这正是《周易》思想中最忌讳的。《周易》认为君子做事一定要掌握好时机，该进则进，该退则退，这样人生才不会出现失误。

知所进退不但是武将应了解的作战原则，也是保持战果与人生荣誉应有的凭恃。有人认为武将应该勇敢，气势干云、勇往直前才是勇敢，这是不完全正确的。要有进退显隐的权变能力，才是胜利者的正常心态。当接受的事物应接受，当应拒绝应当拒绝。不要因为人情压力、面子问题或姑息的心态勉强自己承受，否则会失去一个人的独立自主地位，也会失去独立自尊的人格，甚至可能被拖累陷害，后悔莫及。

【原文】

九二，巽在床下，用史①巫②纷若③，吉，无咎。

【简注】

①史：祝史，专门从事祭祀活动。②巫：巫觋，从事降神驱灾活动。③纷若：盛多之貌。

【释义】

九二，谦恭卑顺地屈居于床下，若史、巫纷纷前来祝祷，就会得到吉祥，没有过错和灾害。

【原文】

《象》曰："纷若之吉"，得中也。

【释义】

《象传》说："若史、巫纷纷前来祝祷，就会得到吉祥"，这是因为九二居正得中的缘故。

【爻解】

这句爻辞很有意思。九二爻钻到了床底下，他到床底下做什么去了？原来床底下有初六爻。这种行为是有些不太雅观。可是其实这是一种巫术的仪式，是叫来史官巫师驱除室内的邪气，这自然不是有伤大雅的事情了，所以吉祥。从卦象上看，巽卦的上爻如床板，下爻如床足，二爻所以处于床下。这从一层意思来说，就是九二帮助初六是出于正道，而不是出于自私的目的，所以吉祥没有灾难。

卑微顺从屈膝于人床前地上之人，似有过于卑贱的表现。但如果是史巫的祝祷工作，则是其职务所必须，那是正常而无碍的。忠于职务的工作看似卑微的行为是合于道理，值得肯定的。尊严有不同的衡量标准。为了完成任务，看似低贱卑微的工作或态势并不会损及其雄心大志及人格尊严。

【原文】

九三，频巽，吝。

【释义】

九三，皱着眉头装成驯服的样子，这说明他遇到了困难。

【原文】

《象》曰："频巽之吝"，志穷也。

【释义】

《象传》说："皱着眉头装成驯服的样子，这说明他遇到了困难"，这是因为九三，心志处于困穷难振的地步。

【爻解】

一个人自己没有主见，总是听别人的，那肯定不会有好结果。九三爻一直听谁的呢？从卦象上分析，他肯定是听六四的了。六四为上卦的阴爻，所以九三有些太愚蠢了，他不相信家里人，反而相信外面的妇人之言，这怎么能不发生忧吝的事情呢？俗话说"妇人之口是非多"。在古代，妇女不关心国家大事，她们所关心的就是东家长西家短，这样说三道四肯定会招惹是非。所以古人认为听信妇人之言不会有好结果。当然，当今的女性与古代妇人应另当别论。

经常逢迎拍马，处处顺人之意的人是天生卑微低贱，人格吝啬，不会受人尊重。时常逢迎顺从别人者，其能力和志气都很低贱，所以才会这样做。有些人偶尔顺从逢迎权势是为某些利益的权变，以补能力不足或地位不对，尚无可厚非。但总是顺从讨好别人者是为厚颜无耻，当然很难受人尊重。人生的价值并不在于有钱或有地位，人格受尊重也是很重要的。

【原文】

六四，悔亡，田获三品。

【释义】

六四，悔恨消失，田猎时获得三种猎物。

【原文】

《象》曰："田获三品"，有功也。

【释义】

《象传》说："田猎时获得三种猎物"，这是因为四上承五而建立功绩。

【爻解】

六四柔爻居于偶位为得位，并且又可以得到九五与九三阳爻的帮助，所以他的收获不小。这就像打猎一样，他得到了很多猎物。"田获三品"指的是什么呢？指的是巽卦上卦巽为鸡，巽卦上互卦离为牛，巽卦下互卦兑为羊。当然，也指他可以笼络九五、九六、九三这三个阳爻。总之位高权重，又善于笼络人心，自然会左右逢源了。

对人的权变顺从是一时的权宜之计，其最终的目的是获取实际利益。当其获取利益达到目的之后，他就会一改卑微角色，甚至为摆脱过去所受歧视而报复。

如果有超乎常性卑躬屈辱的下属，切莫以为他是忠心耿耿的奴仆。一旦他羽毛已丰，摆脱掌握之时，可能是你最危险的敌人。

【原文】

九五，贞吉，悔亡，无不利，无初[①]有终[②]。先庚三日，后庚三日，吉。

【简注】

①初：天干中的甲日。②终：天干中的癸日。

【释义】

九五，守持正道则有吉祥，悔恨消失，没有什么不利的事，没有好的开始却有好的结果。预先在象征变更的"庚"日前三天发布政令，而在"庚"日后三天实行这个政令，这样才能获得吉祥。

【原文】

《象》曰：九五之吉，位正中也。

【释义】

《象传》说：九五所得到的吉祥，因为其居于《巽》中正之位。

【爻解】

九五阳爻居于奇位为得位，又居于上卦之中，所以具有中正之德。九五身为一国之君，又有贤明的六四辅佐，所以不会有任何不利的因素。但九五的吉祥只是由于他是继承皇位的缘故，如果他是一位开国皇帝，那么就没这么吉祥了。"先庚三日"为丁日，一旬之始为甲，所以丁不是一旬之始；"后庚三日"是癸，癸是一旬之终。这就是"无初有终"的意思。而其暗示的则是，九五并非开国皇帝，而是继位的皇帝。

摆脱别人控制之时，被压迫的悔闷之气消逝，没有不好的事会发生，当初不好的事也变成好事了。尤其在适当时机展开行动选择获益最大。本爻所表现的吉祥征象，是时空转变表现得条件最正常的时候。

【原文】

上九，巽在床下，丧其资斧，贞凶。

【释义】

上九，驯服地屈居于床下，因为丧失了刚坚的利斧，占问的结果是凶险。

【原文】

《象》曰："巽在床下"，上穷也；"丧其资斧"，正乎凶也。

【释义】

《象传》说："驯服地屈居于床下"，这说明上九处于《巽》之穷尽之位；"丧失了刚坚的利斧"，这是因为上动而失正得凶。

【爻解】

上九怎么会"巽在床下"呢？从卦象来看，上九应当是床板，九五才应当是"巽在床下"，六四是床足。所以说，这里的"巽在床下"指的是九五，也就是说，九五的君王夺去了上九的权利和钱财，所以上九守正道也凶。因为九五不想让上九有太大的发展，上九又处于极穷之位，所以"贞凶"。

在继位的皇帝中，太子为了及早得到君权而发动政变把父亲赶下台的事太多了。上九就是这么一个被赶下台的君王，处境可想而知了。

卑微顺以屈膝的人坐在床前地上，还被夺去资财及生财防卫器具，是受辱至极的状况。屈膝于人坐床之前，人格已完全失去。资财及生财护卫之具被夺去，是毫无希望的凶险之境了。身处在人格丧失、资财被夺、求生护卫能力也丧失的处境里，完全处在任人宰割的状况下，就毫无生机希望。人无此远虑者是很危险的。

【卦义新解】

《巽卦》，顺从的意思。谦卑、谦虚应用到具体情况的时候，是一种顺从，顺从了美德，也顺从了别人的心意。自己顺从了别人，别人就会满意，给予我们回报或者机会。

很多大人物都说到过对命运的顺从。他们之所以这么说，有两个目的：其一，在于让别人顺从命运，有利于自己控制别人。其二，的确是自己顺从了正确的命运,也给别人人生的提醒,顺从正确的命运。

顺从天道和事物的客观规律,就能遵从心的本质。 如果事物朝正确的一面发展,顺其自然还是有好处的。 顺其自然是在不违背生命的本意状态下,就像顺流而下一样。

三个养蜂人,从很远的地方来。 他们准备渡河,到一个开满鲜花的地方去。

一个说,我们必须先找到桥,然后从桥上过去,只有这样,我们才能抢在别人前头,找到含蜜最多的花朵,用来放蜂。

一个说,在这荒郊野外,哪里有桥? 我们还是各造一条船,从水上漂过去,只有这样,才能尽快到对岸,放蜂酿蜜。

一个说,我们走了那么多的路,已经疲惫不堪了,现在应该静下来休息两天了。

另外两个很诧异。 休息? 简直是笑话! 没看到对岸花丛中其他养蜂人在放蜂了吗? 我们一路风风火火,马不停蹄,难道是来这儿睡觉的?

说完,这两人就向河那边前进。

两个伙伴,一个累死在了路上,另一个被河水冲入了大海。

停下来的养蜂人,他的蜜蜂飞过了河流,采到了河对岸鲜花的蜜。

在这个世界上,顺其自然有很大的好处。 这样的道理,并不是每一个人都明白。 很多人因为不知道怎么顺,反而不顺,处于逆的状态。

顺,并不是顺从内心的黑暗,而是顺从内心的光明。 但在人性的世界里,顺从恶,要比顺从善容易得多。 顺从恶是容易的,顺从善是艰难的。

顺，从源头开始，正本清源，后来才会顺利。

唐太宗贞观初年，有一个人上书请求唐太宗李世民清除奸臣。唐太宗对他说："朕所任用的都是贤良忠臣，其中谁是奸佞之臣，实在无从说起。"

这个人自作聪明，说出了自己的方法："陛下假装发怒，试验谁不怕陛下震怒，仍敢直言进谏，就是忠臣；只顺从陛下旨意，就是奸佞者。"

唐太宗对他的说法，哂然一笑："流水的清浊，在其水源。君主好比水源，群臣百姓好比流水。君主用伪诈的方法试探群臣和百姓是否忠直，这好比水源浑浊，而要求流水清澈，不合道理。我不想用诡诈的方法破坏源头的清朗。你的方法虽灵验，我不采用。"

理顺一件事情，理顺思维，关键在于从源头做起。理顺之理，在于纹路通顺，在于脉络清晰。抓枝干，抓要害，抓灵魂，才能理顺。

顺藤摸瓜是一种顺，要摸到瓜，就要抓住果实的来龙去脉。医生治病的时候，只有摸到疾病的脉络，才能有效消除疾病的因，最后消除疾病的果。

顺流而下是一种顺，会顺流而下的人，就懂得借力借势的好处。在顺风顺水的道路上，自己不要费很多力，没有浪费自己的能量，又办好了自己的事情，等到要使用能量的时候，有充足的能量拿出来使用，做事得心应手。

顺从别人，在一定的时候，是保全自身。等到自己壮大的时候，就不必忍气吞声了，而自己真正成了气候，人们会顺着你。当别人顺自己的时候，就要警惕，其中的顺，可能就是给自己挖的陷阱。

在特定的环境里，太顺则是危险的信号，不要信以为真，当心对自身不利。

无论什么疾病，都像人一样，都有自己的脾气性格。医生在治病的时候,只能顺着疾病的脾气,顺势消灭它。

《易经》里讲到谦卑,就有谦卦说到的顺从。顺从,谦卑地跟随,暗中保养好自身,以柔的方式获得弹性人生,像波浪的弹簧,因曲而全,因柔和拥有河流与大海。

其实,能顺的时候不会很多,而在逆的道路上的时间会更多。一个人在顺的时候,其他人会想方设法让他不顺,这就是人的本性。但顺起来的时候,无论怎么阻挡,都阻挡不了。世界潮流,浩浩荡荡,顺之者昌,逆之者亡。这是事物的本质规律,就是《易经》里说到的事物变化规律。

取悦于人,不是刻意讨好别人,而是一种做人的热情,让自己成为春风。取悦于人也不是奉承别人,而是让别人感到自己被尊重、被重视、让别人看到自己的重要性。

人总喜欢听好听的,明知对方奉承,心里还开心,奉承话总比刺耳的话听起来舒服,这是人性的弱点。受到赞美,只要不是肉麻和太离谱的话,绝不会觉得厌恶。赞美是一种学问,其奥妙无穷,最有效的赞美则是在第三者面前赞美对方。当面说好话比不上背后说好话的效果。背后赞美他比当面恭维效果要好得多,背后说的好话,很容易就会传到对方耳朵里。

有一个人与同事谈话时,顺便说了上司的几句好话:"陈主任这个人很不错,办事公正,对我的帮助尤其大,能为这样的人做事,真是一种幸运。"这几句话经过传递,就传到陈主任的耳朵,免不了让陈主任高兴而更关照他。背后说别人的好话,会被人认为是发自内心,增强了他人对说话者的信任感。

取悦于人,会给自己拓宽生存空间。取悦于人,不是胡乱赞美。取悦于人,要有感而发,不要丧失自我。取悦于人,要掌握人际关系中赞美的分寸。

自己应当独具慧眼,有伯乐的眼光,善于发现和赞赏对方的优点。这一点对于发展自己与别人的关系有很大的好处,有时候甚至会获得重大的收获。真正的赞美是把人与人之间应当存在的相互尊重表达出来。当我们称赞别人时,也会给自己带来愉快,这正如同艺术家把美献给人们时,自己也会感到愉快一样。

取悦于人,学会让自己的朋友快乐,学会让自己的家人快乐,让病人快乐,让同事快乐,学会让自己快乐,那么心情就好,能力就会增强。自己在生存的世界里,让人觉得是可以相处的人。做一个赏心悦目的人,别人看我们顺眼,我们就会在世界上游刃有余。

兑卦第五十八

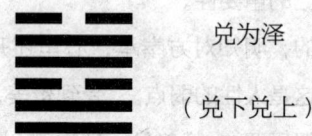

兑为泽

(兑下兑上)

【题解】

《说卦》曰:"泽以润生万物,所以万物皆说。"观《兑》象,确有乐观喜悦的内容,如《彖传》所言:"说以先民,民忘其劳;说以犯难,民忘其死。说之大,民劝矣哉!"从卦中六爻看,很明显地能看到《兑》有劝勉民众的大义:初九能与人和悦而吉利;九二诚心喜悦而吉利;六三与九二正好相反,以媚态取悦于人,故有"凶",九四能因事而悦,故"有喜";上六引他人来悦,可见其诚信未能光大。总之,《兑》卦有一个特点:就是六三与上六两阴爻没有四阳爻吉利。

【原文】

兑①:亨,利贞。

【简注】

①兑：卦名。兑，说。训说为悦，有喜悦之义。

【释义】

《兑》卦象征着愉悦：亨通，有利于守持正道。

【原文】

《彖》曰：兑，说也。刚中而柔外，说以利贞，是以顺乎天而应乎人。说以先民，民忘其劳；说以犯难，民忘其死。说之大，民劝矣哉！

【释义】

《彖传》说："兑"，就是指愉悦。就像一个人内怀阳刚之正气，待人接物则谦虚柔和，愉悦而有利于守持正道，因此也就能上顺承于天，下顺应于民众。大人君子以愉悦之情、不辞劳苦地率领民众，民众就会忘记自己的劳苦跟随他；大人君子以愉悦的态度迎接危难的挑战，民众就会舍生忘死地跟随他。愉悦的意义是宏大的，民众就是以此而获得勉励啊！

【原文】

《象》曰：丽泽，兑。君子以朋友讲习。

【释义】

《象传》说：两泽相连，象征着"愉悦"。君子因为能够与朋友讲论、研习学业而感到愉悦。

【卦解】

兑，有喜悦和言说两重意思。当然，在卦里面以喜悦为主。亨通，利于守持正道。这里指出了和悦相处的一种行为准则。《周易正义》里是这么解释的："泽以润生万物，所以万物皆说（悦）；施于人事，犹人君以恩惠养民，民无不说（悦）也。"水来滋润万物，所以万物都喜悦；君子以恩惠养民，民无不喜悦。

"刚中而柔外"，九二和九五都是刚爻居中位，但是两爻的上爻都是柔爻，所以刚居其中而柔居其外。"说以利贞"，以和悦为行为的准则，这是有利于办事的。这种和悦的办事准则是顺乎天也应乎人。"说以先民，民忘其劳；说以犯难，民忘其死。说之大，民劝矣哉！"先民的说（悦），是引导的意思，用喜悦去引导他人，引导民众。那么，民众就忘记疲劳了。犯，指赴、奔赴。本来知道前面有险难，但是，还愿意前往奔赴，前赴后继。这就是用喜悦作为一种宣传和引导。是用喜悦，而不是用命令。劝，勉励。这个和悦的意义是多么的宏大，可以使民众自我勉力而为之。"丽泽，兑；君子以朋友讲习。"就是说两泽相连，互相滋润，象征了一种和悦。君子效法于这种和悦，就能使朋友都来亲附他，而且大家可以在一起研习学业，钻研学问。可见，和悦是一种凝聚的象征。

【原文】

初九，和兑，吉。

【释义】

初九，和善愉悦地对待别人，吉祥。

【原文】

《象》曰："和兑之吉"，行未疑也。

【释义】

《象传》说："和善愉悦地对待别人就会吉祥"，这说明初九行事公正不为人所疑忌。

【爻解】

初九刚爻居于奇位为得位，可是他既不与九二相合又不与九四相应，所以属于处于孤独中自得其乐。这就好比孔门弟子困于贫穷中束发而歌。虽然生活清苦，但能够自得其乐。这是古代儒家所倡导的行为。这种人，自然不会得到别人的猜疑，因为他不与是非之人交往，所以吉祥。

温和地表现出自己本身的喜悦之情，是一件很好的事情。温和地表现自己喜悦是真诚平静的,自己心里没有疑点则表现得更真实。

因为雍容者才能有华贵的仪态。能控制自己心情,不要遭遇到一些挫折就怀忧丧志;也不可因一些小成就就飘飘然。要能够做好情绪管理,才有平衡思考和处理事情的能力。

【原文】

九二,孚兑,吉。悔亡。

【释义】

九二,诚信愉悦地对待别人,就会吉祥,悔恨也将消失。

【原文】

《象》曰:"孚兑之吉",信志也。

【释义】

《象传》说:"诚信愉悦地对待别人就会吉祥",这说明九二的心志是诚实的。

【爻解】

九二的喜悦来自于与六三的交往。九二与六三相合,所以有相合之乐。九二虽不得位,但居于下卦之中,所以有适中的原则。他怎么与六三交往呢?是用诚信感化六三,用真情打动六三,所以九二会因自己的赤诚之心而得到吉祥。这就好比一个男子追求异性一样,用真情使对方感动,这样才会得到真正的爱情。可是对于国家来说,则是九二这个大夫用一片爱国之心使他的领导感动。九二爱国,这种爱国热情会使六三受到感染。自己的真诚能感化上级领导,当然吉祥了。

获得信赖的和悦表现使一切都顺利,是因为他心里想做的事业,正好也是群众所希望的事。如果要获得大众的支持,就要深入大众之中,了解他们的思想与需要。当你的决策正好符合他们意愿时,你就能够获得他们的支持,你的理想也就能够实现。

【原文】

六三,来兑,凶。

【释义】

六三,前来谋取愉悦,有凶险。

【原文】

《象》曰:"来兑之凶",位不当也。

【释义】

《象传》说:"前来谋取愉悦,有凶险",这是因为六三居位不当的缘故。

【爻解】

六三上有九四,下有九二,就像恋爱中脚踩两只船的男子。他并不是想从两个人中间选择一个作为自己的终身伴侣,而是在追求情欲的享乐,所以他这种行为会给他带来凶险。对于国家来说,六三就是一个自私心很重的大臣,他四处讨好,左右逢源,但他这样拉拢关系是为了自己的私欲,这样做当然凶险了。因为这就是腐败。国家大臣吃得好穿的好讲究奢侈,对国家的损害还不会很大。可是这些人如果互相勾结起来,形成一种腐败的势力,那对国家的危害可就大了。因为这种势力可以使国家的律法如同虚设,这种势力可以颠覆君王的政权,这种势力可以使社会暗无天日。所以这种行为会受到君王的高度警觉与重视,有这种行为的六三自然是难逃凶险了。

只知道取悦于人而放弃自己所希望得到的喜悦心情是很不好的。这种做法失掉了自己的立场,失去了自我的尊严。只知取悦别人,是自己不知道尊重自己立场,这种做法是很不对的。人是一个独立有尊严的生命体,如果放弃自己的原则,就等于丧失自己的生存意义。个人如此,政体如此,企业体也是如此,主事者不可不知。

【原文】

九四,商兑未宁,介疾①有喜。

【简注】

①介疾：小疾。

【释义】

九四，与人商谈喜悦的事情尚未宁静，所患小疾就不治而愈，令人喜悦。

【原文】

《象》曰："九四之喜"，有庆也。

【释义】

《象传》说："九四得到了喜悦"，是一件可庆可贺的事。

【爻解】

九四爻与六三爻相合，六三可以给九四带来喜悦。可是九四却看出了六三的缺点，也明白了自己与六三相处的害处。所以他要与六三商量："咱们是不是交往得太勤了，能不能少见几回面？"意思是想断绝与六三的来往，可是态度不够果断坚决。所以是"商兑"。可是九四与六三交往总是心神不宁，怎么办呢？只有"介疾有喜"。也就是断决与六三的来往才会有喜庆之事。这就好比一个国家重臣，面对下面官员的糖衣炮弹的攻击，明白应该如何正确对待。所以他只要做到为官清廉，不收贿赂就会吉祥。

喜悦通常是在意料之外而来的，会使人无所适从而失其常态。突然而来的好事会使人格外高兴，有时反而手足无措。平时期待过高，则心愿难以达成，也会产生失落的感觉。凡事要量力而为，否则产生挫折感是难免的。

【原文】

九五，孚于剥，有厉。

【释义】

九五，对剥蚀阳刚君子的小人讲诚信，这是一件危险的事。

【原文】

《象》曰:"孚于剥",位正当也。

【释义】

《象传》说:"对剥蚀阳刚君子的小人讲诚信",这是因为他居于阳刚、诚实的正当之位。

【爻解】

九五与上六阴阳相合,上六为小人,会剥蚀九五的阳刚。可是九五却仍然诚信地与上六交往,所以会发生危险。什么危呢?也就是有放纵的危险。对于一个君王来说,放纵自己的情欲是最危险的。比如夏桀与妹喜放纵情欲,结果妹喜在夏桀的眼里比天下还重要;殷纣与妲己放纵情欲,结果使纣王不再关心朝政;周幽王与褒姒放纵情欲,使西周走向了灭亡。总之,一个君王如果放纵情欲,便会把国家的政权交到自己所爱的女子手中,这就是"孚于剥"的危险。

对群众的信誉逐渐剥离,是很危险的事。信用度减低时,要特别注意自己是否守得住原则,不受传闻的影响。面对群众的重要人士,要特别考虑在群众心目中的真实地位,一旦信誉在群众中产生问题,可能就会前功尽弃、毁于一旦。除了自己言行的约束外,也要防止竞争者暗中的破坏,不可不慎。

【原文】

上六,引兑。

【释义】

上六,引导他人愉悦。

【原文】

《象》曰:上六"引兑",未光也。

【释义】

《象传》说:"引导他人愉悦",这说明上六的愉悦之道未能光大。

【爻解】

上六用引诱取悦于人,她所勾引的人便是九五的君王。可是她不像六三那样不忠,所以她也没有六三那样危险。所以卦辞中没有"凶"的断语。比如武则天用姿色勾引君王使自己受宠,并因此而得到了权力。由于她执法严明,所以延续了唐朝的盛世,所以没有什么凶险可言。

最高的喜悦感觉,是经过循序渐进引导而得到的。经由循序渐进引入愈来愈喜悦的心境,能使未发挥的能力得以发挥。人有潜在能力,经过适当激励引导可以实现预想不到的理想,得到预想不到的喜悦。人类的智慧价值无限大,只要去开发一定可获得相当的效益。

【卦义新解】

《兑卦》,意思为取悦于人,可以融洽人际关系,对自己有利。在《易经》里谈到开心的心情的卦还有豫卦。这两个卦,意在告诉人们,自己要有好心情,也让别人有好心情,那么生存空间就大。

让别人快乐,给别人阳光,自己就会有阳光。把黑暗给别人,最终黑暗是自己的。

略施快乐小计,就会对自己有很大的帮助。

亚柏当时当选美国钢铁工会主席时,在宾州休斯敦镇对市民演讲,市民中大半是反对他、对他不满而投票给另一候选人的人。

亚柏针对这种不利自己的情况,在演讲一开始先说了这样一句话:

"谢谢各位,要不是你们的支持,我不可能当选。"

于是,那些反对他的听众们笑了,很多人因为受到这句话的感染,变得不再反对他。

别人不接受自己的时候,他们的心里处在一个拒绝的状态,不能让这种状态持续下去。略施幽默小计,便解决了在许多人看来是难以迅速解决的难题。取悦于人，打动别人，让别人心里暖和，实际上是为自己说话。

另外一位美国人，也擅长这一招。当年，约翰·艾伦，在竞争激烈的一场国会选举中，用几句幽默获得最后胜利，因此名扬全国。

那时与艾伦竞争的对手是一位与他实力不相上下的人物陶克将军。陶克将军曾在内战时有不小功勋，又担任过数届美国国会议员。

发表竞选演说时，陶克将军这样表达：

"在17年前的昨夜，我带兵在山上与敌人血战，在树林中睡了一晚。诸位在投票时，不要忘记风餐露宿的人！"这样的话，打动了许多听众。艾伦几句轻松的语言，使他后来居上，稳操胜券。他说的话是："陶克将军说得不错，他的确在那场战斗中享有盛名。那时我是他手下的无名小兵，替他出生入死、冲锋陷阵，当他安睡在树林时，我携带武器，饱尝寒风冷露保护他。大家想想那时，同情陶克将军的，选举他；同情我的，我可以对诸位的选票当之无愧。"

几句话说得听众心悦诚服，大家转而争相选举他，把他拥进了国会。

取悦于人，为自己的利益赢得更多的空间。

在小于工作的汽车展销室，一位中年男子走了进来，他说他只想在这儿看看车，消磨时间。他说自己想买一辆面包车，可大街上那位推销员却让他一小时以后再去谈。另外，他说打算买一辆宝马，就像自己表哥的那辆。"今天是我50岁的生日，这是给自己的生日礼物。"他说道。

"老板，祝您生日快乐"，机灵的小于热情地说，"老板，既然您有空，请允许我向您介绍一辆宝马轿车。"

不多久，送花人走了进来，送给这位先生一束花。

"尊敬的老板，祝您快乐。"小于说。

那位先生被小于的言行所打动，在闲聊中，他对小于讲起了自己的遭遇。"那个推销员真差劲，我猜想她一定是因为看到我不像有钱人，就以为我买不起新车。我正在看车的时候，那个推销员却突然说她有事，叫我等她回来，然后就不见了踪影。所以，我就到你这儿来了。"

涣卦第五十九

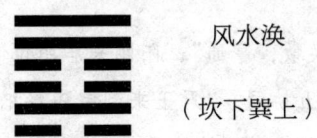

风水涣

（坎下巽上）

【题解】

"涣"之为义，内险外安，故外卦好于内卦。卦中六爻最为吉祥的是六四爻，由此可见，"涣"之大义在"涣散"其不利之事物，故《涣》无一爻有凶，或"无悔"，或"无咎"，或"元吉"，读来有涣然散开、明朗阔大、愉悦舒畅之感。又因为《涣》中含有木行水上之象，所以《象传》以"利涉大川，乘木有功"概括卦象的意义。然卦有舟楫之象，而爻无舟楫之辞，言"涣"而不言"舟"，则"舟楫"畅行无阻，仿佛行于无人之境。

【原文】

涣①：亨，王假有庙，利涉大川，利贞。

【简注】

①涣：卦名。"涣"似为古代祭祀大典中的某种仪式，疑有呼唤之义，或即今之司仪。故爻辞中有"涣其群""涣其躬""涣王居""涣其丘"等。特别由"涣汗其大号"看其义更明，而《象传》亦称："'涣奔其机'得愿也"。"'涣其躬'志在外也"。"'涣其血'远害

也",等等。然其确意难详,今暂仍依"涣"之字义解之。涣,水流散也。故多以披离解散为解。

【释义】

《涣》卦象征着涣散:亨通,君王至于宗庙祭祀神灵。有利于涉越高山大川,有利于做事。

【原文】

《彖》曰:"涣,亨",刚来而不穷,柔得位乎外而上同。"王假有庙",王乃在中也。"利涉大川",乘木有功也。

【释义】

《彖传》说:"涣散,亨通",阳刚来居阴位使水流不穷,阴柔得位于外卦而与上之九五协同。"君王来到宗庙祭祀神灵",这是因为君王居中处正,其诚信能感动天地神灵。"有利于涉越高山大川",这是因为《涣》有乘木舟行于水上的功能。

【原文】

《象》曰:风行水上,涣。先王以享于帝立庙。

【释义】

《象传》说:风行于水面上,这种景象象征着"涣散"。先代的君王因此通过祭祀天帝建立宗庙来教化人心。

【卦解】

涣卦所描述的便是人类大迁徙的场面。迁徙更有利于生存,所以亨通。来到新的居住地后,部落酋长第一件事便是要建宗庙,因为宗庙祭祀可以团结民众,所以这是最重要的事。在新的居住地,人们要了解这里的地形特征与物产,就需要跋山涉水去察看,所以"利涉大川"。

象辞便是通过上古时期先帝重视宗庙建设的行为,以启发后世君王要懂得用信仰统治民众。对于一个国家来说,没有信仰是可怕的,古代的信仰是神鬼。只有信仰强大,民众才能团结在君王的左右。

【原文】

初六,用拯马壮,吉。

【释义】

初六,顺承于壮马,吉祥。

【原文】

《象》曰:初六之吉,顺也。

【释义】

《象传》说:初六之所以能获得吉祥,是因为顺承于二。

【爻解】

初六处于迁移的初级阶段,人们走得累了,可以骑着马继续前进,寻找着自己的乐土。 这是交通工具给人类的迁徙带来的吉祥。 如果没有先进的交通工具,人类靠两只脚是无法走到世界各地的。 因为有高山与大河阻挡着。 涣散的现象已经开始,必须要有强大的支援救其危局,拯救散离的局势,收回群众的向心力,才能化险为夷、救亡图存。 本爻所说的救亡图存、化险为夷是顺着局势,在错误未形成大害之前要用智慧予以挽回。

【原文】

九二,涣奔其机,悔亡。

【释义】

九二,涣散之时奔向像几案一样可供依靠的地方,那么,悔恨就会消亡。

【原文】

《象》曰:"涣奔其机",得愿也。

【释义】

《象传》说:"涣散之时奔向像几案一样可供依靠的地方",这说明九二能得偿阴阳相聚不散的愿望。

【爻解】

九二处于下卦坎的中爻，坎为水，所以有被水侵害的形象。可是从全卦考虑，这里描写的应当是人们在岸边登上舟船，准备远渡的情景。到远方去寻找乐土，这没什么值得悔恨的，尽管前面险滩重重，但是为了生存，必须这样做。

所以"悔亡"。涣散的局势正在快速蔓延发展时，应当机立断，才不致耽误而后悔。要及时挽救蔓延的涣散局势，才能达到解决危机的愿望。姑息养奸，对涣散局势产生时不及时处理，一旦势力变大将难以收拾。

【原文】

六三，涣其躬，无悔。

【释义】

六三，涣散自身，无所悔恨。

【原文】

《象》曰："涣其躬"，志在外也。

【释义】

《象传》说："涣散自身"，这说明六三的志向在外面。

【爻解】

水冲击着身体，这个身体应当是舟的表体，人们乘舟远行了。波涛拍打着船舷。人们在茫茫的水面上航行，这水有可能是海水，也有可能是湖水，也有可能是河水，总之，他们在朝一个陌生的国度前进。这种行为是不应当悔恨的。尽管前面的乐土也许是别人的领地，那么他们便继续向别的地方行进，寻找属于自己的乐土。造成离散的原因并非一定导因于自己本身的原因，不必因其而自寻烦恼。造成离散的原因不在于自己，不必过于理会他人的想法。

【原文】

六四，涣其群，元吉。涣有丘，匪夷所思。

【释义】

六四,涣散其朋党,大为吉祥。涣散像山丘一样大的朋党,非平常的人所能想象。

【原文】

《象》曰:"涣其群元吉",光大也。

【释义】

《象传》说:"涣散其朋党,大为吉祥",这说明六四的品德得以光大。

【爻解】

这里描述的是在水中遇难的情景。舟楫的发明使人类可以走得更远,却也给人类带来了一种新的灾难——海难。可是正是这种海难,却体现出了众志成城的人性光辉。人们立在水中一起同险滩搏斗,远处看像一座山丘,这个景象确实是够壮观的。将营私舞弊的小人离散,不使勾结成群,在整体而言是正确的做法。驱散结群成党的小人,对团体是有好处的,使其无法结合营私舞弊。营私舞弊的事件通常是多数人勾结造成的,团体中有小团体产生时,就要留意察看。即使没有营私舞弊,小团体也可能分化了整个团体力量。

【原文】

九五,涣汗其大号,涣王居,无咎。

【释义】

九五,因受惊于险厄之事而散出汗水,但还是发布了大的号令,涣散其君王居处的阴邪之气,没有什么过错。

【原文】

《象》曰:"王居无咎",正位也。

【释义】

《象传》说:"君王居其位而没有过错",这是因为九五当位居正的缘故。

【爻解】

人们战胜了一个又一个险滩，船队继续向前。可是海面上突然巨浪滔天，人们惊呼着，滔天的巨浪击打着君王乘坐的船只的甲板上。可是没有灾难。在君王的带领下，再大的危险也能克服掉。群众离散之时，能领导大声疾呼，改弦更张，承认并改正错误，如连迁居王城的大事都可公开讨论。有如病之出汗散出，病即可愈，不会有所错误。王知所居而不会有错误，是因其有智慧及能力保有天下最适当的位置。不讳疾忌医才不会延误医疗时机；能面对错误才能改正错误。

【原文】

上九，涣其血去，逖出①，无咎。

【简注】

①逖：即惕，惊惧。

【释义】

上九，散去流血之伤，远离危险，没有危难。

【原文】

《象》曰："涣其血"，远害也。

【释义】

《象传》说："散去流血之伤"，这说明上九已远离于伤害。

【爻解】

人们来到新的乐土上生存，而迁移过程中所经历的流血事件可以总结出很多宝贵经验，人们吸取这些经验教训可以更安全地生活下去。由此，说明要从事故中吸取血的教训，要牢记这些教训，远离伤害。散去其流血之灾，除去忧患的事情，则不会有不好的事发生。散去流血之灾，则可远离一切可能产生的灾害。去腐存新才能维持正常功能，人事上要有适当的新陈代谢，才能使团体维持旺盛的生命力。

【卦义新解】

《涣卦》"上九"爻辞是"涣其血，去逖出，无咎。"《象》曰："涣其血，远害也。"意思是要摆脱不良情绪，远远地避开它，不再接近它，就不会有什么祸患。

在诸多的不良情绪中，失望的情绪是相对持续比较长、危害比较大的一种。如果我们能够战胜它，那么可能离成功就不远了。要想战胜失望的情绪，主要靠什么呢？应该说主要靠我们调整好自己的心态。

有一个穷人与妻子、六个孩子，还有儿媳、女婿，共同生活在一间小木屋里，局促的居住条件让他感到活不下去了，便去找智者求救。

他说："我们全家这么多人只有一间小木屋，整天争吵不休，我的精神快要崩溃了，我的家简直就是地狱，再这样下去，我就要死了。"

智者说："你按我说的去做，情况就会变得好一些。"

穷人听了这话，喜不自胜。

智者听说穷人家还有一头奶牛、一只山羊和一群鸡，便说："我有让你解除困境的办法了，你回家去，把这些家畜、家禽带到屋里，与人一起生活。"

穷人一听大为震惊，但他事先答应要按智者说的去做，只好依计而行。

过了一天，穷人满脸痛苦地找到智者说："智者，你给我出的什么主意？事情比以前更糟，现在我家成了十足的地狱，我真的活不下去了，你得帮助我。"

智者平静地说："好吧，你回去后把那些鸡赶出房间就好了。"

过了一天，穷人又来了，他仍然痛不欲生地哭诉说："那只山羊撕碎了我房间里的一切东西,它让我的生活如同噩梦。"

智者温和地说:"回去把山羊牵出屋就好了。"

过了几天,穷人又来了,他还是那样痛苦地说:"那头奶牛把屋子搞成了牛棚,请你想想,人怎么可以与牲畜同处一室呢?"

"完全正确,"智者说,"赶快回家,把牛牵出去!"

过了半天,穷人找到智者,他是一路跑着来的,满脸红光,兴奋难抑。他拉住智者的手说:"谢谢你,智者,你又把甜蜜的生活给了我。现在所有动物都出去了,屋子显得那么安静,那么宽敞,那么干净,你不知道,我是多么开心啊!"

人生之路总会有压力、有困难、有挫折、有烦恼、有痛苦,这些都是客观存在的,想躲也躲不了的,你叹息也好、焦急也好、忧虑也好、恐惧也好,都无助于问题的解决。与其唉声叹气、惶惶不安,不如拿起心理调节武器,从相反方向思考问题,主动摆脱压力和烦恼。

《涣》卦还提出,凡事不要太紧张,遇事、遇人要心胸开阔。这不仅可以指导我们调节不良情绪,对于我们更豁达地处世、更愉快地生活也是很有启示的。

节卦第六十

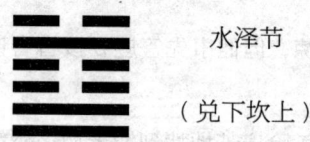

水泽节

(兑下坎上)

【题解】

《节》之《彖传》曰"当位以节",又曰"中正而通",时以位显,则"当位",以当位之正而节之以时,其节制可达到"中正而通"的理想境界。子曰:"道千乘之国,敬事而信,节用而爱人,使民以时。"(《论语·学而》)其义与《节》卦的意义是相通的。

《节》之六爻：初九知有阻于前而节制自己"不出户庭"，故"无咎"；九二节之过当，失时有"凶"；六三当节而不节，悔而知改则"无咎"；六四居正"安节"，故致"亨通"；上六过于节制，守正则"悔亡"；最吉之爻莫过于九五之"甘节"，来知德誉其为"节之尽善尽美"，"立法于今，而可以垂范于后也"(《来氏易注》)。天以四时之节则美，人以制度之节则正，故《象传》曰："节以制度，不伤财，不害民。"就卦象而言，《节》为六十四卦中唯一公开主张"不害民"的卦。

【原文】

节①：亨。苦②节不可贞。

【简注】

①节：卦名。卦象似竹节，故卦中有蓍草竹枚之节义，又有节制，节省义。②苦，周人结草折竹以卜。"苦节"乃是指竹枚或蓍草的节枯朽了。因而不可用以占筮，故曰"不可贞"。

【释义】

《节卦》象征着节制：亨通。但是，一味地苦苦节制则不利。

【原文】

《彖》曰："节亨"。刚柔分而刚得中。"苦节不可贞"，其道穷也。说以行险，当位以节，中正以通。天地节而四时成。节以制度，不伤财，不害民。

【释义】

《彖传》说："节制而得亨通"。刚柔以上下区分的制度使阳刚居于中正之位。"一味地苦苦节制则不利"，这是因为过分节制会导致趋向于困穷。以愉悦的心情经历险情，居于正当之位而行节制之道，处在中正之位行事必然亨通。天地因受到节制而形成四季变化。若以典章制度、度量尺度为节制，则不会损伤财产，也不会伤害民众。

【原文】

《象》曰：泽上有水，节。君子以制数度，议德行。

【释义】

《象传》说：大泽之上蓄积有水，就需要"节制"。君子通过所制定的法度、尺度来衡量人们的德行。

【卦解】

虽然石油大王洛克菲勒很有钱，但是他教育子女时却很注重节约与勤俭。因为洛克菲勒曾经就是因为节省一滴焊锡而发展起来的。当时美国装石油用铁桶，而从石油注入铁桶一直到用焊锡封口都是由机械完成。洛克菲勒观察焊接这道工序，发现每次都可以节省一个焊点。于是他对机械进行改造，使焊每一桶都可以节省下一小滴焊锡。这个小发明不算什么，可是却给老板带来了很大的经济效益，因为这样可以给石油公司每年节省一大笔开支。于是洛克菲勒便因此而受到了老板的重用。当他成为石油大王之后，他教育子女要用三个储蓄罐存钱。也就是把三分之一的钱用于花销，三分之一的钱用于捐赠，三分之一的钱用于存储。这样既可以储存到钱，使自己的积蓄不断增多，又可以享受花钱的乐趣，还可以享受捐献爱心带来的快乐。其实，这才是正确的节俭之道。

所以象辞中对君子的告诫是，要掌握好度。比如君王应当享乐到什么程度，诸侯应当享乐到什么程度，都要有所规定。什么级别享受什么样的待遇，也要有明文规定。不超过这个度，就是节俭，超过这个度，便是浪费和奢侈。

【原文】

初九，不出户庭①，无咎。

【简注】

①户庭：内院。

【释义】

初九,不出于门户庭院,就不会有灾祸。

【原文】

《象》曰:"不出户庭",知通塞也。

【释义】

《象传》说:"不出于门户庭院",这是因为初九深知畅通则行,阻塞则止的道理。

【爻解】

节卦可以表达"节"的多种含义,如时节、裁节、品节、名节、符节、节制、节操等等。 如相对于时势来说,初九的前面被九二所阻挡,所以他应当节制自己的言行,不可轻举妄动。 如相对于阶层来说,初九为下层穷人,穷人过日子节省,少出门以节省财力,是对的。 所以这样做没有灾难。 节制收敛刚开始时,以不离开门户庭院来节制自己,就不会有灾咎上身。 不出门户庭院来节制自己,是自我了解处于通路闭塞的时机,应该是避开危险的适当做法。

体察自己所处环境或时机不对时,应懂得自我节制,以免陷入危险。 事先的觉察或节制,要比受了严重伤害再节制要更有智慧,也表现得更有勇气、更有尊严。

【原文】

九二,不出门庭①,凶。

【简注】

①门庭:大门内的院庭,即外院。

【释义】

九二,不走出门户庭院,就会有凶险。

【原文】

《象》曰:"不出门庭凶",失时极也。

【释义】

《象传》说:"不走出门户庭院就会有凶险",这是因为九二失去了适中的时机。

【爻解】

九二与初九就不同了,因为九二是大夫之位。他必须要经常出门走动,也就是说他不能怕出门花钱了。因为总闭塞在屋里会失去与外界的联络,从而导致失去有利的机会。从卦象上看,九二与九五同性相敌,所以九二的灾难来自于九五。可是九二处于节卦下互卦震的主爻,震主动,也就是说地震来了,九二还守在屋里,怎么能不凶呢?

真正的节制是知其可为而为之,知其不可为而不为。若是长久用不出门庭来约束自己,而不能在避过风头后设法突破,终究会困死。知道在时机不对时用不出门庭来约束自己是错误的。不知道利用时机有所作为,将完全失去机会。太过于保守的人不会有作为,当然也不会有所成就。好汉不吃眼前亏,避开敌对的前锋是必要的,但永远地回避也是很没有前途的。

【原文】

六三,不节若,则嗟若,无咎。

【释义】

六三,不能自我节制,于是嗟叹哀悔,但最终还是没有灾祸。

【原文】

《象》曰:"不节之嗟",又谁咎也?

【释义】

《象传》说:"因为不能自我节制而嗟叹哀伤",这又能怪谁呢?

【爻解】

六三是下卦兑的上爻,兑有喜悦之意,而处于喜悦之中的六三爻便会有喜悦过度的形象。这就是乐极生悲,所以六三会哀叹悲伤。这就好比有个人,沉溺于娱乐中不能自拔,结果钱也花光了,还欠了不少债，所以到头来会心中悲伤。 不过也没有什么大的灾难。

不懂得节约于充裕时，必有在资财耗损后的嗟叹。 懂得这个道理又能体悟实行，就不会有灾咎。 平时不知量入为出的人，到贫乏时怨天尤人是不会有用的。 因果关系完全操控在自己手里，一切不好的结果都是由于自己愚蠢无知的思想与行为造成的，有智慧的人凡事应有先见之明。

【原文】

六四，安节，亨。

【释义】

六四，安于自我节制，所以亨通。

【原文】

《象》曰："安节之亨"，承上道也。

【释义】

《象传》说："安于自我节制而获得亨通"，这是因为六四能顺承于尊上的节制。

【爻解】

六四身为重臣，所以他可以从君王那里得到很多好处。 可是六四并不铺张浪费，而是像平时一样适度地过日子。 这样的大臣当然会受到国君的器重，所以"亨"。 安于常态的自我节约习惯，可维持长久的富足与舒泰。 良好节约习惯可以长保富足，而且内心感到满足的原因是接受正常心态的道理。 人的好恶多发自内心的作用和社会习惯形成，事实上，人在一时所能实际享用的极为有限，不过是欲望无穷罢了。

飞鸟栖于林木，不过一枝树干；牛马饮于河中，不过腹满而止。享用过多反损无益。 人类对食、色、名、利等的追求是天性使然，原无可厚非，但如果自己把持不住，就可能引来祸害。

【原文】

九五，甘①节，吉，往有尚②。

【简注】

①甘：甘美，快乐。②尚：赏。

【释义】

九五，以节制为美德，吉祥，前往必有所嘉赏。

【原文】

《象》曰："甘节之吉"，居位中也。

【释义】

《象传》说："以节制为美德而获得吉祥"，这是因为九五居于《节》卦的中正之位。

【爻解】

九五为君王，自然不能像老百姓一样地节俭了。因为毕竟还是要与诸侯交往，交往中如果太小气是不行的，所以国君要有国君的节俭。也就是慷慨而不奢侈，赏赐不超过标准，享乐不超越限度。总之就是不能超过君王应当拥有的标准，这样才能符合勤俭之道。如果国君像守财奴一样小气，那么是治理不好天下的。甘心于自守节约者，必有吉祥的福报，能维持此一原则，会得到最大的尊重。

自己心甘情愿地节俭守约，是发自内心的中道的行为不知自我约制者就可能受制于他人，受制于环境。一旦受人情或债务所牵制，任何有作为的领导人也无能为力，因此必须具备事前的危机意识。

【原文】

上六，苦节，贞凶，悔亡。

【释义】

上六，过分节制，令人苦痛，有凶险，但是悔恨还是会消失。

【原文】

《象》曰："苦节贞凶"，其道穷也。

【释义】

《象传》说:"过分节制,令人苦痛,有凶险",这说明上六处于节制之道的穷尽之处。

【爻解】

上六处于极亢之位,所以节俭过了头。 前面讲了,这种"苦节"是不符合正道的,所以上六的结局凶险。 可是他并不为自己的凶险而感到后悔。 这应该说是守财奴的通性,只要守住财,虽死无悔。 就好比故事中说的那样,守财奴被老虎咬住了,儿子来救他,弯弓搭箭正要射死老虎,结果这个守财奴却说:"我儿小心,不要伤了虎皮,否则就不值钱了。"这种吝啬行为,不应效仿。

在极困苦的环境中,只知坚守困苦的节约而不知有所突破,那是很不利的,也很难有好转的机会。 在极困难的环境中困守,这种做法将永远穷困。 如果在穷困环境中仍不知算计,寻找机会突破,将愈来愈穷困。 一个有智慧的人,应能在穷困时有处理财物的作为与智慧。

【卦义新解】

《节卦》,要求节俭,勤俭节约,但不能过于苛刻。 人生福禄,都有定数。 珍惜福分,福常有余。 暴殄天物,福常不足。 所以老子以俭为宝贝。 勤就不缺财,俭就知节余,劳就能进益,节就能知足,此为古人惜福之窍门。 勤、俭、劳、节,俭为首要。 人有了勤劳节俭、冰清玉洁的操行,才能永保廉洁,才能长久处世。 守住节俭,时运不济时可独善其身,富贵时可兼济天下。

宋代永宁公主,曾穿着豪华的衣服见皇上,皇上对她说:"从今以后,你不要这样打扮,太花钱了。"公主没有当一回事:"这能花多少钱?"皇上严肃地说道:"皇帝的女儿如此奢华,宫廷里就会效仿。 宫里人人绫罗绸缎,京城里市面上的服装价格就会抬高,百姓生活必然陷入困境之中。 你生长在皇宫,应珍惜福分,不能奢华。"

元世祖忽必烈深知先祖成吉思汗创业之艰难,特意挖来一盆青草,置于皇宫御座前,并提醒群臣:此为节俭草,后世子孙应知勤俭。 元英宗硕德八刺曾经在御用大安阁看到先祖遗物,衣服用普通木棉纺织而成,还打了补丁,他感慨:"祖宗创业维艰,衣服如此节俭,我哪敢奢侈。"

不只生活应节俭,所有事情上都应节俭,这将会收到意想不到的效果。 养生之道在于健康。 养生做到节俭,大有益处:欲望节俭,清心养德;吃喝节俭,养护脾胃;嗜好节俭,集中精力;语言节俭,调养气息;应酬节俭,养生安神;思虑节俭,少生烦恼。 凡事俭省一分,便增益一分。 此为持身之道,亦为处世之道。

有人向富翁询问致富窍门,富翁告诉那人:你拿出一个篮子,每天早晨在篮子里放进十个鸡蛋,每天晚上再从篮子里拿出九个鸡蛋,最后将会出现什么情况? 总有一天,篮子会满起来,因为每天放进篮子里的鸡蛋比拿出来的多一个。 致富的首要原则就是放进钱包里的十块钱中,顶多只能用掉九块。 一块钱可能微不足道,它却可以用作财富得以生长的种子。

生命的延续艰难,为活下去,必须辛勤工作。 勤奋吃苦者精神生活充实,回报也多。 勤奋代表一个人肯为自己的生活负责,担当、不敷衍塞责而务实。 勤俭的生活方式,使人内心感到充实。 一个节俭的人,富有丰足;一个浪费的人,永远不富有,会慢慢变得贫穷。 勤俭的人,生活单纯,集中心力,不奢侈浪费,无欲则刚。 勤俭使人能集合心力和财力,去创造事业。 企业家或慈善家都深谙此道。 普通人,勤俭更是生存之道。

勤俭是人生哲学,是智慧和能力的体现。 勤俭由勤奋与俭朴组成,培养俭朴的智慧对人很重要。

许多有成就者都朴实无华,简易单纯。 思想、欲望、心性、理论、生活的简易单纯,都是成大事的主要因素。 要培养单纯的人生态度。用简单的方法去处理复杂的事情，会更自然、更得心应手。万事都以单纯为美德，天下所有的事情，都以简易为最好的境界。太多的奢靡，使人沉沦为物欲的奴隶，勤俭者才能内心平静、恬淡。单纯的生活习惯，使人能集中精力思考，智慧、精力不会分散，做事情才容易做好。

石油大王约翰·洛克菲勒，是19世纪美国的三大富翁之一。洛克菲勒享有98岁高寿，一生至少赚进了十亿美元，捐出了七亿五千万美元。有这么多钱，他平时花钱却十分节俭。有一次，他下班想搭公车回家，身上缺一毛零钱，就向他的秘书借，并一再交代："你一定要提醒我还，免得我忘了。"秘书回答："没关系，一毛钱算不了什么呀。"洛克菲勒听了很严肃地说："怎能说一毛钱算不了什么，把一块钱存在银行里，要整整两年才有一毛钱的利息。"

不少人有一些过高的期望：拥有宽敞寓所；争取更高地位；买高档商品，穿名牌，跟上流行，永不落伍，等等。而降低对物质的需求，改变奢华的生活目标，将节省更多时间充实自己。轻闲会让人更加自信、快乐、轻松，从而提高生活质量。

节制而简朴，就可以做自己想做的事情。很多人都是在简朴生活中产生了世界性的影响。甘地的简朴生活，梭罗的简朴生活，都成为人类的经典榜样。

中孚卦第六十一

风泽中孚

（兑下巽上）

【题解】

《中庸》曰："唯天下至诚，为能经纶天下之大经，立天下之大本,知天地之化育。"《中孚》正是一个讲诚信的卦,其各爻的吉凶悔吝皆与"诚信"有关。 其中初九因为当位居正,守持诚信,上应六四,故于六爻中有"吉",也是六爻中唯一一个系以"吉"辞的爻象。 其余则九二以阳居中,有"中孚"之实,不明言"吉",实一个"吉"字难以尽言;六三失信"得敌",故"或泣或歌";六四居于互震之上,守信有应,故终于"无咎";九五虽不得九二来应,却诚信守望,也能"无咎";上九失位不正,不顾念六三,背信远走,故有"凶"。 如此看来,诚信不仅是判断各爻吉凶的标准,而且成为人们观此卦象的心灵感觉。 因为,当我们带着对诚信的期待之心去理解《中孚》时,那么,我们对守信者的赞赏与对失信者的痛恨也就自然而然地进入我们对卦象的理解之中了。

【原文】
中孚①:豚②鱼吉。 利涉大川。 利贞。

【简注】
①中孚:卦名。信发于中谓中孚。孚,信。②豚:小猪。

【释义】
《中孚》卦象征着心怀诚信:心怀诚信能感化小猪和鱼,吉祥。 有利于涉越河水大川,有利于做事。

【原文】
《彖》曰:"中孚",柔在内而刚得中,说而巽,孚乃化邦也。 "豚鱼吉",信及豚鱼也;"利涉大川",乘木舟虚也;中孚以利贞,乃应乎天也。

【释义】
《彖传》说:"心中怀有诚信",柔顺处于内心,阳刚居于中正,和悦而谦逊,那么,诚信之德就会感化邦国。"心怀诚信能感化小猪和鱼就会获得吉祥",这说明《中孚》的诚信之德能及于豚鱼;"有利于涉越河水大川"，这是因为卦象中含有乘坐内虚外实的木舟；内心怀有诚信则会有利，于是诚信也就应合于天道。

【原文】

《象》曰：泽上有风，中孚。君子以议狱缓死。

【释义】

《象传》说：泽水之上有风吹动，这种情境象征着"心怀诚信"。君子因此而审议讼狱，宽缓死刑。

【卦解】

这一卦主要说明了诚信的作用。而象辞对君王的忠告则是："君子以议狱缓死。"也就是说尽量不处死罪犯。为什么不处死罪犯呢？因为有的罪犯虽然罪孽深重，犯了杀头之罪，可是他们在受刑前有了悔改的意图，想重新做人，君王为什么不给他们这个机会呢？君王可以对小猪、小鱼讲诚信，该喂食时喂食，那么君王为什么不能相信这些想悔改的罪犯一回呢？所以君王要"议狱缓死"。

在这方面，唐太宗就做出了典范。唐太宗十分重视刑罚的公正，他曾多次对侍臣说："人死不能复生，所以执刑一定要做到宽简。"

【原文】

初九，虞吉，有它不燕。

【释义】

初九，安于本分则会吉祥，如有它求则不得安宁。

【原文】

《象》曰：初九"虞吉"，志未变也。

【释义】

《象传》说：初九之所以"安于本分则会吉祥"，这是因为他的志向没有改变。

【爻解】

做事考虑好再做，自然可以避免危险，所以吉祥。可是"有他不燕"是什么意思呢？这是说，如果有其他的想法，改变了自己的初衷便会导致不安了。初九的想法是什么呢？通过卦象可以看出，初九的想法很简单，便是忠实于六四。如果初九不再忠诚于六四，那么他的处境就不好了。因为从卦象上分析，他只与六四有应。保持心境的安逸祥和，则可吉祥康泰。如果另存有心机，则很难与人真正地推心置腹相处。

心境安逸则不存谋算之心机，心志合一则有不变之情理，因此能吉祥康泰。只有真正诚心诚意，才能有安逸祥和表现，如果另有心机，很难不露于言语及形色。人的心境很容易由相貌表现出来，所谓相由心变、相由心生，就是这道理。

【原文】

九二，鸣鹤在阴，其子和之。我有好爵①，吾与尔靡之。

【简注】

①好爵：美酒。爵，饮酒之器，在此指酒。②靡：系恋、共享。

【释义】

九二，白鹤在树荫下鸣叫，小鹤咯咯地应和着。我有甘甜的美酒，我与你共同享用这美酒。

【原文】

《象》曰："其子和之"，中心愿也。

【释义】

《象传》说："小鹤应和着老鹤鸣叫"，声音中表达着内心真诚的意愿。

【爻解】

九二的爻辞是一首古歌，表达了友情与亲情的美好。大鹤与小鹤的鸣声相应，这便是一种父子或母女之间的诚信。也有人认为是雌鹤与雄鹤的鸣声相和，表达了雌雄之间的诚信。而与朋友共同分享美酒，则说明的是朋友之间的诚信，也就是"有福同享，有难同当"的意思。爻辞作者引用古歌很好地表达了九二的诚信。九二只与六三阴阳相合，所以他必须对六三忠诚，如果不对六三忠诚，他便再也寻不到忠诚的朋友了。所以说，忠诚是相互的，人心换人心，这样才能体现出诚信的意义。

鹤鸣于隐蔽之处，其子虽未见之，仍能循声呼应。有智慧的人有好的爵位与你共同而治时，你应该能尽心尽力，毫不保留地贡献出你的心力。鹤之母子能听声辨明声息而相互应和，这是发自内心的共同感受及感应。士为知己者死，女为悦己者容，要能对人尊重，才能使其乐意而为，深知此人性，才能巩固领导权位。

【原文】

六三，得敌，或鼓或罢，或泣或歌。

【释义】

六三，面临敌人，有的人击鼓前进，有的人疲惫败退；有的人哭泣，有的人欢声歌唱。

【原文】

《象》曰："或鼓或罢"，位不当也。

【释义】

《象传》说："有的人击鼓前进，有的人疲惫败退"，这是因为六三所处的位置不当所致。

【爻解】

这里的爻辞又是一首古歌，文字简练，形象生动。描写的是打了胜仗归来的情景。有的击鼓庆贺，有的疲乏了在休息，有的兴奋得在哭（或为死去的战友而哭），有的在纵情高歌。这个画面，形象地表达了战友之间的友谊与忠诚，而其最大的忠诚则是，对国家的忠诚。六三与上九相应，上六为宗庙，所以六三代表的是对国家的一片忠心。可是，六三又与九二相合，所以也有在上九与九二之间犹疑的形象。其柔爻处刚位，所以他在战争中又主战又主和，不能坚定立场，所以象曰："或鼓或罢，位不当也。"

必须面对敌人时，或想击鼓前进，又想停止不前，感觉害怕悲泣，又想振作奋勇高歌前进。这是自我信心不足的矛盾表现。又想进军又想撤退，信心不足，所居之地位会严重影响结果。

【原文】
六四，月几望，马匹亡，无咎。

【释义】
六四，在月亮将要满圆时，马失去了自己的匹配，但没有灾祸。

【原文】
《象》曰："马匹亡"，绝类上也。

【释义】
《象传》说："马失去了自己的匹配"，这是因为断绝了与自己匹配的同类而上承于九五的缘故。

【爻解】
六四柔爻居于偶位为得位，身担重任，手握重权，所以六四就如同快到十五的月亮。可是六四是唯一一个既有合又有应的爻位。它与初九相应，又与九五相合。可是他最终只能选择忠实于九五的君王，这就是忠孝不能两全，他必须舍家保国。

关于"马匹亡"，有多种解释，一种认为是离开它的同类六三；一种认为是离开与它相应的初九（即家中的伴侣或朋友）；还有人从卦变上进行解释，认为中孚卦是从遁卦变化而来，即遁卦的初六、六二与九三、九四互换形成中孚卦。原遁卦上卦为乾为马，变为中孚后乾卦消失，所以"马匹亡"。但通过象辞判断，六四的"马匹亡"表示的是六四舍小取大、忠实于君王的意思，所以没有灾难。

月缺月圆有其固定周期，马匹繁殖亦有其交配周期。但两者间并不相关。群众的诚信期望是一致的，但各有不相同的条件、标准及行为等等。要取得彼此信任，必须因人、因事而各制所宜。

【原文】

九五，有孚挛如，无咎。

【释义】

九五，用诚信牵系天下，没有灾祸。

【原文】

《象》曰："有孚挛如"，位正当也。

【释义】

《象传》说："用诚信牵系天下"，说明九五居于中正适当之位。

【爻解】

九五之尊以诚信治天下，这样当然不会有灾难了。唐太宗的"纵囚归狱"的故事便能说明这个道理。唐太宗对死刑犯讲诚信，死刑犯对唐太宗也讲诚信，结果是天下大治。对人的诚信所得的效果，如藤蔓攀牵连续发展是不会错的。诚信的连续累积，就是占有正确优势地位的好时机。

成就事业必须有诚信基础，在适当时机把诚信的声望扩张出去，可以收到好的效果。此种工作要不断累积，才能建立深厚的基础。

【原文】

上九，翰音①登于天，贞凶。

【简注】

①翰音：鸡。凡祭宗庙之礼，祭品中鸡曰翰音。

【释义】

上九,高飞的鸟鸣声响彻天宇,此时有凶险。

【原文】

《象》曰:"翰音登于天",何可长也?

【释义】

《象传》说:"高飞的鸟鸣声响彻天宇",这种声音怎么能够长久呢?

【爻解】

《礼记》中说:"凡祭宗庙之礼……羊曰柔毛,鸡曰翰音。"可见祭祀用的鸡叫翰音。祭祀是表示对天神和先祖的敬重,可是鸡如果因为自己是祭品便认为自己有登天的资格,这就有些可笑了。鸡的这种行为是一种对天过度诚信的表现,所以贞凶,也就是说这种诚信尽管是属于正道,也会凶险。

个人的良好声望荣誉超过了处于上位者,接着祸事就要来了。个人声望超过了处于上位者,他怎能容许你长久存在威胁他呢?功高震主,处于上位者岂容得了你的存在?部属的功劳声势超越上峰时,他必然将你除去。有能力者亦要有智慧,如果想安分就得适度收敛,若不甘蛰伏就必须周密筹谋。

【卦义新解】

《中孚》是论述如何取信于民及天下的问题。对于一个国君来说,能否取信于民,将涉及其政权的存亡。所以,在《易经》中,信用被看得特别重要,除了一些常用的"吉"、"凶"、"咎"、"悔"、"吝"、"贞"、"亨"之类词外,可以说,"孚"则变成了一个被常用的字眼。

《中孚卦》"九五"爻辞:"有孚挛如,无咎。"意思是把守信挂在心中,就没有祸患。为了能够做到守信,首先就不要轻易许诺。

三国时代，吴国大夫鲁肃在诸葛亮的如簧之舌煽动下，一时糊涂，轻率地许诺作保把荆州借给了刘备。岂知这一许诺，使得东吴伤透了脑筋。围绕荆州，吴蜀你争我夺，东吴是"赔了夫人又折兵"，气死了周瑜，为难了鲁肃。

轻诺别人，不仅会给自己带来不守信的声誉，更会招致许多麻烦，而且有时还会严重地伤害别人。

甘茂在秦国为相，秦王却偏爱公孙衍。秦王有一次亲口对公孙衍说："我准备让你做相国。"

甘茂手下的官吏在路上听到这个消息，就去告诉甘茂。甘茂因此进宫拜见秦王说："大王得了贤相，斗胆给大王贺喜。"

秦王说："我把国家托付给你，哪里又得到贤相呢？"

甘茂说："大王将要立公孙衍为相。"

秦王问："你从哪里听来的？"

甘茂回答说："公孙衍告诉我的。"

秦王窘迫非常，于是就驱逐了公孙衍。

秦王轻诺公孙衍，事后又不兑现自己的诺言，结果成了失信于人之君主，同时也伤害了一直忠心耿耿的良臣甘茂。

要做到不轻诺，除了要有自知之明之外，还必须养成对客观情况作比较深入和细致分析的习惯。谨慎许诺！

一旦许诺，就要做到。这样才能成为守信、诚实、靠得住的人，否则，就容易在生活和事业中遭受失败。

公元前 408 年，魏文侯拜乐羊为大将，率领五万人去攻打中山国。当时乐羊的儿子乐舒在中山国做官，中山国国君姬窟利用这一父子关系，一再要求乐舒去请求宽延攻城时间。乐羊为了减少中山国百姓的灾难，一而再、再而三地答应了乐舒的要求。如此三次，三个月过去了,乐羊还未攻城。这时的西门豹沉不住气了,询问乐羊为何迟迟不攻城? 乐羊说:"我再三拖延,不是为了顾及父子之情,而是为了取得民心,让老百姓知道他们的国君是怎样三番五次地失信于人。"果然,由于中山国国君的一再失信,失去了百姓的支持,结果一战即败。

反过来,一个信守诺言的人,则往往成功。

《左传》记载,晋文公时,晋军围攻原这个地方,在围攻之前,晋文公让军队准备三天的粮食,并宣布:"如果三天攻不下城,就要退兵。"

三天过去了,原的守军仍不投降,晋文公就命令撤退。这时,从城中逃出来的人说:"城里的人再过一天就要投降了。"

晋文公旁边的人也劝说道:"我们再坚持一天吧!"

晋文公说:"信义,是国家的财富,是保护百姓的法宝。得到了原而失去了信,我们以后还能向百姓承诺什么呢? 我可不愿做这种得不偿失的蠢事。"

晋军退兵后,原的守军和百姓便纷纷议论道:"晋文公是这样讲究信义的人,我们为什么不投降呢?"于是大开城门,向晋军投降。晋文公凭着信义,不战而胜。

三国时代,诸葛亮在祁山布阵与魏军作战。长期的拉锯战,使士兵疲惫不堪,诸葛亮为了休养兵力,安排每次把五分之一的士兵送返国内。

战争越来越激烈,一些将领为兵力不足而感到不安,便向诸葛亮进言说:"魏军的兵力远远超过我们的估计,以现在的兵力来看,恐怕难以获胜,恳请将这次返乡的士兵延缓一个月遣送,以确保兵力。"诸葛亮说:"我率军的一个基本原则是:凡是与部下约好的事情必定要遵守。"于是,依然如期遣返。士兵们听到这个消息后,都自动返回战场,英勇作战,结果大败敌军。

在这次战争中,诸葛亮凭着信义,唤起了士兵的勇气和斗志,取得了胜利。

在生活中,真正聪明的人一定是诚实守信的。诚实守信的一个重要方面,就是没有把握的话绝对不要说;有把握的话,在不适当的对象面前也不要说。特别要注意的是,千万不要轻易许下诺言,也就是"不轻诺"。"不轻诺"是人守信的前提。轻率许诺者,必是少有信义的人。与其最终成为失信的人,不如一开始就不对人许诺。

你无论对任何一个人许诺的时候,都必须慎重地掂量,无论对妻子、对父母、对同事、对朋友、对领导、对下属……对什么人都要这样,无论大的许诺、小的许诺、眼前的许诺、将来的许诺……无论什么样的许诺,都要这样。记住:你的许诺价值千金!

小过卦第六十二

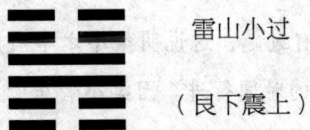

雷山小过

(艮下震上)

【题解】

《小过》的境界,概言之就是"宜小而不宜大,宜下而不宜上"。初六以柔弱处下就不能远飞高举,否则就有"凶";六二虽当位于中正,然上无所应,故过而有"遇"才能"无咎";九三因盲从他人很可能会有被戕害之凶;九四应守正"勿用",因为其位不正,故不能有所作为;六五阴气过于向上,故遭受弋射;上六阴盛于上,过而无遇,故有"灾眚"。由此可见,《小过》实际上在强调"小于过越"时,更向往一种不期而遇的巧遇。

【原文】

小过①:亨,利贞。可小事,不可大事。飞鸟遗之音。不宜上,宜下,大吉。

【简注】

①小过:卦名。"过"有经过,超过之意。引申为过度、过失、罪过。小过,指小的过失。即差错。

【释义】

《小过卦》象征着小有蓄越:亨通,有利。可以做小事,不可以做大事,就像飞鸟飞来时留下的声音,不宜飞得太上,使人听不到声音,应该向下飞,使人听到声音,如此则会获得大的吉祥。

【原文】

《彖》曰:小过,小者过而亨也。过以利贞,与时行也。柔得中,是以小事吉也;刚失位而不中,是以不可大事也。有飞鸟之象焉,"飞鸟遗之音,不宜上,宜下,大吉",上逆而下顺也。

【释义】

《彖传》说:小有过越,这说明柔小之事有所过越则可亨通。过则有利,并顺应适当的时间行进。因柔小者居于卦中,所以做小事则会吉利。阳刚失位不正且不能居中正之道,所以不可以为大事。因为卦象中含有飞鸟之象,所以卦辞说:"飞鸟飞来时留下的声音,不宜飞得太高,使人听不到声音,应该向下飞,使人听到声音,如此则会获得大的吉祥。"这说明向上行不能顺利,而向下行则顺利。

【原文】

《象》曰:山上有雷,小过。君子以行过乎恭,丧过乎哀,用过乎俭。

【释义】

《象传》说：山上有雷声震动，象征着"小有过越"。君子因此在行事时就稍过于恭谨，遇到丧事时就稍过于悲哀，使用东西时就稍过于节俭。

【卦解】

"大过"卦中的"亨"排在卦辞末句，而"小过"卦的"亨"则排在卦辞之首。这说明"过"的程度上有区别，此卦"过"得不太多，所以一开始就能亨通，"利贞。""大过卦"中无此句卦辞，这就说明过得太多了，离正固太远了。所以彖曰："过以利贞，与时行也。"在小过中有利贞，利于正固。"与时行也"，因为小过基本上还是跟着时间偕行的。只要调整一下就没问题，所以它一开始就亨通，也利于正固。"可小事，不可大事。"小事，为百姓的日常事务，大事为国家大事，公共的大事。处于小过的这种环境之中，如果要干大事，就容易偏离正道。因为事情太大了，影响太大了，开始差之毫厘，往后就谬以千里了。如果是日常中的小事那问题就不大，错一点也容易纠正。但要是大事，情况就不一样了。"彖"曰："柔得中，是以小事吉也。""刚失位而不中，是以不可大事也。""飞鸟遗之音"，这个鸟在天上飞，在没有看到鸟的时候是先听到鸟的叫声。当你闻声望去时，鸟已经飞过了，不过飞得不远，还有余音袅袅。如果是大过，那遗音都没有了，这个比喻非常恰当。这里从鸟的声音来讲过。实际上这里揭示了一个物理现象，光速比音速快。"不宜上，宜下。"为什么不宜上，而宜下呢？从卦象上来看，卦象中间两个阳爻，就相当于鸟的身体，两边上下的四个阴爻为展开的翅膀，飞起来了。但不可再往上飞了，如果不断地往上飞那就太危险了，所以不宜上，宜下，往下飞当然没问题，因为往下有它的栖身之处！

"飞鸟遗之音，不宜上，宜下，大吉；上逆而下顺也。"这里有飞鸟之象，就是刚才讲的，卦象像飞鸟。"上逆而下顺也"，这也是从卦象上来讲的。你们看这爻是往上的，下卦的两个阴爻在下，一个阳爻在上，这是阴爻承阳爻，这是顺的。到了上卦就不同了，上卦是阴爻乘阳爻，这就是逆了，阴乘阳就是逆，阴承阳为顺，所以是上逆而下顺也。"山上有雷，小过。君子以行过乎恭，丧过乎哀，用过乎俭。"金景芳先生说："世上事物都有一定的质的标准。不及或过那个标准便不是那个事物。但是有些事物可过，过之而不为过。如行之过恭，不失其为行；丧之过哀，不失其为丧；用之过俭，不失其为用，就是可以过的事物。"

【原文】

初六，飞鸟以凶。

【释义】

初六，飞鸟逆势向上飞行就会遇到凶险。

【原文】

《象》曰："飞鸟以凶"，不可如何也。

【释义】

《象传》说："飞鸟逆势向上飞行就会遇到凶险"，这是初六自取其咎，谁也不知该如何救它。

【爻解】

飞鸟怎么会给人带来灾难呢？在电影《花木兰》中有一个场面：夜里，花木兰在自己的营地巡视，突然发现远处有一群鸟飞了起来。花木兰想，鸟怎么会在夜里飞呢？肯定是有人惊动了林中的鸟。于是便加强警备，叫众将士做好了迎敌的准备。接着果然是敌人前来偷袭，被花木兰全部歼灭了。这就是飞鸟给人带来的凶险，飞鸟给偷袭者带来了凶险，初六爻的凶险与花木兰的故事有些相似。初六爻处于社会下层，归隐于山林，与世无争。可是，也许就在他午睡的时候，王公射中的一只飞鸟落在了初六的屋前，王公前来寻鸟，结果就会发现这位隐士，如果这位隐士是不辞而别来深山归隐的，肯定就会有凶险了。这种凶险确实是无法防范的。

小过卦最初开始时，就如鸟飞得过高时隐藏着许多危机一样。鸟飞得过高时所隐藏的危险，是不知将有什么事会发生，其结局是难以预料的。凡事一经启动，如果失其预期状况，失去掌控时，就会有很大的不定性。因此，成功除了策划谋略之周密外，环境互动的不定性也要考虑。在此风险意识考量下，就可慎防无法掌控的局面。

【原文】

六二，过其祖①，遇其妣②。不及其君，遇其臣，无咎。

【简注】

①祖：祖父。②妣：祖母。

【释义】

六二，越过象征着祖父的初爻，遇到象征着祖母的三爻。然而，还是没有到达象征着君王之位的六五，但是遇到象征着大臣的九三爻，所以还是没有什么灾祸。

【原文】

《象》曰："不及其君"，臣不可过也。

【释义】

《象传》说："没有到达象征着君王之位的六五"，这是因为作为臣仆的六二不能超过尊上之位。

【爻解】

六二爻柔爻居于偶位为得位，并且又居于下卦之中，所以有中正之德。身为大夫的他，必然会想得到君王的赏识而努力进取，所以他的功业超过了自己的祖辈。但是却与六五的君王同性相斥，所以没有受到君王的奖赏。 没办法他只得因君王的大臣的帮助而获取一个官位了。 这个官位也就是六二这个大夫之位了。 这也正是六二的无咎之处，因为如果他的功业太大超过了君王，那么肯定就会有灾难了。 正是由于他的功业还不是太大，并且能够甘居于下，所以才"无咎"。

错过遇其祖辈，仍可能遇其母辈；见不到其君王，但仍能遇其大臣，虽非原先所预期，但仍无大碍。 见不到其君王时，设法不错过见其重要大臣，否则就很难达到目的。 凡事要有替代方案。 原案无法达成，替代方案可以补充，离预定目标不会相差太远。

【原文】

九三，弗过防之，从或戕之，凶。

【释义】

九三，不仅不肯过分地防备，而且随从其上，可能会受到杀害，有凶险。

【原文】

《象》曰："从或戕之"，凶如何也！

【释义】

《象传》说："随从其上就可能会受到杀害"，凶险是多么的严重啊！

【爻解】

九三阳爻居于奇位为得位，所以没有什么过失。 可是他盲目跟随着别人，这样会给自己造成凶险。 从卦象上看，九三是飞鸟的身子，可是飞鸟的身子却是被翅膀所控制着，所以有鸟身跟着翅膀飞的形象。 另外，九四爻阳爻居于柔位，必然要向上升改变自己的处境，所以九三还有跟着九四的形象。

在官场上，如果盲目地跟着别人混会很凶险。 因为自己不能把握自己的命运，自己不分辨是非，怎么能不危险呢？ 如果防卫别人而超过适当的方法,甚至到杀害了他,这是会引来更大的凶灾的。做到杀害人家的地步,就是过当的行为,如何会不带来凶灾呢？所以说,防卫要有所依恃,不能意气用事,如果防卫过当也会造成大错。

【原文】

九四,无咎,弗过遇之；往厉必戒,勿用,永贞。

【释义】

九四,没有灾祸,不用越过而有遇合；前往有危险,一定要有所戒备,不可施展阳刚之才能,应长久地守持正道。

【原文】

《象》曰:"弗过遇之",位不当也；"往厉必戒",终不可长也。

【释义】

《象传》说:"不用越过而有遇合",这是因为九四居位不当所致；"前往有危险,一定要有所戒备",这说明九四不能长久地居于阳刚之道。

【爻解】

九四不会有灾难,因为可以得到六五的帮助。但九四的危险也是来自于六五,因为功高盖主便会受到君王的猜忌,所以九四不能有继续上升的想法,必须心怀戒备。

原始之时没有错误,从外观察并不会有明显过于不当的现象。但有不当因素介入,继续下去就会逐渐陷入危险之中。必须自己懂得警惕戒止,不能过于固守自己的观念和做法。小过的现象不明显,是因为自己固守成见,使得客观的事实无法明辨。必须谨慎防止愈来愈危厉的情势转变,否则局势很快就要维持不下去。

我们所处的情势在变化中,必须要懂得掌握变化趋势。不要因自己固执自傲的观念而忽视了质变量变。不能容许不利因素滋衍,否则一经形成，就会恶化至不可收拾。

【原文】

六五，密云不雨，自我西郊；公弋①取彼在穴。

【简注】

①弋：带绳子的箭，此箭射出后可以拉回。

【释义】

六五，浓云密布却不降雨，浓云从我们所居住城邑的西郊兴起；王公用箭射取藏在洞穴中的鸟兽。

【原文】

《象》曰："密云不雨"，已上也。

【释义】

《象传》说："浓云密布却不降雨"，说明阴柔之气已过于向上。

【爻解】

六五柔爻居于奇位为不得位，但他居于上卦之中的尊位，所以有权势。 可是六五与六二不相应，所以君王的恩泽不会下降到民众中去。 由此可见六五是一位不懂仁爱的君王，他所做的，便是让九四到天下给自己收取利益，而从来不以仁爱待民。 "密云不雨，自我西郊"则说的是君王不降恩泽于民众，当然也代表政治上会有风云突变。 "公弋取彼在穴"则是指九四去搜刮民脂民膏。

西郊天上密云蓄积而不能化成雨水，尤如公侯取弋射鸟于穴中，是没有意义的现象。 密云不雨是云层太高或时机不对的因素。 过高而不切实际的言行，对事情发展是毫无意义的。

【原文】

上六，弗遇过之；飞鸟离之，凶，是谓灾眚。

【释义】

上六，不能遇合阳刚而超过阳刚；就像飞鸟遭受射杀一样，有凶险,这件事真可谓是"灾异"。

【原文】

《象》曰:"弗遇过之",已亢也。

【释义】

《象传》说:"不能遇合阳刚而超过阳刚",这是因为上六已到达极高之处。

【爻解】

小过卦描述的是乱世时期,所以一切都应当"宜下不宜上"。君王应当向下恩泽民众,重新取信于民;臣民亦应当向下归隐于山林避难。可是上六处于极亢之位,所以高飞而不下,结果导致凶险。这是不识时务造成的。

小过之极,超过而不遇,如飞鸟超过可栖息之地,就可能遇到危险。这些都是产生灾难的原因。超过而不遇,可能是太过于亢奋莽撞造成的。做事要掌握分寸,适可而止,切勿莽撞,否则愈做愈糟,愈努力愈失败;不可瞎拼,否则后果堪忧。

【卦义新解】

《过卦》中的"过"是"過"的简体字。《说文》中解释过字的含义是:"过,度也。"过的本义为经过,引申为度过、超过、过去、过失、过错等义。在小过卦里有超过、超越的意思。

"小过"的字面含义有两种:一是小人的越权行为;二是不严重的越权行为。

《周易》中还有大过之卦,内容与代君行政的大人越权的行为有关,这可以从另一个角度证明"小过"之"小"是指小人,也就是朝廷核心人物之外的人,而"小过"之"过"则是指越权的行为。但将中孚、小过、既济和未济这四卦的卦爻辞内容结合起来看,"小过"

其中含有过错不大之义，所以这里的"小过"一词应为双关语，同时含有上述两种含义。

《小过卦》中说小人的越权行为，可以使事情得以顺利解决。但是，卦文中又进一步表示，越权的行为必须有一个度，那就是"可小事，不可大事。"意思就是说，可以在办小事的时候越权处理，但在办大事的时候不可以擅自做主，这是一个原则。

那么，我们在平时生活中怎么才能分清什么是小事什么是大事呢？卦文中直接给出了一个标准，这就是——"飞鸟遗之音，不宜上，宜下，大吉。"

这句话的字面意思是，正如飞过的小鸟遗留下来的声音一样，不适合传得太高太远，只适合于传得低一些，如果能够做到的话，就将获得非常完满的结局。

其实运用在现实生活中就是，我们不要越权而让自己的领导难受，不要使领导感觉到我们会危及他们的权威。如果能够做到这点，既把事情办得漂亮，又把领导拍得舒舒服服，哪有不"大吉"的道理呢？如果做不到就不行了。美国著名的将军麦克·阿瑟，在朝鲜战场上屡屡发表与总统相抵触的言论，违背了国家的外交政策，最后被撤职，就是因为他不懂得"可小事，不可大事"。

所以我们做人做事的时候一定要分清楚大事和小事；什么事可做，什么事不可做；什么时候应该积极前进，什么时候应该收敛自己。这样我们在工作中就能如鱼得水，一切圆满了。

人总是会犯一些小错，要一个人完全没有错误、没有过失，那是不可能的，就连圣人孔子也犯过错。知错能改并能监督自己不再犯错才是圣人之所以成为圣人的原因。

只要是人，都有所长有所短，受到批评实在太正常了。但是仅仅在别人批评的时候虚心求教，事后完全不放在心上，这样的人无论在何时都不会进步，更不会成功。对待过错最好的办法就是督促自己改正。

很多人说："我也想要改变自己，但总是会不知不觉地就犯了错，想要改的时候已经来不及了。"总是不知不觉的犯错是因为你没有正视错误，甚至没有把这个习惯看作是错误，所以就不会有想要改正的意识。就像一个高血脂的人总是喜欢吃油腻的食物，在没有发病的时候觉得吃一点没有什么问题，等到真的发病的时候才知道每次吃那么一点也会出大问题，于是开始有意识地提醒自己不要吃得太油腻，慢慢地口味也就变得清淡了。

任何一个小的错误都可能发展成为大的灾难，不要等灾难发生的时候才知道要开始改变了，要时刻提醒自己应该改正这个看起来很小的错误。

为什么小错难以改正，那是因为人们总是觉得小错不会对我们的生活造成什么严重的影响，所以也就不那么重视。但是只要你想得深入一点，就会发现小错造成的结果是你没办法预料到的，而且是影响巨大的。就像蝴蝶效应，原本一只小蝴蝶挥动一下翅膀，却能够引起一场飓风。

以小见大，小错反映的是一个人的本质。细节决定一切，对于一个阅人无数的人来说，从一个小细节就可以看出你的品性，工作是这样，人和人之间的相处也是这样。任何一个小的过失都会让你走入困境。

一个对自己有要求，希望自己进步的人总是会寻找自己身上的缺点和过失，然后不断地鞭策自己改正。成功的人总是希望自己完美，虽然人不可能完美，但是不断趋向完美才是我们应该争取达到的目标。

既济卦第六十三

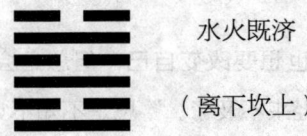

水火既济

（离下坎上）

【题解】

在六十四卦中，《既济》是唯一六爻皆当位有应的卦。《折中》引俞琰曰："三刚三柔皆正而位皆当，六十四卦之中，独此一卦而已，故特赞之也。"正因为如此，在《集解》中，虞氏解卦若逢爻位不能相应者，必设法变为《既济》而解之，并以《既济》为标准来解释卦象。若以虞氏解卦为法，则六十四卦变成一卦了。另一方面，从《既济》所系的卦爻辞来看，其卦爻辞也不是六十四卦中最好的。当然，所有卦位当位有应的特征也是给《既济》带来一些好处，如在《既济》中，被《左传》认为"在祀与戎"的"国之大事"都在其中了，如九三"伐鬼方"，九五"禴祭"；另外，在各爻俱当位有应的《既济》中，九五也因此得到了"实受其福"的好处，且六爻中无一有"凶"，唯上六因处于穷极之处而有"濡首"之厉。

【原文】

既济①：亨小，利贞。初吉，终乱。

【简注】

①既济：卦名。既，已、尽。济，本意为渡水，引申为成功，成就。

【释义】

《既济》卦象征事已成功：能够让小事亨通，有利；开始时吉祥，最终还是会陷入危乱之中。

【原文】

《彖》曰："既济，亨"，小者亨也。"利贞"，刚柔正而位当也；"初吉"，柔得中也；"终止则乱"，其道穷也。

【释义】

《彖传》说："事已成功，亨通"，说明此时即使是柔小者也获得亨通。"有利"，这说明阳刚和阴柔各得其正，所居之位也适当；"开始时吉祥"，这是因为六二以阴柔得居中位；"最终停止不前就会导致危乱"，这说明《既济》之道已经到了穷尽的地步了。

【原文】

《象》曰：水在火上，既济。君子以思患而豫防之。

【释义】

《象传》说：水在火上，象征着"事已成功"。君子思虑可能出现的祸患而预先要做好防备。

【卦解】

既济，是以渡河为比喻，说事情已经成功了，大功已经告成了。"亨小"，就是说连小事都亨通。不但大事亨通，连小事都亨通，所以利于贞固。卦中六爻阴阳各当其位，刚柔相推，此呼彼应，所以，既济卦有大功告成，或事业已告一段落的景象。再从卦象上看，水能养人，但也能溺人；火能济人，也能毁人；万事万物的成功既离不开水火，而又往往畏于水火无情，这似乎是一种乱象。另外，初吉和终乱还有一层意思。从卦象上看，下卦也可以作为内卦。如果按时间来看，它就是初。下卦为离卦，离，有光明之象，当然有吉祥之象。上卦，按时间来说，为终。上卦为坎卦，坎，为风险，有险当然就乱。从卦象上来看"初吉，终乱"。

象曰:"初吉,柔得中也;终止则乱,其道穷也。"柔得中位,指六二。 明代的来之德在《周易集注》一书中说:"其道穷者,以人事言之,怠胜敬则凶,此人道以理而穷也。"这是从人事上来说的,如果人的懈怠、懒惰和一种不恭超过了他自身的恭敬,那就凶。那这种人,他的道和理就穷了,做人的最基本的道和理都没有了,做人已经做到尽头了,连最基本的做人道理都没有了。 以天运言之,盛极则必衰,此天道以数而穷也。 天地运行,盛极必衰,月盈必亏。但是,这种穷,是一种运行规律,不是真正的穷,此穷又是彼始。 从卦体言之,水在上终必润下,火在下终必炎上,此卦体以势而穷也。事业既济以后,此心止住了,但彼心又生了;此事成功了,又有另外一件事想做。 那么,这是不是最终又乱了呢? 来之德是这么解释的。

"水在火上,既济;君子以思患而豫防之。"豫,预防的预。 君子从这个卦象、卦义中,从已经成功的此时此刻感悟到:我们办事应该贵于思患,要贵于预防,防微杜渐。 思患,是思其终必有患,也就是在终的时候也会有患;预防,是防于其始而使其终无患,就是要防患于未然。

【原文】

初九,曳其轮,濡其尾,无咎。

【释义】

初九,拖曳住车轮,小狐狸渡河沾湿了尾巴,但没有什么灾祸。

【原文】

《象》曰:"曳其轮",义无咎也。

【释义】

《象传》说:"拖曳住车轮",这说明了宜使初九不遭受灾祸。

【爻解】

初九阳爻居于奇位为得位，又与六二阴阳相合，并且与六四相应，这么完美的组合，然而爻辞却只是"无咎"。这是什么呢？因为完美正是缺损的开始。爻辞中用马车过河却使车尾浸湿的比喻，说明了在完美的状态下也会出现瑕疵。所以不可认为完美为完美，应在完美时更加谨慎行事，以防意外。比如有人立功受奖了，在荣誉面前感到很骄傲，这正是人最大的弱点。因为这一点荣誉很有可能使你停滞不前，甚至退步。所以在荣誉面前一定要更加谨慎，从严要求自己，这样才能有更大的发展。可是这不是一般人能做到的，历史上更多的人是无法逃脱在巨大的成就面前人格变态的命运。所以处于完善状态的初九的爻辞只能是"无咎"。

既济之时，一切都以安常为本，有如用绳索拖住车轮，亦有如小动物饮水于池时先用尾巴去探察一下，谨慎就可避免灾害发生。用绳索拖住车轮，是平时安静无事的正常道理，但也产生不了效用。既济之时，有一段时间的安定，此时会感到充实与满足。不过其中亦含有内在的变动潜伏，不能没有风险意识。

【原文】

六二，妇丧其茀①，勿逐，七日得。

【简注】

①茀：头上的首饰。

【释义】

六二，有妇女丢失了头上的首饰，不要去追寻，七日后将会失而复得。

【原文】

《象》曰："七日得"，以中道也。

【释义】

《象传》说:"七日后将会失而复得",说明六二处于中正之道。

【爻解】

六二处于下互卦坎的下爻,坎为盗,所以有丢物的形象。 丢了首饰却不去寻找,为什么不去找呢? 因为六二不能动,一动就失去了完美的平衡。 六二与初九、九三相合,象征左右逢源;与九五相应,象征君臣相辅。 可是六二如果一动位置,便不会有这么美好的处境了。所以六二不用动,失去的自然会回来。

妇女断掉了头发鬟茆,不必担心,过几天的时间就会长回原来的样子。 过几天就能复原,是依据正常的道理产生的。 只要合于道理产生的变化就不必太过于担心,最重要的是要掌握质与量的变化才能掌控局势发展。

【原文】

九三,高宗伐鬼方,三年克之,小人勿用。

【释义】

九三,殷高宗讨伐鬼方,三年后才得到胜利,庶民筮得此爻则不能用之。

【原文】

《象》曰:"三年克之",惫也。

【释义】

《象传》说:"三年后才得到胜利",这说明仗打得很疲劳。

【爻解】

九三爻的爻辞描写的是商朝的武丁讨伐西羌的鬼方国的典故。 在武丁之前,商朝出现了衰落,于是商朝周边地区的一些诸侯纷纷反叛。 武丁继承王位后,励精图治,使商朝扭转了衰落的局势,并且一度出现了中兴。 于是武丁讨伐反叛的诸侯国。 在这里引用这个故事是什么意思呢？便是劝告九三爻："英明的武丁攻打鬼方国用了三年时间，使国民疲惫。你有武丁英明吗？所以不要听信小人的怂恿，总想着攻打别人。"其意思就是告诫人们在这种时期不要总想着扩大地盘而发动战争。

从卦象上看，九三爻处于上互卦离的下爻，离为兵戈，所以有发动战争的形象。可是九三爻与六二、六四相合，与上六相应，这是多么完美的组合。而九三一动则破坏了这种完美。所以九三不能动，不能发动战争。既济卦的六爻都是不动才能处于完美状态中，可是事物不可能不动，所以每个爻都隐藏着危机。利用时间使敌人量变而且质变，是非常高明的方法，通常要十分机智的领导者才懂得使用。

【原文】

六四，繻①有衣袽②，终日戒。

【简注】

①繻：华美的衣服。②袽：败衣。

【释义】

六四，华美的衣服破成烂衣败絮，应当整日保持戒备之心。

【原文】

《象》曰："终日戒"，有所疑也。

【释义】

《象传》说："应当整日保持戒备之心"，这说明六四有所疑惧。

【爻解】

六四爻与九三、九五相合，与初九相应，多么完美的组合。可是任何事物都不会永远处于静止状态。这正如再好的衣服也会穿破一样，所以要像给衣服缝补丁一样，修补这种对静止的破坏。"终日戒"的目的，仍然是为了保持平衡，为了使平衡的状态延长得更久些。"有所疑也"是说明在这种完美的状态中要存疑虑之心,要有危机感。 六四的爻辞大意与初爻有些相似。

虽有细密的锦衣但舍不得穿,仍在穿已破旧的衣服是整日维持有戒心,恐他日缺乏不得有衣可穿。 终日保持戒心是心里时有所疑,进而有事先准备,有备则无患。 富有时能思及贫乏时,居安时能思及危难时,常存危机意识及保持警戒之心,是生存必要的条件。

【原文】

九五,东邻杀牛,不如西邻之禴①祭,实受其福。

【简注】

①禴:殷人春祭,周人夏祭,皆称为"禴",这种祭祀比较简单。

【释义】

九五,东边的邻邦杀牛盛祭宗庙,不如西边的邻邦微薄的"禴祭",因为西边的邻邦能更为实在地受到神灵降下的福泽。

【原文】

《象》曰:"东邻杀牛",不如西邻之时也;"实受其福",吉大来也。

【释义】

《象传》说:"东边的邻邦杀牛盛祭宗庙",不如西边的邻邦以合适的时间祭祀;"西边的邻邦能更为实在地受到神灵降下的福泽",这说明吉祥宏大,源源而来。

【爻解】

这里讲的仍然是一个典故。 说的是纣王用杀牛来祭祀先祖与天神,虽然隆重但却没有得到福佑;周朝只用简单的祭品献祭反而得到了福佑,结果周朝灭掉了商王朝而成为天子之国。 原因是纣王不按时祭祀,而周朝则按时祭祀有诚信。 言外之意是保持现状不要有所变动。 九五与六四、上六相合,与六二相应,多么完美的组合,也就是说在这种完美状态中，君王应当"垂裳而治"，做到"无为而无不为"。东邻杀牛不如西邻祭祀合于时宜，这就是懂得时宜者能得到大福分的吉祥征兆。

掌握无形中环境的变化之有利因素，要根据整体社会脉动而行。如果仅是表现荣华富贵的排场，必然仅接近酒肉之交而远离真正的支持者。

【原文】

上六，濡其首，厉。

【释义】

上六，渡河濡湿了头部，有危险。

【原文】

《象》曰："濡其首厉"，何可久也？

【释义】

《象传》说："渡河濡湿了头部"，这说明上六已处于穷尽之处，何以能长久保持既济之道呢？

【爻解】

上六处于坎卦的最上爻，所以有水没过头的形象。这里是告诉人们完美的极致便是缺损的开始。既济卦是最完美的，所以每一爻都含有保持这种完美，延迟这种完美的意思。可是到了上六，则没有这个意思了。为什么呢？因为万事万物的变化规律是不以人的意志为转移的，人可以延缓完美的早衰，却无法使完美不衰退。

洗头时把整个头浸入水中，是很危险的。把头浸入水中很危险，是因为过不了多久的时间就会闷死。主事者本身如果沉迷于安逸享乐之中，整个事业体可能很快就会灭亡。

【卦义新解】

《既济卦》，说明已经取得一定的成功，获得一定的成就，面对成绩,如何守成。 我们常说创业难,守业更难。 守成,就是如何盘活自己的果实,不让果实腐烂,不让在仓库里自己的收获败掉。

能够做成百年企业,不仅事业有成,还守住了事业。 在守业中发展,是百年企业的共同规律。 百年企业,不只是一代人的事业,更是几代人的事业。 要有长远的目光,有长久的规划,有坚守,有恒心。

守成,不是教条的死守,死守容易化成一团死水。 守成,要活守,在养的基础上守住,保持水土不流失,还要养好水土,让水土的硬件软件更强大,长出新的庄稼来,增加新的丰收。

守成,实际上是继承与发展的问题。 好的,就要继承并且小心翼翼爱护,在此基础上发展下去。 不要所谓改革,把过去好的都革掉,很多改革其本质为败家,不但没有改好,还把过去的优秀部分都败掉了。

萧规曹随,为我们树立了一个守成的好榜样。 萧规曹随已经成为一个成语,有人说它是墨守成规,因循守旧,这是不对的,它们之间有本质的不同。

下面我们来看这个经典的故事。

西汉惠帝二年,丞相萧何因病而死,吕后和惠帝遵汉高祖刘邦遗嘱,召齐国国相曹参继任丞相。

萧何与曹参同乡,多年出生入死,但由高祖当年封赏的时候,厚萧薄曹,因此他们之间有矛盾。 朝廷的大臣都推测,现在曹参为相,肯定会对萧何的人事安排有变动。 所以朝廷上下都在活动,为自己谋出路。

曹参上任后,出人意料,没有调动一人,还贴布告声明政令、用人都依前相萧何之规定。 上上下下的官员放下心来,安心做事。

几个月后，曹参熟悉了大大小小官吏的品性，革除了少数不称职者，选拔了一些好的官吏。此后，他就在府中日夜饮酒，不再过多过问政事。

有人看不下去，于是几个大臣商量，密报惠帝。惠帝正为吕后专权恼火，他想："难道丞相因我年幼，不愿意辅佐我？"恰好曹参的儿子中大夫曹窋正在宫中办事，惠帝便对他说："回家后，替朕问问你爹，先帝刚刚离世，朕年幼未冠，作为丞相，饮酒，无为，国家怎么办？不过，你不要说朕让你问的。"

曹窋回到家中，按惠帝之言询问父亲，曹参听后，很不痛快，取戒尺暴打儿子，一边打还一边训斥："国家大事你知道什么？你赶快入宫侍驾。"

曹窋只好入宫，惠帝问起，曹窋只得直说，惠帝听后更加疑惑，便在第二天上朝时，问曹参责打其子一事。

曹参没有直接回答，反问："陛下的才能能否比得上高祖？"

惠帝回答他："朕的才能比不上父皇。"

曹参又问："那么我与萧何谁优谁劣？"

惠帝实事求是地说："你可能不如萧何。"

曹参接过惠帝的话说下去："陛下的贤能不如先帝，我又比不上萧丞相，先帝与萧丞相原来陆续制定了一系列法令，都卓有成效。现在陛下继承守业，而不是创业，所以就更应该遵照原来的法令规章，不应随便改动。"

惠帝一听，明白了曹参的真正用意。此后，曹参照章行事，推行无为而治，百姓安定，经济发展。

三年后，曹参去世，百姓有歌谣称颂他："萧何定法律，明白又整齐；曹参接任后，遵守不偏离。施政贵清静，百姓心欢喜。"做个务实的曹参,在原来事业的基础上,加以完善,保证事业的稳定性和连续性,才能继往开来。

一个有钱人给儿子经常讲自己白手起家的故事,激励儿子独立后,能够奋斗,靠自己创出一番事业。有一天,儿子决定自己单独去做事。他带着父亲给的成本,跋山涉水,在热带雨林中找到了一种树木。它散发出独特的香气,由于这种树木的密度很大,像铁一样,放在水里不能浮在水面上,而是沉入水底。他把香木运到市场上出售,可无人问津。他为此深感苦恼。看到木炭很快就能卖光,他就把香木烧成木炭,很快就卖光了。父亲知道后老泪纵横。原来,儿子烧木炭的香木,是世上最珍贵的沉香木,只要把它磨成香料,就会赚很多钱。现在卖木炭的钱,连成本都赚不回,父亲给他的血汗钱都打水漂儿了。

心灵的修养也与此类似,人的心灵修养到一定的时候,就有了一定的境界,但要坚持自己的德行,才能保持修养的程度,一旦染上坏习,就会败掉修养。学好难,学坏易。

一个有名望的老医生靠岁月的积累才会变得经验丰富,他的生命有限,只有传承才可以将其发扬光大。他的经验传给徒弟,就可以造福人们。

既济卦,一盆水在火上,很快就会烧成开水。开水如果灌进开水瓶里,就可以保温,如果处于自然状态水就会变为凉水。

未济卦第六十四

火水未济

（坎下离上）

【题解】

六十四卦以《未济》为结尾，这不能不使人们再三地想起《系辞》所谓："作《易》者，其有忧患乎？"《未济》卦有水火不容，阴阳错位之象。《诗》云："靡不有初，鲜克有终。""未济"之"未"，一方面以"未成"来承前，另一方面，则以"未终"来启后。龚自珍《己亥杂诗》之一曰："《未济》终焉心缥缈，百事翻从缺陷好。吟到夕阳山外山，古今谁免余情绕。"美学中有以缺陷为美的观点，以《未济》求《既济》正好能说明《未济》的"美"的一面。卦中六爻：初六柔弱无力，如过河之小狐，濡湿了尾巴，故而有"困难"；九二守正则吉；六三陷于坎险，然"利涉大川"；九四"有赏于大国"；六五有"君子之光"，故而吉祥；上九虽有诚信之德，但是容易以酗酒误事。与《既济》相比，《未济》六爻之中反而凶少而吉多。

【原文】

未济①：亨，小狐汔②济，濡其尾，无攸利。

【简注】

①未济：卦名。"济"为渡水，引申为成功，未济之义与"既济"相反，指事未成、未完。②汔：几、几乎。

【释义】

《未济卦》象征着事未成功：努力促成事情成功也会亨通。小狐狸在即将渡河成功时，濡湿了尾巴，没有利益。

【原文】

《彖》曰："未济，亨"，柔得中也。"小狐汔济"，未出中也；"濡其尾，无攸利"，不续终也。虽不当位，刚柔应也。

【释义】

《彖传》说："事虽未能成功，但努力促成其成功就会获得亨通"，因为有柔顺之德守持正道。"小狐狸即将渡河成功"，这是因为它尚未脱离坎险之中；"濡湿了尾巴，没有利益"，这是因为小狐狸力小不能持续至终。虽然，《未济》中的六爻皆未居适当之位，但是，都能刚柔相应。

【原文】

《象》曰：火在水上，未济。君子以慎辨物居方。

【释义】

《象传》说：火在水上燃烧，象征着"事未成功"。君子因此知要认真谨慎地分辨事物，使它们能各就其适当的位置。

【卦解】

未济，象征事业尚未完成。这就说明事物发展变化是周而复始的，如果能遵循这种规律，当然就亨通。所以，彖辞说："未济，亨，柔得中也。"是柔爻得中，指六五。"小狐汔济"，在既济卦中，初爻也讲了小狐，初爻是濡其尾，到上爻是濡其首。在未济卦中，卦辞里就出现了，也是濡其尾。但是，这里是汔济。汔是接近的意思。这只小狐渡河，已经接近彼岸了，但这个时候，尾巴被沾湿了。再看彖辞里是怎么说的："小狐汔济，未出中也。"中，是指上卦离卦的中爻，六五。未出中，因为它是以柔居刚位，九二与六五虽然是相应，但九二是处于坎险之中与六五相应的，有种未济而将济，应出险但还未出险之象。所以这个是阳刚之爻，位不当，发挥不了作用。

"濡其尾，无攸利，不续终也。"不续终，是有始无终，顾首不顾尾，济了首就济不了尾呀，首尾不能相续，所以无所利。这里又强调了既济卦的思危防患的思想。"虽不当位，刚柔应也。"虽然不当位，是指九二和六五都不当位，虽然居中，但两个都不当位，正好相反，但是刚柔相应，这是一种。还有一种，这六爻都不当位，但是还是有一利。你们看，两个爻之间的承乘关系。凡是下对上是承，应该是阴承阳，为顺，相反则为逆。这一卦正好都是阴承阳，都顺。所以，它还有相顺应的一面。如果能抑其不利，扬其有利，思患，预谋，那么未济之事也能济。彖辞最后说了这么一种思辨之辞。

"火在水上，未济；君子以慎辨物居方。"《尚书·洪范九畴》曰："火炎上，水润下。"火是向上炎的，水是向下润的。正好火在上面，水在下面。二者不相干，水火不能相济，阴阳不能相交，相互不能互用，所以，未能济。君子有鉴于此，谨慎辨别物类，使万物各居其所，各得其位。

【原文】

初六，濡其尾，吝。

【释义】

初六，小狐狸在渡河时濡湿了尾巴，这预示着初六将遇到困难。

【原文】

《象》曰："濡其尾"，亦不知极也。

【释义】

《象传》说："小狐狸在渡河时濡湿了尾巴"，这说明它不知水有多深。

【爻解】

　　这里描写的便是卦辞中的那只正在过河的小狐狸。初九是坎卦的最下爻，所以表示还没有走到河中央。可是还没有到河中央水面就把尾巴浸湿了，说明再往前走水更深，小狐狸根本过不了河。如果它一直朝前走，肯定会被水溺死。所以小狐狸会非常忧郁："我能过去吗？"也许有人会说"你非要过河干吗，快回去吧。"那么我替小狐狸回答你："为了生存，我必须过河。"那么小狐狸不是得死吗？是的，这正是自然法则的优胜劣汰。一场灾难，一个转折，都是一种自然的淘汰赛。小狐狸此时还没有死，只是忧虑。

　　从卦象上看，初六以柔爻居于奇位为不得位，就像无能的人担任着极需要能力的任务，肯定是有些吃不消。不过初六与九二相合，与九四相应，说明遇难能得到帮助。这就说明了一个道理，在困难时期，人们更懂得团结与互助。所以在最混乱的未济卦，每一爻都有相合、相应者。所以说，能力还没有培养充足之前，是成不了大事的，没有真正能力和实力做后盾，一切都是空想。认清事实，培养实力，是目前最重要的工作。

【原文】

　　九二，曳其轮，贞吉。

【释义】

　　九二，拖曳着车轮，吉祥。

【原文】

　　《象》曰：九二贞吉，中以行正也。

【释义】

　　《象传》说：九二之所以能获得吉祥，原因在于他能以中和之道使自己的行为端正不偏。

【爻解】

九二虽不得位，但居于下卦之中，并且有初六、六三与六五相助，所以遇险有救，可以渡过河去。从卦象上看，坎为弓轮，所以有"曳其轮"的形象。又由于坎为水，所以有驾车过河之意。用绳索绑着车轮防止滑走，是掌控车子稳固不动的正确方法。本爻的做法是正确有效的，而且是值得肯定的原则。要达成自我目标就要有方法掌控过程，并在每一阶段中有计划地达到效益。

【原文】

六三，未济，征凶，利涉大川。

【释义】

六三，事未成功，出征前行必有凶险，有利于涉越大河川流。

【原文】

《象》曰："未济征凶"，位不当也。

【释义】

《象传》说："事未成功，出征前行必有凶险"，这是因为六三失位不当。

【爻解】

六三是下卦坎的上爻，是上互卦坎的下爻，身前身后全是水，所以有未渡过河的形象。在处境困难重重的情况下，当然不利于打仗了，所以"征凶"。但是六三有九二、九四与上九的帮助，所以可以顺利地跋涉大川。

未济之时，强行完成是有凶灾的，但如果具备勇气、毅力和解决困难的决心，是可以渡过难关，顺利达成目标的。未济之时勉强而行是会有凶灾的，原因在所处的环境与自己的能力，显然并不恰当。时机尚未成熟，能力尚未达到，计划未能严密，要达成目标是有困难的。虽然只要有决心，也许可以成功，但是所费的代价可能要高出许多，成功的概率也要少得更多。

【原文】

九四，贞吉，悔亡。震用伐鬼方，三年有赏于大国。

【释义】

九四，吉祥，悔恨消失；以雷霆之势讨伐鬼方国，三年大功告成后被封赏为大国诸侯。

【原文】

《象》曰："贞吉悔亡"，志行也。

【释义】

《象传》说："吉祥"，说明九四的志向得以实行。

【爻解】

这里又讲了一个故事。说的是武丁之后，商朝又出现了一次衰落。使国家衰落的便是武丁之后的第五世商王武乙。当时人们都敬鬼神，这是民众的信仰。这位武乙用木头刻一个小人，说这是天神，然后与这个天神玩赌博的游戏，让别人代"天神"下赌注。结果武乙赢了，便将"天神"砍得粉碎，然后向人夸耀自己战胜了天神。后来他到黄河与渭河交汇处打猎时遇到雷阵雨，遭雷击而死。武乙的行为，使周边的诸侯又开始反叛商朝。当时周国古公亶父带着自己管辖的民众跨过梁山来到岐山下避兵灾。后来，周文王的父亲季历，带着兵将协助商朝天子讨伐西羌的鬼方国，经过三年后打败了鬼方，并因此受到了商朝天子的重赏。而在这一爻讲这个故事有什么用意呢？便是激励九四爻要像周文王的父亲那样建功立业，大胆行动。

君子的光辉德行，能够获得群众的信任，继续保持下去，不顺利现象就会消失。殷高宗时动用军队讨伐鬼方，克服了许多不利因素，经历三年才成功，使得各邦国赞佩。坚持原则，悔象就可消失，但必须意志坚定的人才能完成此事。完成艰巨的事业，除了能力之外必须有坚强的毅力和精神去贯彻。由此才会想出办法来克服困难,达成自己的目标。有主张也要有办法,否则只有主张是很不实际的。

【原文】

六五,贞吉,无悔,君子之光有孚,吉。

【释义】

六五,吉祥,无所悔恨;君子之行光明磊落,心怀诚信就有吉祥。

【原文】

《象》曰:"君子之光",其晖吉也。

【释义】

《象传》说:"君子之行光明磊落",这说明他的光辉焕发出吉祥的瑞兆。

【爻解】

六五居于奇位为不得位,这说明六五的能力有限,不具备君王的能力。可是处于君位的他却可以得到九二、九四与上九众多有能力的贤臣辅助,所以他会吉祥。其实也就是说,六五虽然无能,但是却是一位懂得用平衡之道用人的人,所以他会得到成功与吉祥。

君子的德行光辉,能够使群众信任。坚持此一原则,必定一切都可顺利达成。君子德行光辉所能照耀到的,都是有利的好事。得道者多助,合情合理又能使群众受惠的事必然受群众支持,成功的机会也比较大。

【原文】

上九,有孚于饮酒,无咎。濡其首,有孚失是。

【释义】

上九,满怀信任地与他人饮酒,没有灾祸;然而,因为无节制地饮酒以至于濡湿了头部,这说明他们虽然有诚信,却因为无节制而失去了正道。

【原文】

《象》曰:"饮酒濡首",亦不知节也。

【释义】

《象传》说:"毫无节制地饮酒以至于濡湿了头部",这说明上九不知节制。

【爻解】

上九所表示的时期,就相当于最后终于渡过了危险期,太平了,安稳了。于是人们开始饮酒作乐,无所节制了。喝酒喝醉了还喝,以至于本来想把酒灌进嘴里,结果却倒到了头上。这说明喝得太多了,已经醉了。既济卦贵在止,未济卦贵在动,可是未济卦的上九是"动"得有些过度了,不知节制,这就不好了。所以这里是告诫人们做事要有分寸,要有节制。

居于事业小有成就之时,饮酒作乐有激励作用,对自己人格信誉并不会有所影响。但不知节制,乐极生悲会毁掉群众对你的信任。小有成就即沉沦于酒色,又不知有所节制者一切都将毁掉。

人稍有些成就,多数会为了炫耀自己的地位、财富、能力,可能有沉沦于酒色等等行为,如果超过限度,则可能前功尽弃,走向毁灭之途。有智慧的人,应知道自我警惕。

【卦义新解】

《序卦传》说:"物不可穷也,故受之以未济终焉。"穷,穷尽、至极而到顶之意。《序卦传》的意思是说,事物的发展是无穷无尽的。"既济"卦中所显示的成功只是事物发展告一段落的总结,但它同时意味着新的事业的开始,因此"既济"卦中已隐含了"未济"的因素,所以"未济"卦就象征着事业尚未完全成功和新征途的即将开始。所以,只要是心中有志、不甘平庸的人,都会从"未济"卦中悟出道不可穷、生生不已的道理,从而以终点作为新征途的起点,继续循着整个《易经》所指示的为人做事之道,继续奋斗不已。

实际上,任何事业,不管是个人的,还是国家的,都会有完结的那一刻。作为一个胸怀大志,自觉担负起兼济天下之重任的领导者,他会在任何时候、任何阶段都一直努力奋斗不止。

北宋著名的政治家王安石,在二十二岁即考中了进士,被派到扬州做淮南判官。在官署里,他除了办公以外,就是埋头学习,甚至连睡觉的时间都牺牲了。有时,他读书一直到天快亮,实在支持不住了,才睡上一两个小时。而后便匆匆起床,胡乱穿上衣服,到府里去办公,常常连脸都顾不上洗。因此,人们总见他蓬头垢面,一副狼狈不堪的模样。

当时,担任扬州知府的韩琦,见他这个科场出身的属官如此不修边幅,放浪形骸,就怀疑他夜间不务正业。故此,韩琦多次好心地劝告王安石说:"你年纪轻轻,前途不可限量,要自爱才是。千万不能自暴自弃,误入歧途啊!"王安石听了,只是连声感谢太守的教诲,一句分辩的话也没有说。日后韩琦得知王安石之所以衣冠不整,形容憔悴,是因为通宵达旦苦读的缘故,大为欣慰。从此,便对王安石刮目相看了。

宋仁宗庆历七年,王安石改任鄞县知县。一到职,就给自己定了一个规矩:一周中,要拿出充裕的时间去读书和写作。他非常勤奋,为了多读一些书,忘记了休息,连吃饭的工夫也常常被挤占了。每当他得到了一本好书,就昼夜不分,专心致志地去诵读,简直到了入迷的程度。

王安石几十年如一日坚持苦读,钻研了大量经史典籍和政治、经济、军事、文学艺术等著作,同时还研究了佛学和道学。孜孜不倦地学习读书，使王安石的眼界越来越宽广，学识越来越渊博，后来，被宋神宗任命为参知政事，做上了宰相之位。位极人臣，王安石就停止奋斗了吗？没有。他以此为新的征程起点，开始了著名的"王安石变法"，为了改革积弊，强国富民，他顶着压力和阻力，以百倍的精神甚至"拗劲儿"，为新法的推行奋斗不止。即使后来陷入困境，乃至被罢相，他依然没有轻易"到此为止"。

作为一个杰出的改革家，王安石一生的历程可称得上是"未济"精神的具体体现。我们也许不再以这位封建时代的官员为做事榜样，但他那种精神，却是不可被忽略和抛弃的。

当然，《未济》卦在阐述"征途无穷，奋斗不已"的思想原则时，还提出了许多注意事项。比如它指出，正因为事物的发展永远不会终结，所以应对层出不穷的新事物、新情况就永远有一个从"识未至"到"识至"的认识过程。要防止像小狐狸那样处于"识未至"的盲目阶段而硬要去渡河，以致把尾巴沾湿。

第二章 解卦手册

第一卦：乾为天（乾宫）进取之道

卦解：刚强进取者，能向天地运行，刚劲强健，并永不停息地发奋图强。

吉凶：吉卦。凡事努力，能有大福。

仕途：初始宜稳，似龙潜入水中，待有伯乐识中便能一展身手，并让人们了解你的抱负。但要时时警惕，不要被小人中伤，致使你的事业半途而废，甚至有不测之灾。审时度势，或进或退，一旦时机成熟，则可一跃成为九五之尊。此时品德、才智、地位兼备，可大展宏图。只是应切记盛极而衰，盈满易亏，应请仁人志士辅佐。

求财与生意：有财运，并会有众人辛苦相帮，只是别忘了给辛苦相帮的人利益回报。特别是若靠政府相助将获大利。秋季是你的大利市。但此卦象最忌第二爻发动，此是家中无贤妇（或夫）造成无财进入，生意不顺。如果此卦象中第三爻发动，是请的职员中有不诚实可靠之人，造成财产损失，生意失利，需早防。如果卦中上爻发动，则是自己的虑事不周，心欠诚信，如果不仔细策划，将有大损失，建议此时不要勉强行事，否则后患无穷。

交友：慎交东南方属鼠、牛的人。

出行：利西北方。宜入京师公门。夏少出行。

饮食：宜食多骨、瓜果类食物。

疾病：防头面、肺疾。夏宜不安。

婚姻：找有声名之家子女为偶。冬夏不宜成婚。

吉祥色：大赤色。

吉祥数：一、四、九。

第二卦：坤为地（坤宫）慎思怀柔

卦解：坤为柔为顺。若争先恐迷歧途，随从人后，就会有人先行做主，自然对自己有利。

吉凶：初吉卦。凡事三思而后行，会有好结局。

仕途：你终身不宜为帅，而宜作臣下，内方外圆，胸怀阔大，谨慎恭敬。以无过错无大名声为极致，要像《老子》所说的："不敢为天下先"，这就是处于坤位的君子必须采取的最有力的行为方略。遵从这个原则，将会终身大吉。切忌与主帅公开为敌，否则两败俱伤，前功尽弃，终身不顺。

求财与生意：有财运。但应靠诚心辅助上司而获大利。如贪心将劳而无功。但如果卦象上爻发动，则情况有变。要靠自己努力，不能靠上司与朋友了。如果卦中第三爻发动，将可能有怪异之事发生。那么对合作伙伴或上司要多加留心。用古话说就是"害人之心不可有，防人之心不可无"了。春季要特别小心失财，生意不顺。

交友：西南方得朋友。慎交东北方属兔、龙的朋友。

出行：利西南方。宜路行，春季少出门。

饮食：多食土中长出之物。

疾病：防腹泻、脾胃疾病。

婚姻：春不宜成亲。鸡年、蛇年成婚大吉。

吉祥色：黄、黑色。

吉祥数：八、五、十。

第三卦：水雷屯（坎宫）艰难创始

卦解：下卦为震为动，上卦为坎为险，是动而遇险之象。一般说创始的艰难为"屯"卦。

吉凶：贞凶卦。凡事不可轻举妄动，较为艰难。

仕途：遇艰难应该广求辅助。也许此时你有一般难以抑制的生气勃勃，渴望一展宏图，但毕竟脆弱，必须正其根本，有坎卦而要防其险。把握好事物的发展规律，适当行事，以求化险为夷。守正待时非常重要，遇难时一定要借助外力避免盲动。求贤辅佐是非常明智的，要对相助者广施恩泽，因"屯"卦亦称贞凶卦，结局或者归于灭亡，或绝于逢生，建立伟业全靠自己的把握。

求财与生意：得此卦象者，遂求名求官不利，但家居生活还是较为顺利。特别是春季做生意平安、有财进，但防止乐极生悲。如果卦中第二爻发动，虎年的夏季会有一个大发的机会，买卖兴隆。如果五爻发动，却要在冬季防人暗算，避免破财使生意衰败。鼠年尤其要小心。

交友：宜交东方属猴之人为朋友。

出行：宜行。利东方。秋不宜行。

饮食：食鱼类、蔬菜。

疾病：防头、目、筋、骨、足疾，求医可治。

婚姻：寻长男（女）为偶大吉。秋不宜行婚嫁。

吉祥色：黑、碧绿。

吉祥数：四、八、三。

第四卦：山水蒙（离宫）启蒙之道

卦解：蒙卦下为坎为险，上为艮为山，蒙昧之象。喻遇事不明应请教于人，该何去何从。

吉凶：贞吝卦。 行事多求教于人，并能举一反三。

仕途：确定正确法规，立体为严。 如果对陷害自己的人姑息迁就，将以后患无穷。 特别要防身边女人，因爱财而毁了自己和儿孙辈的前途。 在仕途中你受教受惠于人，亦要施教施惠于人，有不堪教言者，要从速弃之，但要注意掌握限度，严而不暴。 否则，弃之者成为"寇"，又将更加危害自身。 总之，求取功名较为艰难，但走过去时，前面就是艳阳天。

求财与生意：猴年初好。 鼠年有大发的机会。 宜向南方求财。 生意一定要有合同，可成。 每年夏季把握好机会有财进。 只是防辛苦一场为帮工做嫁衣裳。 但管理好，帮工又能帮你发大财。 如果第四爻发动，则是大劫，防破财、伤妻、败家。 如果初爻发动，需要小心防范口舌是非。

交友：慎交北方属鸡之人。

出行：宜向南方。 冬不宜出门。 不宜舟行。

饮食：多吃禽类肉。

疾病：防目、心脏疾病。

婚姻：不顺。 宜夏季成婚嫁。 冬不宜。

吉祥色：赤、紫色。

吉祥数：三、二、七。

第五卦：水天需（坤宫）等待时机

卦解：从卦象上看，乾象征刚健勇进，一心向前；坎为险陷，象征前途艰难险阻，不能硬碰，要等待时机。

吉凶：小吝卦。 凡事遇小人阻碍，终会转吉。

仕途：只要你真诚坚信自己的目标，前程光明，明而吉祥。 虽然路途有阻碍，只要能够耐心等待时机，随时而动，终能化险为夷。 另外，对言语中伤不要计较，不要自找麻烦。 即使有较大的麻烦，仍要保持冷静。 常和有关人士饮酒或以其他方式融洽感情，此中会有三个朋友对你有所帮助。 使你劫难消解，吉星高照。

求财与生意：蛇年抓住机遇，马年就有可能大发。 秋易进财，生意易成。 鸡年、狗年要小心，恐有失财败家之险，需早防。 如果四爻发动，则要注意，不要因为自己的过错同生意伙伴及伴侣弄僵关系，这样易损财败家。 防劳役。 如果初爻发动，则是生意有成，可求官求名，但要防父母有不测(已经去世者要烧冥钱)。

交友：慎交南方向属兔、龙之人。

出行：利西北方向。 宜路行。 春不宜出门。

饮食：多食甘果、野味。

婚姻：不顺。 春不宜成婚嫁。

吉祥色：深黄、黑色。

吉祥数：一、五、六。

第六卦：天水讼（离宫）止息争讼

卦解：讼卦坎下乾上，要内心诚实克制，警惕。 得饶人处且饶人，否则会有凶险。

吉凶：咎卦。 凡事谨慎，否则成灾成患。

仕途：得此卦象者，阳刚居上，坎险在下。 你在明，险在暗，尽量不要与人长久地纠缠争执。 更不要与上司有矛盾，即便帮助上司成功了，也不要以功臣自居。 不能以强凌弱，以上压下，这样将失去人心。 要以柔克刚，退而不争，或者解释几句，辨明是非。 是自己错了要勇于修正，损失一点面子却得人心，何乐而不为呢？ 防身败名裂。

求财与生意：起此卦者，你的生意伙伴被你所克，难助你成大业。要处理好与伙伴的关系。生意做大时要防劳役官司。做房地产者更要小心。要用情用心去感动人。如果四爻发动，又遇蛇年，求财、生意要谨慎。如果初爻发动，虽不利求名求官，但生活无忧无虑。

交友：慎交东南方向属猪、鼠之人。

出行：利西北方向。不宜舟行。

饮食：多食肺及诸物之首。

疾病：防目、耳、心疾病。

婚姻：不顺。冬不宜成婚嫁。

吉祥色：红、浅红色。

吉祥数：一、六、九。

第七卦：地水师（坎宫）将帅之象

卦解：师卦上为坤为地，下为坎为水，是水聚于地中之象，暗喻取之不尽用之不竭之意。

吉凶：终吉卦。努力克服艰难，将会大吉。

仕途：起此卦者，无论男女均是将星。如果是军人，克服先祖，前途不可限量，是将帅之才。可惜处于和平年代，应了英雄无用武之地之说。如果将本领用在仕途上，也可登到一定的高度。要有置之死地而后生的精神，虑事要慎重周密。对上司遵从，对下级体谅关怀，对小人以德服人。虽不能成军人之大成伟业，也不会默默无闻埋没一生。

求财与生意：有财运生意兴隆，马年尤胜。妻为内助，不可不用。创业初期有困难，用属性是土的人做帮手，可望事半功倍，如果用属性属水的人，则会有害无利。猴年、鼠年抓住时机。如果三爻发动，牛年抓住机会能大发，需防乐极生悲。 如果上爻发动，无大财可发，但生活无虑，看冬天有无生意转机。

交友：防东南方向属蛇、马之人。
出行：利北方向。 春不宜出远门。
饮食：多食五谷之物，腹腔之物。
疾病：防耳、腹、肾病。
婚姻：较顺。 春不宜成婚嫁。
吉祥色：淡黄、灰色。
吉祥数：六、七、八。

第八卦：水地比（坤）亲附之道

卦解：比卦上为坎为水，下为坤为地，地下有水，水性润下浸润入地。 吉祥。

吉凶：贞吉卦。 凡事应当用你的人格魅力服之，有大福。

仕途：初时要心怀诚信，取得信赖。 与周边同事亲附，修身正己，不要汲汲钻营，有人有意刁难不要伤感。 条件成熟不宜反击，守正以待。 防人误解，奉迎附好，只要行为端正，闲言碎语不攻自破。 当你仕途有成时，对下级要有来去自由的容人肚量，有大胸襟者才能成更大的事业。

求财与生意：得此卦象者，宜求名求官。 财星平平，但万幸是你生意上的伙伴能真心帮你，可望买卖兴隆，如果你的妻子（丈夫）属性是土，更能添财。 如果第三爻发动，则要谨慎防范他人累及遭劫损才。 若是猴年秋季更要小心。 如果上爻发动，要防被朋友骗。

交友：慎防东北方属牛、虎之人。
出行：利向西南方。 春不宜出远门。

饮食：多食海味、血、有核之物。
疾病：防腹泻、脾胃、耳病。
婚姻：较顺。春季别婚嫁。
吉祥色：黑、黄。
吉祥数：八、五、十。

第九卦：风天小畜（巽宫）以阴畜阳

卦解：小畜卦上为巽为风，下为乾为天。观此卦应想到，要效法风行天上，积蓄力量之象。

吉祥：畜养自己的德行，使之趋于完美，以柔克刚，才能吉祥。

仕途：初期像风于天，还处在逐渐积蓄力量的阶段，还未能普及天下，大展才能。应守于本位等待时机，切忌康而躁动，尤其要注意不要为色所累。在发展中显示从属角色，要渐渐使上司认识你，而不能让上司觉得你有野心，这是最危险的一段时间，此时应与同事至诚相待，紧密合作，渐得人心。位正后应对同事仍应一片至诚，才能成大业，载誉而归。

求财与生意：今生无横财，只能靠自己辛苦而得。生意也要靠自己辛苦奔波方能成。特别防朋友、助手相骗。生意账目不清，或妻不贤，财更遭殃。如果初爻发动，要防他人设圈套，遭陷害而失败，防乐极生悲之事。如果四爻发动，又恰遇虎、狗年，则要抓住机会，有财进而生意兴旺，原则是要与合作伙伴同心协力。

交友：慎交西北方属猪狗之人。
出行：利东南方。秋不宜出门。
饮食：鸡肉、蔬果酸味。
疾病：防股、肱、风、肾疾病。
婚姻：秋不宜成婚嫁。

吉祥色：绿、洁白。

吉祥数：五、三、八。

第十卦：天泽履（艮宫）慎行防危

卦解：履卦兑下为揉，上乾为刚。而履为行，就如人在虎后而行，却不被咬伤。小心行事才能无难。

吉凶：贞厉卦。凡事虽有难而慎克之。有吉。

仕途：初涉世应以质朴的态度行事，重内在的自我修养，不因外界的纷争而扰乱精神境界，如果凭匹夫之勇，盲目妄动是很危险的。对上司外示柔行，内怀刚志。履危知惧，小心仔细。但如果位极人臣，却英明刚烈有余，兼听包容不足，主观武断，听不得不同意见，则必有危厉。要常常回顾自己的旅程，考察凶吉征兆，反躬自省，方终能大吉。

求财与生意：命中不带财星，但有官星。生意比较艰难，却有贵人相助，生计无大碍。不要太贪心，防盗、防火。夫妻和睦邪无侵。有财进。如果五爻发动，更要辛勤奔波，以勤补拙。如果二爻发动，财星到来，虽然有人暗中相害，无奈财源滚滚，谁也挡不住，只是小心物极必反。

交友：防西南方属龙、兔之人。

出行：利东北方向。不利远行。宜近陆行。

饮食：多食多骨、瓜果之物。

婚姻：有阻碍。宜晚婚。春不宜行婚嫁。

吉祥色：黄色。

吉祥数：五、七、九。

第十一卦：地天泰（坤宫）阴阳交泰

卦解：乾在下为内刚，坤在上为外柔，阳长阴消，利君子不利小人。

吉凶：元吉卦。 心术正者，将大吉大利。

仕途：此卦有人主之相。 心正能成大业，无可限量。 与人相处，同心同德，相从则动以求进取，培养自己内刚外柔。 内心刚毅果断，外表柔和宽大的优秀品格，力做世道安泰之时的治世能臣。能大度包容哪怕是荒秽小人，远者不弃，亲者不昵，有此胸襟，怎能不成大事业。 但要知道无平不陂，无往不复，泰极成否，否极泰来。 是真君子必知此理。 过分忧虑也是无济于事的，只要知"艰"而守"正"，以求无咎，不仅可避害，而且有福庆降临，终成正果。

求财与生意：有财运。 有官星帮财运，财运粗官星，实是大福之象。 但切记不能大贪，要深知物极必反的道理。 心术不正，不择手段，财运、官运会转成灭顶之灾。 如果三爻发动，求官名有利，但财物常失散，常有忧患之事。 如果上爻发动，特别是遇虎、蛇年，夏季又有升官发财的好机会，要努力抓住。

交友：慎交东北方属龙、兔之人。

出行：利西南方向，宜陆行。 春不宜行。

饮食：多食芋、牛肉等物。

疾病：防腹、脾胃疾病。

婚姻：顺。 春不宜成婚嫁。

吉祥色：黄、黑。

吉祥色：八、五、十。

第十二卦：天地否（乾宫）乱世之道

卦解：否卦是阴阳不交，天地闭塞，万物不生之象。

吉凶：厉卦。 当前应内敛不出，等待时机好转。

仕途：显露才德必遭嫉妒而受难，所以要有才不露，有德不显，超于荣禄不外，静待事态变化，更不能受小人迷惑，阿谀逢迎上司。 要做到大智若愚，既不同流合污，又不受小人加害，否则急于高攀，最终会带来羞辱。 要知道世界万事都不是一成不变的，利用恰当时机，因势利导可转否为泰。 客观条件具备了，会水到渠成。 不过即便是有其德，又居其位，但命中有否卦，要警钟长鸣，特别是在事业即将成功的关键时刻，愈要防止败亡，致使前功尽弃。

求财与生意：求官虽艰难，但有财运，鸡年、蛇年秋季尤其旺盛，要用心努力抓住机会。 妻子是你财运的好帮手。 你的助手辛苦奔波也是你进财的有功之臣，要与他们亲善，生意越来越兴旺。 如果三爻发动，将会损财，生意不顺，应努力与官方搞好关系。 如果是上爻发动，生意艰难，防人勒索。

交友：慎交东南方属鼠、牛之人。

出行：利出行。 利西北方。 夏不利。

饮食：多食马肉、珍味、瓜果类。

疾病：防头面、肺、筋骨疾病。

婚姻：宜寻家世显达者为配偶。 冬夏不利婚嫁。

吉祥色：赤色、玄色。

吉祥色：一、四、九。

第十三卦：天火同人（离宫）与亲人和为上

卦解：上体为乾为金，下体为离为火，火生金，相助相帮。

吉凶：大吉卦。凡是与人亲和，总能呈祥。

仕途：初入社会要打破门户之见，不分亲疏厚薄，求大同存小异，如果一味专攀高枝，将旁人弃之不顾，反而不能达到自己所期望的目的，摒弃引来忌恨。如忌恨者为鲁莽之士，至死与你争斗，那将会两败俱伤。所以特别要把握与人亲善的宗旨。表现出文明刚健，处事中正，相互配合的品质。如果夹杂太多的私心，终不利君子成大业，恐只有小成。

求财与生意：有财星、官星，只要能够给生意合作者、助手一定的利益回报，体恤他们的辛苦，同心协力，将会买卖兴隆财源滚滚。不要吝小财而失大财。财星官星旺者，最忌一个贪字，切记！如果三爻发动，又遇是猪年，更应当小心财运离去，官星被克。此时，宜静不宜动，防克妻克财之患。一定要等待时机，到时候再图发展。

交友：慎交北方属鸡、狗之人。

出行：利南方。冬不利。不宜舟行。

饮食：宜食煎炒物、禽类。

疾病：防目、心疾，伏暑易病。

婚姻：不顺。冬不宜成婚嫁。

吉祥色：赤色、紫色。

吉祥数：三、二、十。

第十四卦：火天大有（乾宫）富有之道

卦解：下为乾象征刚健，上为离为火为光明，象征文明。

吉凶：大吉卦。只要是大德之人，凡事顺应自然规律，适时行事，将会大富大有。

仕途：只要你能心正有德，天助你能成大富大贵之人。但要记住下面的话，终身无咎，刚健谦和中道而行，才能富而不败。当富有时因处于招嫌之地，要自我损抑。要用自己的诚信，启发他人的忠信之心，要知盈满则溢，盛极则衰，富而不骄，慎终而始。只要顺应客观规律，才能长保富有，也就得到了天佑。

求财与生意：命中有财星、官星相生相帮相长。如果得此卦象时仍未发达，要反省自己有无德行不好之过，有无逆天行事之为。只要你涵养道德，止恶扬善，多行善事，定会大富大有。但如果三爻发动，则要生意不顺，防破财，要小心行事。如果是上爻发动，要靠官星帮财星，才能渡过难关。夏季防损财。冬无财进。

交友：慎交东南方属猪、兔之人。

出行：可行。宜西南行。宜陆行。

饮食：多食辛辣之物，骨头之类。

疾病：防脾胃之疾病。

婚姻：较顺。春不宜成婚嫁。

吉祥色：黄、黑色。

吉祥数：八、五、十。

第十五卦：地山谦（兑宫）谦和之道

卦解：谦卦上为坤为地，下为艮为山，是地中有山之象。

吉凶：吉卦。凡事谦虚至终，终能呈祥。

仕途：初入世不要锋芒毕露，不知深浅，坚持谦卑之道，如果你谦虚名声外扬，定能呈祥。不过这种谦虚应当是发自内心所得的结果，而不是为捞取资本的做作。如果谦和在骄横强徒身上无效，这是不能再谦恭下去，而应当团结大多数人对此人以强硬的手段，群起而攻之，使之折服。　只要修炼达到此品性，终能成大器。

求财与生意：此生有官星而无财运，命中无横财，生计无大忧，要认命而不要贪。　建议多在仕途上发奋，如非要经商，坚守和气生财之道，对邻里商友谦虚维之，感动他们，助你财运。　如果五爻发动，暂时宜静不宜动，能维持生计就行。　如果二爻发动，则是财星到，如是牛年春季更是要抓住时机，稳定扩展生意定有大成。

交友：慎交东方属鼠、兔之人。　防口舌是非。

出行：不宜远行，防口舌造成的损失。　宜西行。

饮食：多食羊肉、鱼类。

疾病：防口舌、咽喉、气逆喘病。

婚姻：不顺。　秋不宜婚嫁。

吉祥色：白色。

吉祥数：四、二、九。

第十六卦：雷地豫（震宫）安乐之道

卦解：豫卦上为震为动，下为坤为顺，上下和顺，抓住机会，可有大作为。

吉凶：吉卦。　顺天理，合乎人心。　大吉。

仕途：若经过努力初步取得一点成绩，切不可忘乎所以，到处自吹自擂，更不能在这点小成绩面前自得下去而忘了进取。　若不择手段趋炎附势，必将身败名裂，悔之莫及。　你给人家带来好处，人家也会有好处报答给你，只是手段要正，要知道人到无求品自高的辩证道理，仕途中留心趋吉避凶。

求财与生意：有官星，有财星。　有贵人相帮相助，特别是生意伙伴及助手能真心助你成功，所以要善待他们。　如果初爻发动，仍然相合会大发。 如果四爻发动，生意上就要多结交做官的朋友，对生意会有很大的帮助。

交友：慎交西方属鸡、羊者。

出行：宜行。 利东方。 秋不宜行。

饮食：多食山村野味，果酸味。

疾病：防头、目、筋骨、高血压、中风、肝胆、足疾。

婚姻：较顺。 宜找有声名之家（子女）为偶。 秋不宜婚嫁。

吉祥色：黑色、碧绿色。

吉祥数：四、八、三。

第十七卦：泽雷随（震宫）随从之道

卦解：随卦下为震为雷，上为兑为泽，上下呼应，事事顺利。

吉凶：初吉卦。 凡事以柔顺待之，随和相处，才能终吉。

仕途：改变为主地位，不要把自己看成是别人的主人而自居。 在选择你跟随的上司时，要记住鱼和熊掌不能兼得的道理。 当你得到上司的欢心时，行事要小心，因是近君之位，易引起同事的嫉妒而生是非。 若上司猜忌你的野心，这就太危险了，要刻意同周边的人随和相处，让人无懈可击。 对反对你的人先强行联络，然后用祭天一样的诚意，予以感化，总有感化的一天。 若周围同事相随，何愁大业不成。

求财与生意：有财星，但有劫财星暗伏，所以做每一笔生意都要仔细，如能打通关节，劫财星被克，一年即获得多利，生意兴旺。 防生意伙伴暗中相伤，不过损失不大。 如果三爻发动，则是劫财星发动，不但破财，还会克妻，如有官助更凶险。 如果上爻发动，则可无忧无虑，飞来横祸化为尘，相助相生，财源滚滚。

交友：慎交西方属虎、兔之人。

出行：利西方。 不宜远行。 秋不宜行。

饮食：多食鲜肉、蔬菜。

疾病：防咽喉、脾胃之疾病。

婚姻：不宜早婚。 秋不宜成婚嫁。

吉祥色：碧绿、白色。

吉祥数：四、八、九。

第十八卦：山风蛊（巽宫）除弊治乱

卦解：蛊卦上为艮为刚，下为巽为风为柔。 刚柔不交形成蛊乱。

吉凶：贞凶卦。 此卦虽是凶卦，只要能除弊治乱，仍有好转，故称贞凶卦。

仕途：仕途非常艰难，必须要有超人的大勇气，对所处的环境，要静下心来，花力气去调查，周密计划后再鼓起勇气，勇往直前。 具备勇气信心，还要使一些技巧，要能伸能屈委屈周旋，不能操之过急，不能遇到挫折障碍就畏缩不前，不敢下手，姑息迁就。 经过离为这些磨炼，不但自己走出了凶境，还会有美好的明天。 这就是贞凶卦所提示的转换关系。

求财与生意：由于命中注定是忧患之神统治，故有终身难平安，无病也遭官，财物常失散之境况。 好在有官星暗助，按"仕途"方法去做求名求官成功后，会带来财运。 如果你已经在做生意了，注意与合作者处好关系。 如果三爻发动，虽无财发，生活却可无忧无虑，但要求名求官更难。 如果上爻发动，则是时来运转，财源滚滚，但切忌不能太贪。

交友：慎交西南方属蛇、马之人。

出行：不宜出行。 有阻。 宜近路行。

饮食：多食土中之物，墓畔竹笋之物。

疾病：防指、脾胃、肠疾病。

婚嫁：阻隔难成，好事多磨。春不利成婚嫁。

吉祥色：黄。

吉祥数：五、七、九。

第十九卦：地泽临（坤宫）统御之术

卦解：上为坤为地，下为兑为泽。

吉凶：吉无咎卦。万事喜悦顺从，吉祥如意。

仕途：坚定目标争取从他人那里获得支持，以增强信心。仕途还会遇到障碍，但不会太久。顺利时也不能满足，要保持自制力。与他人相处好的同时又要坚持原则，当你获得成功到达了与有一定影响的地位时，不能独揽大权，应当聪明地使用自己的权利，并适当下放一些权力，以避免妒忌和无谓的权利之争。已经到达了希望的位置时，就要帮助需要帮助的人。

求财与生意：你命中注定官星大于财星。但万幸你有好朋友，在财运上帮助你，你要善待他们，但要切记勿让属鸡、猴的人在生意上帮助你。如果二爻发动，你的财星又胜过官星，恐官场有难。此时要防生意上过去的朋友暗中使坏。如果五爻发动，朋友辛苦相帮有财进，只是要谈好分利的原则，以免后患。

交友：慎交东北方属猴、鸡之人。

出行：可行。宜西南方行。宜陆行。春不宜行。

饮食：牛肉、苦味、腑脏之物宜多食。

疾病：防腹、胃肠疾病。

婚嫁：利于婚姻，春不宜婚嫁。

吉祥色：黄、黑色。

吉祥数：八、五、十。

第二十卦：风地观（乾宫）彻悟

卦解：下体为坤为顺，上体为巽为逊。

吉凶：初吉卦。大彻大悟，终身幸福。

仕途：智者居高有广阔的视野，同时自己也袒露在下界的面前。只有人老了思想才能更成熟；虽年轻更应当多观察感悟学会透彻地思考。对你面临的境况要全面分析，看到本质。小处着眼，大处着手，否则将一事无成。有无大福贵，看你的顿悟力。

求财与生意：注定你劳碌奔波，命中虽有财星，这只是初吉。财能否到手，凭你的努力。最好求助于当官的朋友相帮。助手帮工请属蛇、马者，可使你少费力气。如果四爻或初爻发动，也能生意兴隆，财源广进。

交友：慎交西北方属虎、兔之人。

出行：可行。有出入之利。宜向东南行。

饮食：多食鸡肉、蔬果、酸味。

疾病：防头、目、筋、肠、中风、高血压等疾病。

婚嫁：可成。宜找心灵聪慧者。秋不宜婚嫁。

吉祥色：青绿、碧洁白色。

吉祥数：五、三、八。

第二十一卦：火雷噬嗑（巽宫）行事仗义

卦解：噬嗑卦下为震为雷，上为离为电，得此卦者应当受到启发。

吉凶：厉卦。威严明察，不顺利中求发展。

仕途：你应当树立坚定信念，纠正不良动机，就会在人前留下威严、明察的良好形象。一旦明确了要领，就不需要花大气力调整偏差。若遭遇很大的障碍是，必须格外小心，以免受其伤害。你常会碰到卑劣的小人，对付他们应当以牙还牙。即便是在困境亦应伸张正义，保持明察公正的态度。最重要的是不要违背直觉，不听忠告，去追求没有把握的事业，将会招致灭顶之灾。

求财与生意：虽有财运，但有克星，主要是生意的伙伴要选好。从卦象上看有生意伙伴克你，阻你财运，要细发现除之。命中注定求官求名较难，而求财较宜。如果五爻发动，要完全相信仍有身边人阻碍你，使财路不通，你在帮别人做嫁衣裳。如果第二爻发动，则官星较盛，但有人又阻你官运，要明察。诸事都很艰难。

交友：慎交西北方属虎、兔、猪之人。

出行：可行。有出行之利。秋季要小心。

饮食：食山林之味，蔬果酸味。

疾病：股肱之疾，塞邪气疾。

婚嫁：成。秋不宜婚嫁。

吉祥色：咖啡、蛋黄色。

吉祥数：三、五、八。

第二十二卦：山火贲（艮宫）纹饰美化

卦解：贲卦上为艮为山，下为离为火，流光焕彩，纹饰美化的象征。

吉凶：小吉卦。得利美，也毁于美。凡是全靠把握分寸，故只能称之小吉卦。

仕途：如果你的上司很在乎下属的相貌，外表及衣着，你不用着急。自尊不允许你去迎合，你要依赖于你内在的气质和正确的思想行为去感动他。要注意的几点是：一、不要常常沉醉于与人共饮中，致使自己偏离了工作和生活目标；二、尽管你偶尔轻佻，但更专注实际并重视与异性保持长久正常的关系；三、要学会欣赏别人，称赞别人。 特别不要让你的上司对你产生误解，这样你才能得到他的帮助与提升。

求财与生意：官星财运相助相生，是初吉，看你是否能运作好，从卦象上看你克你的同伴，若他不好你也会受牵累。 如果初爻发动，那么是你的伙伴又反过来克你，那损失就更大了。 如果四爻发动，那更是劫财克妻，这个人若还在高位，应更加小心提防。

交友：慎交西南方属猴、鸡之人。

出行：不宜远行。 宜近陆行。

饮食：野味、土中之物宜多食。

疾病：防脾胃、胆疾。

婚嫁：好事多磨。 春不易婚嫁。

吉祥色：深黄、姜黄。

吉祥数：五、七、十。

第二十三卦：山地剥（乾宫）守中待变

卦解：剥卦下为坤为顺，上为艮为止。 高山附着于地，象征剥落。

吉凶：凶卦。

仕途：得此卦时，因天时、人事、力量均对你极为不利，你不能做正面抗争，宜藏器待时，保存自己的实力，勿有所动，静待时局变化。

求财与生意：官星不旺，财运通，但生意上切不可把当官的朋友引进来，因卦象显示，当官的朋友克你财运。 如果五爻发动，生意最好以守为本。 否则劳而无功。 如果二爻发动，生意上更不要轻举妄动，只能耐心等待时机。

交友：慎交西南方属蛇、马之人。

出行：不宜远行。 宜近陆行。

饮食：多食野味、土中物。

疾病：防肠、肺、手指疾。

婚嫁：多磨。 春不宜婚嫁。

吉祥色：深黄、褐色。

吉祥数：五、七、十。

第二十四卦：地雷复（坤宫）邪降正升

卦解：复卦下为震为雷，上为坤为地，象征阳气回复。

吉凶：吉卦。 转凶为吉，转危为安。

仕途：一阳复生，这是大地回春的吉兆。 得此卦象者，是将遇天时、地利、人和的好时机，只要顺应客观规律而行，是没有害处的。 可以邀朋友一起大展宏图。 所谓时来运转，待机而动，就是指这种时刻，切莫错过良机，只不过要把握好大方向。 在人生之旅的紧要关头，何去何从，何归何依，需要作出明确的抉择，并要同时修练好自己做人的品行。

求财与生意：从卦象上得知，财运官运相助相生。 并且前30年，后30年均有财运。 只需防一克星，是你生意上的伙伴、伙计，或者是你工作中的同事，大约是西北方或东北方向属龙、羊者，有龙羊谐音者。 如果初爻发动，财运不佳，但生活无忧无虑，很开心。 如果是四爻发动，财运旺，应防人妒忌暗害。

交友：慎交东北方属牛、龙、羊的人。

出行：可行。 利西南行。 宜陆行。 春不宜行。

饮食：多食鸭鹅、饴糖、果类。

疾病：防脾胃、腹疾。

婚嫁：利于婚姻。春不宜婚嫁。

吉祥色：黄黑。

吉祥数：八、五、十。

第二十五卦：天雷无妄（巽宫）无邪才能成功

卦解：无妄卦上为天，下为震为雷，雷声传于天下，邪魔无处匿藏，何咎也。

吉凶：何咎卦。心正才能无灾患。

仕途：保持你心底清白无邪，便可达到目的。享受自然赋予意外的收获；享受创造的富足。对别人的误解和控告，决不要反击和报复。只要你深信自己做得对，心地纯正，谎言不攻自破。好运气加上自己的修炼努力，你会成功的。

求财与生意：虽然有财星，但不宜到手，这主要是你生活无忧无虑，而对生意没有太多的兴趣，也没有投入太多精力的缘故。如果四爻发动，而此时你已经开始做生意了，就要防备生意伙伴骗财。如果初爻发动，你的生意伙伴就能随你所愿，真心帮助你。

交友：慎交西北方属狗、猪之人。

出行：有出入之利。宜向东南行。秋不利。

饮食：多食长面粉羹，山林之味。

疾病：防泳濡溺、饮宿酒伤胃。

婚嫁：较顺。秋不易成婚嫁。

吉祥色：青绿、碧洁白。

吉祥数：五、三、八。

第二十六卦：山天大畜（艮宫）蓄养德智

卦解：大蓄卦上为艮为山为蓄止，下为天为乾为刚健，得此卦者有大智大勇潜能。

吉凶：元吉卦。此卦象有王者之象。

仕途：刚健者初出茅庐，缺少历练，蓄养不够，即使有王者之命相助，也难持久。故应记住孟子所说的："天将降大任于斯人也，必先苦其心志，劳其筋骨，饿其体肤，空乏其身，行拂乱其所为，所以动心忍性，增益其所不能。"可这是自然规律的体现，是天道使然。唯其这样磨炼自己，才能最后跃上"九五"之尊。

求财与生意：官星财星两旺，做生意有朋友倾力相助。做官有朋友为你提供财源。得此卦象者真是大吉大利，左右逢源。唯一注意不能太贪，对帮助你的朋友，一定要有利益回报。如果二爻发动，仍然两旺，生意锋芒不要太露，以免遭妒忌引来后患。如果是五爻发动，则不仅要生意做得辛苦，而且还遭人骗。这时命运发生转变，要多加小心。

交友：慎交西南方属猴、鸡之人。

出行：不用远行，请朋友相帮即成事。

饮食：多食糕点、酒、鸭、鹅。

疾病：防脾胃、股、咽、鼻疾。

婚嫁：好事多磨。春不宜婚嫁。

吉祥色：深黄、深绿。

吉祥数：五、七、十。

第二十七卦：颐卦（巽宫）滋补养生

卦解：颐卦上为艮，下为震，从卦形上看，生活滋润，又吃又喝。

吉凶：有口福之士。

仕途：得此卦象者，无官运。因口腹之累，仕途不顺，前景不妙，只是不要太贪口腹之欲，沦为招摇于吃喝场中的"食客"。但命中注定的事改也难。只要守住以德为本，身心兼养即可。

求财与生意成败：官星不旺，但财运通。你的朋友能按你的心愿，在求财的事上认真帮助你，要珍惜这份彼此建立起来的信任。如果四爻发动，则要防备你信任的朋友骗财，使你生意受损。如果是初爻发动，可以靠朋友相帮得一点小财。

交友：慎交西方向属猪、羊之人。

出行：可行。宜向东南方向行。秋不宜行。

疾病：防股肱、风、肠，防寒邪气，中风疾。

饮食：鸡肉、山林之味，蔬果酸味。

婚嫁：较顺。秋不宜成婚嫁。

吉祥色：绿、洁白。

吉祥数：五、三、八。

第二十八卦：泽风大过（巽宫）以柔济刚

卦解：大过卦两头是阴爻，象似两头不胜重压。必须采取措施，才能转危为安。

吉凶：厉贞卦。调整阴阳强弱，才能发展。

仕途：面对异常局面，要采取一切必要的措施避免伤害。一旦伤害发生，便不可收拾，要靠自己的内在力量渡过难关，不屈服于压力，打起精神，树立足够的信心，尽快将此不利局面扭转过来，转危为安。

求财与生意：有财星和官星，但不是太强。所以你求官求名，求财求利，均要付出很大的辛苦劳累才能得到。特别要小心被生意伙伴骗。如果四爻发动，财运较旺，但仍要防被别人骗财。如果初爻发动，财运不佳，但生活无忧。

交友：慎交西方属兔、龙之人。

出行：宜行。利东方。秋不宜行。

饮食：多食鲜肉、鲤鱼、蔬菜。

疾病：防足疾、肝疾。

婚嫁：可成。秋不宜成婚嫁。

吉祥色：黑青、碧绿。

吉祥数：四、八、三。

第二十九卦：坎为水（坎宫）排难脱险

卦解：坎卦，坎为"坑陷"，为陷阱。坎上加坎为重重险陷。

吉凶：有厉卦。处险不惊，排除险难。

仕途：在仕途中，你必须会遭遇到极大的困难，也许不论你往哪条路上走，都有此路不通，八方受敌的感觉，你奋力挣脱反被纠缠。此时你所能做的就是镇定下来，清理头绪，等待有利时机，沉着地寻找出路。这是唯一自救方法。

求财与生意：从卦象看此时你财运不佳，做生意艰难，虽然有朋友相帮，无奈时运不佳，劫财败家。建议休整 90 天后，再重新起卦看变化趋势。如果上爻发动，财运还是艰难，无大改变。如果三爻发动，则财运有转机。朋友能够按照你的心愿帮助你，将会有财进，生意也会有起色，务必抓住时机。

交友：慎交南方属猴、鸡之人。

出行：不宜远行。 宜舟行。 宜北方之行。 防盗匪。

饮食：多食猪肉、酒、海味。

疾病：防耳疾、心疾、血病。

婚嫁：不可在三、六、九、十二月行婚嫁。

吉祥色：黑、青色。

吉祥数：一、六。

第三十卦：离为火（离宫）依附行为

卦解：离卦，离为火，而火总是附着在它物上燃烧，所以离又有依附之意。

吉凶：吝贞卦。 将遇艰难，依靠朋友渡过难关。

仕途：命定你不能独闯江湖，你要想在仕途上有所作为，必须选定好一个可以让你依附于他的能人。 借助他人的能力，送你一程。他到头了，你再重新选定下一个更强的能人依附。 但切记，依附行为，并不等于依附人格，你的人格必须独立发展，你今后也许会比被你依附过的人地位还高。 但你不能忘记他们，应当有所回报。 这样才能使你今后依附的人乐意相帮。

求财与生意：生意与求财，也要采取仕途上的方法，依附于别人的帮助，一步步往高往大发展。 如果上爻发动，仍然要靠朋友相帮，才能辛勤敛财。 如果三爻发动，要全靠自己的努力去做生意，而不能再靠朋友的帮助了，还要防生意伙伴骗你的财。

交友：慎交北方属猪、鼠之人。

出行：宜向南方行。 不宜舟行。 冬不宜行。

饮食：多食煎炒、禽肉、瓜果类。

疾病：防目、心疾，防暑、时疫。

婚嫁：不顺。冬不宜成婚嫁。

吉祥色：赤、紫色。

吉祥数：二、三、七。

第三十一卦：泽山咸（兑宫）感情交流

卦解：咸卦上为艮为上，下为兑为泽，山能容泽，泽能纳气，山泽通气，交相感应。

吉凶：吉卦。家和万事兴。

仕途：注意以下几点，为人相处要以理服人，不可压服他人。他人对某事有把握，而你不能确信能成功，不可让他人先行动。不要试图影响很多人，宜小范围与同道往来。自己要绝对忠于事业，这样好朋友才会跟随你。一旦想取得他人的信赖，若大量使用抽象的言辞，卖弄辞藻，别人只是表面听从，并没有真心与你互应。

求财与生意：命中无大财运，所以要想生意兴隆，唯一是一个"情"字。对生意伙伴用情感之，使他们真心相帮。对爱人的情感要专一，才能家和万事兴。如果三爻发动，虽财运仍不佳，但可在官场上寻找机会。如果上爻发动，建议谨慎投资，仍然在官场上寻找突破的机会。

交友：慎交东方属猪、鼠之人。

出行：宜西行。不宜远行。防口舌损财。

饮食：多食羊肉、水中之物。

疾病：防口舌、咽喉、肺病。

婚嫁：多磨。秋可能有喜。夏不宜婚嫁。

吉祥色：白色。

吉祥数：四、二、九。

第三十二卦：雷风恒（震宫）人贵有恒

卦解：恒卦震在上为男在外，巽在下为女在内，象征夫妻恩爱，天长地久。

吉凶：何咎卦。男主外，女主内，不致有灾患。

仕途：宜先成家。女主内男主外，夫唱妇随，珠联璧合，共同打天下。自然界的秘密在于耐心能持久，同样成功也是夹持不懈努力的结果。

生意与求财：从卦象上看，求财与做生意有忧患之神主事，故有临身事难安，无病也遭官，财物常失散，但有利于求名求官。发财的事情朋友帮忙。如果三爻发动，虽有财运，但容易被生意伙伴骗财。如果上爻发动，仍不利于生意发财而利于求名求官。

交友：慎交西方属鼠、牛之人。

出行：利东方之行。冬不宜行。

饮食：食山林野味、鲜肉、果酸味。

疾病：防足、头、目、筋骨、肝疾。

婚嫁：可成。冬不宜成婚嫁。

吉祥色：黑、碧绿色。

吉祥数：四、八、三。

第三十三卦：天山遁（乾宫）以退为进

卦解：遁卦下为艮为山为止，上体为乾为天为健。两者相遁。

吉凶：小吝卦。阴长阳消，阴为小人，故防小人。

仕途：回避"小人"，但不能赤裸裸地表示厌恶，而是用自己高贵威严的魄力来达到这一目的。要能够承受让步的压力，以退为进，不为以羞，维持自己的尊严。

求财与生意：有官星而无财运。 如果非要做生意，不但破财而且有麻烦找上门。 建议多在官场上用心发展，或交做官的朋友。 如果二爻发动，劳碌奔波事难成。 如果五爻发动，则生活无忧无虑，有福神相助。 但生意却是为他人作嫁衣裳。

交友：慎交东方属猪、鼠之人。

出行：利出行。 宜入京师。 夏不宜行。

饮食：多食肝肺、骨物、水果食品。

疾病：防头面、肺疾。 夏宜不安。

婚嫁：宜找贵官人家之子女为偶。 冬夏不利婚嫁。

吉祥色：赤色、黑色。

吉祥数：一、四、九。

第三十四卦：雷天大壮（坤宫）慎用强壮

卦解：大壮卦上体为震为雷，下体为乾为天。 君子要靠自己保持强盛。

吉凶：无咎卦。 自胜者强。 切不能以强欺弱。

仕途：命中注定你有威震四方之象，有强盛壮大之意。 但提醒你在大而盛之时，君子做事循正理，行正道。 大壮之象就在于正，不正则恃强凌弱。 任其发展，会走到事物的反面，即不贞则自暴，暴必折。 所以当你发展到顶峰时贵在守正。 不可滥用其权势，而应当刚柔相济，这是解决守正的一条重要途径。

求财与生意：从卦象上看，你做生意要靠官相助才能成功，不然生意过程中，很容易被生意伙伴骗财。 如果四爻发动，仍然没有改变命定的结果。 如果初爻发动，则命运有些改变。 官星、财星皆旺，可先在官场上图发展，在靠朋友在生意上寻求财路为上策。

交友：慎交东北方属猪、鼠之人。
出行：可行。 宜西南行。 春不宜行。
饮食：食牛肉、甘味、五谷之味。
疾病：防腹、脾胃之疾病。
婚嫁：利于婚嫁，春不宜婚嫁。
吉祥色：黄、黑色。
吉祥数：八、五、十。

第三十五卦：火地晋（乾宫）以德进升

卦解：晋卦下体为坤，上体为离，坤为地，离为日，故有太阳跃出大地上升之象。

吉凶：吉卦。 以德而取晋升，腾达之象。

仕途：初始上升速度较为缓慢，但只要人正，你的忠诚和慷慨终会赢得别人的信任，便可以共同朝着目标努力，联合行动更用以克服困难。 如果用阴谋算计他人，结局会成为过街老鼠。 不要计较一时的得失，重要的是最终结果。

求财与生意：从卦象上看，有破财克家之患，好在有朋友鼎力相助，还不至于使损失扩大，此时生意最好稳中求财。 如果四爻发动，虽有福神相助，生活无忧无虑，但求名求官却不利。 如果初爻发动，虽然有发财的机会了，却会遭生意伙伴相骗，所以要多加留心，以防不测。

交友：慎交东南方属龙、蛇之人。
出行：利于西北方出行。 夏季不宜出行。
饮食：食马肉、辛辣之物。
疾病：防筋骨、肺、肠疾病。
婚嫁：宜成。 冬夏季不宜成婚嫁。

吉祥色：赤色、枣色。

吉祥数：一、四、九。

第三十六卦：地火明夷（坎宫）受难

卦解：明夷卦上体为坤为地，下体为离为日为火。太阳落入地中，暗喻受难之象。

吉凶：凶卦。灾难来临时，更善于保护好自己。

仕途：在困难时期保持低调的位置，不宜炫耀招来妒忌和对立。不要开创新的事业。对流言蜚语要充耳不闻。当境况进一步恶化活动受到制约，要求助于强手，曲线前进，渐渐恢复控制力，等待时机。

求财与生意：得此卦象，即使过去的生意做得很好，此时也应当守成三个月，不宜发展，刚起步的则要放弃。90天后重新起卦，再根据卦象情况而定。如果此次四爻发动时，有点小财，运无大改变。如果初要发动，虽有福星照临，但又受克，生活无忧而已。

交友：慎交南方属马、羊之人。

出行：不宜行。宜舟行。防遇阻陷溺之事。

饮食：食酒、卤物、腰、肾之物。

疾病：防耳、心、肾疾。宜感染。

婚嫁：好事多磨。三、九月不宜婚嫁。

吉祥色：黑、青、蓝色。

吉祥数：一、二。

第三十七卦：风火家人（巽宫）返璞归真

卦解：家人卦象征修身齐家治国平天下。

吉凶：初吉。 正家而天下定矣。

仕途：得此卦者，命定你采取的步骤就是先要修身，治家。 家安定了，对你来说就是天下定了，有了贤内助，你才能无后顾之忧，才能走出去治国、打天下。 不过平平淡淡也是真。

求财与生意：从卦象看，你无官星，但财星旺，只要家庭关系处理好，你会生意兴隆，财源滚滚，朋友会敬重你对家庭的责任感，而真心诚意地在生意上支持你。 如果二爻发动，则是防你辛苦的劳作是为他人作嫁衣裳了。 如果五爻发动，则是官星又强于财星，不利于求财，确利于求名求官。

交友：慎交西北方属虎、兔之人。

出行：可行。 有出入之利。 秋季不利行。

饮食：食鸡肉、山林之味、蔬果酸味。

疾病：防风、肠、寒邪之疾。

婚嫁：较顺。 秋不宜婚嫁。

吉祥色：深绿、碧洁白。

吉祥数：五、三、八。

第三十八卦：火泽睽（艮宫）离合异同

卦解：睽卦由兑下离上组成，兑为泽，泽为润，泽润下，离为火，火焰向上，相违相离之象。

吉凶：贞吉卦。 诸事不顺，小心行事。

仕途：要习惯人与人之间的分分合合，合久必分，分久必合。 这是一种历史规律，也许你现在正处在于朋友分道扬镳的时候，小心行事，度过这一时间。 若是真正的朋友，最终还是可能走到一起的。 否则，另选择合作伙伴。

求财与生意：从卦象上看，官运、财运均不佳。 再加上还有小人装扮成朋友混在你身边,建议求财与做生意,均要慎之又慎。 如果四爻发动,则更要有麻烦。 如果初爻发动,则更要小心破财败家。

交友:慎交西南方属蛇、马之人。
出行:不宜远行。
饮食:多食途中之物、野味。
疾病:防肠、肺、脾胃之疾病。
婚嫁:多磨难。 春不宜婚嫁。
吉祥色:深黄、姜黄。
吉祥数:五、七、十。

第三十九卦:水山蹇(兑宫)艰难

卦解:蹇卦上体为坎,坎为陷为险,下体为艮为止。 象征进退维谷。

吉凶:有厉卦。 险阻艰难。

仕途:人生会遇到各种各样的险阻,越早预见,就能越顺利地将它们克服。 这一劫难未命中注定,只能回到家中得意于平常琐事,调整心态,并听从朋友的指点和帮助等待转机。

求财与生意:无官星,财运弱,还要防劫神,破财败家。 好在有朋友相生相助,要善待帮助过你的人。 如果四爻发动,命运未变。 如果初爻发动,则更凶险,建议守成。 90天后起卦,看卦象再以定夺。

交友:慎交东方属蛇、马之人。
出行:不宜远行。 防口舌。 秋不利。
饮食:多食羊肉、水中之物。
疾病:防口舌、咽喉之疾病。

婚嫁：不顺。秋不宜婚嫁。
吉祥色：白。
吉祥数：四、二、九。

第四十卦：雷水解（震宫）除小人解难

卦解：解卦下为坎为险，上为震动，震动于坎险之外，愈动离险愈远。

吉凶：厉吉卦。险难化险。利向西南，获吉祥。

仕途：命中注定你有场劫难。当解除后，你应当努力创造一个和平安宁、休养生息的环境。但维持这个环境，要从两个方面入手：一是与周围同事处好关系；二是区别出妨你之小人。劫难已消之时，你可以全力找出小人，揭露他。否则他仍会给你带来厄运，使你仕途更加艰难。

求财与生意：时来运转，财运帮官运，祝你发财。大吉大利。小心你的生意伙伴骗财钱，多加防范就行了。如果二爻发动，则不担心朋友骗你财了。他还会真心诚意帮你，助你一臂之力。如果五爻发动，仍同二爻发动一样，大吉大利。

交友：慎交东北方属虎、兔之人。

出行：利西方。秋不宜行。

饮食：食山林野味、鲜肉、菜蔬等食物。

疾病：防足、肝经之疾病。

婚嫁：可成。秋不宜成婚嫁。

吉祥色：黑、碧绿色。

吉祥数：四、八、三。

第四十一卦：山泽损（艮宫）得与失

卦解：损卦上为艮为山，下兑为泽，象征用自己做别人的垫脚石，虽失去却有得。

吉凶：吉卦。有失便有得，有得便有失。

仕途：在人与人、高与低、得与失之间，都存在一个永久性的能量转换，比如工作都是你干的，但你把功劳最后都归功于你的上司或同事，看来你不是白干了，是失去了成绩，你的同事或上司得到了你的馈赠，心里欠了你的一份情，说不定你今后从他们那里得到的好处比你所付出的要多得多。形成人际关系的良性循环，何愁事业不腾达？

求财与生意：生意与求财同仕途一样，有失有得要能吃亏。中国有句老话："吃亏是福。"这句话对于你更是金玉良言。只有这样才能生意兴隆，财源滚滚。如果三爻发动，官运帮财运，相得益彰。如果上爻发动，仍同三爻发动一样的结局。

交友：慎交东北方属兔、龙之人。

出行：不宜远行。利东北方向。

饮食：食墓畔竹笋、野味。

疾病：防脾胃、肝胆疾病。

婚嫁：好事多磨。春不宜婚嫁。

吉祥色：黄。

吉祥数：五、七、十。

第四十二卦：风雷益（巽宫）收获

卦解：益卦上体为巽为木，木可制舟，舟可济川，暗喻征途畅通。

吉凶：抓住机遇，利于有所作为。

仕途：当时机到来，抓紧利用，尽管也可能引起一些风险，最终会有好结果。 只要时机成熟，看到有利迹象，就要开始收获。 只是不要太贪婪自私，也要给别人一些忠告和指点，使别人受益匪浅。 他人从你的慷慨中得到好处，也会给予回报。

求财与生意：有财运，只是命中带克星阻财路。 特别要小心被你的帮工伙计骗财。 要用情感动他们，利益给足他们，对生意的伙伴分配要公正合理，这样才能财路畅通。 如果是三爻发动，命中没有多大的改变。 如果是上爻发动，财运不佳，但有做官的朋友相助，生活还是无忧无虑。

交友：慎交西北方向属虎、蛇之人。

出行：可行。 由出行之利。 秋不利行。

饮食：多食鸡肉、山林之味、瓜果类。

疾病：防风、股肱之疾和中风。

婚嫁：较顺。 秋不宜婚嫁。

吉祥色：青绿、碧洁白。

吉祥数：五、三、八。

第四十三卦：泽天夬（坤宫）处事果断

卦解：夬卦乾下为刚，暗喻君子，遇乱要坚决果断，该断不断，反受其乱。

吉凶：小吝卦。

仕途：君子虽然强大，但小人诡计多端，不可掉以轻心。 应当先有准备，再果断出击。 但是要让别人理解，你是出于无奈才操持武器的。 要记住对于你来说，每当身临困境，都要抓住时机给予反击，不要让小人认为你好欺负。缺乏自信最终只能是一事无成。

求财与生意：财运官运此时均不佳。但生活无忧无虑。要注意身边做官的朋友，因为他们可能会给你带来麻烦，最好不要把你生意上的事情告诉他们太多。谨慎发展或扩大生意规模。如果五爻发动，命运同前无改变。如果而要发动，则有灾星降临，更要小心防范。

交友：慎交东北方属鼠、牛之人。

出行：可行。宜西南行。宜路行。春不宜行。

饮食：食牛肉、甘味、野味。

疾病：防腹、脾胃、肝经之疾病。

婚嫁：较称心。春不宜婚嫁。

吉祥色：黄、蓝色。

吉祥数：八、五、十。

第四十四卦：天风姤（乾宫）缘分

卦解：姤卦上体为乾为天，下体为巽为风，风行天下，来去无踪，暗喻随缘。

吉凶：无咎卦。凡事随缘莫求强。

仕途：世上很多事都是命中注定。得此卦象者，命中注定仕途上要随缘而定，不要去刻意追求而自寻烦恼。而要给自己全方位"充电"，培养自己多方面应变能力，使自己的人格魅力更加完美，等待缘分的到来。

求财与生意：财运不佳，但有做官的朋友与你有缘，愿意倾心相帮。你应当抓住这个机会，不要怕辛苦。没有这个缘分，你辛苦也无钱。如果初爻发动，将有助于你的财运。如果四爻发动，则是劫财之神降临，要谨慎人事。

交友：慎交东南方属虎、兔之人。

出行：利于行。 利西北行。 夏不利行。

饮食：食马肉、珍味、肝肺类。

疾病：防肺和头面之疾病。

婚嫁：顺利。 正、八月不宜成婚嫁。

吉祥色：红、玄色。

吉祥数：一、四、九。

第四十五卦：泽地萃（兑宫）和谐

卦解：萃卦下体为坤为顺，上体为兑为悦，上和悦而下顺从，一团和气。

吉凶：团结就是力量，借朋友之力而成事。

仕途：与伟大的人相遇是幸事，你会由此发迹成功。 你一定要使这种交往牢固长久。 你的成功和失败很大程度上取决于你和他交往的关系的深浅。 如果你们只是相互利用，对双方都是有害而无益的。 你要把这个道理很委婉地告诉他，使你们相互长久受益。

求财与生意：官运强于财运。 建议你把心用在仕途的发展上。 在生意上，若你的生意伙伴没有倾心相交，则生意求财都会受到影响。 如果二爻或五爻发动，财运要强于官运，而且你的和生意伙伴的关系也有转变，他会真心帮助你。 你要抓住机会巩固友谊。

交友：慎交东方属猴、鸡之人。

出行：不宜远行。 秋不宜行。 防口舌。

饮食：食羊肉、水中之物。

疾病：防气逆喘疾。 不思饮食、口舌疾病。

婚嫁：较难。 夏不宜成婚嫁。

吉祥色：白色。
吉祥数：四、二、九。

第四十六卦：地风升（震宫）循序渐进

卦解：升卦其下体巽卦德为入，上体坤卦德为顺。暗喻顺势而升。

吉凶：吉卦。按原则循序渐进则吉。

仕途：遵循此法则是你的事业就如同建筑房子，要一砖一瓦砌成。你的目标是要你耐着性子一步步地去实现。你会注意到一些迫不及待的人生过客，常常会被无意超过他们的人所超过，就是这个道理。古话说：欲速则不达。当事物以自然的速度向前发展时，要认识到这是一种正常现象。切不可莽撞求速而导致灾难降临，前功尽弃。

求财与生意：财星官星相助相生，不过你首先应该先做生意，积累财富，再助官星上升，又反过来帮助财星，形成良性循环，只是注意掌握好分寸节奏。如果四爻发动，则求财不利，而应求名求官再求财。如果初爻发动，则要急流勇退，待时再进。

交友：慎交西方属虎、兔之人。

出行：利东方之行。秋不宜远行。

饮食：食鸡肉、山林野味、果酸类。

疾病：防足、筋、目、头痛、高血压疾病。易惊恐不安。

婚嫁：顺利。秋不宜婚嫁。

吉祥色：黑、碧绿色。

吉祥数：四、八、三。

第四十七卦：泽水困（兑宫）忍

卦解：困卦坎为阳卦在下，兑为阴卦在上，一般说阳上阴下才是常理，反此卦反常理为困卦。

吉凶：凶卦。 逆境中忍耐。

仕途：当你感觉到自己的努力及愿望受到制约，不能施展而使你筋疲力尽，心情沮丧，情绪消沉时，你所做的事情都是徒劳的。你同别人诉说的一切，不是被反对，就是被误解，面临这样的局面需要隐忍自制，并依环境的变化，不断调整自己，守住最终的目标。 君子的标志在于他变失败为胜利的能力，以及在不利的情况面前从容自若的忍耐力。

求财与生意：有财神相助，身强财旺，只是常被金克困而不发。要请四月或五月出生的属蛇、马之德正之人帮助你，才能解而大发。如果初爻发动，仍没有脱困，还是要小心谨慎。 如果四爻发动，则易遭生意伙伴或帮工骗财。

交友：慎交东方属羊之人。

出行：不宜远行。 防盗匪。

饮食：多食羊肉、水中之物。

疾病：防气喘、口舌、喉管食道疾病。

婚嫁：不顺。 夏不宜成婚嫁。

吉祥色：米白色。

吉祥数：四、二、九。

第四十八卦：水风井（震宫）以德服人

卦解：井卦下巽为风为入，上坎为水，入乎水而上水，暗喻井中取净水，任人取求。 把井人格化，无怨无悔之美德。

吉凶：吉卦。 保持自身的纯洁就是成功。

仕途：保持你生性中的纯洁，就可以成功。 水井要时常淘洗，人也要不断自省。 抽出时间来进行这样的工作，你会有意外的收获。并会对你所处的环境，所发生的事情，应付自如。 这是修养自身，惠物无穷的道理。 只要善始善终，终有收获。

求财与生意：从卦象看，只要你坚持做到大公无私的"井德"，并守恒不渝，那么你就会得到这样的回报。 财运旺，官运旺，众多朋友真心相帮，惠人终会惠己。 如果五爻要发动，仍是好运道。 如果二爻发动，则要防破财破家之灾。

交友：慎交属鼠、牛之人。

出行：宜行东方。 秋季要多加小心。

饮食：宜食鲤鱼、鲜肉、山林野味。

疾病：防肝胆、足疾。

婚嫁：较顺，秋季不利婚嫁。

吉祥色：深绿、黑、深蓝色。

吉祥数：四、八、三。

第四十九卦：泽火革（坎）变革求生存

卦解：革卦离为下为火，兑为上为泽水，水火不相容，暗喻要变革。

吉凶：有厉卦。 有险。 变革中求生存。

仕途：稳定对生活来说虽然极其重要，但此时所处的人事境况不利或有害于你，就要坚决变革。 虽然改变建立起来的规则和习惯要付出极大的努力。 有时变革的结果还不尽如人意，但是你必须去尝试，需求一个最佳的结果。

求财与生意：无财运。 官星受克，你必须尝试进行改变，好在你所处的环境对你相生相助，多交朋友特别是在官职的朋友。 他们可以改变你的状况，使你好起来。 如果四爻发动，仍要按上述行事。 如果初爻发动，情形仍无大改变。 只是官职的朋友帮不了忙，而要靠社会朋友，并要防生意伙伴或帮工骗财了。

交友：慎交南方向属龙、羊之人。

出行：不宜远行。 防盗匪。

饮食：多食猪肉、海味、汤汁类。

疾病：防耳、心、肾疾。

婚嫁：不太顺。 不可在三、六、九、十二月成婚嫁。

吉祥色：黑、深蓝色。

吉祥数：一、六。

第五十卦：火风鼎（离）去故取新

卦解：鼎卦下为巽为顺，上体为离为明，万事兴。

吉凶：鼎为祭天之物，最为吉祥。

仕途：只要你的意念精纯，目标有意义，你所采取的手段必将合乎于你所追求的目标，行动中的每一个环节仍要不断修正，你的成功巨大而显赫。 即使有小人会忌妒你，也不能伤害你。 即使路上仍会遇到障碍，只要耐心坚持下去之后，你便可以享受到努力的成果。

求财与生意：财运官运均旺，相助相帮。 防备生意伙伴骗财。太贪反损财。 如果二爻发动，仍应当防骗。 如果五爻发动，则朋友伙计能真心相待，只是财运不佳了。

交友：慎交北方属鼠、牛之人。

出行：宜向南方行。 不宜舟行。 冬不宜行。

饮食：食禽肉。

疾病：防目、心疾。易染时疾。

婚嫁：不利。夏宜婚嫁。冬不宜婚嫁。

吉祥色：紫红色。

吉祥数：三、二、七。

第五十一卦：震为雷（震）化危为安

卦解：震卦上下体均为震，虽有惊惧之意，也有振奋之象。

吉凶：厉贞卦。凡事有转危为安的可能。

仕途：凡事要审慎对待，不要掉以轻心，但并非胆小怕事。因为思想上要有准备，猝然遇到重大变故，反而能不惧。你有可能会失去财产和权力，但同时也能会遇到各种意想不到的机会。塞翁失马，焉知非福。

求财与生意：有官星财星相生相助，忌太贪。大进大出将会损财。你的生意可能会很有成就，仍是要稳步发展。如果上爻发动，防被生意伙伴、伙计骗财。如果三爻发动，虽然辛劳奔波，但进财不多。多亏生意伙伴、伙计真心相帮，不至于太亏。

交友：慎交西方属羊、牛之人。

出行：利东方向。秋不宜行。冬利行。

饮食：食山林野味、鲜肉、菜蔬等。

疾病：防足、肝胆疾病。

婚嫁：较顺。秋不宜婚嫁。冬季较好。

吉祥色：绿、蓝、黑色。

吉祥数：四、八、三。

第五十二卦：艮为山（艮）冷静

卦解：艮卦上下为艮，艮为山为止。暗喻当行则行，当止则止。
吉凶：无咎卦。三思而后行无大错。
仕途：在事情难以捉摸的初始阶段，要保持冷静的心态，对诸事的疑虑和挫折，待心态平和后再行处理。在仕途中要掌握行止得当，徐疾有序的本事。
求财与生意：卦象上官运强于财运。财运不佳还要防伙计骗财，总之生意上也视同仕途，谨慎行事，该行则行，该止则止。如果上爻发动，命运仍未改变。如果三爻发动，则要靠当官的朋友在生意上多多帮助，伙计对你忠诚可靠。
交友：慎交西南方向属猴、鸡之人。
出行：不宜远行。宜近陆行。
饮食：多食土中之物、野味。
疾病：防手指疾、脾疾。
婚嫁：不顺。春不宜成婚嫁。
吉祥色：黄色。
吉祥数：五、七、十。

第五十三卦：风山渐（艮宫）渐进

卦解：渐卦艮为下，为山为止。巽为上为风为木。在下的不动，在上的缓动，是渐进的气象。
吉凶：初吉卦。凡事按章程逐渐发展终获吉祥。
仕途：你渐渐明确了自己的环境和相处目标，熟悉了环境和人、事，你会感到自己正被赏识，而且得有能力帮助别人。从而你的要求也能得到了他人的回应。 你可以和志同道合的人一起为未来共同奋斗。

求财与生意：财运不佳，但有做官的朋友相助，渐渐发展也是可行的。 不要急于求大，要稳步求发展。 当官的朋友帮了你，你应有所回报，最好能做你的股东之一。 因为他是你的财神，如果三爻发动，把握好能发财。 如果上爻发动，则是虽有财运，但要防被生意伙伴骗财。

交友：慎交西南方属蛇、马之人。

出行：利东北方向。 冬不宜行。

饮食：多食糕点、汤汁物。

疾病：防肺、脾胃、股疾病。

婚嫁：不顺。 春冬不宜婚嫁。

吉祥色：黄色。

吉祥数：五、七、十。

第五十四卦：雷泽归妹（兑）偏失正道

卦解：归妹卦兑为下为少女，震为上为长男。 欣悦而动本是喜事，但老配少妻实不当。

吉凶：终凶卦。 偏失正道，凶险无疑。

仕途：当你处在不利的环境中，要分析自身优势和缺欠，摆正位置，协调好与周围的关系，学会放弃和等待，在起伏的波浪中保持信心。

求财与生意：从卦象看，有财星但被自己所克，辛劳奔波，得之不多。 主要原因还是家庭不和，妇（夫）不贤的缘故。 如果三爻发动，财星仍不旺，当官星较旺，可考虑求做官的朋友帮忙或自求仕位。 如果是上爻发动，则官星财星两不旺。

交友：慎交东方向属虎、兔之人。

出行：不宜远行。防口舌是非。秋利行。

饮食：食羊肉、辛辣之物。

疾病：防口舌、咽喉、呼吸道疾病。

婚嫁：不顺。夏不宜成婚嫁。

吉祥色：米白色。

吉祥数：四、二、九。

第五十五卦：雷火丰（坎宫）强盛不衰

卦解：丰卦离为下为明，震为动，震动而上行。象征太阳升至高空。

吉凶：元吉卦。天下盛大，谨以保丰。吉祥。

仕途：前程不可限量。能成大业，要通过吸收更多的贤达之士，向更高一层台阶。你的事业如日中天。唯一注意的是，不要关起门来守护财富，恐他人会永远离开你。真正的财富只有通过与人们友善的交往中，才能获得并保持。

求财与生意：官星旺而财星弱，如果你一定要经商，也必须通过做官的朋友相帮才行，或者在仕途上事业有成后，再转来经商。如果五爻发动，虽然有朋友相帮，也要防破财败家之灾。如果二爻发动，仍同五爻发动相同。

交友：慎交南方向属蛇、马之人。

出行：不宜远行。宜舟行。防盗匪。

饮食：食猪肉、酒、海味。

疾病：防食疫、胃肠疾病。

婚嫁：利夫妻间年龄差距大。十二月不宜婚嫁。

吉祥色：黑色。

吉祥数：一、六。

第五十六卦：火山旅（离宫）不宜妄行

卦解：旅卦艮为下为善，离为上为火，山静止不动，火在四处蔓延。象征旅行。

吉凶：吝卦。暗喻生活不安定。

仕途：此卦象并不是说你真是一个旅行者，而是指你生活工作中常有变动，所以你要适应你命运的安排，不要奢望太高。随遇而安，不宜妄行。适应了这种变化，处理好它，也能幸福。

求财与生意：无官星，单有财运，求官求名都不利，但生意上可以财源滚滚，生意兴隆，唯一要防的是你生意伙伴和伙计骗你的财，所以要用情去感化他们，要给他们利益。如果初爻发动，官星旺，防破财败家之灾。如果四要发动，则是官星旺而财运不佳。

交友：慎交北方属猪、鼠之人。

出行：可行。宜向南方，不宜舟行。

饮食：食蟹、鳖、蚌之类。

疾病：防胸膈以上部位疾病。

婚嫁：不顺。冬不宜成婚嫁。夏不利婚嫁。

吉祥色：赤色。

吉祥数：三、二、七。

第五十七卦：巽为风（巽宫）以屈求伸

卦解：巽卦是由两个巽相叠而组成。巽为风，风无所不至，无所不顺。

吉凶：吉卦。以屈求伸为上等。

仕途：巽为风，风能在每一个角落和裂缝中穿行，并风可以所时令变化而变化。智者遵循这一原则，不断调整自己，以顺应环境的变化，增强生存和竞争能力，营造一个利于进取建功的宽松环境。不卑不亢，以屈求伸是上策。

求财与生意：时运不佳，所以做生意也同仕途原则一样处置，也要防止生意伙伴骗财。如果上爻发动，时运已到，朋友及生意伙伴也能随你心愿帮助你，要抓住发财机会不要错过。如果三爻发动，则是劫财之神降临，千万小心。

交友：慎交西北方属猴、鸡之人。

出行：可行。宜向东南方行。秋不利行。

饮食：食鸡肉、面粉、肠肚之类。

疾病：防肠、皮肤、中风等疾病。

婚嫁：顺。秋不宜婚嫁。

吉祥色：青绿、白色。

吉祥数：五、三、八。

第五十八卦：兑为泽（兑宫）享受生命

卦解：兑卦上下体均为兑，兑为泽，两泽相浸润，互有滋益。

吉凶：吉卦。两相悦，才能享受生命。

仕途：找到一个可以相互信赖的，相互帮助心灵相通的合作者，才能一起达到希望的目标。但不要依靠你并不真正了解的人，否则就建起了悲惨之桥。

求财与生意：从卦象上看，财星弱而且还需要一个与你相悦，且做官的朋友相助，才能使生意兴隆，否则辛苦劳累得之不多。如果是上爻发动，时运虽不佳，但生活无忧，不要与做官的朋友发生矛盾。

交友：慎交东方属虎、兔之人。

出行：不利远行。 宜西行。 秋宜行。
饮食：宜食羊肉、酒、辛辣之物。
疾病：喉部疾病。
婚嫁：不顺。 夏不利婚嫁。
吉祥色：米白色。
吉祥数：四、二、九。

第五十九卦：风水涣（离宫）形散神聚

卦解：涣卦坎为下为水，巽为上为风，风行水上，水波离散，故称涣卦。

吉凶：小吝。 水波分而不乱，秩序井然。 大吉。

仕途：你的家庭和工作环境可能会发生意想不到的变化，虽然令人厌烦，但你命该如此，关键是你要学会在聚散中抓住机会，使事业有成。

求财与生意：从卦象看，无财星、官星。 建议90天后重新起卦。 要防破财败家之灾。 如果五爻发动，无财运有官星，但官星不旺并受克。 如果二爻发动，财星都有，但要靠自己辛苦奔波去获得。

交友：慎交北方属猪、鼠之人。
出行：可行。 不宜舟行。 冬不宜行。
饮食：食禽肉、瓜果、干脯之物。
疾病：防目、心疾病。
婚嫁：不顺。 冬不宜婚嫁。
吉祥色：紫红色。
吉祥数：三、二、七

第六十卦：水泽节（坎宫）谨慎

卦解：节卦兑为下为泽，坎为上为水，泽是储水之所，水满则溢，故为节为谨慎。

吉凶：无咎卦。 凡事有节制，谨慎无大错。

仕途：要明了自己的环境，此中限制是工作生活的组成部分，并有特定的作用。 合乎规律的节制，不但不会阻碍事情的发展，相反还对你有利。 如果不予以节制，放纵自己，就必然导致凶咎，最终失败。

求财与生意：有官运有财运，官助财运，买卖兴隆，只是要注意和生意伙伴或者你的助手搞好关系，和气生财。 如果初爻发动，则有劫财之神降临，防破财败家。 如果四爻发动，只能靠自己辛苦挣钱，而朋友则帮不上忙。

交友：慎交南方属猪、鼠之人。

出行：不宜远行。 宜舟行。 注意防盗。

饮食：食猪肉、血、鱼汤汁。

疾病：防耳疾。 涵冷之痛、血病等。

婚嫁：夫妻年龄差别大有利。

吉祥色：黑色。

吉祥数：一、六。

第六十一卦：风泽中孚（艮宫）诚信立业

卦解：中孚卦下为兑为泽，上为巽为风，故泽止水，风在止水上吹拂，是至诚无所不入之象。 广泛施及诚信之德，泽惠天下万物。

吉凶：初吉卦。 诚信立事，可涉跃大河巨川。

仕途：当你以诚信为本，人们自然被吸引到你的周围。 还因为你无意操纵支配他们，共同在真诚平等的原则上愉快地合作，能够取得成功。 若成功使你趾高气扬，试图凌驾于他人之上，最终会身败名裂。

求财与生意：命中无财星，所以要看与生意的合作者是否相生相应。 本卦自己为土，要找属火者为合伙人。 火生土虽无财星，但仍能同心协力，使生意越来越兴旺。 原则是双方彼此应当真诚相待，不然则两败俱伤。 如果四爻发动，则不利求名求官，但有福神降临，虽生意不顺，但灾祸找不上身。 如果初爻发动，则要防劫财。 生意不宜扩展，应以稳而为原则。

交友：慎交二、三月所生属兔、龙之人。

出行：不宜远行。 有阻。 宜近陆行。

饮食：多食墓畔竹笋之物、野味等。

疾病：防脾胃、腹疾。

婚嫁：有阻隔难成。 成宜遥。 春不宜婚嫁。

吉祥色：黄、黑色。

吉祥数：六、十、八。

第六十二卦：雷山小过（兑宫）小有过越

卦解：小过卦艮为下为山，震为上为雷，故有山上有雷之象。 喻山顶雷震响回音隆隆超过常态，象征遇事稍有过越亦能呈祥。

吉凶：贞吝卦。 掌握分寸，打好擦边球，能吉祥。

仕途：得小过卦者，不宜在此段时间内成大事。 一个人有能力有本事固然重要，但如果没有恰当的位置，不能最大限度地发挥自己的才干，也是枉然。 所以你可以掌握好分寸打一点"擦边球"，小有过越，不做过激的反应，不超出你的控制极限，那么这样的行动能给你带来益处,收获更多。

求财与生意:有官星无财运。 有忧患之神临身。 凡世难安,防财务被盗,故生意上要谨慎维持,勿为生意伙伴或下属做嫁衣裳。 如果四爻发动,则是福神降临,飞灾横祸化为尘。 生活无忧无虑,但不利求名求官。 如果初爻发动,则是辛苦之神降临,劳碌奔波而所获不多。 夫(妻)不贤而恐寿不长,要当心。 求官星相帮可克此难。

交友:慎交东方属猪、兔之人。

出行:不宜远行。 宜西行。 防口舌,防损失。

饮食:多食肝肺、胡桃类食品。

疾病:防口舌、膀胱、肠疾。

婚嫁:不顺。 夫妻年龄差别大利于婚。 夏不宜婚嫁。

吉祥色:白色。

吉祥数:四、二、九。

第六十三卦:水火既济(坎宫)慎终如始

卦解:既济卦离下为火,坎上为水,可以煮物,象征事已成。

吉凶:贞咎卦。 水火既济也相灭。 凡事慎终如始。

仕途:凡事注意阴阳平衡。 当有大功告成之后,则随着形势的发展,原有的平衡必然被打破,出现新的矛盾,应避免对抗情况出现。你终身都要慎重对待工作中的每一件事。 命中你仕途可成,但要知道水火既相济水也能灭火。 故得而既济卦告知你:隐伏危机。 要采取措施防既济转向未济,所以要在无患之时"思患",预为防备,以保你一生由咎转贞。 同时,记住"既济"只是人生的一个驿站,而不是终点。

求财与生意:有官星而无财星。 得此卦象者,在三个月内生意最好,以守成为本,稳为上策,并防劫财败家。 90天后再虔诚起卦看有无破解,再行定夺。 如果三爻发动,生意上虽无大发展,但劫财神已去,生活顺利。 如果上爻发动,则利于求财发展生意,求名求官,若生意上有个好助手则更加兴旺。

交友:慎交南方属羊之人。
出行:不宜舟行。 宜北方行。 防盗匪。
饮食:多食腰子、海味、有核之物。
疾病:防耳痛、心疾、肾疾。
婚嫁:利中男之婚,不宜在3、6、9、11月行婚嫁。
吉祥色:黑色。
吉祥数:一、二。

第六十四卦:火水未济(离宫)变易无穷

卦解:未济卦坎下为水,离上为火,火在水上居位不当。 喻事未成。

吉凶:有咎卦。 虽不当位,但变易无穷。

仕途:天地生物,遂有千种变化,万般巨动。 此时你虽处在对己不利之时,但只要慎之总可能有变易。 阴阳消长,仕途盛衰的矛盾争斗,终会有一个或好或坏的结局,全靠自己把握。 所以在不利时要树立信心,特别要防成功之岸近在咫尺时,被胜利冲昏了头,致使前功尽弃。 或者认为前途渺茫,干脆放弃前行,致使你终生是一个悲剧角色。

求财与生意:有财星,但财星被克,防败家损财。 亲人有病痛,要事必躬亲,辛勤劳作才能渡过难关。 90天后再虔诚起卦,看有无机会破此劫难。 如果三爻发动,则命运有转机,有发财的机会,要尽快抓住,而且财星帮官星,彻底脱困。 如果上爻发动,有财星,但防被官所骗而损财,防被生意伙伴骗财。

交友：慎交北方属猪、鼠之人。
出行：可行。 宜向南方。 冬不宜行。 不舟行。
饮食：宜多食鸡肉、炙煎之物。
疾病：防目、心疾、上焦病。
婚嫁：不顺。 冬不宜婚嫁。
吉祥色：赤紫色。
吉祥数：三、二、七。

第三章 解爻手册

第一卦 乾卦爻解

初爻：
（1）
阳气方生昧未明，潜藏勿用破幽荣。
离明一照四方火，进位高攀便出群。
（2）
玉韫石，珠藏渊。
羽翼一旦上青天，名利须知有异缘。

二爻：
（1）
得意宜逢贵，如龙已出渊。
利名终有望，十五月团圆。
（2）
已出尘泥迹，声名动四方。
风云将际会，千载遇明良。
（3）
龙见田中立，身心同贵人。

利名应可见，进退有科名。

三爻：
（1）
步履无行阻，先忧后必昌。
飞龙形不见，西北是其乡。
（2）
忧且不成忧，忧里笑盈眸。
声名相久遇，目下暂淹留。

四爻：
（1）
欲行怀珠，片帆千里。
玉藏远山，徘徊未已。
（2）
天布彤云色，花繁落影多。
霏霏斜日照，帆便泛汉波。

五爻：
（1）
隐姓埋名实待时，飞龙天上大人辉。

正当守位动无咎，终保声名四海知。

(2)

上下皆同德，风云际遇时。
如天施雨露，万物尽光辉。

(3)

日边音信至，佳会在风云。
青紫人相引，时和到处春。

上爻：

(1)

知进当知退，居安必虑危。
心中无过咎，虽悔必堪追。

(2)

安静宜无咎，思来便有灾。
前途飞走处，忧事更防来。

(3)

心戚戚，口啾啾。
一番思虑一番忧，宜欲休时便好休。

第二卦　坤卦爻解

初爻：

(1)

阴气方浓始履霜，待时亨动见阳刚。
云中一力扶持起，水畔行人在北方。

(2)

事每因驯致，凝成戒履霜。
善应有余福，不善有余殃。

二爻：

(1)

万丈波涛无点乱，一天风雨更幽闲。
客行已在经纶里，名利何劳自作难。

(2)

敬义存中正，前程事事通。
自然无不利，不习已成功。

三爻：

(1)

待命含章终必吉，强谋前进未亨昌。
兔衔刀到黄金上，万里鹏程羽翼忙。

(2)

始则难，终则易。
相合相从，天时地利。

(3)

含章虽有喜,进退且需时。
丹诏从天下,风云际会时。
四爻:
(1)
路不通,门闭塞。
谨提防,月云黑。
(2)
守慎宜无咎,包藏似括囊。
震雷轰发后,利涉总安康。
(3)
事机宜谨慎,无是亦无非。
守静宜恬退,深虞陷祸机。
五爻:
(1)
世道垂衣治,安身文史中。

不须操武略,名利在西东。
(2)
安居中守分,能顺以承天。
至美利元吉,西南喜庆全。
上爻:
(1)
镜破钗分,月缺花残。
行来休往,事始安然。
(2)
刚柔两战伤,其血须玄黄。
龙马生悔吝,极终已悔亡。
(3)
有名无实效,谋事更迟迟。
讼病多刑克,施为总未宜。

第三卦　屯卦爻解

初爻:
(1)
不当进步且盘桓,一得民心含此章。
驻马闻人溪上事,水中还有万人观。
(2)(阳)
守不失,求不成。
近谋远遂,贵客通津。

二爻:
(1)
屯难籙来已十年,一朝反本便更迁。
婚姻不利谋斯卜,有个佳音在水边。
(2)
事迟志速,尚且反复。
等闲家间,花残果熟。

(3)
迍遭方不利,欲进阻前程。
凡事宜求缓,婚姻久乃成。
三爻:
(1)
逐鹿还失鹿,求名未得名。
林中有佳信,去后尚萦萦。
(2)
无虞而即鹿,妄动必无功。
君子能先见,毋令往返穷。
四爻:
(1)
乘马班如进,求婚媾吉贞。
得人要济助,何事不光亨。

五爻:
(1)
门前小事吉,心下大谋凶。
一片山前处,防生反复蒙。
(2)
西向宜求望,秋冬渐出屯。
不须更犹豫,尽可自经纶。
上爻:
(1)
持刀井畔立,井畔舞佳人。
出马四足病,防生泣血声。
(2)
居屯谋尽用,忧惧不遑宁。
要问前程路,还同风里灯。

第四卦　蒙卦爻解

初爻:
(1)
门户起干戈,亲姻两不和。
朱衣临日月,始觉笑呵呵。
(2)
惊忧成损总堪悲,匹马东西未见归。
马啸有风宜坐守,不防冬去不防危。
(3)

蒙昧须当发,惟宜在小惩。
既惩应暂舍,不尔反侵凌。
二爻:
(1)
花谢枝头果实多,好音来矣莫蹉跎。
含容纳妇宜家吉,不比初谋悔吝过。
(2)
片月渐圆明,花残子又青。

半途不了事,此举一回新。
三爻:
(1)
聘女无攸利,花开又值秋。
严霜将降土,退步不堪求。
(2)
切忌花间酒,莫贪无义金。
失身无所利,暗室枉欺心。
四爻:
(1)
久困忧嫌未济来,江边水阔有河开。
文书有口不当说,当得从心果不谐。
(2)
穷困方蒙昧,中心吝可忧。

须求诚实者,方可免贻羞。
五爻:
(1)
君象吉童蒙,身安应在东。
大川涉无咎,海际得帆风。
(2)
乘病马,上危坡。
防失跌,莫蹉跎。
上爻:
(1)
率师战万里,威武冠群英。
借问成功日,须还四八寻。
(2)
彼且方蒙昧,何须用意攻。
但当宜谨密,自固免遭凶。

第五卦　需卦爻解

初爻:
(1)
凶险虽难退,暂休且喜安。
离明听北角,天外见飞鸾。
(2)
过尽前滩与后滩,前滩纵险不为难。
一朝若得清风便,相送扁舟过远山。
(3)
需须宜且待,欲速反为灾。
守静方无咎,安常福自来。
二爻:
(1)
欲进不防危,安居必虑之。
桃开际禄会,花发不违时。

(2)

险难将相及,刚中且待时。

浮言虽小害,终是吉无疑。

三爻:

(1)

户要牢关,物宜谨守。

第六卦 讼卦爻解

初爻:

(1)

嘹亮征鸿独出群,高飞羽翼未离分。

正宜奋起行前进,好个声音处处闻。

(2)

处事宜中正,当知不可长。

但当明辩说,终是获休祥。

二爻:

(1)

目下皆雠怨,时闻理未明。

且宜先退让,方可免灾危。

(2)

不进须当退,方无否塞忧。

贵人相佑下,王事出奇留。

(3)

事不足,防反复。

月落寒江,一荣一辱。

三爻:

(1)

积德相随便可期,庭前枯木凤来栖。

好将短事成长事,莫听傍言说是非。

(2)

运方兴,笑语频。

降玉女,在河边。

(3)

守旧安居正,虽危获吉亨。

狂谋图进用,枉费觉无功。

四爻:

(1)

过时方未利,词辨未能宁。

改变从贞吉,应须不失情。

(2)

名惧亲君位,安贞吉有余。

得人相赠处,择地有安居。

(3)

风吹云散月华明,枯木开花满户庭。

旧恨新欢且休问,须知从此

复安荣。

五爻:

(1)

心中从正道,听讼得其平。

公讼如逢此,公庭理义伸。

(2)

元吉无迍事所宜,君尊临下有功归。

策鞭可取木边子,便见平生不负亏。

(3)

檐前鹊噪喜翩翩,忧虑潜消理自然。

一人进兮一人退,末梢却有好姻缘。

上爻:

(1)

有赐不须权,时当隐遁安。

困来宜择避,枯木奈严寒。

(2)

口啾啾,人事尚须忧。

心戚戚,恍惚两三头。

第七卦 师卦爻解

初爻:

(1)

出律方无咎,提防破克功。

一轮明月蚀,自觉否臧凶。

(2)

心郁郁,事匆匆,劳而未有功。

危桥立尽休回首,此去青云路可通。

(3)

凡百事当谋,善始可善终。

师道宜和众,犹忧失律凶。

二爻:

(1)

未能堪服众,方遇贵人持。

别有非常道,乘龙到玉墀。

(2)

锡命从天降,承之宠泽贞。

师权当健德,佳信发天津。

三爻:

(1)

六三爻不定,虽吉也成凶。

若也能专一,终当立大功。

(2)

进退皆无位,舆尸出众凶。

马奔坤地远,天道又疑东。

(3)

青毡终复旧，枝上果生风。

莫为一时利，重为此象凶。

四爻：

(1)

择地堪居左，师行左次贞。

牛行西北地，触目自光辉。

(2)

进行退，退行进。

退好随机眼，前人人不信。

五爻：

(1)

禽作田禾叛人邦，皆当系缚

执思伤。

一朝天赐佳音至，功业阶勋

冠万邦。

(2)

恩成怨，怨成恩。

和合两相番，灾咎恐外生。

上爻：

(1)

君子当思吉，爻辞厉小人。

邦保民可保，邦固自咸宁。

(2)

吉士时逢泰，承家日渐丰。

小人当此象，得宠反成凶。

第八卦　比卦爻解

初爻：

(1)

比贵相亲辅，虽常尽信诚。

所为元有素，他吉亦相成。

(2)

一人去，一人来。

清风明月两疑猜，获得金鳞
下钓台。

二爻：

(1)

己身无过失，家宅亦安宁。

所得惟中正，安然自吉亨。

(2)

遇险方成福，逢凶皆可升。

佳珍良匠琢，得宝在逡巡。

(3)

老蚌产珠，石中怀玉。

风静波平，云中人鹿。

三爻：

(1)

裹难先谋避，行舟风雨多。

片帆撑逆浪，去计苦蹉跎。

(2)

无端风雨欺春去,落尽枝头桃李花。

枕畔有人歌且笑,教君心绪乱如麻。

(3)

比贵相亲附,皆非可信人。

提防为鬼贼,侵害反伤身。

四爻:

(1)

猿猴衔信至,人国利宾亨。

外比贞无咎,移根本自荣。

(2)

东风催促使登舟,歌笑徘徊古渡头。

云外佳音终有望,锦鳞钓得在金钩。

五爻:

(1)

一得其中一失期,当时何用苦伤悲。

地中雷震随时起,询问白羊归未迟。

(2)

舍一人,救一人。

明月上层楼,光辉万里秋。

上爻:

(1)

有始无终实可嗟,田头方足未堪夸。

跨鹿无足失马放,黑云外人更脱靴。

(2)

独行居北极,无援更无依。

始善终方吉,终凶悔莫迟。

(3)

喜未稳,悲已遭。

骤雨狂风号古木,人人尽道不坚牢。

第九卦 小畜卦爻解

初爻:

(1)

一舟离岸复回来,浪急掀天去不谐。

堤畔草头人着力,园中花木尽争开。

(2)

当守居正当,吉庆自然谐。

遇夏多迍塞，仍防家口灾。

(3)

驾去舟，离新岸。

喜得来，愁得散。

二爻：

(1)

同心方合志，牵复亦相成。

守静安常道，前程自显荣。

(2)

小过居贞吉，千山鹿远惊。

云端佳信至，有约在彭城。

(3)

金鳞人手，得还防走。

若论周旋，闭言缄口。

三爻：

(1)

睽离东西事可伤，夫妻反目不相当。

断桥走马悔中厉，尤恐前途吝莫量。

(2)

前程多难阻，居家致内争。

密云方掩翳，消散复光明。

(3)

阴长又阳消，家门悔吝挠。

夫妻犹反目，车辙未坚牢。

四爻：

(1)

怀忠居位辅明君，天边远信鹿来迎。

离明马走西南去，枯木逢春得再荣。

(2)

独立嗟无援，惊忧恐致伤。

但从诚实念，灾咎自消亡。

五爻：

(1)

上下相孚信，鸟能通有无。

他时逢患难，众力亦相扶。

(2)

石韫玉，铁成金。

翔凤隐隐入云程，不须疑虑独劳心。

(3)

有势安和鹿马新，水中有集足移根。

小舟千里方回岸，重口官人助禄名。

上爻：

(1)

阴盛阳刚亦可伤，堪嗟立业一时亡。

江边女子号啼泣，虽得荣华坠洛阳。

(2)

拟欲迁时未可迁，提防喜处惹句连。

前途若遇贵人引，变化鱼龙

在大渊。

(3)

密云今已雨，上下渐亨通。

凡事难成就，迟疑未可行。

第十卦　履卦爻解

初爻：

(1)

素来蹽正道，务实去浮嚣。

独守行常理，他人莫动摇。

(2)

努力求谋事已通，天边守旧亦难冲。

孤飞鸿雁湘江远，见个佳人书一对。

(3)

不远不近，似难似易。

等闲人手，云中笑指。

二爻：

(1)

几番风雨送行舟，空惹离人一转愁。

便使掀天擎地手，不同虾蟹逐波流。

(2)

幽人能独守，喜庆自来临。

常切提防志，他人暗地侵。

(3)

月落事未完，物见人不见。

好借一番风，奇哉逢快便。

三爻：

(1)

视履皆非正，乘危必见伤。

有为皆小利，切戒用刚强。

(2)

有足不能行，有目眇能视。

虎尾一惊防，危处自退避。

(3)

桃李谢春风，西来又复东。

家中无意绪，船在浪波中。

四爻：

(1)

孚信心方惧，鹿行当近君。

马飞更改吉，恝恝道居身。

(2)

前忧后，后忧前。

彼此意流连,人圆月也圆。

五爻:

(1)

位尊施德薄,刚乘则防刑。

瞵掷孤飞雁,衔芦过远山。

(2)

狂风吹起黑云敛,日低人心遮不得。

时间多事暂相关,到老依然无刑克。

(3)

戒意无凝滞,前程速着鞭。

登山并涉险,莫放马蹄闲。

上爻:

(1)

处事须中正,终当无后灾。

周旋皆中体,万福自骈来。

(2)

万国周旋靡不安,上富有庆喜严寒。

四方幸有安家处,好向深波下钓竿。

(3)

古镜重磨扫旧尘,梅花先报陇头春。

天边贵客齐相接,推出长霄碧玉轮。

第十一卦 泰卦爻解

初爻:

(1)

三阳方始泰,君子道通时。

同类皆升进,前程事事宜。

(2)

职居臣位禄非一,外进良朋好结交。

功业一朝期有地,秋回方觉起英豪。

(3)

东边事,西边成。

风扫月华明,高楼弄笛声。

二爻:

(1)

中道无悔吝,安静也防虞。

垂钓江头鲤,山前起两居。

(2)

拟泛孤舟出翠微,花边钓处白鱼肥。

就中无限烟波景,钓罢金鳞

满载归。

(3)

用刚能果断，荒积尽包容。

遐迩无遗爱，无私道得中。

三爻：

(1)

和不和，同不同。

翻云覆雨已成空，进退须防终有功。

(2)

进步忽生疑，居安有福基。

月圆云散后，万里见光辉。

(3)

往而须必复，安处用防危。

居正存诚信，灾消福自随。

四爻：

(1)

失实漫高飞，宝鸿去未归。

山前一子立，只是好前施。

(2)

小人将害正，以类自相从。

君子宜深戒，须防或致凶。

(3)

心不足，事不足。

一面之东又向西，透彻重关亦有时。

五爻：

(1)

进女皆居正，居尊元吉亨。

高人携木至，十八子惊春。

(2)

添一人，得一宝。

事周圆，门外注。

上爻：

(1)

淆乱命不行，终久数复否。

行师外可忧，蓄众内防毁。

(2)

悲似喜，喜似悲。

蹙破远山眉，门前事惹疑。

(3)

泰极将成否，人心不顺从。

未宜有施用，虽正亦惟凶。

第十二卦　否卦爻解

初爻：

(1)

守静而株退不宜，济时否泰两来期。

鹿行前进本无咎，鼠带文书可预知。

（2）
相引更相牵，阴阳喜自然。
施为无利禄，愁事转团圆。

（3）
前途方否塞，同众且安常。
静守无非吉，狂图便致灾。

二爻：

（1）
否塞临时利小人，大人处正也无屯。
孤鸿飞去云霄外，顿觉前程不乱群。

（2）
居下为身计，为当曲奉承。
大人坚自守，虽否亦亨通。

（3）
时下乱意绪，可求不可图。
暮地清风白，一场欢笑娱。

三爻：

（1）
否居尊位自包羞，阴气将隆意可求。
直待马行千里远，临期正应在三秋。

（2）
人情方未顺，动作可疑猜。
休信谗邪语，提防祸有胎。

（3）
无踪亦无迹，远近终难觅。
平地起风波，悲怨反成泣。

四爻：

（1）
把命持权日，威名大振通。
用者无咎吉，君子幸时逢。

（2）
穷达皆天命，何须更怨尤。
得时行正道，福祉及朋俦。

五爻：

（1）
危世居尊利大人，小舟还岸反生惊。
晋明守固保无咎，猴与蛇行非可轻。

（2）
大盛方休否，安中每致危。
人当先事虑，防患未然时。

（3）
身不安，心不安。
两两意相看，忧来事却难。

上爻：

（1）
蹇后道还通，否过终成泰。

一过木边人，非事成吉大。

（2）

浊波无处有清流，新喜应来破旧愁。

彼此自然临大造，更无一事挂心头。

（3）

事当穷则变，既变乃能通。

否极应还泰，千门喜事重。

第十三卦　同人卦爻解

初爻：

（1）

十里同人会遇时，断金仁义孰能为。

承时迎凤九霄去，月畔人来喜笑嘻。

（2）

中心无系吝，内外自和同。

怨咎皆消释，千门喜气隆。

（3）

心和同，事和同。

门外好施功，交加事有终。

二爻：

（1）

宗系同人吝，山前有二峰。

青松四时秀，西日又升东。

（2）

本是同家党，人人各系私。

未能同一志，羞吝自相疑。

（3）

爱一人，恶一人。

憎爱处，吝难分。

三爻：

（1）

伏兵林内久，三岁不能兴。

守吉无他望，妄行不免惊。

（2）

意谆谆，心戚戚。

要平安，防出入。

（3）

前路多荆棘，图谋欲进升。

但宜当自用，不可信他人。

四爻：

（1）

乘势攻人短，将来自致凶。

何如谦退守，吉庆自相逢。

（2）

克攻多见败，退隐内无凶。

家有祥光照,江边一事通。
(3)
浅水起波澜,平地生荆棘。
言语虚参商,犹恐无端的。
五爻:
(1)
执直行正道,他人未顺从。
必须资众力,相遇乃成功。
(2)
阴阳相隔绝,后笑克师征。
二五吉相遇,离宫有贵人。
(3)

悲一番,笑一番。
相战又相战,其中事却欢。
上爻:
(1)
人情多阻隔,内外不同忧。
离方行得志,终须无悔尤。
(2)
一水统一水,一山旋一山。
水穿山尽处,名利不为难。
(3)
求合事和同,功名未足夸。
堪嗟志悲悴,他却亦荣华。

第十四卦 大有卦爻解

初爻:
(1)
逊退敛无咎,进谋忌有忧。
吴风吹火起,千里泛归舟。
(2)
心事漫愁烦,休言用处难。
难中行得了,得了亦周旋。
(3)
富贵易骄盈,当存敬畏心。
艰难常在念,灾患永无侵。
二爻:
(1)

宽厚事成多,高明意自过。
往亨佳女吉,进步不蹉跎。
(2)
大有方始盛,人宜大有为。
如车乘重载,不至有倾危。
(3)
一重水,一重山。
壶中别有天,风波到底然。
三爻:
(1)
偏宜君子道,求利与求名。
贵客相提奖,前程自显荣。

(2)

小人必防险,王亨大事宜。
牛归加禄重,岭表鹿衔游。

(3)

南山一片石,石中藏真玉。
莫问是和非,得者非常福。

四爻:

(1)

彭盛尚谦退,道身计莫通。
猴边金信至,阻棹得帆风。

(2)

遇险不为忧,风波不足惧。
若遇草头人,指出青云路。

(3)

日过中心昃,物遇盛还衰。
明知能先见,谨之植福基。

五爻:

(1)

整肃威如吉,交孚内外和。

只因良辅弼,随处喜星多。

(2)

一雁白云边,孤舟野水天。
佳音来日下,金玉等闲添。

(3)

上下交相际,中心在信孚。
柔当刚以济,不怒亦威如。

上爻:

(1)

满极能招损,谦谦不自居。
上天申眷佑,吉庆得相扶。

(2)

志气凌宵奋发时,自天之祐吉无疑。
山前有个人相引,报道佳音庆也宜。

(3)

奇奇奇,地利合天时。
灯花传信后,动静总相宜。

第十五卦 谦卦爻解

初爻:

(1)

常吉真君子,谦谦自处卑。
大川虽至险,利涉亦无危。

(2)

有禄不居尊,乘车马横奔。
积金盈币帛,进退得无屯。

(3)

进取名利归,前程进步来。
水边上下鹤,触目有光辉。

二爻：

（1）

柔顺行谦道，纯诚贵内充。

有言皆正顺，吉庆自相逢。

（2）

久滞埋名不可升，鸣谦名利又驰声。

猴人贞吉皆亨利，好去求名莫问惊。

（3）

事可托，喜信传寂寞。

寞忧煎，人与事俱圆。

三爻：

（1）

万民钦服禄尤高，男子英雄意气豪。

好把九牛垂大饵，即时可获巨头鳌。

（2）

有功而不伐，君子保成功。

以此行谦道，何人不听从。

（3）

劳心复劳心，劳心终有成。

清风能借力，忻笑见前程。

四爻：

（1）

撝谦无不济，手足得良朋。

雷在山下发，扁舟顺水行。

（2）

平地风云会，其间事易成。

目前虽未稳，久后自敷荣。

五爻：

（1）

以谦而接下，心服众皆归。

或恐谦柔过，尤当济以威。

（2）

霖雨藏身久待时，位高禄厚利谋随。

前程有信通南北，可报升胜万里期。

（3）

曲直事难除，黑暗明千里。

还同顷刻间，变态风云里。

上爻：

（1）

圆月云中翳还缺，山前风顺朦胧彻。

行师征国捷佳祥，千夜青天光皎洁。

（2）

风云际会出云端，一望天高宇宙宽。

万里风帆应不远，幽人彼此出尘埃。

(3)
行极今已极，众所共闻知。

第十六卦　豫卦爻解

初爻：
(1)
多言成口过，凶祸必相临。
得宠还思辱，尤防暴客侵。
(2)
轰雷震地远，鸣豫震初凶。
穷至生凄惨，怀忧井路中。
(3)
梦中人，潭里月。
有影无形，圆中防缺。
二爻：
(1)
守正坚如石，图谋遇贵人。
吉生天上口，明月又西升。
(2)
凿石得玉，淘沙见金。
眼前目下，奚用劳心。
三爻：
(1)
求望无所遂，须当急改图。
莫怀犹豫念，无悔亦无尤。
(2)

未得行其志，乘刚克己私。
大事不须视，渐贞尚悔亡。
金风吹木叶，走马在东方。
(3)
闻不闻，见不见。
只缘好事也多愁，更防暗中人放箭。
四爻：
(1)
际遇明良是盍簪，不妨重整旧冠缨。
正四六有佳音转，万里鹏抟达去程。
(2)
文字重重喜，声名渐渐高。
推诚结知己，提携出草蒿。
(3)
利名成就罢忧煎，万里春风道坦然。
得意便垂三尺钓，长江获得锦鳞鲜。
五爻：
(1)

君位居贞疾，人臣职反刚。
秉权堪倚仗，惟恐动中伤。
（2）
独钓向碧潭，中途兴已阑。
水寒鱼不饵，小艇竟空还。
（3）
宴安耽逸豫，酖毒已中藏。
懦弱不能振，因循幸未亡。

上爻：
（1）
动晦久而静，奔驰始见安。
犬嗷居此地，悲起反为欢。
（2）
日月蔽朦胧，光辉不可通。
几多江海客，进退未成功。

第十七卦　随卦爻解

初爻：
（1）
门内妻言信不私，出门功业有前施。
进步一获山前鹿，芳草亨衢利可知。
（2）
事势将更易，惟当正可从。
出门交正事，无失有成功。
（3）
欲渡江心阔，波深未息流。
前程风浪静，始可钓鳌头。
二爻：
（1）
系小还失大，从公却害私。
事久难两得，择善可随从。

（2）
阴盛阳潜遁，提防失丈夫。
四方鸡唱晓，忧虑释然无。
（3）
一事已成空，作事还宜退。
若遇口边人，心下堪凭委。
三爻：
（1）
易小终成大，随家改故新。
马羊奔走处，利涉大川行。
（2）
舍一人，救一人。
谋望有喜，贵人相亲。
四爻：
（1）
千里长途转鞍舆，有人未得

见者须。

音来便遇木边贯,晦滞重明得一车。

(2)
所求皆有得,居正亦为凶。
守道存诚信,惟明可有功。

(3)
鱼上钩,丝纶弱。
收拾难,力再著。

五爻:
(1)
爵禄飞来吉有孚,震惊百里笑声呼。
月边自有人推毂,喜气临门不可拘。

(2)
五居中正位,上下尽孚诚。
舍己能从善,斯为大吉亨。

(3)
收拾丝纶罢钓竿,青山绿水更幽闲。
江清得意归来早,舟溜金陵指顾间。

上爻:
(1)
君子防危后必兴,小人勿怨事多迍。
随时月落防忧讼,若进终凶日又昏。

(2)
拘系复加维,人心固结时。
诚能专享祀,端可格神祇。

(3)
一事去,两头牵。
恍惚有忧煎,心坚事未坚。

第十八卦　蛊卦爻解

初爻:
(1)
欲成好事必先危,成败多生进退疑。
蛇与猪来皆喜遂,好求方便上云梯。

(2)
极弊宜修整,前人旧有规。
意承须改变,损益亦随时。

(3)
可以委,可以记。
迟迟事,无差错。

二爻：

(1)
以刚行内事，执一竟难成。
贵得中常道，惟当顺以承。

(2)
母道不可贞，谓性难存正。
从顺事宜成，后道密且谨。

(3)
暗去不明来，忧心事未谐。
终须成一笑，眼内莫疑猜。

三爻：

(1)
玉石望蒙昧，那堪小悔多。
终来无大咎，先忌哭声过。

(2)
父差母蛊往东西，腊肉餐餐不可期。
困卧高堂忧小处，直须遇有出灾危。

(3)
久弊应难革，须防损失多。
见极知进退，终是保安和。

四爻：

(1)
有路步难去，中途鄙吝忧。
蛇行并马走，连绽值深秋。

(2)
路远多险阻，居安得自宜。
休将万事足，从此亦随时。

五爻：

(1)
克家去干蛊，田业更重增。
用誉成先志，为能善继承。

(2)
有德临尊位，阳和德在春。
猴吹骑白鹿，名誉到天津。

(3)
一月出层云，长江彻底清。
湛然无点翳，谋望等闲成。

上爻：

(1)
弃职休官便可归，王侯不事可无为。
蛊忧进取深防吝，巨浪扁舟去不回。

(2)
奔趋人世事，其苦竟难谐。
不事王侯贵，何如隐去来。

(3)
深渊鱼可钓，幽林禽可获。
只用长久心，不用生疑惑。

第十九卦　临卦爻解

初爻：
（1）
一逢临辅扶持起，有个佳音在兑乡。
谁向老来为伴侣，一枝梅蕊雪霜傍。
（2）
积小成功路渐通，好将舟楫顺西风。
腰间宝剑横牛斗，求利求名有始终。
（3）
义气方相授，由来心感心。
所行须正大，吉庆自来临。

二爻：
（1）
本自咸临吉，惟忧未称心。
喜中须不足，乐处忽悲生。
（2）
利顺今临命，居中反复中。
一阳生长后，帆便借东风。
（3）
和合事，笑谈成。
喜信在半程，平步踏青云。

三爻：
（1）
夜雨纷纷实有伤，既伤众理接非常。
改修其道归真主，远汉云间见太阳。
（2）
立志多巧佞，临事未知心。
忧里能迁善，灾消祸不侵。
（3）
龙争一珠，有得有失。
所望在亨通，何须空费力。

四爻：
（1）
正位居臣职，门中二女逢。
急承云中鹿，水涸应三冬。
（2）
事团圆，物周全。
一往一来，平步升天。

五爻：
（1）
知大能临下，柔高可胜刚。
太阳光彩处，神拥照东方。
（2）

月重圆，花再发。

谋望成，音信达。

上爻：

(1)

临吉敦无咎，春风桃李多。

一枝花在手，去棹急如梭。

(2)

朦胧秋月照朱扃，意外谁知喜意生。

自有贵人相接引，不须巧语似流莺。

(3)

常存忠义德，贵客暗相扶。

强暴无侵害，自然灾咎无。

第二十卦　观卦爻解

初爻：

(1)

君子当时举，重山更悔多。

见欢忌悲哭，愁起奈如何。

(2)

野鬼张弓射主人，暗中一箭胆魂惊。

忽然红日浮沧海，照破虚空事不成。

(3)

观望求为益，终须无悔尤。

未能多识见，君子反贻羞。

二爻：

(1)

妇守柳花喜向春，佳人执箭在侯门。

云梯欲上未能上，危险方知眼底分。

(2)

卦体俱柔顺，惟宜利女贞。

达人当大显，窥视岂刚明。

(3)

明中人，暗中人。

明暗两关心，花残子又成。

三爻：

(1)

进退不妨，去住不决。

审实而行，知难而退。

(2)

亲友来相庆，金珠复倍常。

歌声遍阡陌，风快有归帆。

(3)

双燕衔书舞，指日一齐来。

寂寞淹留客，从兹下钓台。

四爻：
(1)
久藏霖雨淹丝纶，几度花开不改春。
云内文书成国器，欲观变化在逡巡。
(2)
仕途多显达，得志在亨衢。
所用应多吉，门庭庆有余。
(3)
事正可记，心正可约。
眼底心中，无差无错。
五爻：
(1)
观民先审己，己正以治人。
上下皆相化，斯为大吉亨。

(2)
君位刚居吉，名成利亦通。
如鱼游远水，山外有清风。
(3)
云叆叇，月朦胧。
一雁在云中，残花谢晚风。
上爻：
(1)
高眼垂青处，幽居必见贞。
一封书锦字，千里去帆轻。
(2)
君子能观省，修身克尽诚。
不观心自化，心志始安平。
(3)
去就疑迟，进退不定。
到了依然，许多争竞。

第二十一卦 噬嗑卦爻解

初爻：
(1)
举步多艰阻，功名路未通。
玉逢良匠琢，花发待春风。
(2)
人倚楼，意多忧。
淡然退步，事始坚牢。
(3)

防失于未兆，千里勿迟延。
小失不知改，因循致大愆。
二爻：
(1)
内外相牵引，门中暗昧生。
切须宜谨戒，方可保安宁。
(2)
雨过佳人正折桃，花残冷落

大劬劳。

日前别有一春景，望断佳音渐渐高。

（3）

进亦难兮退亦难，登车上马亦盘桓。

他时若得风云便，稳泛扁舟恣往还。

三爻：

（1）

峻岭车行去甚难，崎岖千里漫空还。

先防小吝忧心悔，后已迍邅在即间。

（2）

有事暗中闻，疑虑浑无实。

转眼黑云收，拥蔽扶桑日。

四爻：

（1）

刑狱事难明，先防群小人。

若无坚实德，安得事和平。

（2）

弓开矢方射，一箭中孤鸿。

触目天边手，难鸣福自隆。

（3）

始虽难，终容易。

箭入云中，吉无不利。

五爻：

（1）

逞逞夜逐阳兔走，遂克先难后易身。

金地获成生德泽，回头满地掷金珠。

（2）

守正除奸佞，他人自服辜。

常怀危惧志，怨咎自然无。

（3）

珠在掌，空劳攘。

人事和同，自然稳当。

上爻：

（1）

灭耳何由致，多因耳不听。

不能依劝戒，更有灭贞凶。

（2）

遇凶不哭，愁来却笑。

巨浪轻舟，前途可别。

（3）

枕边忱，门里闹。

意结勾连，心神颠倒。

第二十二卦　贲卦爻解

初爻：
（1）
乘车不用步徒行，千里驰驱。
林内虎声惊复啸，几回忧事。
（2）
去伪存诚实，徒行却乘车。
不须增饰贲，俭简是良图。
（3）
可求未可求，可信未可信。
波影见重光，退步不成进。
二爻：
（1）
攀龙原有分，独运竟难成。
遇鼠逢牛日，因人为发明。
（2）
暗室复明辉，阳明实气时。
云雷方散后，万里一星飞。
（3）
好借东风力，轻船稳到家。
大人来接引，明月寄芦花。
三爻：
（1）

坎宜须大吉，离地不堪行。
江畔文书至，天边秋月升。
（2）
一物可守，一事带口。
水落月圆，自然长久。
（3）
门庭多吉庆，润色更增光。
直待龙逢虎，金兰自有香。
四爻：
（1）
中心虽欲速，行奈却迁延。
守正无仇患，居安福自天。
（2）
翰马多清洁，孤鸿难远留。
衔芦江上雁，东上岸边游。
（3）
曲中还有直，心里须戚戚。
云散月重明，千里风帆急。
五爻：
（1）
福禄从天降，门中喜气新。
去奢从俭约，终保大元亨。
（2）
内包戈戋帛，丘园志士心。

吉中无咎克，东南有佳音。
（3）
旧事淹留过，而今已变通。
草头人笑后，宜始不宜终。
上爻：
（1）
务本归诚实，何须更节非。

春风依旧到，花发去年枝。
（2）
素质本无采，天星照远空。
一朝乘骑气，霄汉片时冲。
（3）
明月团圆，颜色欣然。
风云相会，和会万年。

第二十三卦　剥卦爻解

初爻：
（1）
床足如云剥，于人失所安。
既无真正道，于祸可胜言。
（2）
凶象灭床足，其中蔑贞凶。
断桥人莫过，其中犬吠同。
（3）
上接下不稳，上安下不护。
绞绕更相缠，平地风波妒。
二爻：
（1）
乘势陷他人，须防损自身。
若能常守正，仅可免灾迍。
（2）
床剥转侵残，谋安未见安。
晚江桃李绽，惊直雪霜寒。

（3）
事相干，人相牵。
去住尚悠然，一关复一关。
三爻：
（1）
九九未能前，淹留进莫先。
西南交一友，同樟过蓬川。
（2）
上下分，忧愁释。
千嶂云，一轮月。
四爻：
（1）
困梦何时解，重春喜可来。
山摧因附地，移竹就园栽。
（2）
枕畔不堪闻，渺茫如暗日。
风雨急然来，移身别处立。

五爻：

（1）

过时方不利，迁善可有终。

引类同升进，将来获宠荣。

（2）

夫贯罩鱼在水边，佳人相遇汲清泉。

尘埃年见不能奋，便趁行人赴楚园。

（3）

圆又缺，缺又圆。

低低密密要周旋，问之来时始有缘。

上爻：

（1）

君子存天理，生生道不穷。

小人多昧此，难免剥庐凶。

（2）

君德覆群阴，爻辞君子贞。

一朝丹诏至，期待一时迎。

（3）

意迟迟，心怀疑。

交加犹豫，贵客相持。

第二十四卦　复卦爻解

初爻：

（1）

阳长修身吉，重山耸翠青。

马行东北去，遇鼠计方成。

（2）

垂钓向沧浪，金鳞看人手。

行客过重山，目下当回首。

二爻：

（1）

仁者善亲邻，前江一鲤存。

获来临泗水，变化在逡巡。

（2）

悲后笑嘻嘻，中行道最宜。

所求终有望，且莫皱双眉。

三爻：

（1）

屡失应屡获，多败亦多成。

择善宜坚守，何有怨咎生。

（2）

局促未开时，云中一鸟飞。

他谋皆悔吝，守旧乃方知。

（3）

一关复一关，进退两头难。

虑望难久远，心事不曾安。

四爻：

(1)

囊实好谋归，归来喜又随。

莫嗟中道发，笑后又成悲。

(2)

放钓又收来，分明绝尘埃。

巨鳌随手得，何用苦疑猜。

五爻：

(1)

列阵飞鸿排九霄，乘骑千里不辞劳。

移根接下天边木，皓首成家在楚桥。

(2)

乱者复治，往者复还。

凶者复吉，危者复安。

(3)

五湖波浪静，明月照扁舟。

稳把钓下饵，鲸鳌钓几头。

上爻：

(1)

进退徘徊无定据，欲暮春风吹柳絮。

半途行客又离忧，枕畔佳人无意绪。

(2)

机迷终不复，难以免灾危。

所向皆非利，要终不可行。

第二十五卦　无妄卦爻解

初爻：

(1)

坐中千里至，暂伴便前行。

虎兔林中走，长途山上青。

(2)

车相扶，在迷途。

反复终可图，风波一点无。

二爻：

(1)

本无期望志，所得出无心。

攸往皆有利，相将遇好人。

(2)

不耕不积有吉利，不菑不畬往无成。

鸡鸣有获方应候，一番利帛外方来。

(3)

休妄想，且诚心。

须防平地起荆棘，万里青山万里程。

三爻：

(1)

一得还一失，逢刚勿自先。
繁牛牛不定，进步有升迁。

(2)

旧喜惹新愁，事事多争竞。
也虑暗中人，风波尤未定。

四爻：

(1)

德广位尤谦，亲君臣道尽。
静守方无虞，即有佳音报。

(2)

琢器成环器未完，上天未定志犹坚。
虽然不是中秋月，亦有神光射九天。

五爻：

(1)

疾过无用药，未来事不忧。
一更西北转，帆便逐行舟。

上爻：

(1)

妄动提防不必求，随谋守旧始成宜。
水边一朵月中挂，花开正值岁寒时。

第二十六卦 大畜卦爻解

初爻：

(1)

疾病方生处，天边雁侣孤。
空中斜日坠，帆便恨平湖。

(2)

蜗角刀头利，关心事不同。
暗云风卷尽，明月又当空。

二爻：

(1)

推车登高路，半道舆脱辐。
天上一星飞，佳人水边哭。

(2)

镜面破当中，行人过断桥。
事须宜谨慎，深恐不坚牢。

三爻：

(1)

乘骑求谋进不贞，傲霜松柏四时青。
云中相途仍相赠，龙虎成名禄再荣。

(2)

千里过了几重关，只有一关

何处难。

等待金钢疏落叶，江波随处下长竿。

四爻：

(1)

跨牛行地远，金菊暗伤情。江畔人行处，前程去有因。

(2)

鹊噪高枝上，人行古渡头。半途不可到，日暮转生愁。

五爻：

(1)

德大功勋重，常居辅佐臣。于中还正坎，继躁克师贞。

(2)

浪静波平好下钩，何须疑虑两三头。

事和天上一轮月，云散月明天正秋。

上爻：

(1)

天衢一道总亨通，深浅根基漫费工。

一个妇人携锦袱，龙牙虎爪伏场中。

(2)

事有喜，物有光。

始终好商量，壶中日月长。

第二十七卦　颐卦爻解

初爻：

(1)

舍东以就西，童山可立基。汀边人讨处，一女遇寒啼。

(2)

红紫无颜色，飘零一叶风。邻鸡惊晓梦，心事转成空。

二爻：

(1)

龙走拥东去，羊行带水归。

一堆金未见，双果坠花枝。

(2)

秉烛正东西，漏舟行险水。纵使达平津，尤恐波浪起。

三爻：

(1)

主旧拂颐凶，十年宜勿用。化翅九霄飞，雷振威权重。

(2)

事宜休，理多错。

日坠云中，诚恐多剥。

四爻：

（1）

虎视眈眈吉可舒，山前上紧度须臾。

前程自有泰来处，急浪惊涛反自如。

（2）

一事防颠坠，无非仍有是。求望自然成，先难而后易。

五爻：

（1）

动躁事生忧，强谋事不周。大川坠难涉，翕户待名求。

（2）

退则安，进不可。上下相从，明珠一颗。

上爻：

（1）

久持忠节不成功，一旦逢君塞外雄。

巨舟平浪垂钓去，六鳌拥出大波中。

（2）

迢迢临水复临山，路出西南涉险难。

若得东风相借力，几多名利得非难。

第二十八卦 大过卦爻解

初爻：

（1）

先微当后发，首尾破还全。西北歌声动，成荣在北泉。

二爻：

（1）

得妻户内利何多，日照高堂职近戈。

猪走犬来皆日早，小船经历几风波。

（2）

满目好风光，红花又更香。蟠桃三结子，一子熟非常。

三爻：

（1）

有妇终无事，逢难宜急走。欲免哭声随，切忌西方立。

（2）

荆棘生平地，风波起四方。幽窗人懊恼，无语对斜阳。

四爻：

(1)

峻岭崎岖马阻行，如今平地好安亨。

几多名利人同至，西北亨衢坦坦平。

(2)

心事有迟速，逢龙是变乡。

月光明映户，便有好商量。

五爻：

(1)

枯杨生华未可夸，得逢可丑事咨嗟。

却宜静处平生节，且息思为进欲奢。

(2)

一事两意，一人两心。

新花枯树，须诗新春。

上爻：

(1)

羊背披衣裳，文书匣内藏。

不须多望想，春雨溅斜阳。

(2)

水边忧，山下愁。

要平安，休往游。

第二十九卦　习坎卦爻解

初爻：

(1)

海底珠难觅，堪防坎窞凶。

失中扶不起，独立待春风。

(2)

不慎将来恨，贪观落叶红。

栽培无限力，春尽一场空。

二爻：

(1)

险难伤无援，求安得小亨。

水边平地立，悔吝陆吴亭。

(2)

几回梦里说东江，波平浪静下钓滩。

云外利名终有望，主人目下未开颜。

三爻：

(1)

舟行防水厄，车破不堪行。

且守坎中险，防危勿用惊。

(2)

不可近，不可亲。

雨中花易落，浪里月重明。

四爻：

（1）

瓦缶樽醪实自羞，无咎终安得遇侯。

君上有亲臣下睦，信来孚取不须求。

（2）

莫谓事迟留，休言不到头。

长竿看人手，一钓上金钩。

五爻：

（1）

盈满还不溢，溢满咎当无。

千里片帆速，何防泛巨舟。

（2）

喜鹊噪檐楹，惊回梦不成。

虽然无事至，也虑是非行。

上爻：

（1）

三辰不得实堪忧，果实应须正值秋。

直待独行南北去，极中离处便时休。

（2）

疑疑疑，一番笑罢复生悲。

落花满地无人扫，独立秋风蹙黛眉。

第三十卦　离卦爻解

初爻：

（1）

勤俭终无咎，逢明必敬之。

天书鸾递至，触景有光辉。

（2）

风动水生波，关心事若何。

错然履无咎，依旧笑呵呵。

二爻：

（1）

中道明元吉，光辉四野同。

水中人送宝，鹏翅好飞冲。

（2）

事已定，心何忧。

明月上层楼，云中客点头。

三爻：

（1）

日中须有昃，盛满意防亏。

大耋嗟凶咎，风波小艇危。

（2）

月沉西，人断魂。

悲忻未足,易缺难成。
四爻:
(1)
一人无足立,有足却无头。
千里来追至,防生五七休。
(2)
遇不遇,逢不逢。
日沉海底,人在梦中。
五爻:
(1)
注尽江边水,还惊一水灾。
女人挥一笠,回首又花开。
(2)

泛泛维舟尚未定,一头牵注一头牵。
前途贵客来相举,又见新颜破旧颜。
上爻:
(1)
诛戮邦中利出征,一番获丑在王庭。
风衔一信归杨畔,得个佳音四海荣。
(2)
自有青云路,须当着力求。
佳人宜更早,行路泛孤舟。

第三十一卦 咸卦爻解

初爻:
(1)
进用不须疑,何劳苦自迷。
小贞终有吉,咸感又相随。
(2)
意在闲山事有涯,野人暗地自徘徊。
天边雁足传书信,一点眉端愁自开。
二爻:
(1)

船在危滩上,人行道已迷。
日低潮又落,骤雨又狂风。
(2)
不宜轻进动,躁妄反为凶。
守静宜安分,居然吉庆隆。
三爻:
(1)
休道事无成,其中进退多。
桂轮圆又缺,光彩要揩磨。
(2)
不宜专自用,执志在随人。

所占凡事吝，大抵利婚姻。

四爻：

（1）

千里车行远，忧疑已悔迟。
鹤衔天书至，户牖几光辉。

（2）

一动一静，一出一入。
秋月春花，事须费力。

（3）

人情初交日，咸志在于勤。
贞正宜坚守，忠诚久不渝。

五爻：

（1）

满日开花未见花，金边一女遇方佳。
利名只见逢麋鹿，一去亨衢照落霞。

（2）

事了物未了，人圆物未圆。
要知端的信，月影上琅玕。

（3）

进退无拘束，中心不涉私。
虽然无所感，无是亦无非。

上爻：

（1）

感舌虽无咎，居安又另迁。
经纶水上断，缺月又重圆。

（2）

有似无，无似有。
每劳心，闲费口。

（3）

多言本招辱，图事竟难明。
尊上相邀阻，都缘无实成。

第三十二卦　恒卦爻解

初爻：

（1）

居浅欲求深，身卑位作尊。
往成还不利，危处却迎深。

（2）

势利相交际，犹临万丈渊。
求深凶更甚，退避可安然。

二爻：

（1）

悔吝消亡日，东行北者灾。
急涛求巽顺，顷刻笑颜开。

（2）

人存中正德，守己自然安。
久久行其道，终身悔吝亡。

三爻：

（1）

不为恒德久，贞吝复何如。

霜重花枝瘦，成荣也不迟。

（2）

不长久，错商量。

交加缠，休要忙。

（3）

就北原无益，依南却未安。

居贞为久计，尽可利盘桓。

四爻：

（1）

藏器待时时未通，徒劳功业漫嗟呼。

守旧更当宜整顿，夕阳西坠日方舒。

（2）

井底探明月，风前拂羽毛。

工夫何大拙，只恐未坚牢。

（3）

田猎皆无获，求谋尽未通。

极劳身计尽，虽久亦无功。

五爻：

（1）

妇道宜贞一，惟能善顺从。

丈夫当果决，从妇反为凶。

（2）

漫传言妇吉，得女更宜贞。

试问前程事，阴消望夜晴。

上爻：

（1）

机动多不稳，更改振无凶。

缺月明西北，孤鸿振羽冲。

（2）

生意不和同，骤雨更狂风。

东风何事不相惜，吹落残花满地红。

（3）

处恒宜静守，振作大无功。

躁动频更变，将来反致凶。

第三十三卦 遁卦爻解

初爻：

（1）

避遁林中吉，须当自谓通。

求谋忌吝咎，守静喜离冲。

（2）

遁者宜恬退，阴阳迭盛衰。

晦藏能静守，自可免迍灾。

（3）

路险更途穷，飞腾入水中。
退藏宜自守，进用大无功。
二爻：
（1）
穷达皆前定，前程未易论。
若能坚固守，吉庆可胜言。
（2）
中位职中执，先谋心匪摇。
当时能坚固，不动吉安康。
（3）
兀兀尘埃久待时，幽深静处有谁知。
运逢青紫人相引，财利声名始可期。
三爻：
（1）
疾遁须防吝，非阴小事坚。
壮心谋大计，歧路要音传。
（2）
进退两艰难，都缘用意悭。
旧亲多四散，月在暗云间。
（3）
阴私相牵丝，速去莫迟迟。
只恐生忧患，因循或致非。
四爻：
（1）
舍小高谋不可筹，临危不觉总堪忧。
离明骑马报音信，渐进前程爵禄优。
（2）
君子存刚德，为能绝己私。
小人牵所爱，陷辱致身危。
（3）
一得一失，欲先欲后。
路通大道，心自安逸。
五爻：
（1）
正值宜嘉遁，迢迢去路长。
宝中金玉出，贞吉庆无伤。
（2）
时止与时行，佳祥日日臻。
谋事得良策，前进坦然平。
（3）
灯破几残花，池莲绽异葩。
一门和气合，喜信到天涯。
上爻：
（1）
肥遁无不利，初非反复心。
悔言诚感动，回首二三番。
（2）
上九无淹滞，飘飘物外人。
绰然有余裕，何事不比亨。
（3）

一番桃李一番春，欲识阳春气象新。

林下水边为活计，利人心下快人心。

第三十四卦　大壮卦爻解

初爻：

（1）

用壮而行事，应难保始终。
进谋须招祸，守正可无凶。

（2）

居下每陵上，征凶且忌虞。
清河人济遇，鼠叫利时舒。

（3）

江阔复无船，惊涛怒拍天。
月斜云影淡，音信复难传。

二爻：

（1）

履中居得位，退守自谦光。
守己行中正，斯为大吉昌。

（2）

谦谦居正位，贞吉自无凶。
木女东边笑，千重耸出峰。

（3）

梨花开，正是春。
若言心下事，宜得一番新。

三爻：

（1）

君子如行壮，深虞戒过刚。
触藩能进退，虽正可无伤。

（2）

一过网罗人不利，角羸何忌各生忧。
始逢阴极峰峦秀，得进良田万顷畴。

（3）

平地里，起风烟。
时来未能守，高处觅姻缘。

四爻：

（1）

一封书上写鹏程，千里东风不用惊。
正好度时又失脚，洪涛万顷任君行。

（2）

久静宜思动，灾消福自随。
自然无阻隔，万里快享衢。

五爻：

（1）

正宜静守，妄动兴灾。

名利通达,花柳争开。

(2)

一牛二尾,一月初坠。

长道崎岖,风波鼎沸。

上爻:

(1)

忧患消亡一马飞,木边有庆不须疑。

枝头双缀垂春蕊,曾对仙人拥日挥。

(2)

不了戊眉寿,肘下事交加。

云浓不碍月,雨骤不妨花。

第三十五卦　晋卦爻解

初爻:

(1)

进身许国名当重,退步宜防悔吝摧。

泗水有鱼孚自信,寒江花影再相随。

(2)

大宜图进用,小阻亦何妨。

功成无躁进,终久保吉昌。

(3)

须著力,莫蹉跎。

长竿持向蟾蜍窟,宜向云端钓巨鳌。

二爻:

(1)

日从云外复光辉,枯木生花再盛开。

莫笑旧时淹恨事,须知从此脱尘埃。

(2)

进谋须有患,守正可无屯。

自迩来多福,推诚以事亲。

(3)

一悲复一喜,介福远临延。

受介于王母,春风桃李妍。

三爻:

(1)

欲进前程路,幽阴渐向明。

众人俱信服,百事尽光亨。

(2)

庶人众允心,内外悔俱亡。

皎月再明时,多成遂其志。

(3)

两日意和同,轻帆遇顺风。

道途人得意,歌笑急流中。

四爻:

(1)

念念多忧失,谋营又害身。

持孤一女子,鼠叫厉方贞。

(2)

见才不见才,见喜不见喜。

去处在他人,自身不由己。

五爻:

(1)

有德居高位,阿人不听从。

前程无不利,吉庆自雍容。

(2)

一失还一得,吉无不利之。

柔能居正位,门户转光辉。

(3)

万里涉江上,风波尽日间。

已通钩上饵,何必虑波澜。

上爻:

(1)

禄位虽临险,名高自振然。

师贞千里外,巨浪送归船。

(2)

成未成,合未合。

云遮月暗,风吹叶落。

第三十六卦　明夷卦爻解

初爻:

(1)

垂翼遥飞去,皆因避远行。

一途涯际至,又是满青春。

(2)

一足踏两船,一镜照两边。

团圆真费力,费力又团圆。

二爻:

(1)

所伤尤未甚,速可救禳之。

得时春光至,灾消福禄垂。

(2)

左股忌夷伤,浓云翳太阳。

乘骑千里去,忧重恐分张。

(3)

若问行藏事,行藏意可求。

暗云风卷尽,明月满层楼。

三爻:

(1)

向明为得地,大利有施为。

凡事须当缓,轻恐致灾危。

(2)

一奔南北狩，多少事悲伤。
得过海南客，成名过北塘。
（3）
虚名虚举久沈沈，禄马当来未见真。
一片彩云秋后至，旧时风物一时新。
四爻：
（1）
恐见伤心事不疑，月明两片暗云飞。
门庭一女怀悲怨，成器荣身果子疑。
（2）
阴贵相遭遇，忧危已脱身。
更宜图进用，名利得从心。
（3）
箭射檐前鹊，巢深子不伤。

一件恶烦恼，翻成大吉祥。
五爻：
（1）
遇时方暗昧，当旦晦其明。
自守当贞正，终能保吉亨。
（2）
一登尊禄位，不可望凌高。
恐有夷伤日，垂钩阻饵鳌。
（3）
垄关深锁闭，谨要小提防。
若不知谨戒，因循成大殃。
上爻：
（1）
远诏自天来，争地事反复。
人地不明时，佳人水边哭。
（2）
莫道事难为，美中事不宜。
东风轻借力，吹了又芳菲。

第三十七卦　家人卦爻解

初爻：
（1）
正家原有道，所贵在提防。
成法宜先定，当于未变闻。
（2）
桃李照门庭，溪山绕屋青。

天风疑不断，风送逐时荣。
二爻：
（1）
食禄皆从女上逢，飘香玉桂逐西风。
牛行别有生成路，远汉云间

月正中。

（2）

一镜破，照两人。

凶中吉，合同心。

（3）

处中能正顺，家道自然成。

所作皆如意，图谋尽称情。

三爻：

（1）

残花落地何曾悔，蜡烛影红可有图。

治家不妨生悔吝，猪行犬吠悔应无。

（2）

家人怨，妇女嘻。

凡事吉，少留迟。

四爻：

（1）

有禄方成福，成名却是稽。

有人来引处，水畔立金鸡。

（2）

珠玉走盘中，日用足阜丰。

休言望未遂，此去一时通。

五爻：

（1）

中正居尊位，齐家爱六亲。

自然家道顺，勿恤亦安欣。

（2）

位尊皆有喜，勿恤总成昌。

士走东西地，抬头见太阳。

（3）

相爱相助，和气盈前。

名成利就，不用忧煎。

上爻：

（1）

名重威权重，先危后见昌。

万山松柏秀，走马履坚霜。

（2）

心下事攸然，周全尚未全。

遇龙终有庆，人月又团圆。

第三十八卦　睽卦爻解

初爻：

（1）

走马西南地，近音东北忧。

先忧后无咎，顺水一孤舟。

（2）

两尾牛，一口尾。

相挠同遇，得彼失此。

（3）

悔吝虽无有，时乖道遇穷。
恶人将害己，终是不为凶。
二爻：
（1）
陷久人逢救，孤舟又遇舟。
此回宜自悔，莫待又归秋。
（2）
舍一处，救一处。
事要委曲无不成，眼底时间两分明。
三爻：
（1）
曳舆峻岭多难阻，一树桃花逢夜雨。
再把睽离成萃聚，也忧芳蕊当春暮。
（2）
大灾防不测，上下再交攻。
离合皆常理，无初却有终。
（3）
鼎沸起狂波，孤舟奈若何。
巧中成拙事，人事转奔波。
四爻：
（1）
独立虽无援，相逢有故知。
自怀忧惧志，亦可免灾危。
（2）
修道一过时，家信云中至。
好问水边人，音信从新利。
（3）
心不足，意不足。
为云为雨何翻覆，一去一来方成福。
五爻：
（1）
可惜成功未得名，山前有禄遇艰辛。
睽亡或见有成败，比往方成无祸侵。
（2）
忧闷俱消散，先难后获时。
所行无不利，吉庆自相随。
上爻：
（1）
诡计无为有，中心自欲迟。
忽然疑虑决，会合免睽违。
（2）
遇雨发旱苗，张弓箭又韬。
忽然疑虑决，后有好音籐。
（3）
恐惧正忧惊，虚空霹雳声。
须臾风雨过，圆月出层云。

第三十九卦　蹇卦爻解

初爻：
（1）
往蹇重重庆，疑忧不用忧。
利名两遂志，花卉又经秋。
（2）
岸畔水深船易落，径荒台险路难行。
蛇行自有通津路，目下幽窗日未明。
（3）
人方防险难，戒勿强施为。
美誉将来振，何如且待时。

二爻：
（1）
蹇中还遇蹇，臣子尽忠谋。
虽不成功业，终当无悔尤。
（2）
匪躬多蹇蹇，鸿雁折趋迁。
策马西南去，先愁后喜欢。
（3）
未动且安心，心安是坦平。
静中心地大，喜色上眉棱。

三爻：
（1）

进而逢遇险，蹇难见多端。
内喜宜遄反，方能保所安。
（2）
舟漏虽难济，危颠去莫前。
往来多险阻，猴遇禄安然。
（3）
事虑淹留，人不彻头。
往来闭蹇，要见无繇。

四爻：
（1）
与人干患难，其志不同谋。
大抵当诚实，方能济难尤。
（2）
海溟轻蜓跃，事急且回头。
万里方能进，守终名曰优。
（3）
欲上青云路未通，几番思虑转成空。
水边音信重回转，财利声名有始终。

五爻：
（1）
普地同来敬，西来更有期。
命将双日至，好植帅师旗。

(2)

道路足忻叶,风波一点无。

时间心绪乱,全仗贵人扶。

上爻:

(1)

一见东风日自昏,西风始有日辉莹。

蟾中丹桂须远折,倒缀仙桃向禁庭。

(2)

前进方迍邅,惟当顺听从。

贵人相协助,转祸可为功。

(3)

江阔水茫茫,执钓鱼未收。

休言难捉摸,终久见因繇。

第四十卦　解卦爻解

初爻:

(1)

万物从春发,一书遥送来。

旧愁将远尽,新喜始方回。

(2)

黑云笼月桂,欲攀攀不得。

终后见团圆,时下定嗟侧。

二爻:

(1)

获狐遂得矢,贞吉往优游。

一箭付直远,佳人在水头。

(2)

万水波涛静,一天风月闲。

利名无阻障,行客出重关。

三爻:

(1)

小人当负荷,乘马反为忧。

自我招戎寇,虽贞亦致羞。

(2)

喜极怨还生,虽忧不足行。

二三逢九数,水畔舞人乘。

(3)

指实无实,两三劳役。

到了还休,无繇端的。

四爻:

(1)

万里风波泛小船,相将达岸赴蓬山。

山人宜涉亲携手,触目繁华处处鲜。

(2)

解散群邪党,朋来正直人。

信诚相应接，灾散福来臻。
（3）
泛泛一孤舟，飘然何处游。
若逢人与虎，名利一时休。
五爻：
（1）
一信自西至，佳音有禄来。
解中终得吉，进用莫疑猜。
（2）
牛解借刀，衣剥借力。
雾卷云收，一轮红日。

（3）
险难今消散，云开见日明。
自然无阻隔，何事不光亨。
上爻：
（1）
藏器于身久，高墉可获禽。
七年逢五数，荣利总成名。
（2）
一箭青云路，营求指望成。
许多闲口嘴，反作笑嘻声。

第四十一卦　损卦爻解

初爻：
（1）
益人须损己，事济更宜休。
斟酌行中道，须防过后羞。
（2）
损己速益上，终迎一吉来。
凤凰飞两处，到了得和谐。
（3）
喜喜喜，还不美。
夺得骊龙颔下珠，忽然失却还如水。
二爻：
（1）

勿益元无损，交情戒妄求。
居贞元有吉，躁进反成忧。
（2）
一关又一关，长道远难还。
看尽白云影，心闲事未闲。
（3）
悔吝不宜前，洪涛泛上船。
中秋今夜月，独蚀不能圆。
三爻：
（1）
三雁高飞一雁伤，重山骑马得良朋。
佳人舞水宜先恐，平井横刀

此必强。

(2)

心未平,事未圆。

疑虑少,始亨通。

(3)

致志当专一,过三则有疑。

中心有定见,切戒妄依随。

四爻:

(1)

心事喜团圆,分明岂偶然。

借他良匠手,凿出宝光鲜。

(2)

损疾已成思,遇之终非吝。

天上一人逢,或在天风姤。

(3)

心未平,事未圆。

疑虑久,始通亨。

五爻:

(1)

先损后当益,良朋克元吉。

询问雪中花,相将迎暖日。

(2)

凿石见玉,拨土见珠。

眼前目下,何用踌躇。

上爻:

(1)

惠而无所之,酌损得其宜。

人乐来归己,安然福禄随。

(2)

二岭一堆玉,双飞四朵花。

好书天上至,别立外人家。

(3)

有月不沾云,何须暗与明。

若逢龙与虎,忻喜见前程。

第四十二卦 益卦爻解

初爻:

(1)

乘时宜进用,大作可施为。

得志亨衢上,功成自有期。

(2)

大事可成荣,有益为无咎。

云内执鞭人,富在三秋后。

(3)

风急上云高,鹏程六翻秋。

尺书天外至,名姓上鳌头。

二爻:

(1)

不求元自益,龟策弗能违。

根本严禋祀,精神在此时。

（2）
得损还有益，获宝可荣归。
千里片帆远，其中三雁飞。
（3）
欲动还稳，可羡可求。
水滨活计，名利得宜。
三爻：
（1）
熏心忧事亦防危，有吉来言不必得。
一片石中逢巧匠，龙行佳报在身边。
（2）
济人于患难，孚信以中行。
举动皆由命，应无灾咎生。
（3）
动还静，静还动。
意非真，如春梦。
四爻：
（1）
桂子十分香，琼瑶映玉堂。
一朝乘快便，枝折看翱翔。
（2）
得中行正道，益下以为功。

到处无相碍，何人不听从。
五爻：
（1）
持竿江上钓鳌鱼，获却金鳞一颗珠。
青宵一箭宜推毂，名利双全禄自殊。
（2）
诚信施仁惠，何须问吉凶。
德心休且逸，天道亦相从。
（3）
予结花成蕊，花开枯木枝。
屋头春意闲，双喜笑嘻嘻。
上爻：
（1）
求益不知止，人情恐恶盈。
立心无定止，外变忽然生。
（2）
遇益终无益，问津何处觅。
旱海莫行船，何劳多费力。
（3）
当进逢凶，当退亡危。
水边木上，花残月亏。

第四十三卦　夬卦爻解

初爻：
（1）
欲决未决，欲行未行。
为吝尚多咎，忧患气盈门。
（2）
暗中明，明中暗。
去就两无功，莫下饵鱼线。
二爻：
（1）
惕若无忧惧，号呼须自防。
卒然防祸患，终可免灾殃。
（2）
浪内萍无定，山前木有凋。
穿窬生悔吝，无望鹤冲霄。
（3）
勿信暗中忧，到老展眉头。
孤舟烟火静，只恐向中流。
三爻：
（1）
情虑生私爱，除之决不疑。
时间虽愠怒，终可免忧疑。
（2）
伏虎前来去莫狂，足生一疾去东方。

独行遇雨期无咎，满目花开道路旁。
（3）
人在舟中，幸得人海。
到底无言，一时惊骇。
四爻：
（1）
牵生反次且，如何云生泽。
悔吝有道贞，四九无咎责。
（2）
意踌躇，心恍惚。
一朝云卷舒，清风和明月。
五爻：
（1）
处正攻邪佞，谁人敢抗衡。
用刚无大过，贵在得中行。
（2）
大君为立德，央央在中行。
无咎乐日至，天然庆及庭。
（3）
难难难，忽然平地起波澜。
易易易，谈笑成功终有遂。
上爻：
（1）

女泣江边水，冥行终有凶。
一逢西北去，弃鹿却寻功。
（2）

千里共徘徊，休倾别后杯。
暮天人影散，迟日照松梅。

第四十四卦　姤卦爻解

初爻：
（1）
小人将道长，杜绝在防微。
静正方为吉，攸行终致非。
（2）
谣言嬴壮豕，居卑却上尊。
见凶宜莫进，佳信复临门。
（3）
动静莫急，急路莫登。
道途危且阻，来往绝行人。
二爻：
（1）
莫信光包月，宜知不利宾。
正身无夺犯，喜气向江滨。
（2）
人方相会遇，其志在于专。
取舍縻诸己，终为无咎愆。
三爻：
（1）
当行不可行，要行防小厉。
怯过无大咎，小艇怕连系。

（2）
前进足次且，求安失所居。
须危无大咎，妄动有灾危。
四爻：
（1）
民远君臣俱失居，庖厨何必再缘鱼。
一朝风起防蛇大，遗却当年所得珠。
（2）
居上当亲下，人心易散离。
事机彼此失，万事尽皆隳。
（3）
物失八体，虑在两头。
云烟相隔，心事淹留。
五爻：
（1）
中正居尊位有施，地基生杞自当时。
果然守正相逢遇，猴兔牛蛇再有辉。

(2)
以尊而接下，附己以招延。
为蕴忠臣德，休祥降即天。
(3)
难成凤，鱼化龙。
大器欲成就，功名路必通。
上爻：

(1)
志谋进非遇，情深岂不悲。
有期何觭角，时利夺疑基。
(2)
见不见，也须防背面。
遇不遇，到底无凭据。

第四十五卦　萃卦爻解

初爻：
(1)
离明当道达，生涯未足通。
牛行防水厉，迷此自无宗。
(2)
一心成两心，一事成两事。
成就也艰难，抚气亦抚志。
二爻：
(1)
萃大光亨耀里闾，利名有路笑声徐。
有孚千里威名慕，二犬方同一旦除。
(2)
人才多吉庆，守正位居中。
薄菲将诚意，神明亦可通。
(3)

笑颜生不泣，内外生悲哭。
云散月光辉，转祸方成福。
三爻：
(1)
上下皆相应，中心自叹嗟。
求人无小吝，无咎亦完桂。
(2)
父母卦通日，利往涉大川。
佳音天外至，门外有声传。
(3)
细雨满桃腮，离情莫恨猜。
东风须著意，花落又重开。
四爻：
(1)
韬光藏晦已多年，秋月当空喜见圆。
待等难鸣天日晓，一封名字

四方传。

（2）

上下皆相会，斯为大吉亨。

必须当正道，方可免无屯。

（3）

参商言语，风波鼎沸。

事久名扬，时间不利。

五爻：

（1）

嗟如春著梦，无咎又生灾。

星下牛居处，鸡鸣已未成。

（2）

月已圆，花再发。

事休休，无合杀。

上爻：

（1）

笑处起悲声，园中过却新。

涕演无大咎，天外一飞龙。

（2）

失中多灾滞，所为先有忌。

路险风波事更疑，要得如心须借势。

第四十六卦　升卦爻解

初爻：

（1）

欲问前程路，求谋不吉昌。

佳人候秋至，六合喜声扬。

（2）

明月为钩，清风作线。

举网江波，锦鳞易见。

二爻：

（1）

东风吹著树梢莺，幽谷高迁出上林。

晴霄闲云皆卷尽，秋江轮月十分明。

（2）

处事无虚诞，常存诚敬心。

非惟灾可免，随有喜来临。

三爻：

（1）

舟离古道月离云，人出重关问远程。

好向月前求去处，何须思虑两三层。

（2）

上下相交接，前程事事宜。

自然无阻滞，亨利更何如。

（3）

守北多屯蹇，征南怕犬当。
云端人著力，乘马始升昌。

四爻：

（1）

建国当门大吉亨，金人忧患不须更。

将来别立安家计，禁在雷轰信始兴。

（2）

顺下兼亲上，谦恭德有容。
皆为无过咎，吉庆每相从。

（3）

曲需直，顺不逆。
故旧从新，期传消息。

五爻：

（1）

尊位委柔顺，平刚居得钦。
一荣前道雨，两次后园春。

（2）

佳人入门闾，欣欣见笑颜。
一旦飞腾去，凌云上九天。

上爻：

（1）

上六冥升利，须还不息贞。
知音来报信，又见坠流云。

（2）

阴云不起，故日重辉。
心中思虑，事久无危。

第四十七卦　困卦爻解

初爻：

（1）

困于水，入幽谷。
守三岁，方见哭。

（2）

前途未便退边觅，休事宜高此意宽。
此意此心君未见，云间孤雁信难传。

（3）

久困嗟沉滞，前途难又难。
幽景宜固守，始可渐图安。

二爻：

（1）

一杯酒上带愁来，祀享何须尚用猜。
大抵凶中未为利，风波万里一帆开。

（2）

暂时遭困厄，贵禄待将来。

天道相交感,征行必致灾。
三爻:
(1)
既困于石,据于蒺藜。
妻犹不见,不祥可知。
(2)
据困当谦下,乘刚更强为。
至家难保守,名辱更身危。
四爻:
(1)
人方防困厄,犹豫未能蜩。
处正虽终吉,时间小吝羞。
(2)
处位不当,安得济物。
果决而行,救灾拯溺。

五爻:
(1)
用刚当致弱,求益反多亏。
同德相资助,斯为受福基。
(2)
上劓而下刖,何当困益深。
若能恭祭祀,福庆自然臻。
上爻:
(1)
前路虽难进,安居事未成。
穷当思变动,动则百而亨。
(2)
葛藟非宜困,君当识变迁。
莫贪鞶带锡,有悔福无边。

第四十八卦　井卦爻解

初爻:
(1)
不留居众恶,旧习绝成功。
时舍人皆弃,修藏免致凶。
(2)
井泉浮混浊,山峰叠翠多。
一成还一退,轻艇泛风波。
(3)
月在云中,昏蒙道路。

云散月明,且宜退步。
二爻:
(1)
安静虽平吉,空中雁影秋。
花开逢骤雨,水畔女颜愁。
(2)
居贞无应援,困辱更何尤。
井以清为贵,人常戒妄求。
三爻:

(1)

有求皆济急，时可大施为。

一旦逢知己，期为受福基。

(2)

春色到枝头，芬芳映玉楼。

行藏犹可待，红紫笑谈收。

四爻：

(1)

开屋重修整，看看巧匠逢。

青松四时秀，不畏雪霜风。

(2)

人留物，物留人。

人留事挂心，分雨水边人。

五爻：

(1)

能存清俭德，天必降休祥。

人自成诸己，施为万事昌。

(2)

寒泉洌可食，晓月又升东。

分派东流去，山前耸翠峰。

(3)

始有终，终有始。

美中甘，甘中美。

上爻：

(1)

博施无悭吝，中心贯信诚。

有常休厌倦，元吉大通亨。

(2)

屋外东风急，山前峰又青。

烟横迤已解，井静水华清。

(3)

可储可蓄，尺土寸珠。

停停稳稳，前去良图。

第四十九卦　革卦爻解

初爻：

(1)

乘牛一向乘前去，跨马何须问后津。

逢着水边人有力，此时名利一番新。

(2)

坚心宜固守，小利有施为。

切莫轻更改，安身自免危。

(3)

意违事不违，事宽心不宽。

欲知端的信，犹隔两重关。

二爻：

(1)

革故逢秋巳地好，看他来处待蛇行。

白马行防有阻挡，孤鸿飞去自无遗。

（2）

改革宜从缓，非宜遽变更。

前程无阻隔，吉庆保元亨。

（3）

暖日当庭树色新，望中家信事难真。

舟行或达应非晚，从此欣欣四季荣。

三爻：

（1）

躁进轻更革，攸行反致凶。

当怀危惧志，正顺以从公。

（2）

一成复一废，一静忌仍迁。

万事征逢远，言孚恐不全。

（3）

黑白滔光，往来不通。

云卷未分明，云开方见月。

四爻：

（1）

利害纷纷际，施为更变时。

事宜先有断，闲语总成非。

（2）

改革原危险，安中家吉康。

云端逢月处，冬岭秀孤松。

（3）

革故始知期，更新事更宜。

东风传信息，春色上花枝。

五爻：

（1）

鱼龙变化莫蹉跎，顷刻之间奋勇过。

传与时人一嗟怨，天生资质冀风流。

（2）

幸遇文明世，方当虎变时。

所行无不利，何父问蓍龟。

（3）

豹变南山别有期，主人目下尚狐疑。

雁音嘹亮黄花晚，从此光明变俊仪。

上爻：

（1）

君子更新日，他人亦面从。

但宜居正吉，征治反为凶。

（2）

革终须豹变，墙内一更高。

君雁东西失，孤鸿自笑翱。

（3）

只可后，不可前。

楼上月，缺未圆。

第五十卦　鼎卦爻解

初爻：

（1）

鼎颠倾出否，因败已成功。

得妾以其子，还如颠趾同。

（2）

少女出门庭，青史出四经。

莫愁颠倒虑，花谢子还成。

二爻：

（1）

久困待时时未起，鼎中有疾二三止。

缺月明时便更催，急处到头停未已。

（2）

去处徘徊未称心，须防忻喜还成嗔。

相仇相疾非真实，顷刻逢花不称情。

（3）

我仇当远去，不可令相欺。

自守能中正，经当吉庆临。

三爻：

（1）

有物不能食，有马不能骑。

悔吝终防有，其中月露兮。

（2）

风雨阻长途，行人防有阻。

客归还未归，已许还未许。

四爻：

（1）

不堪胜重任，覆悚反招凶。

力小图谋大，将来不克终。

（2）

去旧欲自新，革故阻防病。

其渥则匪凶，四八落瘴厉。

（3）

鼎折足，车脱辐。

有二人，重整犊。

五爻：

（1）

鼎新中有实，调羹获全功。

幸遇文明世，明良千载逢。

（2）

和气蔼门庭，乘风万物荣。

化工施妙手，花卉一时新。

上爻：

(1)

堪求堪避不须疑，桂子飘香荣地归。

下去网罗人夺利，追蛇逐兔到天辉。

(2)

贵客自相亲，功名刺指成。

扶摇搏九万，稳步上青云。

(3)

温温君子德，居上见宜民。

大展经纶手，皇家鼎萧臣。

第五十一卦　震卦爻解

初爻：

(1)

独步山陵多见阻，雁字成行阵阵伤。

亦有路凶防恶犬，到头断处亦须防。

(2)

虩虩方震惧，周旋要谨防。

笑言还自适，灾祸变为祥。

(3)

霹雳暗中闻，知音不见形。

交加犹未信，口口称人心。

二爻：

(1)

震动方惊惧，逢财恐有亡。

升高宜远避，事遇复如常。

(2)

沧海波涛涌，轻舟未保存。

神人轻助力，好好进求名。

(3)

无踪亦无迹，猛省中难觅。

平地起风波，似笑还成泣。

三爻：

(1)

行人不久住，久住不行人。

红轮西没月东出，好看云山改更行。

(2)

展轮千里去，举步正艰辛。

二鼠大东忧，中年事必成。

四爻：

(1)

去处皆无厉，居迁总未宜。

长空明月上，顺水片帆归。

(2)

白玉隐尘泥，黄金埋粪土。

久久自光辉，也安人相举。
五爻：
（1）
处世惊危志，心飞若火刀。
佳人试言事，有约在坤爻。
（2）
心若干围甑，底事明如镜。
进退有猜疑，风波犹未定。
上爻：
（1）

风打清江若遇艨，孤舟捉网浪波冲。
私情招望安居处，须待为人好借风。
（2）
灾忧将及己，前进却为难。
修省虽无咎，姻缘亦有言。
（3）
烟雨日濛濛，江边路未通。
道途人未达，凭仗借东风。

第五十二卦　艮卦爻解

初爻：
（1）
非理宜循理，安居不用迁。
已久书到屋，佳信自来传。
（2）
一往攸攸，两志未周。
有终有始，只恐迟留。
二爻：
（1）
从正于其损益中，宜居中道终成吉。
良心不放少年人，别有生涯到头出。
（2）

躁进轻施用，时间未快心。
阳春回暖律，东北遇知音。
（3）
人进退，事交加。
浑如春梦，有似梅花。
三爻：
（1）
乱事心熏烁，事后不见人。
守忧心利主，其禄位来迎。
（2）
深潭月，明镜影。
一场空，报于信。
（3）
忧在萧墙内，将来必见伤。

预防于未见，可变祸为祥。

四爻：

（1）

身居臣位亨，正靖自无咎。

在外获嘉祥，名利将成就。

（2）

所为无悔吝，惟是反诸身。

若遇猪鸡贵，春来喜事新。

五爻：

（1）

言皆中正理，悔吝自然亡。

莫叹成功晚，春来福禄昌。

上爻：

（1）

敦厚真君子，淹留未济间。

忽逢通大运，爵禄喜高迁。

第五十三卦　渐卦爻解

初爻：

（1）

养志在林泉，休听逸佞言。

如云浮白日，君子道弥昌。

（2）

心危事不危，路险人不险。

云散月重圆，水落舟泊岸。

二爻：

（1）

盘桓不容进，一进彻青云。

自有天书诏，何忧不禄身。

（2）

阆苑一时春，庭前花柳新。

鹊声传好语，草木亦忻忻。

三爻：

（1）

征鸿二箭中，旅雁不曾归。

水畔人悲泣，山前一子微。

（2）

花结雨泥中，催残照夜风。

幽窗休叹息，可在梦魂中。

四爻：

（1）

柔顺居贞立处迁，重山好处又团圆。

桃李枝头重掇蕊，利名成就菊花鲜。

（2）

欲捉月中兔，须愁桃李梯。

高人相接引，双喜照双眉。

五爻：

（1）

九五最高位,丘陵也见崇。
且须离犬吠,顺水一帆风。
(2)
蟠桃一果结方成,乃是神仙多眷属。
刚健东风柳絮枝,人人笑里双眉蹙。
(3)
久否未通泰,前途渐坦夷。
终须谐素原,折取最高枝。

上爻:
(1)
人存清远志,脱迹离尘埃。
万里人扶上,端为廊庙材。
(2)
鸿渐云逵陆,蟠桃品结成。
流芳当旧举,仪吉女归贞。
(3)
事足心不足,心安事不安。
一场欢喜事,不久出重关。

第五十四卦 归妹卦爻解

初爻:
(1)
蛇行主不足,开屏未见明。
待其羊走急,苑囿尽生春。
(2)
天意两和同,浑如月里官。
有时云不藏,日久路头通。
二爻:
(1)
触目重山翠,孤舟去莫疑。
雪霜凝冷日,梅蕊绽南枝。
(2)
有望门中外事多,惆怅阴人多遇合。

世间空招珠泪流,终久快畅人欢合。
(3)
眇者虽能视,安能及远方。
但宜幽静守,元变乃为常。
三爻:
(1)
妄动非为吉,因而失所依。
所行无不利,但可顺乎卑。
(2)
巽女今归后,安家福有余。
白衣人送喜,喜得一封书。
(3)
旧事迟,新事骤。

花开月圆，几多时候。

四爻：

（1）

园林花发待新春，去棹多疑久却宜。

江上佳人一声叫，忽然门户有支持。

（2）

既有贤明德，何忧进用迟。

道同相遇合，必有待乎时。

（3）

缺月渐重圆，枯枝色更鲜。

一条坦夷路，翘首望苍天。

五爻：

（1）

月缺圆方朗，逢人在太原。

一随荣有过，久后遇新春。

（2）

心存柔顺德，中正以谦行。

如月方几望，惟当戒满盈。

上爻：

（1）

蒲日花开未是时，重山劈破乃男儿。

大夫元有冲霄志，岂不承时始可期。

（2）

祖宗常祭祀，筐篚可无承。

必也有诚敬，中心有战兢。

（3）

渴穿井，饥画饼。

漫劳心，利推秉。

第五十五卦　丰卦爻解

初爻：

（1）

过尽风波三五里，波平浪静又无风。

从兹已达青云路，用舍行藏不废功。

（2）

静动互相资，攸往无滞阻。

群鸿度远空，云路直高峰。

（3）

上下相交遇，和平福自来。

相资成事业，求胜反为灾。

二爻：

（1）

蔀阴须欠明，往则有疑疾。

佳音千里逢，牛象总成吉。

(2)

明暗未分，曲直未定。

笑里藏刀，信而未信。

三爻：

(1)

强弱许纷纷，搬战独掩门。

敛眉人惆怅，灯火伴黄昏。

(2)

日中辰见斗，先暗后须明。

遇主西南地，门屏气象成。

(3)

日中何见沬，明直反成昏。

遇事无成用，如人折右肱。

四爻：

(1)

近折路迢行不远，当时大事俱非常。

万里云程去太迟，以行天下方无咎。

五爻：

(1)

门外佳音来，飞章俱有庆。

名利一更迁，雁飞终拆阵。

(2)

云外一天书，门多长者车。

毂添阛室味，纵步入蟾蜍。

上爻：

(1)

当时丰盛世，退缩却为凶。

大展经纶手，施为大有功。

(2)

暗室当迁退，成云不可奢。

三年多不足，悔吝忌前遮。

(3)

花落未茂枝，歌来却似悲。

夕阳催晚景，斜月上朱扉。

第五十六卦　旅卦爻解

初爻：

(1)

杂地不堪行，灾生切迫身。

光辉秋月夜，四望出阴云。

(2)

如鹤混群鸿，冲天路渐迷。

临歧当自择，须向稳中栖。

二爻：

(1)

旅中安次舍，得位正居中。

僮仆勤心力，资财那有丰。

(2)

旅遇一迁鼎，以获僮仆贞。
马行平坦地，触目好青山。

三爻：

（1）

迤旅焚其次，俄然灾咎侵。

资财多丧失，僮仆亦离心。

（2）

无端风雨催春去，落尽枝头桃李花。

枕畔有人歌自叹，那堪心事乱如麻。

（3）

进逢灾次舍，丧其僮仆凶。

孤鸿天外唳，中箭亦难冲。

四爻：

（1）

外事虽云吉，犹防后患侵。

自身多暗昧，百事未如心。

（2）

可止宜即止，违行不可行。

从头得金斧，犹自悔中藏。

（3）

落花正逢春，人行在半程。

事成及可就，萦绊二三心。

五爻：

（1）

雉走开弓一矢亡，终然誉命受徽章。

禄从天降应千里，先适安身到地昌。

（2）

改旧从新事再图，须知浑尔费工夫。

云霄有意来相照，平步扶摇上太虚。

上爻：

（1）

屋下牛多病，林中鸟失巢。

笑悲双月至，小过不须高。

（2）

憔悴无休歇，闲中听杜鹃。

一轮山店月，千古黯魂消。

第五十七卦　巽卦爻解

初爻：

（1）

进退忽生疑，籐来利武威。

荣身岂小蓄，车前三山歧。

（2）

进退莫疑猜，疑猜事莫谐。

影端形自直,一举化纤埃。
二爻:
(1)
心下未安宁,居尊莫厌卑。
尽诚求恳得,吉庆保无危。
(2)
嘹亮宝鸿一支飞,来家移向竹林西。
渐中自有禄星至,随带重明滚地辉。
(3)
知者见先机,其中路不迷。
日前为合意,曾免是和非。
三爻:
(1)
先险防在前,顺巽刚中含。
万里泛巨舟,东北声名震。
(2)
足趑趄,口嗫嚅。
无限意,竟成虚。
(3)
志穷非得已,颦蹙自忧烦。
一到龙蛇日,因人事始全。
四爻:
(1)

禀令谏强暴,将相奏凯还。
好风今借便,功业便掀天。
(2)
遇如水中善,田获三品功。
一阴始升后,雁侣各西东。
(3)
江海两悠悠,烟波下钓钩。
六鳌连得获,歌笑向中流。
五爻:
(1)
图前当虑后,揆度复叮咛。
举事虽先阻,终须获吉亨。
(2)
常人安贞吉,危疑尽悔亡。
两庚申命令,权柄自然昌。
(3)
鹊声如报喜,燕语自传情。
百舌无人解,虽贞自苦贞。
上爻:
(1)
井浊不可食,丧斧失贞凶。
园内花千朵,愁惊午夜风。
(2)
过谦卑已甚,不断失于刚。
待至龙逢虎,依前再吉昌。

第五十八卦　兑卦爻解

初爻：
(1)
去就无牵制，何须谀佞为。
上交和且悦，吉庆更何疑。
(2)
和兑之和，利名奔波。
一遇木君，遂意琢磨。
(3)
两两和同，一举成功。
休疑休虑，风虎云龙。
二爻：
(1)
友朋同讲习，所贵在孚诚。
信实无私意，应当悔吝轻。
(2)
玉出昆山上，舟离古渡头。
行藏俱有望，有舍不须忧。
三爻：
(1)
一决城崩倒，来修未见功。
钓纶涉危岭，山兑有艰辛。
(2)
思虑许多般，心难事亦难。

路危舟未稳，休往复休还。
四爻：
(1)
利害相交际，纷纷尚未宁。
介然能守正，吉庆自来临。
(2)
介疾亦当避，客来时未宁。
吹嘘千里信，感动四方心。
(3)
易非易，难非难。
只恐年来少歌笑，笑歌须听两三番。
五爻：
(1)
一堆草里蛙鸣鼓，三犬巢边夜吠家。
剥厉有时终解散，一轮明月照丹霞。
(2)
小人轻信用，君子反相疏。
自己防侵害，尤当戒不虞。
(3)
莺语燕呢喃，花开满院间。

北窗春梦觉，无语自消魂。

上爻：

（1）

秋月与春花，光辉景物佳。

只缘时未到，心事乱如麻。

（2）

兑添言是说，口舌戒觊觎。

有月还为脱，同心悦有余。

第五十九卦 涣卦爻解

初爻：

（1）

有信传家去，南征事想行。

名利通达了，孚鱼有黄金。

（2）

云静日当中，祥光到处通。

道途逢快便，千里快哉风。

二爻：

（1）

水行不利陆安贞，浅涉家人执折寻。

雾起云飞风雨急，片帆归去恐伤心。

（2）

危获安，理衔气。

不须忧，终遂志。

（3）

时方当涣散，当有所依承。

俯就知心事，危中事可凭。

三爻：

（1）

柔顺克其功，倾波远尔通。

神人助其力，楚地却有终。

（2）

望鹿隔重山，高深渐可攀。

举头天上看，明月出人间。

四爻：

（1）

宾主两同心，同心事可成。

江风吹好梦，跨鹤上青云。

（2）

大人利见，大川利涉。

元吉前程，光大可决。

五爻：

（1）

居尊施号令，在下若风从。

险难随冰释，泰然和气融。

（2）

不归一，劳心力。
贵人傍，宜助力。
（3）
一与童蒙告再三，王居无咎笑声喧。
好音送至云霄路，万里鹏程展翅飞。

上爻：
（1）
去血斯无咎，安居大可忧。
桃花方结实，去计怕轻秋。
（2）
远之不伤，近之不律。
相反相违，笑颜如泣。

第六十卦　节卦爻解

初爻：
（1）
户庭不出姓名香，久滞林中未见伤。
如待四方重照日，直持节往西北方。
（2）
深居宜简出，要免祸来侵。
尤贵知通塞，时行则可行。
（3）
真假莫辩，曲直莫分。
动则宜止，静则宜奔。
二爻：
（1）
门庭不出祸尤起，夜雨淋漓草木寒。

兔走泥堆远近逐，水边女立倚栏杆。
（2）
时进须当进，迟疑却反凶。
前途逢贵援，节止自相通。
（3）
休眷恋，奔前程。
终闹乱，失门庭。
三爻：
（1）
先嗟后笑，败屋重修。
有个木君，扶持在秋。
（2）
笑里要提防，歌声不久长。
机谋须是谨，方可免灾殃。
四爻：

(1)

生财从俭约，财禄自丰盈。

安节常能守，施为尽吉昌。

(2)

守节应君求，前程遇鹿宜。

上安贞姤事，贞候应佳期。

(3)

用则行，舍则藏。

一鹿出重关，佳音咫尺间。

五爻：

(1)

安居君位尤奇特，东海相逢月半缺。

前途若遇大威权，夜雨消疏红叶落。

(2)

喜鹊噪孤枝，何愁是与非。

灯花传信后，稳步上云梯。

上爻：

(1)

物当穷则变，事极贵能通。

苦节常贞守，因循反致凶。

(2)

乐极须悲，贞凶可忌。

一日悔亡，鼠行牛地。

(3)

事不美，休怀疑。

人在车上，船行水底。

第六十一卦　中孚卦爻解

初爻：

(1)

万卉芳菲未是丰，雷声一震四方同。

利名咫尺堪求进，回首青山叠叠峰。

(2)

人能专一志，吉庆萃门阑。

设若有他意，终须不燕安。

(3)

一点著阳春，枯枝点点荣。

志专万事合，切忌两三心。

二爻：

(1)

千载风云会，明良际遇时。

忠诚贯金石，君爵亦羁縻。

(2)

孕道内外和，安居何处有。

羊走欢不顾，猴来莫贞守。
（3）
皎皎上层楼，团圆月挂钩。
银蟾千里共，光彩满清秋。
三爻：
（1）
进退无得失，悲欢亦不同。
谁能知酖毒，生向燕安中。
（2）
积小可成大，逢危似不危。
云中人举手，平步上天梯。
（3）
多阻多忧，或悲或喜。
摇动猖狂，得止且止。
四爻：
（1）
德业终成日，声名回出群。
风云相际遇，一举入青云。
（2）
居卑未宜迟，时行道则行。

功名成太晚，花怕五更风。
（3）
翠减红妆醉倚栏，惆怅望归求异缘。
好向目前频叹息，只见莺啼不见人。
五爻：
（1）
重山青耸翠，翔凤独栖梧。
询得飞腾变，荣身得巨鱼。
（2）
倾一杯，展双眉。
地利合天时，彼此快施为。
上爻：
（1）
宜进不宜妄，旧事一改迁。
长江千里棹，好下钓鱼竿。
（2）
落叶又重新，庭前几度春。
若成丹九转，尊作白头人。

第六十二卦　小过卦爻解

初爻：
（1）
飞鸟高飞畏网罗，留鱼旱沼苦何多。
女生江畔休嗟叹，桃柳枝头风雨过。

(2)

飞虫能致孽,或恐有非灾。

为事宜求下,凶消吉自来。

(3)

物不牢,人断桥。

重整理,慢心高。

二爻:

(1)

去就意淹留,乐来不用忧。

只恐无一定,江海意悠悠。

(2)

凡人于小事,不可过其常。

守正行中道,自然无旧殃。

三爻:

(1)

倾危逢处众皆惊,涉水操舟不可行。

凶象或成贞忌却,云中一箭雁哀鸣。

(2)

小人方道长,当预过于防。

自己先为正,深虞乃我伤。

(3)

深户安牢局,提防暗里人。

行行须远虑,只恐不坚盟。

四爻:

(1)

遇主勿治正,求遇其遇群。

欲往危必防,伤却少年心。

(2)

参商事,须沉滞。

要周全,须借势。

(3)

九四元无咎,乘刚得吝时。

真宜贞固守,必也在随时。

五爻:

(1)

阴阳反复总堪悲,反日梧桐凤不栖。

异种蟠桃千岁缀,落花不俟日沉西。

(2)

空空空,空里得成功。

蟠桃千岁熟,不怕五更风。

(3)

所作皆屯滞,又皆来顺从。

密云何不雨,终是未成功。

上爻:

(1)

方寸乱如麻,行人未到家。

尊友哀人切,空夜雨飞花。

(2)

以阴居过极，飞鸟致凶灾。　　若能自谦抑，家门福庆来。

第六十三卦　既济卦爻解

初爻：
（1）
时方云既济，遽进却非宜。
思虑惟能谨，灾消吉自随。
（2）
鹿逐云中出，人从日下归。
新欢生脸下，不用皱双眉。
（3）
推车濡尾，无咎可忧。
千里人行，既济孤舟。
二爻：
（1）
时虽云既济，欲速即难成。
贞固宜长守，时行则可行。
（2）
虚雷无雨过，有雨不沾衣。
到头成一笑，目下未开眉。
（3）
月出云遮晦，双飞失伴迷。
七辰头上得，门户自生辉。
三爻：
（1）
有禄自天来，伐鬼三年灾。

追来在斗地，一进一退财。
（2）
入而易，出而难。
淹淹利再三，交加意不堪。
四爻：
（1）
事虽云既济，尤虑吉成凶。
戒谨勤终日，方能保始终。
（2）
有功无禄位，有禄无印权。
好戒退一步，附势去分欢。
（3）
落花满地乱交加，一点中心事若麻。
若得高人相引后，春风桃李又开花。
五爻：
（1）
积德施功有子孙，杀牛祭祀及西邻。
利名两字成员日，回首山头万物新。
（2）

礼薄将诚意，施为贵适宜。
自然蒙福祐，凡事在先施。
（3）
拟欲来东却往西，精神用尽事逶迟。
到底可求并可望，秋风黄菊绽东篱。
上爻：
（1）

更改事相宜，闲言有是非。
切须防暗箭，独见早思维。
（2）
小舟防滞患，秋木忌凋残。
踏遍千人市，兵戈一顷间。
（3）
心事望团圆，心坚事未全。
一枝枯木上，花落又还鲜。

第六十四卦　未济卦爻解

初爻：
（1）
孤渡洶洶起，濡尾真有凶。
前途休进步，坐上待春风。
（2）
桑榆催晚景，缺月恐难圆。
若遇刀圭客，方知有异缘。
二爻：
（1）
展轮千里去，平坦俱无阻。
一见水边人，勿击午时鼓。
（2）
险难危疑际，经纶拯救时。
居中行正道，凶散吉相随。

三爻：
（1）
挂帆风得便，不觉舟顺速。
守旧有征凶，后笑还先哭。
（2）
千里片帆轻，波平浪不惊。
舟行无阻滞，远处即通津。
四爻：
（1）
得志行其道，方离险难中。
事因迟乃济，乃可保初终。
（2）
说君掌大权，伐鬼三年克。
有赏于大国，别种仙桃核。

(3)
目下事悠然，周全尚未全。
久远还不望，人与月团圆。
五爻：
（1）
虚心求助己，温柔济乎刚。
信实无虚誉，斯为君子光。
（2）
芰荷香里沐恩阶，桂魄圆时恩爱来。

从此成名山岳重，光风玉节位三台。
上爻：
（1）
中心安义命，自然保泰和。
耽酒不知节，时哉可奈何？
（2）
勿饮卯时酒，濡其首须防。
有孚因失是，自我致灾殃。